Neupositionierung regionaler Führungskräfte: Japan und Deutschland

Wolfgang Klenner
Hisashi Watanabe
(Hrsg.)

Neupositionierung regionaler Führungskräfte: Japan und Deutschland

PETER LANG
Frankfurt am Main · Berlin · Bern · Bruxelles · New York · Oxford · Wien

Bibliografische Information der Deutschen Nationalbibliothek
Die Deutsche Nationalbibliothek verzeichnet diese Publikation in der Deutschen Nationalbibliografie; detaillierte bibliografische Daten sind im Internet über <http://www.d-nb.de> abrufbar.

Gedruckt mit Unterstützung des
Fördervereins japanisch-deutscher Kulturbeziehungen e.V.,
Köln (JaDe)

ISBN 978-3-631-58329-6

www.peterlang.de

Inhaltsverzeichnis

Vorwort

Japan und Deutschland nehmen im asiatischen und im europäischen Raum wegen ihrer hervorragenden industriellen und technologischen Kapazitäten noch eine wichtige Rolle ein, sind zur Zeit aber nicht unbedingt Zentren richtungweisender wirtschaftlicher Dynamik. Vor allem sind sie nicht mehr in dem Maße wie bisher in der Lage, ihre Wirtschaftspartner durch Wachstumsimpulse zu stimulieren und von den wirtschaftlichen Initiativen und Erfolgen ihrer Nachbarländer zu profitieren.

Japans Verlust an Initiativkraft wurde während der ostasiatischen Finanzkrise in der zweiten Hälfte der 90er Jahre unübersehbar, als in Ostasien eine kraftvolle regionale Führungsmacht wünschenswert gewesen wäre. Japan hätte die Rolle einer regionalen Konjunkturlokomotive übernehmen und den Krisenländern zur Überwindung ihrer Schwierigkeiten seine Märkte öffnen sowie bei der Konzipierung aus der Krise herausführender Strategien unterstützen können. Sicherlich leistete Japan bei der Krisenbewältigung wesentlich mehr, als in der Weltöffentlichkeit wahrgenommen wurde. Trotzdem bewährten sich in der öffentlichen Wahrnehmung vor allem die USA, der IWF und sogar die Volksrepublik China in der öffentlichen Wahrnehmung als Krisenmanager, während Japan zunehmend Teil des regionalwirtschaftlichen Problems zu werden schien.

Der Bedeutungsrückgang der deutschen Wirtschaft wurde nicht durch vergleichbar spektakuläre Vorgänge markiert. Die Entwicklungen zumindest im Verlauf des letzten Jahrzehnts haben aber erkennen lassen, dass Deutschland von einigen seiner Wirtschaftspartner in Bezug auf wichtige Kennziffern überflügelt wird und bei maßgeblichen weltwirtschaftlichen und regionalwirtschaftlichen Belangen weniger als bisher in der Lage ist, Initiativen zu ergreifen und durchzusetzen.

Die Gründe für die in Japan und Deutschland zu beobachtende nachlassende Wettbewerbsstärke und der Verlust an Führungskraft sind zum Teil ganz unterschiedlich, ebenfalls ihre Symptome. So werden Japans Probleme auf die Entwicklungserfolge zunächst Südkoreas und Taiwans und inzwischen Chinas zurückgeführt, das angefangen vom Textilsektor über die Schwerindustrie bis hin zur Informationstechnologie und Biotechnologie Wettbewerbsstärken entwickelt. Es wird gesagt, dass Japan wegen bestimmter überkommener japanspezifischer Strukturen, wozu auch eine hohe staatliche Regelungsdichte gehört, nicht in der Lage sei, neue zukunftsträchtige Bereiche zu entwickeln. In Deutschland werden neben bürokratischen Strukturen vor allem die großen Lasten der Wiedervereinigung und das übermäßige Gewicht der sozialen Komponente als Probleme angesehen. Hinzu kommen als Folge der Währungsunion die Aufgabe der nationalen geldpolitischen Autonomie und damit auch teilweise der konjunkturpolitischen Souveränität.

Gemeinsam ist beiden Ländern zwar eine immer noch beachtliche komparative Stärke im Industriesektor. Diese sei in einer weltwirtschaftlichen Phase, in der ehemalige Entwicklungsländer zunehmend konkurrenzfähig werden und Industrieländer sich neue Branchen und Sektoren erschließen, allerdings nicht mehr unbedingt Basis für eine weltwirtschaftliche Führungsmacht. Dagegen haben die USA, von deren Industrieprodukten, wie es manchmal heißt, qualitätsbewusste Ausländer lediglich Flugzeuge kaufen würden, und Großbritannien, wo vor kurzem mit Rover eine der letzten englischen Automobilmarken an chinesische Unternehmer verkauft wurde, neben bestimmten High-tech Branchen ihre Kompetenzen vor allem im internationalen Finanzbereich entwickelt. Japanische Finanzinstitute indessen, denen erst kürzlich die Konsolidierung gelang, hatten dagegen sogar Schwierigkeiten, innerhalb Japans die an ein Bankensystem gestellten Aufgaben zu erfüllen. In Deutschland weisen Produktionsunternehmen trotz ihrer technologischen Überlegenheit generell in bestimmten Bereichen, die weltweit als Wachstumsbranchen gelten, Schwächen auf. Finanzinstitute beginnen, sich an angloamerikanischen Konzepten zu orientieren, um ihre Wettbewerbsfähigkeit zu erhöhen.

Von Japan und Deutschland werden daher nur mehr begrenzt Initiativen bei der Wahrnehmung von Führungsaufgaben bei der regionalen wirtschaftlichen Integration, bei der Währungsintegration und bei ordnungspolitischen Fragestellungen seitens der Wirtschaftspartner erwartet. Zuweilen wird es sogar bereits als Erfolg angesehen, wenn sie ihre binnenwirtschaftlichen Probleme in den Griff bekommen und in technologischen Spitzenbereichen Kompetenzen aufbauen, um ohne größere wirtschaftliche und gesellschaftliche Reibungsverluste ihre Produktion in „veralteten“ Produktionszweigen aufgeben. Erst dann könnten sie wieder eine wichtige Rolle bei der Regelung regionalwirtschaftlicher und weltwirtschaftlicher Aufgaben übernehmen.

Vor diesem Hintergrund fokussiert die vorliegende Schrift ausgewählte, in Japan und Deutschland ergriffene Maßnahmen zur Neupositionierung in der asiatischen Region und in der Europäischen Union. Fragen der weltwirtschaftlichen Integration generell und der Rolle Japans bei Integrationsprozessen im asiatischen Raum werden von Hisashi Watanabe behandelt. Wichtige Aspekte der währungspolitischen Integration und der Finanzmarktintegration in der EU untersuchen Wim Kösters, Jörg Thieme und Andreas Wiesner. Problemen im Zusammenhang mit der in Japan als Folge der Globalisierung befürchteten Deindustrialisierung wendet sich Shuichi Yatsubayashi zu. Weil von einer Deindustrialisierung in erster Linie der Arbeitsmarkt betroffen ist, untersuchen Sachio Imakubo entsprechende Auswirkungen der Globalisierung in Japan und Artur Woll in Deutschland. Die Wachstumserfolge ehemaliger Entwicklungsländer, vor allem Chinas und zunehmend auch Indiens, tragen zur Änderung der weltwirtschaftlichen Angebotsstrukturen und Nachfragestrukturen bei. In diesem Zusammenhang untersuchen Johzen Takeuchi, Günter Heiduk und Christian Schabbel entsprechende Auswirkungen und Strategien in ausgewählten Bereichen Japans und Deutschlands. Johzen Takeuchi fokussiert den Aufbau von Netzwerken japanischer Automobilproduzenten in China, Günter Heiduk und Christian Schabbel Strategien zur Energie- und Rohstoffsicherung Deutschlands. Ausführungen zur ordnungspolitischen Umorientierung in Japan und Deutschland bilden den Abschluss dieses Tagungsbandes. Takafumi Kurosawa befasst sich mit industriepolitischen Konzepten und Unternehmensstrukturen Japans. Klaus-Jochen Kecker und Wolfgang Klenner untersuchen die Frage, ob ordnungspolitische Sonderheiten Japans inzwischen als Hemmschuh wirken oder doch noch Wettbewerbsvorteile bergen.

Wolfgang Klenner

Die Herausgeber danken der Fritz Thyssen Stiftung für Wissenschaftsförderung für die großzügige Unterstützung des Vorhabens, dem Förderverein japanisch-deutscher Kulturbeziehungen e.V. Köln (JaDe) für die Bezuschussung der Drucklegung und Frau Sabine Naito für die Vorbereitung der Druckvorlage.

Die Rolle Japans und Deutschlands bei Integrationsprozessen im ostasiatischen Raum und in Europa

Hisashi Watanabe[1]

1. Einleitung

a. Terminologie

Seit Januar 2002, als der Exministerpräsident Koizumi in Singapur seinen Entwurf einer *East Asian Community* veröffentlichte, die aus den ASEAN 10 und Nordostasien 3 (*Japan*, *Korea* und *China*) bestehen solle, ist diese Idee auf der außenpolitischen Tagesordnung in Ostasien. Dann im Mai desselben Jahres nannte Koizumi auch noch Ozeanien 2 (*Australien* und *Neuseeland*) als weitere mögliche Mitglieder der *EAC*. Ist der Umfang von *Ostasien* dabei zutreffend konturiert? Ist der Gebrauch von *Community* keine leichtsinnige Anlehnung an die Europäische Gemeinschaft? Daher sind Ostasien und die damit zusammenhängenden regionalen Begriffe vom geschichtlich-geographischen Gesichtspunkt aus zunächst zu erörtern.

aa. Südostasien

Im Allgemeinen ist es wohl leichter, sich an Grenzen als an Inhalten zu orientieren, um die Regionalität eines transnationalen Großraums zu begreifen. Dies ist der Fall bei *Europa*. Allerdings sind die Grenzen Europas immer fließend gewesen. Historisch gesehen gibt es immer mehr oder weniger breite Übergangszonen zwischen den Peripherien Europas und außereuropäischen Räumen. Heutzutage spielt die Mitgliedschaft der EU die Rolle eines de facto- bzw. Ersatzbegriffs für Zugehörigkeit zu Europa. Daher bemüht sich ein peripherisches Land wie die Türkei um die Mitgliedschaft in der EG/EU, vor allem, um seine Identität als Teil der europäischen Gesellschaft zu bestätigen.

Gleichfalls gilt die Aggregation der Territorien der Mitgliedstaaten der ASEAN, *Association of South-East Asian Nations*, derzeit als der de facto-Region *Südostasien*. Sicher klingt es etwas paradox, dass der Raum *Südostasien* klarer zu konturieren ist als seine anscheinenden Oberbegriffe *Asien* bzw. *Ostasien*. In diesem Sinne gilt *Südostasien* keineswegs als Teilbegriff der letzteren.

---

1 Tokyo Keizai University

Die Bezeichnung *Südostasien* entstand in den 1960er Jahren, als die ASEAN im Zusammenhang mit den zunehmenden Spannungen als Folge des Vietnamkriegs im Jahre 1967 zunächst für soziale und wirtschaftliche Zusammenarbeit unter fünf Staaten, *Indonesien*, *Malaysia*, *Philippinen*, *Singapur* und *Thailand*, gegründet wurde. Dann, in den 1980/90er Jahren traten *Brunei*, *Vietnam*, *Laos*, *Myanmar* und *Kambodscha* hintereinander der ASEAN bei. Unter den heutigen zehn Mitgliedstaaten errichteten neun Staaten, mit Ausnahme Thailands, ihre nationalstaatlichen Bauwerke auf der gemeinsamen geschichtlichen Grundlage der ehemaligen Kolonien Großbritanniens, der Niederlande, Frankreichs, Portugals und der USA.

Seit 1992 geht der Gestaltungsprozess einer Freihandelszone im Rahmen des AFTA, *ASEAN Free Trade Area*, schrittweise vor sich. 2003 wurde das Konzept der AEC, *ASEAN Economic Community*, vorgestellt. Darüber hinaus besteht das ARF, das *ASEAN Regional Forum*, seit 1993 als ein multilaterales Beratungssystem für regionale Sicherheit, womit insbesondere der zunehmende politische Einfluss Chinas auf den südostasiatischen Raum gedämpft werden soll. Da aber nicht nur die ASEAN 10, sondern auch *Japan*, *Korea*, *China*, *die Mongolei*, *Nordkorea*, *Papua Neuguinea* und *Indien* Mitglieder des ARF sind, umfasst dieses Forum de facto den ganzen ostasiatischen Raum im geographischen Sinne. Außerdem sind die außerasiatischen Staaten wie *die USA*, *Kanada*, *Russland*, *Australien* und *Neuseeland* und sogar der UNDP und die EU Mitglieder des ARF. Daher ist das ARF kaum als eine regionale Organisation im eigentlichen Sinne anzusehen.

Überdies besteht seit 1989 die APEC, *Asia-Pacific Economic Cooperation Conference* als eine zwischenstaatliche Beratungsorganisation, die nun 21 Länder zu ihren Mitgliedern zählt, nämlich ASEAN 7(außer *Laos*, *Kambodscha* und *Myanmar*), Ozeanien 3 (*Australien*, *Neuseeland* und *Papua Neuguinea*), Nordostasien 6 (*Hong Kong*, *Taiwan*, *Japan*, *Korea*, *China* und *Russland*) und Nord- und Südamerika 5 (*die USA*, *Kanada*, *Mexiko*, *Peru* und *Chile*). In der Bogor-Erklärung im Jahre 1994 wurde zum Ziel gesetzt, dass die entwickelten Länder bis 2010 und die Entwicklungsländer bis 2020 ihren intraregionalen Außenhandel und die Auslandsinvestitionen liberalisieren. Wenn auch der ASEAN-Raum im Rahmen der APEC nur als eine Subregion des transpazifischen Großraums gilt, ist zu unterstreichen, dass der erstere geopolitisch eben am Stützpunkt des letzteren liegt.

Ferner ist die ASEM, das *Asia-Europe Meeting*, von Bedeutung, die 1996 entstand und nun aus den ASEAN 10, Nordostasien 3, den EU 25 und der EU besteht. Zunächst fand sie Beachtung als das erste bilaterale Dialogforum für die Partnerschaft zwischen den ehemaligen souveränen Staaten Europas und ihren Kolonien Südostasiens. Nach den ostasiatischen Währungskrisen 1997/98 aber scheint die europäische Seite ihr indessen ihr aktives Interesse an diesem Forum verloren zu haben. Hierfür bietet sich ihr ein guter Vorwand, nämlich die Missachtung der Menschenrechte durch die Militärregierung Myanmars.

Immerhin ist nicht zu verleugnen, dass die ASEAN gegenwärtig als die einzige aussichtsreiche multilaterale Organisation im asiatischen Raum überhaupt gilt, die eine gewisse transnationale Zentripetalkraft schon ausübt. Die Kumulation der Erfahrungen der Koexistenz unterschiedlicher soziokultureller Regionen hat wesentlich dazu beigetragen, den Raum *Südostasien* mit einer gewissen Kohäsivität einer integrierten Großregion zu versehen, wenn auch lokale religiöse Spannungen, terroristische Grausamkeiten, Widerstände der Minoritäten und nicht zuletzt die harte Innenpolitik der Militärregierurg Myanmars zu alltäglichen Ereignissen gehören.

Der ASEAN folgen zwei regionale Fora. 1971 wurde das SPF, *South Pacific Forum*, errichtet, das im Jahre 2000 in PIF, *Pacific Islands Forum*, umbenannt wurde. Derzeit umfasst es 16 ozeanische Mitgliedstaaten einschließlich *Australien*, *Neuseeland* und *Papua Neuguinea.* Da die sehr kleinen südpazifischen Inselländer wirtschaftlich noch kaum diejenige Stufe erreicht haben, worin sie mit den beiden entwickelten Ländern zusammen einen dynamischen Wirtschaftsraum gestalten könnten, richtet sich dieser Raum immer mehr nach den Interdependenzen zu Südostasien. So belief sich z. B. in der regionalen Struktur des Außenhandels Australiens im Jahre 2005 der Anteil Asiens an den Ausfuhren 61,7% und an den Einfuhren 47,3%. Der Anteil Neuseelands war noch nicht so hoch wie bei der Australiens, immerhin betragen die beiden Anteile schon je ein Drittel. Überdies schloss Neuseeland 2005 die *Trans-Pacific Strategic Economic Partnership* mit Singapur, Brunei und Chile (MEI, 2006, S. 69 u. 71). Wenn auch die regionale Zugehörigkeit von *Australien*, *Neuseeland* und den anderen südpazifischen Inselstaaten noch offen ist, könnte der ozeanische Raum auch als zur Kategorie des *Asiens* bzw. *Ostasiens* im größeren Sinne gehörend angesehen werden, weil der Begriff *Asien* noch fließend ist.

Überdies besteht auch im indisch-ozeanischen Raum seit 1985 eine Institution für regionale Zusammenarbeit, die SAARC, *South Asian Association for Regional Cooperation*, die *Indien*, *Pakistan* und andere fünf benachbarte Staaten umfasst. In ihrem Rahmen ist die SAFTA, *South Asian Free Trade Association*, im Jahr 2006 gegründet worden.

Wie schon erwähnt, ist die Perspektive der raumkonzeptionellen Fusion von *Ostasien*, *Südasien* und *Ozeanien* im Zusammenhang mit dem Koizumi-Plan im Jahre 2002 aktuell geworden. In Dezember 2005 wurde die erste Gipfel-Konferenz, EAS, *East Asian Summit*, von 16 Staats- und Regierungschefs der ASEAN plus 3 plus 2 plus 1 (*Indien*) in Kuala Lumpur veranstaltet. Dort wurden die ASEAN plus 3 als das *Hauptmittel* und die EAS als die eine *wichtige Rolle spielende* Organisation als Ziel der Gestaltung der *Ostasiatischen Gemeinschaft* bestätigt. Danach stellte der MEI-Minister Nikai der Koizumi-Regierung in August 2006 in Kuala Lumpur die Konzeption eines *East-Asian Economic Partnership Agreements* unter 16 Staaten vor, die als erste Stufe des Prozesses in Richtung Ostasiatische Gemeinschaft gelten solle. Auf diesem Wege ist Ozeanien in der Großregion Ostasiens ideell gewissermaßen inbegriffen.

ab. Nordostasien

Von *Nordostasien* ist seit den 1990er Jahren, also erst nach dem Ende des Kalten Kriegs, die Rede. Geographisch umfasst *Nordostasien Japan, Süd- und Nordkorea, China, Taiwan, die Mongolei* und einen Teil *Russlands*. Da es diesem Raum aber nicht nur an irgendeiner gemeinsamen geschichtlichen Grundlage wie in *Südostasien* fehlt, sondern auch sicherheitspolitisches Misstrauen und Feindseligkeiten einer soliden Raumgestaltung im Wege stehen, bleibt *Nordostasien* nur eine nominelle geographische Bezeichnung für einen zerrissenen und spannungsvollen Raum. Obgleich dieser Raum vom globalen Gesichtspunkt aus heutzutage für den unumstrittenen wirtschaftlichen Schwerpunkt zu halten ist, fällt es der dortigen Triade, *Japan*, *Korea* und *China*, ironischerweise nicht leicht, ohne Rückgriff auf die ASEAN miteinander auszukommen. Beim schon wohlbekannten Begriff *ASEAN plus Drei* gelten *Drei* immer als Gäste, keineswegs als Gastgeber, obwohl jeder Staat der ASEAN 10 wirtschaftlich mit einem der *Drei* kaum zu vergleichen ist. In diesem Sinne gilt die ASEAN heutzutage als das *Kern-Ostasien.*

ac. Asien bzw. Ostasien

im Folgenden geht es um die Begriffe *Asien* bzw. *Ostasien*, die keineswegs eindeutig sind. Bei der Untersuchung des terminologischen Wandels ist vor allem zu berücksichtigen, dass *Asien* keine endogene Selbstbenennung ist, sondern ein exogenes Wort, das dem europäischen Wortschatz entlehnt wurde. 1602 veröffentlichte *Matteo Ricci*, ein Jesuit, in Beijing den allerersten Weltatlas mit chinesischen Schriftzeichen. Dabei wurde *Asia* dem Laut nach übersetzt (heute *Yazhou*). Anfang des 18. Jahrhunderts lernten auch Japaner diese aus dem Westen stammende Großraumbezeichnung kennen, und der entsprechende Begriff *Ajia,* auf Japanisch, war spätestens bis in die 1870er Jahre bekannt geworden. Damals galt *Ajia* nicht als rein geographischer Begriff, sondern eher als Gegenbegriff zu *Yooroppa* (Entlehnung aus Niederländisch: *Europa*) bzw. *Seiyou* (Westen) (Fukuzawa, 1875 u. 1885).

Auf der anderen Seite gibt es eine Reihe von Wissenschaftlern, von denen hier nur *Watsuji*(1935), *Umezao*(1967) und *Matsuda*(1971) zu erwähnen, die vom geographisch-ökologischen Gesichtspunkt aus die angebliche Existenz eines einzigen Asiens nicht anerkannten und sie für ideologische Einbildung hielten. Sie kritisierten die stereotypische die *Europa-Asien*-Dichotomie und betrachten den eurasiatischen Kontinent als einen Komplex, der aus nicht wenigen Subregionen von gleichem kulturhistorischem Rang besteht.

Allerdings fehlt es in *Asien* nicht an einer endogenen Eigenbenennung. In China entstand *Dongyang* ursprünglich als Peripheriebegriff, der wörtlich *Östlicher Ozean* bedeutete. Eigentlich wurde dieses Wort als Raumbezeichnung für den östlichen Teil des heutigen Südostasiens bzw. dasjenige Gebiet gebraucht, das östlich von China liegt. China selbst gehörte nicht zum *Dongyang*, da China im Bewusstsein der Chinesen immer das Reich der Mitte der Welt bleiben sollte, was darauf schließen lässt, dass es unter Chinesen eben ihrer hierarchischen Weltanschauung wegen keine umfassende Raumvorstellung des ganzen (Ost-) Asiens gab.

In Japan dagegen wurde *Touyou*, Entlehnung aus *Dongyang*, spätestens seit Anfang des 18. Jahrhunderts als Gegenbegriff von *Seiyou*, dem Westen, gebraucht, vor dem Hintergrund eines gewissen Krisenbewusstseins in Anbetracht des Vorrückens der westlichen Mächte in den Osten. Daher schloss *Touyou* in der japanischen Vorstellung von Anfang an sowohl Japan als auch China ein. Es waren Japaner, die diesen aus China stammenden Großraum-Begriff als denjenigen für den Osten verwendeten. Damit machten Japaner die beiden Begriffe, *Ajia* und *Touyou*, fast gleichbedeutend, und auf diesem Wege relativierten sie den *sinozentrischen Kulturalismus*, die traditionelle hierarchische Weltordnung der Chinesen, hier später eingehend erörtert wird. Einst schrieb *Okakura*, der als unumstrittener Bahnbrecher in der modernen Kunstgeschichte Japans gilt, ein Buch, dessen Titel *The Ideals of the East* (1903) heißt und das mit den Worten: *Asia is One* beginnt. Natürlich verwies seine These auf keine Realität, es ging ihm um ein patriotisches und panasiatisches Postulat. Daher sollte er genauer formulieren: *Asia be One.* Immerhin wollte er dabei eine ethische und ästhetische Gemeinschaft in *Touyou* schaffen, insbesondere durch die gleichberechtigte Zusammenarbeit von Japanern, Chinesen und Indern. Sein Idealismus hatte mit einer hegemonialen Denkweise nichts zu tun.

Etwa symmetrisch mit der Asien-Vorstellung der Europäer umfasst *Seiyou* als Gegenbegriff von *Touyou* in der Vorstellung der Japaner sowohl Europa als auch Nordamerika. Inzwischen aber erwies es sich als unrealistisch, die USA als westlich von Europa liegend, etwa als *Fernwesten* bzw. *Hintereuropa*, bzw. als eine untrennbare Komponente des euro-amerikanischen Komplexes anzusehen. Vor allem als Folge der raschen Entwicklung des amerikanischen Marinensystems im

Pazifik liegen die USA nicht mehr im Westen, sondern im Osten von Ostasien. Tatsächlich aktivierten sie ihre Asienpolitik von ihrer eigenen Interessenlage aus, insbesondere aus Anlass der Besitznahme der Philippinen als Beute des gewonnenen amerikanisch-spanischen Kriegs im Jahre 1898. Daher war in der Außenpolitik Japans kaum mehr von *Touyou*, sondern von *Ajia* bzw. *Toua* (Verkürzung von *Higashi-Ajia*[Ostasien]) die Rede.

Um die Jahrhundertwende, nämlich in der Periode zwischen den beiden gewonnenen Kriegen gegen das Qing-Reich 1894/95 und Russland 1904/05 vollzog Japan sehr rasch seine Industrielle Revolution. Angesichts neuer Konstellationen änderte sich die Bedeutung von *Ajia* bzw. *Toua*. Dieses Wort nahm nunmehr hegemoniale Färbung an. Wohl gelten die Forderungen mit 21 Artikeln seitens Japans an die neugeborene Republik China kurz nach dem Ausbruch des Ersten Weltkrieges als Wasserscheide in der modernen Geschichte der japanisch-chinesischen Beziehung. Nun wollte sich der *Ajiashugi*(Asiatismus) in Japan nicht nur gegen die euro-amerikanische Weltherrschaft behaupten, sondern auch die Hegemonie Japans innerhalb des ostasiatischen Raums herstellen. In der Taisho-Ära (1912-26) bezog man sich auf *Ajiashugi,* um die Invasionen Japans ins asiatische Festland zu rechtfertigen.

Dabei entwickelte sich die Bedeutung von *Toua* im Zusammenhang mit der Dynamik der Zeitgeschichte im ostasiatischen Raum. Seit den 1930er Jahren bedeutete *Toua* de facto Nordostasien. 1938, im nächsten Jahr des Ausbruchs des japanisch-chinesischen Kriegs, wurde ein neuer Plan *Toua Shinchitsujo* (Neue Ordnung Ostasiens) von der japanischen Regierung entworfen, der sich auf Japan mit dem von ihm annektierten Taiwan und Korea, sein Protektorat Manzhouguo und China zusammen beziehen sollte. Dann, 1939, wurde *Daitoua* (Großostasien) ein außenpolitisches Schlagwort, das nun Nordostasien und Südostasien als ein Ganzes umfasste. Schließlich wurde 1940 die Gestaltung des *Daitoua Kyoueiken* (des großostasiatischen Wohlstandsraums) Ziel der Expansionspolitik Japans. 1941 wurde der eben erklärte Krieg gegen die USA und Großbritannien mit dem japanisch-chinesischen Krieg seit 1937 begrifflich zusammengefasst und *Daitoua Sensou* (der Großostasiatische Krieg) genannt. Bis zum Jahre 1945 also war *Ajia* mit der Bezeichnung *Daitoua* für das japanische Volk identisch.

Nach der Kapitulation Japans aber verlor *Toua* bzw. *Daitoua* seinen begrifflichen Inhalt. *Higashiajia* blieb nun nur noch als geographische Bezeichnung übrig. Als aber die OECD nach der ersten Ölkrise 1978 die Kategorie NICs, *Newly Industrializing Countries* (seit 1988 NIEs, *Newly Industrializing Economies*) einführte, wurde Interesse an der wirtschaftlichen Dynamik Ostasiens in der Weltöffentlichkeit geweckt. Auf diese Weise kam das Wort *Higashiajia,* statt *Toua,* in Japan allmählich in Mode. Seit Ende der 1980er Jahre werden zahlreiche wissenschaftliche Werke veröffentlicht, deren Titel *Higashiajia* enthalten. Seit 1993 besteht eine Arbeitsgemeinschaft für die Erforschung des ostasiatischen Raums (Nakamura, 2001). Demnach ist *Higashiajia* erst seit zwei Jahrzehnten ein Begriff in Japan. Es fehlte aber noch an einem institutionellen Rahmen.

Als der damalige malaysische Ministerpräsident Mahatir 1990 die EAEG, *East Asian Economic Grouping* (dann umbenannt EAEC, *East Asian Economic Caucus*), konzipierte, erhielt *Ostasien* wohl wieder ein gewisses internationales Gewicht. Wegen barscher Opposition seitens der USA und der negativen Haltung Japans aber scheiterte der Mahatir-Entwurf zunächst einmal. Als die Situation sich angesichts der Währungskrise 1997/98 in Ostasien drastisch wandelte, belebte sich die Mahatirsche Idee aufs Neue, indem die ostasiatischen Staaten sich nun darauf einigten, Mechanismen für eine intra-asiatische währungspolitische Kooperation aufzubauen. In Mai 2000 wurde auf die Chiang Mai-Initiative hin das Abkommen für Währungsswaps unter den ASEAN 10 plus 3 geschlossen, womit ein institutioneller Rahmen für die EAEC-Konzeption von Mahatir de facto zur Verwirklichung kam. Also hat *Ostasien* in institutioneller Hinsicht nur eine kurze Geschichte.

Derzeit nehmen die Spannungen zwischen Japan und China um die Initiative bei der Raumgestaltung *Ostasiens* zu. Daher ist es völlig offen, ob *Ostasien* in absehbarer Zukunft zu einem Raum mit einer gewissen Substanz heranreifen kann. Deswegen wird *Ostasien* hier zunächst nur als geographische Bezeichnung und als Sammelbegriff für *Südostasien* und *Nordostasien* gebraucht.

ad. Regionale Integration

Der Begriff *regionale Integration* besteht aus zwei Komponenten, *Region* und *Integration*, die beiden kaum eindeutig zu definieren sind. Daher wäre es wohl zweckmäßig, zunächst wesentliche Aspekte der beiden an Grundkriterien zu überprüfen.

Struktur: Eine Region kann als ein historischer Raum mit eigener Individualität bzw. Regionalität definiert werden. Paradoxerweise baut sich eine Region als solche auf mehrschichtigen Einsatzstrukturen auf. Daher kann regionale Dynamik zwei Vektoren haben, einerseits den Vektor, der den Zusammenschluss angrenzender Regionen zu einer Oberregion erfasst, andererseits den Vektor, der die Zerlegung einer Region in Unterregionen widerspiegelt. Der erstere gilt als regionale *Integration* und der letztere als regionale *Differenzierung*. Hier geht es um den ersteren.

Motiv: Um Integrationsprozesse effektiv voranschreiten zu lassen, ist eine Integrationsidee unentbehrlich. Diese muss von den Anliegerregionen geteilt werden. Ferner müssen die sachlichen Initialkonditionen vorhanden sein, unter denen ein Integrationsprozess wirklichen Anlauf nehmen kann. Wenn die Integrationsidee nur mangelhaft konzipiert ist oder die Anliegerregionen sie nicht teilen oder wenn sachliche Initialkonditionen nicht ausreichend vorhanden sind, scheitert der Integrationsprozess vor oder nach seinem Anlauf.

Prozess: Auch wenn subjektive und objektive Initialkonditionen hinreichend vorhanden sind, stehen die unterschiedlichen Regionalitäten der Anliegerregionen immer im Wege. Dies erschwert, dass sie miteinander Schritt halten. Wenn ein Integrationsprozess nur graduell vor sich geht, indem er Steine des Anstoßes jeweils sorgfältig beseitigt, könnte das Ziel erreicht werden. Bei übereilter Integration dagegen wirkt dieser Prozess auf die zunächst nur scheinbar erreichte Integration negativ nach.

Modus: Wenn ein Integrationsprozess unter gleichgestellten Regionen vor sich geht, kann die erzielte Integration stabiler bleiben. Wenn er demgegenüber von einer einzigen bzw. nur wenigen überlegenen Regionen forciert wird, gilt er eher als Einverleibung der angrenzenden unterlegenen Regionen durch die erstere(n), so dass die neu gestaltete Region von intraregionalen vertikalen Verhältnissen geprägt wird. Diese strukturelle Schwäche könnte unter Umständen die einmal erreichte Integration gefährden.

Ergebnis: Auch wenn eine neue Region als provisorisches Ergebnis des Integrationsprozesses gestaltet ist, bleibt es offen, ob sie zu einer eigentlichen Region als einem historischen Individuum heranreifen könnte. In diesem Sinne bleibt die neu gestaltete Region zunächst nur eine *Quasi-Region*. Erst wenn sich eine Struktur etabliert hat, bei der die Zentripetalkraft der Zentrifugalkraft überlegen ist, kann das Provisorische die eigentliche Region werden. Sonst schwebt die Quasi-Region immer in Gefahr, sich früher oder später in kleinere Teilregionen wieder zu zersetzen. Das ist z.B. der Fall bei Jugoslawien nach dem Tod Titos.

b. Fragestellung: Könnte die EG-Integration das Modell für eine ostasiatische Integration sein?

Nach der terminologischen Vorbereitung befasst sich der Verfasser mit der Problematik einer Integration *Ostasiens* im Vergleich mit der EG. Wenn auch die wirtschaftliche Integration des ostasiatischen Raums um die Jahrhundertwende ein gemeinsames außenpolitisches Schlagwort wurde, kann man sie doch nicht einfach für ein angesichts der Währungskrise anzuwendendes Rettungsmittel halten. Dabei wirkten verschiedene Aspekte der globalen Dynamik seit den 1980er Jahren zusammen. Sie resultierten vor allem in jener dramatischen Entwicklung der japanischen Direktinvestitionen in Südostasien, die als *Historic Japanese Opportunity* gehalten wurden (Aoki, 2006, S.28-29), in der langfristigen Flaute der japanischen Wirtschaft in den 1990er Jahren, in der dazu einen

Kontrast bildenden dauerhaften Hochkonjunktur der amerikanischen Wirtschaft, dem atemraubenden Emporkommen der chinesischen Wirtschaft und nicht zuletzt der fortschreitenden EG/EU-Integration.

In der Öffentlichkeit Ostasiens scheinen in diesen Jahren die EG/EU und die NAFTA selbstverständlich als Modelle für eine wirtschaftliche Integration Ostasiens zu gelten. Da die NAFTA eigentlich als ein Gegengewicht zur EG konzipiert wurde, gilt die EG als der Prototyp der wirtschaftlichen Integration von globalem Belang nach dem Zweiten Weltkrieg. Daher sind zunächst die Initialkonditionen, die die EG ins Leben riefen, anhand der oben erwähnten Kriterien zu überprüfen, damit die Chancen einer wirtschaftlichen Integration Ostasiens im Vergleich mit den Erfahrungen des europäischen Vorläufers untersucht werden können.

2. Die raumsystemische Bedeutung der EG-Integration

a. Motiv

aa. Gleichgewicht zwischen den französischen und den deutschen Interessen

Es muss vor allem die abgedroschene, aber grundlegende Frage aufs Neue gestellt werden, warum eine westeuropäische Wirtschaftsintegration nach dem Zweiten Weltkrieg gefordert wurde. Der direkte Vorläufer der EG-Integration, die EGKS, war wiederum der Nachfolger der IRB, der *Internationalen Ruhrbehörde*, die kraft des Ruhrstatuts 1949 geschaffen wurde. Die IRB war eine Institution, die insbesondere aus sicherheitspolitischen Interessen von Frankreich und den Benelux-Ländern gegründet wurde. Der neugeborenen BRD sollte ihre „Steinkohlesouveränität" entzogen und die westdeutsche Schwerindustrie unter supranationale Kontrolle gestellt werden, um einer militärischen Wiederbelebung Deutschlands wirksam vorzubeugen. Da die damalige angloamerikanische Hegemonie in Westeuropa aber, insbesondere vom französischen Gesichtspunkt aus, für die Nutzung der IRB im Wege zu stehen schien, sah Frankreich in der EGKS eine angemessenere Form für die französische Initiative zur Sicherheitspolitik gegen Deutschland.

Andererseits befand sich die BRD gerade an der Front des Kalten Krieges. Daher war es ihr außenpolitisches Postulat, die Westgrenze an Frankreich auf alle Kosten zu entspannen, damit sie ihrem geopolitischen Engpass, jener fatalen „zweifrontalen-Konstellation" des Deutschen Reichs, endgültig entkommen kann.

ab. Initialkonditionen

Im Folgenden geht es um die von der ersten abgeleitete Frage, was für Gegebenheiten die EG-Integration ermöglichten? Zunächst sind folgende Punkte zu nennen.

Erstens hatten Frankreich und Deutschland seit dem absolutistischen Zeitalter intermittierend gegeneinander Kriege geführt und wiederholt gegenseitig Siege und Niederlagen erfahren. Mit der Kapitulation des Deutschen Reichs 1945 erreichte diese *historische Reziprozität* wohl einen Gleichgewichtspunkt. Das Bewusstsein, das die beiden Nationen nunmehr wohl miteinander teilten, hatte sicher jenes *Versöhnungswunder* zwischen den beiden geschworenen Feinden erleichtert.

Zweitens dürften die Erkenntnisse, dass sich Frankreich und die BRD, die im Vergleich mit dem alten Reich wesentlich geschrumpft war, sowohl demographisch als auch wirtschaftlich einander näherten, wie es in der Neuzeit nie stattgefunden hatte, sicher dazu beigetragen haben, die beiden Nachbarnationen zur Versöhnung anzuregen und damit den Wandel von der französischen de facto-Besatzungspolitik gegenüber der BRD in die Integrationspolitik im eigentlichen Sinne zu veranlassen. Die Metamorphose der bilateralen Spannung zeigte sich zunächst durch den Abschluss des Elysée-Vertrags im Jahre 1963, wenn auch dieses spektakuläre Politikum doch eher für eine gemeinsame Investition der beiden Gründungsväter der französisch-deutschen Achse, De Gaulle und Adenauer, zu halten ist.

Drittens verlor die Steinkohle als Folge der weltweiten Energierevolution in der zweiten Hälfte der 1950er Jahre ihre Bedeutung als unentbehrliche militärisch-strategische Ressource, was die endgültige Lösung der Saarfrage ermöglichte, die in der Zeitgeschichte der deutsch-französischen Beziehung immer als Dorn gegolten hatte.

Viertens ist die Rolle, die die Benelux-Länder im Prozess der EG-Integration spielten, kaum zu unterschätzen. Die EWG konnte sowohl von den Erfahrungen der EGKS als auch von den bahnbrechenden Leistungen der wirtschaftlichen Integration unter kleineren Ländern viel lernen. Schon 1922 entstand die UEBL, *Union économique belgo-luxembourgeoise*, die 1948, also nach einem Vierteljahrhundert, der BENELUX-Zollverein wurde. Durch den vorangehenden Integrationsprozess hatte sich nicht weniges Know-how bezüglich der wirtschaftlichen Integration unter den Benelux-Ländern kumuliert, womit sie nun die doppelte Rolle sowohl als Geburtshelferin der EWG als auch als Verbindungsrohr zwischen den beiden Mächten Frankreich und der BRD spielen konnten.

Fünftens wirkte sich die strategische Einstellung der USA zu einer westeuropäischen Integration als Gegengewicht zur Machtanschwellung der Sowjetunion für die Gründung der EWG förderlich aus. Angesichts des drastischen Wandels der Weltkonstellation anlässlich des Ausbruchs des Korea-Kriegs im Jahre 1950 brauchte die USA nun ein starkes Westeuropa einschließlich der BRD. Daher galt eine wirtschaftliche Integration Westeuropas auch von der Interessenlage der USA her nicht nur als zulässig, sondern auch als wünschenswert.

Nicht zuletzt wäre zu unterstreichen, dass sich die Idee einer Europäischen Integration nach dem Zweiten Weltkrieg wohl effektiver als nach dem ersten Weltkrieg auswirken konnte. In der Neuzeit waren verschiedene Ströme der Integrationsideen Europas zuweilen nebeneinander, zuweilen zusammengeflossen. Überdies ist die kirchliche Grundlage, in der damaligen Situation insbesondere diejenige des Katholizismus, nicht außer Acht zu lassen. In dieser Hinsicht hat Italien sicher nicht nur als der andere zuverlässige Pufferstaat zwischen den beiden Großen neben den Benelux-Ländern, sondern auch als ein kulturhistorisches Pfand für die westeuropäische Integration einen unersetzbaren Beitrag geleistet. Die EWG konnte auf diese Weise zunächst als eine relativ homogene Glaubensgemeinschaft anlaufen. Ferner waren die weltlich-aufklärerischen Gedankengüter wie Aufrechthaltung des Friedens und Integration Europas, etwa wie von *Kant*, *Saint-Simon*, *List*, *Briand*, *Coudenhove-Kalergie* und *Spinelli* formuliert, von Belang.

b. Prozess

Gerade im Jahre 2002, als die 12 Mitgliedstaaten der EG die einheitliche Währung, den Euro, nun völlig einführten, war die Zeit der EGKS, des jüngsten Vorläufers der EWG, abgelaufen. Der fast 50jährige Prozess von der wirtschaftsinstitutionellen zur wirtschaftspolitischen Integration mit westeuropäischer Dimension könnte wohl mit der deutschen Reichsgründung im 19. Jahrhundert verglichen werden. Die letztere begann mit einer Reform des Binnenzollsystems Preußens 1818, über die Gründung des Deutschen Zollvereins 1834, die Bildung des Norddeutschen Bundes 1867, die Reichsgründung 1871 und die Errichtung der Deutschen Reichsbank 1876. Sie erreichte endgültig ihr Ziel 1888, als die beiden Stadtstaaten Hamburg und Bremen dem Zollvereinsgebiet beitraten. Also gingen Erweiterung und Vertiefung der deutschen Integration im 19. Jahrhundert schrittweise und wechselseitig fördernd voran, deren Prozess eben 70 Jahre brauchte. Sogar drei Benelux-Länder brauchten 40 Jahre von der Gründung der *UEBL* bis zur Vollendung ihrer Wirtschaftsunion, *Union Économique Benelux*, im Jahr 1960. Daher dürfte es kein Wunder sein, wenn die EG/EU-Integration bis zur endgültigen Raumgestaltung ein Jahrhundert benötigen würde.

c. *Modus*

Die enge deutsch-französische Beziehung gilt als die Hauptachse während des EG-Integrationsprozesses. Andererseits aber spielt Großbritannien auch nach seinem Eintritt in die EG 1973 immer noch die Rolle des Gegengewichts der kontinentalen Interessengemeinschaft. Daher scheint Großbritannien die Interessenlagen nicht nur der Niederlande, des *Inselstaats* auf dem Kontinent, sondern auch der skandinavischen Gründungsmitgliedstaaten der EFHZ, die auf seine Initiative hin 1960 gegründet wurde, innerhalb der EG/EU heute noch zu vertreten. Um die Reibungen zwischen der kontinentalen Hauptachse und dem maritimen Inselreich zu verstehen, hilft es wohl, wenn man den Prozess der Erweiterung der EG gleichzeitig auch als Schrumpfungsprozess der EFHZ begreift. Heute besteht die EFHZ aus nur vier verstreuten kleinen Staaten. Mit der Gründung des Europäischen Wirtschaftsraums im Jahre 1994 gerieten die EFHZ-Mitgliedstaaten ausschließlich der Schweiz de facto in den Sog der EG. Daher stellt sich nun die Frage, warum die EG den Integrationswettlauf im Nachkriegseuropa gegenüber der EFHZ gewinnen konnte?

Selbstverständlich ist es als entscheidender Wendepunkt in der Zukunftsaussicht der noch jugendlichen EFHZ anzusehen, dass Großbritannien, Gulliver unter den sieben Gründungsmitgliedstaaten, so frühzeitig, 1973, die EFHZ verließ. Sein recht utilitaristischer Kurswechsel erinnert uns an jene *Koalitionskriege* im Zeitalter Napoleons I., wodurch Großbritannien mehrmals versuchte, mit seinen Verbündeten zusammen das kontinentale Reich einzuschließen und 1815 den endgültigen Sieg errang. In diesem Sinne gälte die EG wohl etwa als die zweite überarbeitete Auflage des *Kontinentalen Systems*. Ein Vergleich mit der letzteren erlitt die zweite Auflage der *Koalition* im 20. Jahrhundert zunächst eine demütigende Niederlage im Jahre 1973.

Nicht zuletzt wäre der Unterschied der Gliederungsprinzipien zwischen der EG und der EFTA auch zu berücksichtigen. Räumlich gesehen gilt die EG-Integration im Allgemeinen als *Zusammenfügung* der angrenzenden Länder. Demgegenüber gilt die EFHZ von Anfang an eher als ein *Netzwerk*, wie das ehemalige *British Empire* und sein Nachfolger, *the British Commonwealth* (seit 1949 *the Commonwealth of Nations*). Wohl wollte Großbritannien eigentlich mit der EFHZ ein *innereuropäisches Commonwealth* aufbauen. Letzten Endes erwies sich, dass das Netzwerksprinzip im Nachkriegseuropa dem Zusammenfügungsprinzip im Hinblick auf die räumliche Kohäsionskraft kaum gleichkommen konnte.

d. Ergebnisse

Wenngleich der Integrationsprozess der EG insbesondere unter Einhaltung eines relativen Gleichgewichts zwischen den beiden Achsenstaaten ablief, hat sich dies inzwischen verändert. Dieser Wandel ist zunächst unter drei Aspekten zu betrachten.

Erstens gelang es der BRD im Rahmen der EG-Integration die nationale Zersplitterung in hohem Maße aufzuheben und durch den Eintritt Österreichs in die EG sogar die großdeutsche Integration in vollem Frieden de facto zu verwirklichen. Es scheint paradox zu sein, dass der Prozess der EG-Integration, die ursprünglich als die Fortsetzung der Besatzungs- bzw. Abschließungspolitik Frankreichs gegenüber der BRD anlief, diese wirtschaftlich unerwarteterweise viele Früchte hat tragen lassen. 2005 betrug der Anteil des BIP der BRD am BIP der EG 25 20,7%. Er war 1,3mal so groß wie derjenige des zweitgrößten Landes Großbritannien (16,5%) (Eurostat, 9. 2006, S. 26-27). Zumal gilt die BRD auch als die größte demographische Macht innerhalb der EG/EU. Ihre Bevölkerung ist 1,3mal so groß wie die des zweitgrößten Landes Frankreich. Außerdem grenzen fünf von den zehn neuen Mitgliedstaaten als Folge der Osterweiterung der EG/EU 2004 an die BRD bzw. an Österreich an, was schon auf eine ungleiche Erweiterung des wirtschaftlichen Einflussbereichs der BRD hinweist. In diesem Sinne ist eine jener Initialkonditionen zumindest wirtschaftlich nicht mehr vorhanden. Der wirtschaftliche Gulliver in der EG/EU wird allmählich auch außenpolitisch anspruchsvoller.

Zweitens hat sich die Auffassung von den Kompetenzen der Staatsgewalt in Europa inzwischen dramatisch verändert. Bis zur Mitte 20. Jahrhundert galten die beiden unitaristischen Nationalstaaten, Großbritannien und Frankreich, als die unumstrittenen Vorbilder des modernen Staatsbauwerks nicht nur für Spätentwickler in Europa, sondern auch für außereuropäische Nationen etwa Japan und Thailand. Demgegenüber konnte das föderalistische Deutsche Reich von seiner Gründung bis zum Ende der Weimarer Republik hindurch einem gewissen Minderwertigkeitskomplex nicht entkommen. Jenes totalistische Schlagwort, „Ein Führer, Ein Volk“ in der Nazi-Zeit, hätte wohl auch für eine Ventilation der Leidenschaft der *partikularistischen* Deutschen für die immer noch unvollendete nationale Einheit gehalten werden können.

Nach dem letzten Weltkrieg aber kehrte sich der oben beschriebene Vektor völlig um: Dezentralisierung bzw. Föderalisierung kam allmählich in Mode. Es ist wohl auch als ein Aspekt der Amerikanisierung anzusehen. Die amerikanische Besatzungszone wurde ein *Incubator* für die Restrukturierung des Föderalismus, nunmehr mit einem gewissen Selbstbewusstsein. Wohl darin ist der unersetzliche Beitrag der amerikanischen Besatzungspolitik zum historischen Wandel in der idée fixe der modernen Deutschen über die Staatsverfassung zu sehen. Die BRD mit ihrem Föderalismus auf Basis des Subsidiaritätsprinzips hat sich durch ihre flexiblen und soliden raumstrukturpolitischen Leistungen als der räumlichen Dynamik des Nachkriegseuropas in hohem Maße anpassungsfähig erwiesen, was sicher für andere Mitgliedstaaten der EG/EU Demonstrationseffekte hatte.

In diesem zeitgeschichtlichen Kontext ist es kaum als Zufall zu betrachten, wenn das Schlagwort *Europa der Regionen* als Alternative zum *Europa der Nationalstaaten* Ende der 1980er Jahre zunächst in der BRD aufgerufen wurde. In den 1980er Jahren unternahm Frankreich einen Schritt zur Reform der Raumstrukturpolitik in Richtung Dezentralisierung; *Régions* wurden als neue räumliche Selbstverwaltungsebene geschaffen. Gleichfalls gestand Großbritannien 1999 Schottland und Wales die Selbstverwaltung zu. Die neue innerstaatliche räumliche Dynamik in beiden klassischen unitaristischen Staaten weist auf die Möglichkeit hin, dass die EG/EU eines Tages nach dem Modell des deutschen Föderalismus aufgebaut werden mag. Durch solch eine Perspektive wird die BRD sicher auch an politischem Gewicht in der EG/EU gewinnen.

Drittens ist es aber auch ein entgegengesetzter Aspekt nicht zu übersehen. 2004 war die TFR, *Totale Fertilitätsrate*, in Frankreich 1,90, in Großbritannien 1,74 und in der BRD 1,37 (NIPSSR, 2006, S.53). Also haben Deutsche heutzutage wesentlich weniger Kinder als Franzosen und Briten, wenn auch berücksichtigt werden muss, dass die demographischen Entwicklungen in den alten und den neuen Bundesländern nicht gleich sein dürften. Immerhin sinkt die Bevölkerung der BRD nach Schätzung der UN (2004) von 82.344 (2000) auf 78.765 (2050), dagegen steigt diejenige Frankreichs von 59.278 auf 63.116 und diejenige Großbritanniens von 58.670 auf 67.143 (NIPSSR, 2006, Appendix). Auch gemäß der jüngsten demographischen Schätzung des Statistischen Bundesamtes wird die Bevölkerung der BRD, die schon seit 2003, zwei Jahre früher als Japan, abnimmt, auf 69-74 Millionen im Jahre 2050 schrumpfen (Nihonkeizaishimbun, 8. Dez. 2006). Daher wird das Verhältnis Frankreichs zur BRD von 72,0% (2000) auf 80,1% (2050) und Großbritanniens von 71,3% (2000) auf 85,2% (2050) zunehmen. Auf lange Sicht also wird das derzeitige demographische Ungleichgewicht der Triade weitgehend relativiert sein. Daher scheint es unwahrscheinlich, dass die BRD sich eines Tages wie ein neues Preußen in der EG/EU verhalten wird.

Auf der anderen Seite aber ist kaum zu übersehen, dass die räumlichen Umrisse der Mitgliedstaaten der EG/EU graduell undeutlicher werden. Die Vertiefung der EG/EU-Integration dämpft die Brucheffekte ihrer Binnengrenzen ab, so dass die Heterogenität zwischen den gegenüberliegenden Zonen an den Binnengrenzen verringert wird. Demgegenüber werden die Regionalitäten der innerstaatlichen Räume umso klarer an den Tag kommen, die bisher innerhalb des starren territorialen Rahmens jedes Mitgliedstaats nur latent geblieben sind. Dieser Situationswechsel bringt eine Perspektive neuer Dynamik in der Restrukturierung der Raumgliederung innerhalb der EG/EU hervor, auf Grund derer sich die europaweit zu integrierende Wirtschaft besser anpassen könnte.

In dieser Hinsicht ist bemerkenswert, dass sechs von 16 Bundesländern der BRD ihre Verfassung je mit einem Artikel über ihre Außengrenzen versehen und es sich hierbei um *Föderalismus*, *Subsidiaritätsprinzip* und *grenzübergreifende regionale Zusammenarbeit* handelt. Die Überlegenheit der Verfügungsgewalt der Bundesländer gegenüber dem Bund in Bezug auf die Außengrenzgebiete erzeugt eine gewisse Zentrifugalkraft. Auch bei den anderen föderalistischen Mitgliedstaaten der EG/EU dürfte dies wohl der Fall sein. Unter diesem Status quo ist der herkömmliche nationalstaatliche Gesichtspunkt in der Raumstrukturpolitik nicht mehr für ganz adäquat zu halten. Der Prozess der EG/EU-Integration gilt eher als Dynamik der Umgestaltung des europäischen Raumsystems, das nunmehr als nicht nur aus Mitgliedstaaten, sondern auch aus *Mitgliedsregionen* bestehend zu betrachten ist. Dabei könnte der ganze EG/EU-Raum als die oberste kontinentale *Region* etwa im Vergleich mit Nordamerika begriffen werden. Derzeit bleibt aber der unvollendete EG/EU-Raum nur eine *Quasi-Region*. Es ist ganz offen, ob sie in absehbarer Zukunft zu einer *eigentlichen Region* als einem historischen Individuum heranreifen könnte.

3. Möglichkeit einer wirtschaftlichen Integration Ostasiens im Vergleich mit der Entwicklung im Nachkriegseuropa

Im Folgenden wird die Möglichkeit einer wirtschaftlichen Integration Ostasiens im Vergleich mit dem bisherigen Prozess der europäischen Integration überprüft.

a. Status quo

Zunächst ist die Frage zu stellen, warum eine wirtschaftliche Integration Ostasiens überhaupt nötig ist. Zwar scheint es für die ostasiatischen Volkswirtschaften gegenüber Europa und Nordamerika von Nachteil zu sein, dass es ihnen noch an einem integrierten institutionellen Rahmen fehlt. Um sich eine gleichberechtigte Verhandlungsposition gegenüber der EG bzw. der NAFTA anzueignen, mag eine multilaterale Vereinbarung für wirtschaftliche Zusammenarbeit auch in Ostasien unentbehrlich sein, sei es eine Freihandelszone, sei es ein Zollverein oder sei es eine wirtschaftliche Partnerschaft (EPA). Überdies könnte sie sich wohl als zweckmäßiges Instrument erweisen, um den ungeheuerlichen Riesen, die chinesische Wirtschaft, in die ostasiatische Raumordnung einzuflechten und seine Unberechenbarkeit zu minimieren. Allerdings besteht formell schon die oben genannte *APEC* als solch eine multilaterale Organisation. Sie eignet sich aber überhaupt nicht, weil ihre drei Mitgliedstaaten, *die USA*, *Kanada* und *Mexiko*, die eigene wirtschaftliche Integration schon verwirklicht haben.

Ferner handelt es sich auch noch darum, was für Voraussetzungen eine ostasiatische Wirtschaftsintegration ermöglichen können. Durch Auslandsinvestitionen innerhalb des ostasiatischen Raumes besteht schon eine verhältnismäßig hoch entwickelte intra-ostasiatische Arbeitsteilung. Der Anteil des intra-ostasiatischen Außenhandels erreichte im Jahre 2003 51,3% bei den Ausfuhren und 60,0% bei den Einfuhren. Die ist kaum niedriger als der Intra-EG-Handel, 61.7% bei den Ausfuhren und 63.6% bei den Einfuhren (Aoki, 2006, S. 172). In diesem Sinne also wäre ein *de facto* integrierter Wirtschaftsraum in Ostasien als schon entstanden zu betrachten. Der EG gegenüber geht in Ostasien eine *de facto*-Integration von unten einer *de jure*-Integration von oben voran, was sicher eine gute Voraussetzung für die letztere sein dürfte. Dennoch stellt sich nun die Frage, ob sie auch noch wirklich unentbehrlich und auch realisierbar ist.

b. Was steht einer wirtschaftlichen Integration Ostasiens noch im Wege?

ba. Mangel an einer ausgearbeiteten Integrationskonzeption

Im Unterschied zu Europa fehlt es in Ostasien an einer endogenen und gemeinsamen Integrationsidee. In der hiesigen Öffentlichkeit gibt es derzeit nur eine leichtsinnige imitatorische Zwangsvorstellung einer angeblichen Notwendigkeit zur Anlehnung an die beiden Vorgänger. Wie schon erwähnt, versieht sich das moderne Europa mit der ideengeschichtlich gemeinsamen Grundlage nicht nur für die wirtschaftliche, sondern auch für die soziokulturelle Integration – abgesehen davon, dass die Spannungen zwischen Christen und Moslems sich heutzutage auch innerhalb Europas verschärfen. In Ostasien demgegenüber ist die kulturelle Vielfalt wesentlich größer als in Europa, so dass es äußerst schwierig ist, die geistige Identität Ostasiens herauszufinden. Auch wenn nur Nordostasien in Frage kommt, gibt es, entgegen gemeinen Vorstellungen der Europäer, kaum eine geistige homogene Welt. Weder der Buddhismus noch der Konfuzianismus gelten als ein gemeinsames historisches Erbe im ganzen nordostasiatischen Raum.

bb. Volksgedächtnis

Wenn es auch an endogenen gemeinsamen kulturellen Erben fehlt, so stellt sich doch die Frage, ob ein gemeinsames geschichtliches Volksgedächtnis diese Mängel mindern könnte, die sich eventuell auch in eine positive Integrationsidee umwandeln könnten. Dabei geht es vor allem um die Erinnerung an die kolonialistischen Herrschaften der westlichen Mächte oder der Invasionen Japans in der Zeitgeschichte. In Südostasien, wo die Völker gezwungen wurden, mehrere Jahrhunderte lang unter der härtesten kolonialistischen Ausbeutung zu leiden, andererseits aber die militärische Herrschaft Japans nur kurz dauerte, richten sich die Erinnerungen eher auf das erstere. Die *Look-East* Politik und die *EAEC*-Konzeption von Mahatir sind eben in diesem historischen Kontext zu verstehen.

Demgegenüber neigt sowohl in China, das von 1927 bis 1945 Widerstandskämpfe gegen die japanische Armee führen musste, als auch in Korea, das von 1910 bis 1945 von Japan annektiert wurde, das Volksgedächtnisse dazu, die schmerzhaften Erinnerungen an den ehemaligen japanischen Militarismus in den Mittelpunkt zu stellen. Im Unterschied zu Südostasien also ist in Nordostasien die Entstehung einer Versöhnungsgemeinschaft in absehbarer Zukunft kaum zu erwarten.

bc. Der Sinozentrische Kulturalismus

Es ist noch die Frage zu stellen, ob Nordostasien in Zukunft zunächst ausschließlich Japans integriert werden könnte. Es ist kaum wahrscheinlich, da die nordostasiatische Welt kulturell vom Divergenzmechanismus tief geprägt ist. Die Einstellung der Koreaner zu Chinesen z.B. ist recht ambivalent. Daher ist von einer gelegentlichen außenpolitischen Partnerschaft zwischen Südkorea und China ab und zu die Rede. Die Perspektive einer regiongestaltenden Integration des Festlandes einschließlich der koreanischen Halbinsel ist indessen in hohem Maße unwahrscheinlich, nicht wegen der Schwierigkeit der Wiedervereinigung der beiden Koreas, sondern wegen der kulturellen Disparität zwischen Korea und China. Es ist kaum zu verleugnen, dass der *Sinozentrische Kulturalismus* immer noch unter den Chinesen atmet, der sie mit Überlegenheitsgefühl auf die Außenwelt herabsehen lässt. Diese selbstherrliche und hierarchische Weltanschauung bringt wiederum unter denjenigen Nationen, die jemals im Einflussbereich der chinesischen Kultur enger eingegliedert wurden, wie eine Kettenreaktion den so genannten *Kleinen Egozentrischen Kulturalismus* hervor, was sich insbesondere in Korea und Vietnam zeigt.

Ein aktuelles Beispiel ist das Verhalten Nordkoreas. Obwohl es sowohl wirtschaftlich als auch sicherheitspolitisch ohne Unterstützung Chinas kaum mehr existieren könnte, will es zäh seine nationale Selbständigkeit sogar gegenüber China aufrechterhalten. Es ist der chinesischen Regierung, trotz aller außenpolitischen Bemühungen, noch nicht gelungen, mit den Schwierigkeiten um Nordkorea fertig zu werden.

Wenngleich Japan vor allem kraft seiner geographischen Lage nicht so stark wie Korea ins Gravitationsfeld der chinesischen Kultur hineingezogen worden ist, war es auch von solch einer Weltanschauung nicht immer befreit. Im 17. Jahrhundert entstand eine neue Bewegung in der Philologie, die *Kokugaku* (Japanologie) hieß. Es handelte sich insbesondere um die geistliche Identität des japanischen Volkes. Das ursprünglich wissenschaftliche Interesse an der nationalen Selbstentdeckung wandelte sich aber nach der Meiji-Revolution allmählich in ein Interesse an Beweisen für die geistige Überlegenheit der eigenen Nation gegenüber anderen ostasiatischen Völkern. Das mit den erfolgreichen Kriegen begründete Überlegenheitsgefühl der Japaner erreichte seine Klimax nach dem Ersten Weltkrieg. Ein Vierteljahrhundert lang stellte die japanische Nation, die von der *Pax Japonica* träumte, in Wirklichkeit eine Charakter-Tragödie ihres Egozentrischen Kulturalismus dar.

In Nordostasien also, wo der eigenartige Kulturalismus immer noch wirkt, ist die Zentrifugalkraft auch auf der Ebene der Volksmentalität stärker als die Zentripetalkraft.

bd. Mangel an historischem Gleichgewicht

Insbesondere in Nordostasien ist jener Gleichgewichtspunkt gar nicht zu finden, von dem aus Frankreich und die BRD zur historischen Versöhnung geleitet wurden. Allerdings koexistierten das Tokugawa-Japan als ein Inselreich und das Qing-Reich als ein kontinentales Superreich seit Anfang 17. Jahrhundert bis Ende 19. Jahrhundert ohne kriegerische Spannung in nüchterner Nachbarschaft nebeneinander. Während der Edo-Ära (1603-1867) durften die Kaufleute vom Qing-Reich wie die Angestellten von *de Verenigde Oostindische Compagnie* der Niederlande nach Nagasaki kommen. Damals war die Situation in Nordostasien wesentlich friedlicher und stabiler als diejenige im Europa des Zeitalters der religiösen bzw. absolutistischen und bürgerrevolutionären Kriege.

Diese Stabilität wurde aber durch den Opiumkrieg 1840-42 gebrochen. Die erbärmliche Niederlage des *schlafenden Löwen* gegenüber dem überwältigend ausgerüsteten Großbritannien wurde der Anlass zum langen Prozess der forcierten Verwestlichung oder Modernisierung des ostasiatischen Raumes. Infolgedessen begann hier nunmehr der Wettbewerb um die Modernisierung. Nach der Machtprobe im „japanisch-qingschen" Krieg (1894/95) war jenes Gleichgewicht zwischen dem Tokugawa-Japan und dem Qing-Reich beseitigt. Der Sieg Japans bewies, dass es dem Meiji-Japan gelungen war, dem imperialistischen Druck der westlichen Mächte in Ostasien wesentlich effektiver als das Qing-Reich gegenüberzustehen, womit die Hegemonie Japans im ostasiatischen Raum etabliert wurde. Als Beute des gewonnenen Kriegs gegen das Qing-Reich annektierte Japan die Insel *Taiwan*, die südlich der Inselkette Ryuukyuu (die größte Insel heißt *Okinawa*) liegt.

Da die USA kurz danach aber die Philippinen, die wiederum südlich von Taiwan liegen, in ihren Machtbereich einbezogen, wandte sich Japan in seiner Expansionspolitik in Richtung Nordosten, zum Festland, was zu den Kriegen gegen Russland und später gegen China führte. Die katastrophale Niederlage Japans nach 50 Jahren in seinem Zweifrontenkrieg sowohl gegen China unter der Koalition der Nationalen und der Kommunistischen Parteien auf dem Kontinent als auch gegen die angloamerikanischen Mächte im Pazifik ist mit der deutsch-französischen historischen Reziprozität kaum zu vergleichen.

bf. Mangel an wirtschaftlichem Gleichgewicht

In Ostasien ist ein wirtschaftliches Gleichgewicht wie unter der Triade in der EG/EU kaum zu bemerken. Es gibt ein krasses Gefälle unter den ostasiatischen Volkswirtschaften. Wenn eine wirtschaftliche Integration im heterogenen ostasiatischen Raum trotzdem forciert würde, wäre sie sicher sehr weit vom EG/EU-Typ entfernt. Auch im Vergleich mit dem NAFTA-Typ gibt es einen großen Unterschied. Bei der NAFTA gelten die USA in aller Hinsicht als die einzige Supermacht. In Ostasien dagegen gilt Japan wirtschaftlich als Riese, außenpolitisch als Zwerg, umgekehrt gilt China außenpolitisch als Riese, wirtschaftlich noch als Entwicklungsland. Das japanisch-chinesische Verhältnis ist daher keineswegs als symmetrisch wie das deutsch-französische Verhältnis zu betrachten. Ostasien ist noch keine Welt der *harmonie préétablie*.

bg. Einstellung der USA

Nicht zuletzt ist auch die Einstellung der USA zu einer wirtschaftlichen Integration Ostasiens von Bedeutung. Einst lehnten sie die Mahatirsche Konzeption der *EAEC* eindeutig ab und scheinen immer noch misstrauisch gegen eine wirtschaftliche Integration Ostasiens zu sein, was einen krassen Kontrast dazu bildet, dass sie in den 1950er Jahren eine westeuropäische wirtschaftliche Integration für einen zweckmäßigen Schutzdamm gegen die Expansion des sowjetischen Machtbereichs hielten. Dem ostasiatischen Raum gegenüber aber verharren die USA wie immer auf ihre *Open Door Policy*, wofür sie nun die *APEC* nutzen wollen.

Demnach bestehen derzeit dreischichtige Visionen über den Umfang einer ostasiatischen wirtschaftlichen Integration. China beharrt auf diejenige unter 13 Staaten, nämlich ASEAN plus 3 (*Japan*, *Korea* und *China*). Dagegen konzipiert Japan eine *Ostasiatische Gemeinschaft* unter 16 Staaten, nämlich den oben genannten 13 plus 2 (*Australien* und *Neuseeland*) plus 1 (*Indien*). Demgegenüber schlugen die USA auf der APEC-Konferenz in Hanoi im November 2006 eine FTAAP, *Free Trade Area Asia- Pacific*, vor, die 21 Länder im transpazifischen Raum umfasst. Derzeit ist kaum zu erwarten, dass diese drei Dimensionen in absehbarer Zeit auf eine konvergieren werden.

4. Die Probleme im aktuellen japanisch-chinesischen Verhältnis

Im Anschluss werden die aktuellen Probleme im japanisch- chinesischen Verhältnis untersucht. Dabei soll insbesondere das heutige China mit dem ehemaligen Japan verglichen werden.

a. Ähnlichkeiten zwischen dem Japan vor 1945 und dem heutigen China

Es fällt auf, dass China, das den Weg des ehemaligen Japan scharf kritisiert, seinerseits fast den gleichen Weg beschreitet.

aa. Ehrgeiz nach territorialer Ellbogenfreiheit

Sowohl solche *faits accomplis* wie die Annexion der angrenzenden Gebiete Chinas wie die Innere Mongolei, Tibet und Uighur, die China mit seinem unantastbaren Postulat *des einheitlichen Chinas* rechtfertigen will, als auch seine neuere aggressive maritime Politik, wodurch China gemäß seiner eigenen Interpretation der Kontinentalschelfthese Ressourcen auf dem Meeresboden der süd- und ostchinesischen Seen für sich in Anspruch nimmt, zeigen nicht wenig Ähnlichkeit mit demjenigen Expansionismus, den das ehemalige Japan verfolgte. Die Stellung des heutigen Tibets als eines angeblich untrennbaren Teils des *einheitlichen Chinas* ist sogar mit derjenigen des ehemaligen *Manzhouguos* als eines Protektorats Japans zu vergleichen. Unverständlicherweise ist es heutzutage völlig tabuisiert, über die Annexion von Tibet im geschichtswissenschaftlichen Fachbereich zu thematisieren.

ab. Militaristische Expansion

Seit der Meiji-Ära (1868-1912) bewegte sich Japan bis zu seiner Kapitulation im Jahr 1945 auf dem Wege der militaristischen Expansion unter dem Schlagwort, *Bereichere den Staat, Verstärke die Armee*, da die Militarisierung als die zweckmäßigste Bahn zur Modernisierung von Wirtschaft und Gesellschaft Japans betrachtet wurde. Spätestens bis zur zweiten Hälfte der 1920er Jahre wurde die Kriegsführung sogar Selbstzweck. Genau wie das ehemalige Japan bemüht sich China heutzutage ehrgeizig darum, seine Streitkräfte zu verstärken, obwohl es nach dem Ende des Kalten Kriegs wenig Grund mehr gibt, im ostasiatischen Raum die Aufrüstung so intensiv zu beschleunigen. Die USA schätzen die tatsächlichen Rüstungsausgaben Chinas auf zwei- bis dreimal soviel wie die von der chinesischen Regierung veröffentlichten Daten. Daher liegt die Vermutung nahe, dass China die Entspannungsphase nach dem Kalten Krieg als eine Art „Windfall-Chance" ausnutzen will, um auch militärisch gegen die USA und Russland aufzuholen, genau wie das ehemalige Japan nach dem ersten Weltkrieg, das damals militärisch neben den USA und Großbritannien stehen wollte. In der Tat hegen die USA schon Verdacht, ob China sich eventuell in absehbarer Zukunft als die gleichstehende Seemacht neben den USA im Pazifik präsentieren will.

Von diesem Gesichtspunkt aus ist es kaum verwunderlich, wenn China die Taiwan-Frage vor allem als Rechtfertigung seiner aktiven Aufrüstungspolitik benutzt. Dabei ist immer von der *Befreiung Taiwans* die Rede. Aber von wem soll Taiwan überhaupt befreit werden? Da der größte Teil der Taiwanesen es immer noch ablehnt, von China integriert zu werden, wäre eine chinesische Militäraktion keineswegs als Befreiung, sondern als Annexion anzusehen, eben wie der *Anschluss* Österreichs durch das Nazi-Deutschland im Jahre 1938.

Jedenfalls scheint die militärische Herausforderung Chinas auf lange Sicht ohne Zweifel von wesentlich größerer Besorgnis als die Beharrung des bankrott gehenden Nordkoreas auf ihre Atomaufrüstung zu sein. In dieser Situation sollten alle Waffenexportländer in hohem Maße verantwortlich für eine détente in Ostasien sein. Daher erregte es Besorgnis bei uns Japanern, als die EU erwog, ihr derzeitiges Verbot des Waffenexports nach China aufzuheben.

ac. Tenno-Absolutismus oder Partei-Absolutismus

Ende des 18. Jahrhunderts entstand der Begriff *Kokutai* (Staat als Körper) in der japanischen Ideenlehre. Dies ist im Zusammenhang mit der in der Meiji-Ära eingeführten organischen Theorie des Staats von Lorenz von Stein zu sehen. Infolgedessen wurde es eine ideelle Hybride, die sich nun mit dem neugeborenen Regime mit der Begründung des *Tenno-Absolutismus* intensiv befasste, wonach alle

Glieder des Staatsorganismus dem Gehirn, *Tenno*, als dem einzigen Souverän absolute Treue schwören sollten. Die ehemaligen Japaner waren von dieser Tenno-Ideologie durchaus geprägt. Ähnliches wiederholt sich im heutigen China. Dort spielt die KPC die Rolle der organisierten Führerschaft, ausgerüstet mit der Ideologie des parteidiktatorischen Staatsorganismus. Beim *Kommunismus* im heutigen China geht es nicht mehr um jenen humanistischen Idealismus, der bei Marx atmete, sondern um nackten Materialismus zur Aufrechterhaltung der diktatorischen Gewalt der KPC.

b. Verschiedenheiten zwischen dem heutigen Japan und China

ba. Unterschiede in der Modernisierung

Die Modernisierungsprozesse im ostasiatischen Raum haben vom idealtypischen Gesichtspunkt aus drei Wege eingeschlagen. Erstens den Weg, wonach so viel wie möglich herkömmliche Elemente gegen westliche Elemente ausgewechselt werden. Diesen Weg beschritten Stadtstaaten wie *Singapur*, *Hong Kong* und *Makao,* die alle im Grunde genommen als Diaspora der Übersee-Chinesen gelten. Zweitens der Weg, herkömmliche Elemente beharrlich aufrechtzuerhalten, wie im Qing-Reich und gewissermaßen auch nach der Gründung der Republik China im Jahre 1912. Drittens der Weg, wonach herkömmliche und westliche Elemente miteinander fusionieren, um sachliche und institutionelle Hybriden zu schaffen, z.B. von Japan. Was Abendländer für „typisch japanisch" halten mögen, sind meistens keine rein traditionell-japanischen, sondern Hybride in diesem Sinne.

Demnach haben sich Japan und China schon während ihrer Modernisierungsprozesse auf unterschiedliche Wege begeben, was wohl auf die kulturelle Heterogenität zwischen den beiden Völkern zurückzuführen ist. Notwendigerweise entstehen kulturelle Reibungen, die heute noch aktuell sind. Es ist zu unterstreichen, dass im japanisch-chinesischen Verhältnis sogar von einer Art *Kulturkampf* die Rede ist. Chinesen neigen dazu, Japaner wegen ihrer Selbstentfremdung aus der ostasiatischen Welt zu tadeln, die in Wirklichkeit aber nichts anders als ihre Abstandnahme vom Einflussbereich des *Sinozentrischen Kulturalismus* ist. Andererseits stehen Japaner kritisch der versteinerten Weltanschauung der Chinesen gegenüber, die ihre antike hierarchische Ideologie immer noch beinhaltet.

bb. Verschiedenheit des geschichtlichen Bewusstseins

Gemäß der chinesischen Denkweise soll die Historiographie ausschließlich in der Befugnis der Staatsgewalt liegen. Dieser eigenartige Historismus ist keineswegs als eine Begleiterscheinung des heutigen Regimes der Parteidiktatur zu betrachten, sondern hat schon eine über zweitausendjährige Geschichte. Ferner ist diese typisch-chinesische Einstellung zur Geschichtsschreibung mit der Ansicht verbunden, dass auch die Befugnis zur *Interpretation* der Geschichte der Staatsgewalt gehört. Dies beinhaltet, dass es die Staatsgewalt des Reichs der Mitte sein soll, die die Geschehnisse der Außenwelt jeweils interpretiert und Werturteile fällt.

Tatsächlich beansprucht die chinesische Regierung seit langem auch die Befugnis zur Interpretation der Geschichte des japanisch-chinesischen Verhältnisses, indem sie ihre Kritik am modernen Japan im *Spiegel der Geschichte* äußert. Wenn es ihr endgültig gelingt, sich das Monopol der Interpretation der Geschichte des bilateralen Verhältnisses anzueignen, könnte sie ihre willkürliche Interpretation beliebig als Mittel ausnutzen, um auf Japan außenpolitischen Druck auszuüben. Dabei ist es merkwürdig, dass *ihr Spiegel der Geschichte* nur 50 Jahre des Zeitraums von 1895 bis 1945 reflektiert, aber kaum die 60 Jahre nach 1945. Bei dem ostasiatischen *Historikerstreit* als Politikum handelt es sich demnach um das Urheberrecht der Interpretation der Zeitgeschichte Ostasiens. Als eine ihrer Teilerscheinungen kommen endlose Streitigkeiten um die Geschichtsschreibung in den Schulbüchern an den Tag.

bc. Nationalismus von oben

Da der Begriff *Nation, Minzoku* (Japanisch)/*Minzu* (Chinesisch), auch in Ostasien unterschiedlich interpretiert wird und zudem in jeder Sprache keineswegs eindeutig ist, sind die Erscheinungsformen des Nationalismus, *Minzokushugi/ Minzuzhuyi*, vielfältig. Tatsächlich sind krasse Unterschiede im Nationalismus unter Japanern, Koreanern und Chinesen zu bemerken. Im Vergleich mit den benachbarten Völkern ist das Nationalbewusstsein unter den heutigen Japanern wesentlich schwächer, umso positiver klingen in Japan Begriffe wie Regionalismus und Dezentralisierung. Es ist eben anders als sowohl in Südkorea als auch in China, wo der Regionalismus eher als problematisches, unter Umständen sogar gefährliches Prinzip gilt, da er eventuell zur Spaltung der *Nation* führen könnte.

Dieser Unterschied scheint dazu im Widerspruch zu stehen, dass sich das alltägliche räumliche Zugehörigkeitsgefühl des Volkes, sowohl bei Südkoreanern als auch bei Chinesen, wesentlich stärker als bei den Japanern auf den eigenen lokalen Lebensraum richtet. Bei den ersteren sind so scharfe Gegensätze unter den Regionen oder auch eine totale Gleichgültigkeit zu bemerken, wie sie sich Japaner kaum vorstellen können. Der anscheinende Widerspruch wäre dadurch leicht zu erklären, dass ein Volk sich umso stärker am Heimatpatriotismus orientiert, je notwendiger eine nationenweite starke Bindung, sei es als Ideologie oder als Institution angesehen wird, um Spannungen bzw. Gleichgültigkeit unter Regionen aufzuheben und das ganze Staatsterritorium einer einheitlichen Ordnung zuzuführen. Dem gemäß wird eine mächtige Staatsgewalt gefordert, die eventuell zu autoritärem Charakter neigen kann.

Was Korea anbetrifft, sei es der Süden oder der Norden, ist vor allem von seiner tiefwurzelnden *Japan-Auf- u. Überholungsideologie* die Rede. Sie bildet eine Mischung aus dem Ressentiment gegen die frühere kolonialistische Herrschaft Japans und dem eigenartigen *Kleinen Egozentrischen Kulturalismus.* Unter einem solchen binnenpolitischem Klima ergibt sich nicht selten die Diktatur eines Individuums bzw. einer organisierten Führerschaft, was letzten Endes zur Verehrung einer Person bzw. Blutcharismas gesteigert würde. Daher ist es kein Wunder, dass nicht nur Kim Jong-Il in Nordkorea sich fast als Übermensch zeigen will, sondern auch dass Südkoreaner, die inzwischen mit dem liberal-demokratischen Regime genug vertraut sein sollten, nicht ganz intolerant gegen die diktatorische Figur des nordkoreanischen Führers zu sein scheinen, zumal er Japan derzeit so rau und grob gegenübersteht, wie es vernünftige Politiker Südkoreas heutzutage kaum mehr wagen könnten.

Was den Nationalismus in China anbetrifft, so hat er eine eigentümliche Genesis. Er ist auf *Minzuzhuyi* im Rahmen der so genannten *Sanminzhuyi* (die auf das Volk bezogene drei Prinzipien von *Sun Wen*, dem ersten Staatspräsidenten der Republik China) zurückzuführen. Ursprünglich war damit die nationale Unabhängigkeit des Han-Volks gegenüber dem damals im Qing-Reich herrschenden Man-Volk gemeint. Dann wuchs sein Nationalismus zum Kollektivbegriff heran, der nun nicht nur das Han-Volk, sondern auch andere ethnische Minoritäten zusammenfassen sollte.

Wenn auch die Volksrepublik China sich in ihrer Verfassung als *Nationalitätenstaat* bezeichnet und das chinesische Volk vor der Gefahr des Groß-Han-Nationalismus warnt, verhält sie sich doch wie ein *Nationalstaat.* Daher vertritt sie nach außen die angebliche Interessenlage der chinesischen Nation, *Zhonghuaminzu.* Tibetaner z.B. gelten als untrennbare Komponenten der *chinesischen Nation.* Dank dieser manipulierten Doppelsinnigkeit der Nation kann das Han-Volk wie der Doppelgänger der *chinesischen Nation* handeln. Dabei ist es problematisch, dass der zweideutige Begriff der Nation einerseits der Annexionspolitik Chinas gegenüber den angrenzenden Gebieten einen guten Vorwand geben kann, andererseits aber auf die fragile nationale Grundlage Chinas hinweist. Das Volk kann leicht dazu gebracht werden, die beiden Kategorien *Staatsgewalt* und *Nation* für gleich zu halten und den Willen der KPC als Urquelle der Identität der *chinesischen Nation.*

Solch eine *Nationalisierung von oben* beinhaltet aber immer die Gefahr der Spaltung der erst durch autoritäre Staatsgewalt zusammengesetzten *Quasi-*

Nation. Um einer eventuellen nationalen Spaltung vorzubeugen, verweist die Staatsgewalt oft ihr Volk auf Gefahren von außen. Da die Substanz der Nation aber kaum kohäsiv genug ist, können sich die Vorstellungen sowohl der virtuellen Nation als auch der virtuellen Gefahr von außen paradoxerweise wechselseitig verstärken. Umso krasser wird das eingebildete Gefälle zwischen China und der Außenwelt. Auf diesem Wege kann der volkspsychologische Mechanismus in Gang gesetzt werden, die subjektive Gültigkeit der herkömmlichen Weltanschauung des *Sinozentrischen Kulturalismus* zu reproduzieren, der heutzutage von der dreischichtigen Struktur (*Han-Volk – Chinesische Nation – Außenwelt*) geprägt ist.

c. Die Probleme des Status quo

ca. Enthistorisierung im Politikerkreis Japans

Andererseits ist kaum zu übersehen, dass das naive oder leichtsinnige Verhalten nicht weniger führender Politiker Japans dem chinesischen *Spiegel der Geschichte* eine gewisse Aussagekraft verwirklichen. Was z. B. den Besuch des *Yasukuni Jinja*, einem schintoistischen Schrein, durch führende Politiker einschließlich des Exministerpräsidenten Koizumi anbetrifft, geht es vor allem darum, dass sie das Prinzip der Trennung von Staat und Religion, das sich im Artikel 20 der japanischen Verfassung niederschlägt, erheblich verletzen. Jedoch sind sie keineswegs so fest konfessionell gesinnt wie etwa die christlichen Ultrakonservativen in den USA. Sicher ist ihr *Yasukuni Jinja*-Besuch in ihrem eigenen Bewusstsein keineswegs ein rein religiöser Akt, sondern eher eine politische Pose, als der *Yasukuni Jinja* auch als der heilige Ort für diejenigen Gruppen gilt, die den Weg des ehemaligen Japans vor 1945 fast vorbehaltlos rechtfertigen wollen.

Umso mehr ist es bedenklich, dass die *Yasukuni Jinja*-Besucher von den Folgen ihrer Leichtsinnigkeit wenig Ahnung zu haben scheinen. Bei ihnen geht es keineswegs um echte *Gesinnungsethik*, erst recht nicht um *Verantwortungsethik*, sondern nur um *Stimmungsethik* innerhalb eigener intimer Kreise oder um heuchlerische Wahlkampagnen. Allerdings verteidigen sie sich mit dem Vorwand, dass es bei ihrem *Yasukuni Jinja*-Besuch nur um innerliche Pietät gegenüber den Gefallenen während der Kriege seit der Meiji-Revolution gehe. Dann sollten sie die Verantwortung dafür übernehmen, diejenigen Leute, seien es Landsleute, seien es Ausländer, die sich zu Recht dadurch beleidigt fühlen, von der eigenen Handlung zu überzeugen. Sie scheuen aber die Mühe, was sicher von den Beleidigten als Herausforderung empfunden werden muss.

Wiederholt ist zu erkennen, dass wir Japaner nach jenem verlorenen Krieg bis zum heutigen Tag völlig vernachlässigt haben, die militärischen Befehlshaber für ihre verhängnisvolle Kriegsführung verantwortlich zu machen. Jenes Schlagwort gerade nach der Kapitulation im Jahr 1945 von der *gemeinsamen Buße der Hundert Millionen Japaner* ist nichts anderes als eine Manipulation der Kriegsverbrecher, die ihre eigene Verantwortung auf die Landsleute abwälzen wollten. Durch das Tokyo-Gericht konnte die eigene Untersuchung der Verantwortung keineswegs ersetzt werden. Wenn man das erstere für eine Repressalie der Sieger halten wolle, ist es erst recht unentbehrlich, Kriegsverbrecher vor das eigene Gericht zu stellen. Also verletzt der *Yasukuni Jinja*-Besuch von führenden Politikern nicht nur die alten Narben der Nachbarn. Er ist auch als Verachtung der unzähligen Landsleute anzusehen, die den aussichtslosen Kriegsführungen vom Militär des ehemaligen Japans zum Opfer fielen.

Überdies muss unterstrichen werden, dass die *Yasukuni Jinja*- Besucher die langfristige Sicherheit Japans in Gefahr bringen und Japan dazu zwingen, die unbeschränkte Haftung für die Erinnerungen an die Invasionskriege zu übernehmen. Was Besorgnis erregt, ist es eben, dass den *Yasukuni Jinja*-Besuchern diese Gefahr kaum bewusst ist. Wer das Nationalinteresse Japans tatsächlich gefährdet, sind eben diejenigen Politiker, die danach schreien.

cb. Big is beautiful?

Der auffallende Widerspruch, dass China ehrgeizig die Stellung einer Weltmacht beansprucht, obwohl es immer noch ein Entwicklungsland ist, wird zur Zeit durch optimistische Wachstumserwartungen gedämpft, die die Bevölkerung von über einer Milliarde Menschen zu versprechen scheinen. Globalisierte Euphorie, mit dem Schlagwort: *Big is beautiful !* lässt Kapital aus Asien, Amerika und Europa in China zusammenfließen. Also geht ein Gespenst um in der Welt – das euphorische Gespenst des chinesischen Kommunismus oder der so genannten *Sozialistischen Marktwirtschaft*. Nicht nur Größennachteile einer Volkswirtschaft, sondern auch alle Schattenseiten eines riesigen Entwicklungslands wie übermäßige und sehr oft illegale Abhängigkeiten von Auslandstechnologie, grenzenloser Hunger nach Ressourcen, unaufhaltsame Umweltzerstörungen, Undurchsichtigkeit und Unberechenbarkeit des Administrations- und Justizwesens und nationenweite derartige pariakapitalistische Züge werden derzeit auch von außen her nicht ganz ernst genommen. Was in Harmonie mit einer dauerhaften Weltwirtschaftsordnung gebracht werden soll, sind daher nicht nur das politisch-gesellschaftliche System Chinas selbst, sondern auch die an Niedriglöhnen orientierten Überinvestitionen in China aus den entwickelten Ländern auf Basis der *Big is beautiful*-Ideologie.

cc. Eine chinesisch-europäische Interessengemeinschaft?

Neuerdings scheint die EU engere Beziehungen im wirtschaftlichen und außenpolitischen Bereich mit China dazu nutzen zu wollen, eine stärkere Verhandlungsposition gegenüber den USA zu erhalten. Dementsprechend sieht China seinerseits in der strategischen Partnerschaft mit der EU ein zweckmäßiges Mittel, auf dem asiatischen Kontinent Russland, im Pazifik die USA und Japan effektiv unter Kontrolle zu halten. Wohlwollen Chinas ausschließlich für die BRD bei den Verhandlungen der G4 über die Ständige Mitgliedschaft im Sicherheitsrat der Vereinigten Nationen, die drastische Bevorzugung von Airbus gegenüber Boeing auf dem chinesischen Markt und die Teilnahme Chinas am *GALILEO*-Projekt im Rahmen des GNSS, *Global Navigation Satellite Systems*, alles weist auf eine sicherheitspolitische Annäherung Chinas an die EU hin unter der traditionellen Strategie *Verbindung mit Fernen, Angriff gegen Nachbarn.* Also könnten das schrittweise Vordringen der EU nach Osten und dasjenige Chinas nach Westen zusammen eventuell zur Gestaltung einer eurasiatischen Interessengemeinschaft führen. Umso bedenklicher ist die Einstellung der EU insbesondere aber Frankreichs, zur Frage der Wiederaufnahme der Waffenexporte nach China.

Derzeit entsteht auf dem eurasiatischen Kontinent die Triade EU, Russland und China und im Pazifik die Triade China, Japan und USA. China befindet sich an der Verbindungsstelle der beiden globalen Kettenringe. Daher muss Japan darauf achten, was China auf lange Sicht unternehmen will, um seine globalpolitische Stellung zu nutzen.

5. Perspektive

Was kann und soll angesichts der aktuellen Konstellation in Ostasien getan werden?

a. Entpolitisierung der Zeitgeschichte

Was die Spannung zwischen Japan und China betrifft, ist es nun ein dringendes Erfordernis, die spiralenförmige Überhitzung niveauloser Streitigkeiten zwischen denjenigen Politikern, die nur wenig Sinn für die ostasiatische Zeitgeschichte haben (wollen) und denjenigen Politikern, die die Geschichtsschreibung überpolitisieren wollen, scharf zu bremsen. Die Politiker beider Länder sind dafür verantwortlich, die feindselige Atmosphäre in Ostasien nicht mehr zuzuspitzen.

Daher sollen die Politiker Japans sich an die schlichten Tatsachen der ostasiatischen Zeitgeschichte nochmals erinnern, dass das ehemalige Japan in die Nachbarländer eindrang und sie teilweise annektierte. Mindestens dürfen sie nicht diejenigen Worte in den Mund nehmen, die darauf hinweisen könnten, dass sie die zeitgeschichtlichen Tatsachen nicht ernst nehmen. Sie sollen sich dessen bewusst sein, dass ihre mit Leichtsinnigkeit gemischte politische Naivität als selbstmörderische Tat gegen das nationale Interesse Japans anzusehen ist.

Auf der anderen Seite sollen die Politiker Chinas nun erkennen, dass die Geschichtswissenschaft keineswegs zur Befugnis der Staatsgewalt gehört. Solange China seinen *Spiegel der Geschichte*, dessen Rückseite mit dem *Sinozentrischen Kulturalismus* beschlagen ist, als außenpolitisches Druckmittel gegen Japan verwenden will, ist kaum zu erwarten, dass sich eine Perspektive für eine vernünftige Koexistenz der beiden Völker eröffnet.

Wie als Reaktion auf die starre Japan-Politik Chinas beginnt die Öffentlichkeit Japans sich nun allmählich zu wundern, warum die pazifistischen Leistungen der letzten 60 Jahre und die aufrichtige Entwicklungshilfe des Nachkriegsjapans an Ostasien von den Nachbarn, vor allem von China, nicht gerecht bewertet werden. Daher schöpft die japanische Öffentlichkeit aus der Einstellung Chinas schon den Verdacht, ob man eventuell aus der Friedensorientierung des Nachkriegsjapans nicht einfach Nutzen ziehen will, um die anachronistische hierarchische Ordnung des *Sinozentrischen Kulturalismus* in Ostasien im globalen Maßstab zu rekonstruieren.

b. Perspektive einer ostasiatischen Wirtschaftsintegration

Es ist wohl hinreichend dargestellt worden, dass es in Ostasien noch keine gemeinsame Erkenntnis darüber gibt, was Ostasien ist. Sowieso brauchen wir uns nicht zu beeilen, die räumliche Definition von Ostasien vorzunehmen. Bei dem gegenwärtigen Status quo scheint es überhaupt nicht zweckmäßig zu sein, eine ostasiatische Integration forcieren zu wollen. Überdies ist es nicht nur leichtfertig, sondern auch missverständlich, die Bezeichnung *Gemeinschaft* dem europäischen Integrationsmodell entlehnen zu wollen. Der Begriff *Gemeinschaft* ist nicht so leicht zu transferieren wie Technologie, erst recht nicht, wenn man in Ostasien nicht genug erkennt, dass es sich bei einer Gemeinschaft des EG-Typs um ein supranationales Organ handelt.

Daher wäre es wohl vernünftiger, umfassende multilaterale Integrationsverträge nicht auf einmal schließen zu wollen. Statt dessen sollen Versuche regionaler bzw. teilräumlicher und funktionell-beschränkter Partnerschaften überall im ganzen ostasiatischen Raum unternommen werden, damit sich die Anliegerregionen von selbst an eine gemeinsame Integrationskonzeption gewöhnen und sie miteinander teilen können. In diesem Sinne ist noch zu überprüfen, ob es strategisch richtig ist, wenn sich die japanische Regierung bei bilateralen Verhandlungen eher um die EPA als um die FTA bemüht.

Ferner ist von Bedeutung, nicht vom stereotypischen nationalstaatlichen, sondern vom regionalen Gesichtspunkt auszugehen, damit Regionen neben Staaten aktive Rollen spielen können. Auch in Ostasien kann nun von *Ostasien der Regionen* die Rede sein. Daher verdienen die regional-dynamischen Experimente in Europa, die *grenzüberschreitende*, *interregionale* und *transnationale Zusammenarbeit*, auch in Ostasien Beachtung.

Insofern es aber um eine ostasiatische wirtschaftliche Integration auf der zwischenstaatlichen Ebene geht, könnte das *Netzwerksprinzip* als einstweilige Zielsetzung wohl passender als das *Zusammenfügungsprinzip* sein. In diesem Sinne könnte Ostasien aus den Leistungen und Erfahrungen der EFTA einschließlich ihrer Fehler eventuell größeren Nutzen als aus denjenigen der EG ziehen, obwohl die erstere in Europa im Integrationswettbewerb gegen die letztere verloren hat.

c. Gleichberechtigte Interdependenzen

Das Primat der von selbst ablaufenden vor sich gehenden graduellen Integrationsprozesse in Ostasien bedeutet keineswegs, dass man keine Prinzipien benötigt, an denen sich die Anliegerregionen langfristig ausrichten können. Eben hierin dürfte der Spielraum für den Beitrag Japans gefunden werden. Sicher könnte Japan die gegenwärtigen rauen Kulturkämpfe mit der latentern Gefahr eines Kriegsausbruchs in Ostasien wohl am besten in nüchterne und vernünftige Ideenkämpfe umwandeln, da Japan als das einzige Land in Ostasien gilt, das die katastrophale Niederlage des autoritär-militaristischen Nationalismus erlebt hat.

Der Friede soll sich aber keineswegs auf die Hegemonie einer Macht, also in Gestalt von *Pax X*, aufbauen. Dafür ist es nötig, *gleichberechtigte Interdependenzen* im ostasiatischen Raum als das letzte Ziel zu setzen. Die Gleichberechtigung der Anliegerregionen bedeutet aber keineswegs Reziprozität in institutioneller Dimension, da de jure-Reziprozität nicht immer ein Ansatz zum de facto-Horizontalen, sondern eher zum de facto-Vertikalen unter den Anliegerregionen werden könnte. Daher sollte die langfristige Dynamik einer Vertiefung der wirtschaftlichen Interdependenzen im ostasiatischen Raum in einer Weise vorgehen, dass die Entstehung vertikaler Verhältnisse bereits im Keim erstickt wird. Solche Prozesse werden sicher sehr zeitraubend sein. Um eine eigentliche solide Integration auch in Ostasien zu verwirklichen, sind Zeitinvestitionen indessen nicht zu vermeiden. Wenn berücksichtigt wird, dass sogar die europäische Integration schon über ein halbes Jahrhundert gebraucht hat, um den heutigen Integrationsstand zu erreichen, ist es eher selbstverständlich, dass wir uns auch in Ostasien nicht zu beeilen brauchen.

Literatur

Aoki, Takeshi (2006): *„Bouekikara miru „Ajiano nakano Nihon": Jibunno Ibashowo Saguru"* („Japan in Asien", am Außenhandel untersucht: Suchen nach dem eigenen Sitzplatz), Tokyo, 2006

Beck-Texte im dtv (2001): *„Verfassungen der deutschen Bundesländer"*, 7. Aufl., München, 2001

Eurostat, Eurostatistics (2006): *„Data for short-term economic analysis"*, 9. 2006, Luxembourg, 2006

Frank, Robert (2003): *„Oushuutougoushino Dainamizumu: Furansuto Paatonaakoku"* (Dynamik der Integrationsgeschichte Europas: Frankreich und seine Partnerstaaten), Tokyo, 2003

Fischer, Wolfram (1972): *„Der deutsche Zollverein, die Europäische Wirtschaftsgemeinschaft und die Freihandelszone"* [1961], in: Ders., Wirtschaft und Gesellschaft im Zeitalter der Industrialisierung, Göttingen, 1972

Fukuzawa, Yukichi (2002): *„Bummeironno Gairyaku"* (Der Grundriss der Zivilisationsentwicklungen) [1875], in: Fukuzawa Yukichi Chosakusyuu (Gesammelte Werke von Fukuzawa Yukichi), Bd.4, Tokyo, 2002

–: (2003): *„ Datsuaron"* (Aus Asien hinweg) [1885], in: Gesammelte Werke, Bd.8, Tokyo, 2003

Furuta, Hiroshi (2003): *„Higashiajia-Ideorogiiwo koete"* (Über die Ostasien-Ideologie hinweg), Tokyo, 2003

Hirakawa, Hitoshi/Ishikawa, Kouichi (Hen): *„Shin-Higashiajiakeizairon"* [Kaiteiban] (Über die ostasiatische Wirtschaft vom neuesten Standpunkt aus) [neu bearbeitete Ausgabe], Tokyo 2003

Hiramatsu, Shigeo (2005): *„Taiwan Mondai: Chuugokuto Beikokuno Gunjitekikakushitsu"* (Taiwan-Problem: Militärische Spannung zwischen China und den USA), Tokyo, 2005

Itou, Kenichi/Tanaka, Akihiko (Kan) (2005): *„Higashiajia-Kyoudoutaito Nihonno Shinro"* (Die ostasiatische Gemeinschaft und Kurs Japans), Tokyo, 2005

Kan, Shiyuu (2005): *„Chuugokukeizaino Jiremma: Shihonshugieno Michi"* (Dilemma der chinesischen : der Weg zum Kapitalismus), Tokyo, 2005

Keizaisangyoushou (Ministerium für Wirtschaft und Industrie [MEI]) (2006): *„Tsuushouhakusho 2006: „Jizokusuru Seichouryoku" ni mukete: Gurouba-rukawo ikashita Seisanseikoujouto Toushirikkoku"* (Weißbuch des Außenhandels 2006: Nach „anhaltender Wachstumskraft“: Erhöhung der Produktivität und „Investitionsstaat“ in der Globalisierung), Tokyo, 2006

Kohara, Masahiro (2005): *„Higashiajia-Kyoudoutai: Kyoudaikasuru Chuugokuto Nihonno Senryaku“* (Ostasiatische Gemeinschaft: Anschwellendes China und Strategie Japans), Tokyo, 2005

Kokuritsu-Shakaihoshou-Jinkoumondai-Kenkyuujo (National Institute of Population and Social Security Research [NIPSSR]) (2006): *„Jinkoutoukeishiryoushuu 2006"* (Latest Demographic Statistics 2006), Tokyo, 2006

Mathias, Peter (2006): *„Britain and Europe: Long term Engagement or Reluctant Marriage"* (Lecture for plenary session of the annual conference of the Socio-Economic History Society, Kansai University, Japan, 15. September 2006

Matsuda, Hisao (1971): *„Ajiano Rekishi: Touzaikoushoukara mita Zenkindaino Sekaizou“* (Geschichte Asiens: Weltbild durch die Ost-West-Beziehungen vor der Neuzeit), Tokyo, 1971

Matsueda, Itaru (2005): *„ Ajiatowa Nanika“* (Was ist Asien?), Tokyo, 2005

Miyajima, Takashi (1997): *„Yooroppa-Shakaino Shiren: Tougouno nakano Minzoku-Chiikimondai“* (Herausforderungen an Europa: Nationale und Regionale Probleme unter der Integration), Tokyo, 1997

Mizoguchi, Yuuzou (2004): *„Chuugokuno Shougeki"* (China Schock), Tokyo, 2004

Mori, Kazuko (2006): *„Nicchuukankei: Sengokara Shinjidaie“* (Das japanisch-chinesische Verhältnis: Von Nachkriegszeit zur neuen Epoche), Tokyo, 2006

Nakamura, Satoru (Hen) (2001): *„Gendaikara mita Higashiajia- Kingendaishi“* (Neuzeitliche- und Zeitgeschichte Ostasiens, von der Gegenwart zurückgeblickte), Tokyo, 2001

Oohashi, Hideo (2005): *„Gendaichuugokukeizairon“* (Über die chinesische Wirtschaft in der jüngsten Zeit), 2005

Ou, Ka (2005): *„Taminzokukokka Chuugoku“* (Nationalitätenstaat China), Tokyo, 2005

Ryuu Ketsu (1999): *„Chuugokujinno Rekishikan“* (Geschichtsauffassung der Chinesen), Tokyo, 1999

Shindou, Eiichi/Hirakawa, Hitoshi (Hen) (2006): *„Higashiajia-Kyoudoutaiwo Sekkeisuru“* (Entwerfen die ostasiatische Gemeinschaft), Tokyo, 2006

Takeuchi, Yoshimi (1980): *„Nihonto Ajia“* (Japan und Asien)[1961] und Ders.: „Nihonno Ajiashugi“ (Asiatismus Japans) [1963], in: Takeuchi Yoshimi Zenshuu (Gesammelte Werke von Takeuchi Yoshimi), Bd.8, Tokyo, 1980

Taniguchi, Makoto (2004): *„Higashiajia-Kyoudoutai: Keizaitougouno Yukueto Nihon“* (Die ostasiatische Gemeinschaft: Perspektive der wirtschaftlichen Integration und Japan), Tokyo, 2004

Takita, Kenji (Hencho) (2006): „*Higashiajiakyoudoutaieno Michi*" (Der Weg zur ostasiatischen Gemeinschaft), Tokyo, 2006
Uemura, Kunihiro (2006): „*Ajiawa „Ajiateki" ka*" (Ist Asien „asiatisch"?), Kyoto, 2006
Umezao, Tadao (1967): „*Bummeino Seitaishikan*" (Ekologische Geschichtsauffassung über Zivilisationen), Tokyo, 1967
Wakabayashi, Masahiro (2001): „*Taiwan: Henyoushi Chuuchosuru Aidentitii*" (Taiwan: Seine veränderliche und zögernde Identität), Tokyo, 2001
Watanabe, Hisashi, Rantoto Bunto (1994): „*Nishidoitsu-Seijikeizaikuukanno Keiseikatei*" (Länder und Bund: Entstehungsprozess der politisch-wirtschaftlichen Räume Westdeutschlands), in: Morota, Minoru et al., Doitsukeizaino Rekishitekikuukan: Kanzeidoumei, Raihi, Bunto (Historische Räume deutscher Wirtschaft: Zollverein, Reich und Bund), Kyoto,1994
–: (Hencho) (2000): „*Yooroppano Hakken: Chiikishino nakano Kokkyouto Shijou*" (Die Entdeckung Europas: Grenzen und Märkte in der regionalen Geschichte), Tokyo, 2000
–: (2002): „*Euregios und Urwirtschaftsräume- Führt die Relativierung der Staatsgrenzen zur Gestaltung neuer Wirtschaftsräume?*", in: Schneider, (Hrsg.), Natürliche und politische Grenzen als soziale und wirtschaftliche Herausforderung, Stuttgart, 2002
Watanabe, Toshio (2005): „*Nihonno Higashiajia-Senryaku: Kyoudoutaieno Kitai to Huan*" (DieOstasien -Strategie Japans: Erwartung und Angst vor der Gemeinschaft), Tokyo, 2005
Watsuji Tetsurou (1935): „*Fuudo: Ningengakutekikousatsu*" (Das Klima: Humanistische Betrachtungen), Tokyo, 1935
Yasuba, Yasukichi (2002): „*Tounanajiano Keizaihatten: Keizaigakushano Shougen*" (Wirtschaftsentwicklung Südostasiens: Ein Zeugnis eines Wirtschaftswissenschaftlers), Kyoto, 2002
Ders. (Hencho) (2005): „*Tounanajia Shakaikeizai-Hattenron: 30nenno Shimpoto Kongono Tembou*" (Über die sozioökonomische Entwicklung Südostasiens: Fortschritt in den letzten 30 Jahren und Perspektive für die Zukunft), Tokyo, 2005

Zur Stabilität der Europäischen Währungsunion

Wim Kösters[1]

„EMU is unique in history. It is one of the great success stories in the long standing process of European integration that started immediately after the end of World War II"
Issing (2005), S. 31.

1. Einführung

Wer sich Gedanken über die Nachhaltigkeit der Europäischen Währungsunion (EWU) macht und gar danach fragt, ob sie scheitern könne, darf nicht darauf hoffen, in der praktischen Politik auf größeres Interesse zu stoßen. Hier wird er schnell als Bedenkenträger und grundloser Skeptiker abgetan, gilt doch der auf Dauer gesicherte Erfolg allgemein als ausgemacht. Zur Begründung für diesen Optimismus wird gern auf die Unumkehrbarkeit der Integrationsschritte verwiesen, da der Maastrichter Vertrag kein Austrittsrecht aus der EWU vorsieht. Zudem wird die im internationalen Vergleich relativ hohe Stabilität des Euro als Beleg für den Erfolg der EWU angeführt. Gegen die nach allen Umfragen trotzdem weit verbreitete Euroskepsis („Der Euro ist ein Teuro") können Untersuchungen u.a. des Statistischen Bundesamtes ins Feld geführt werden, die belegen, dass die subjektiv „gefühlte" Inflationsrate seit Einführung des Euro deutlich über der objektiv anhand des Harmonisierten Verbraucherpreisindex (HVPI) gemessenen Preissteigerungsrate liegt. In der Tat ist es der Europäischen Zentralbank (EZB) in den nunmehr über acht Jahren seit seiner Einführung gelungen, den Euro zu einer der stabilsten Währungen der Welt zu machen. Als Folge liegen die langfristigen Zinsen im Euroraum deutlich unter denen in den USA und der Euro verdrängte den US-Dollar als wichtigste Anlagewährung auf den internationalen Märkten für festverzinsliche Wertpapiere. Der Euro ist also stabil, aber was ist mit der EWU?

Im folgenden wird zu zeigen versucht, dass die EWU nur dann nachhaltig sein wird, wenn ihre Fundamente nicht in Frage gestellt, sondern vielmehr an ihnen zumindest in der im Maastrichter-Vertrag vorgesehenen Weise festgehalten wird und sie darüber hinaus weiter verstärkt werden. Danach ist der dauerhafte

---

1 Ruhr Universität Bochum und RWI Essen

ökonomische Erfolg der EWU nicht schon durch die Einführung des Euro gesichert, sondern muss vielmehr durch gute Wirtschaftspolitik erst verdient werden. Ist der politische Wille dafür nicht vorhanden, kann der Euro in letzter Konsequenz auch scheitern, was eine sehr viel größere Krise heraufbeschwören würde als die durch die Ablehnung des europäischen Verfassungsvertrages in den Referenden in Frankreich und den Niederlanden entstandene.

In diesem Beitrag wird zunächst die weltwirtschaftspolitische Bedeutung und Entwicklung der EWU im internationalen Vergleich beschrieben, um dann die ökonomische Konzeption der EWU zu umreißen und danach auf dieser Basis die grundlegenden Erfordernisse für die Nachhaltigkeit der EWU herauszustellen. Schließlich wird aufgrund aktueller Entwicklungen eine kritische Einschätzung der Stabilität der EWU zu geben versucht.

2. Die EWU im internationalen Vergleich

Mit dem Eintritt in die dritte Stufe der Währungsunion und der Einführung des Euro am 1.1.1999[1] entstand ein Wirtschafts- und Währungsraum, der von seiner Größe und ökonomischen Bedeutung her Japan weit übertrifft und sich mit den USA messen kann. Einen Vergleich anhand wichtiger ökonomischer Indikatoren ermöglicht Tabelle 1. Ohne auf sie im Einzelnen eingehen zu können, ist offensichtlich, dass die EWU allein schon aufgrund ihres Anteils am Weltsozialprodukt, der zwar kleiner als der der USA aber mehr als doppelt so groß wie der Japans ist, international ein ökonomisches Schwergewicht darstellt.

Dem entspricht die große internationale Bedeutung des Euro.

Die EZB untersucht sie regelmäßig und berichtet dabei über die Entwicklung des Euro u.a. als internationale Transaktions-, Anlage- und Reservewährung. Die bisher sechs Berichte zeigen, dass sich der Euro seit seiner Einführung als zweitwichtigste Währung nach dem US-Dollar hat erfolgreich etablieren können.[2] Es kann davon ausgegangen werden, dass die internationale Bedeutung einer Währung ganz wesentlich von ihrer Stabilität und der realen ökonomischen Entwicklung im Währungsraum abhängt.[3]

Aus all dem folgt, dass Europa mit der Schaffung der EWU eine große Verantwortung für das Weltwirtschafts- und Weltwährungssystem übernommen hat. Bei international immer höher integrierten Märkten hätte eine Instabilität der EWU gravierende negative Wirkungen für den Rest der Welt, d.h. auch für Japan und andere geographisch weiter entfernte Länder.

---

2 Vgl. hierzu z.B. EZB 2007.

3 Für einen Überblick vgl. Beckmann, Born, Kösters (2002)

Tabelle 1:

Key real economy characteristics of the euro area in 2006

	Unit	Euro area	United States	Japan
Population	millons	317,2	299,8	127,2
GDP (share of world GDP)	%	14,6	19,7	6,3
GDP per capita	€ thousands	26,5	37,3	27,5
Value added by economic activity				
Agriculture, fishing, forestry	% of GDP	1,9	1,2*	1,4*
Industry (incl. constructions)	% of GDP	26,7	22,8*	28,7*
Services (incl. Non-market services	% of GDP	71,4	76,0*	69,9*
Unemployment rate (share of the labour force)	%	7,9	4,6	2,2
Labour force participation rate	%	70,6	75,5	73,1
Employment rate	%	64,6	72,0	70,0
General government				
Surplus (+) or deficit (-)	% of GDP	-1,6	-2,3	-6,4
Gross debt	% of GDP	68,9	48,5	164,2*
Revenue	% of GDP	45,8	30,2	28,6*
of which direct taxes	% of GDP	12,2	13,7	8,3*
of which indirect taxes	% of GDP	13,9	7,3	8,5*
of which social constributions	% of GDP	15,6	7,1	10,6*
Expenditure	% of GDP	47,3	32,7*	35,0*
of which final consumption	% of GDP	20,4	15,8	18,1*
of which social payments	% of GDP	22,3	11,9	21,4*
External				
Exports of goods	% of GDP	16,5	7,8	14,1
Exports of goods and services	% of GDP	21,6	11,0	16,8
Imports of goods	% of GDP	16,2	14,1	12,2
Imports of goods and services	% of GDP	20,8	16,7	15,4
Exports (share of world exports)	%	28,7	8,6	5,4
Current account balance	% of GDP	-0,1	-6,2	3,9

Source: ECB
*) 2005 figures

Schaubild 1:

Wachstum des realen BIP von EWU, EU, USA und Japan

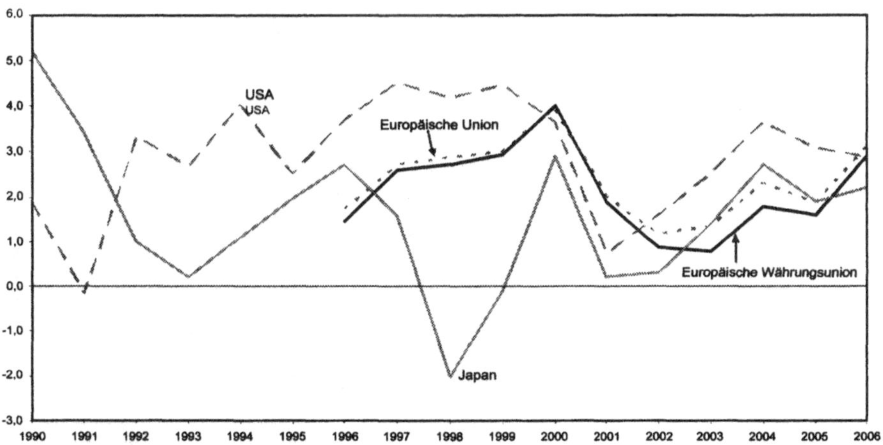

Quellen: OECD; ESRI

Schaubild 2:

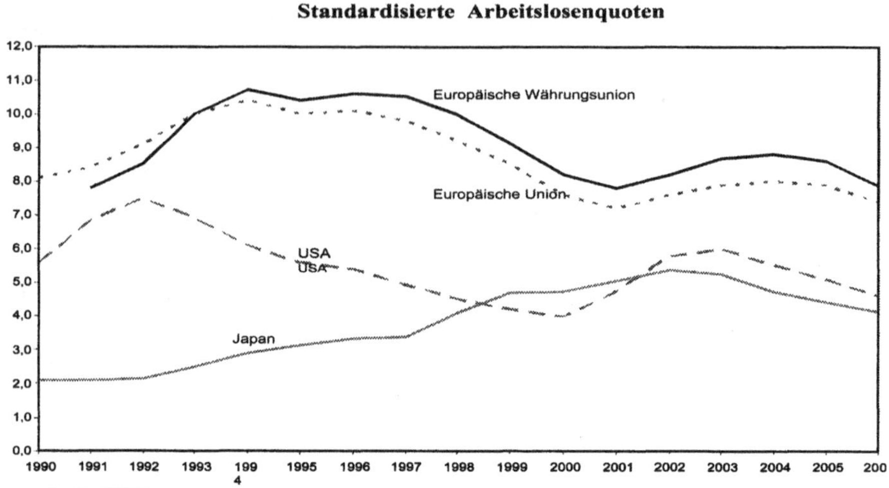

Quelle: OECD

Schaubild 3:

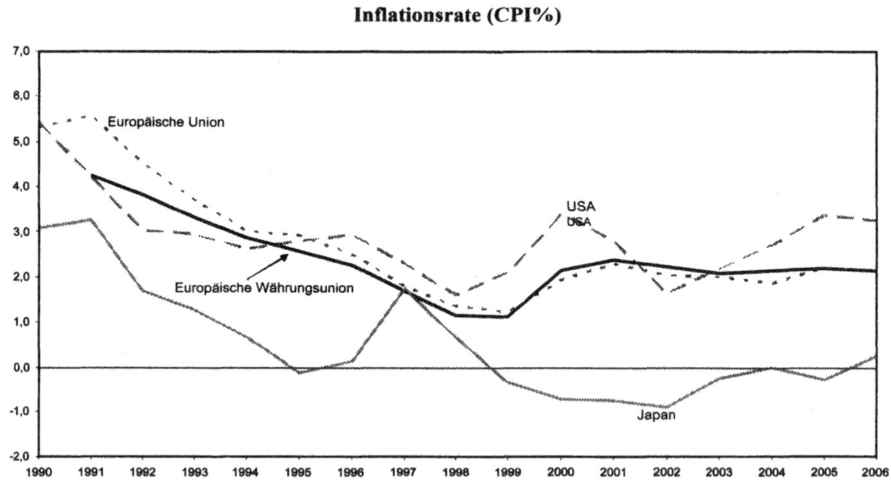

Quelle: OECD

Die Schaubilder 1-3 zeigen die durchschnittliche ökonomische Entwicklung in der EWU im Vergleich zu der in der gesamten EU, den USA und Japan anhand dreier wichtiger Indikatoren: Wachstum des realen BIP, standardisierte Arbeitslosenquoten und Inflationsraten. Wie unmittelbar ersichtlich, bleibt die EWU in den letzten Jahren beim Wachstum und insbesondere der Arbeitslosenquote hinter den USA und Japan, aber auch den übrigen EU-Ländern zurück. Allerdings ist sie bei der Erreichung des Ziels Preisniveaustabilität mit der niedrigsten Inflationsrate am erfolgreichsten, denn Japan kämpfte mit einer Deflation.

Trotz dieses Erfolgs wird in weiten Teilen der Bevölkerung der Euro für Preissteigerungen verantwortlich gemacht („Der Euro ist ein Teuro"). Dass dies unberechtigt ist, haben nicht nur eine Reihe von Untersuchungen u.a. des Statistischen Bundesamts und der Deutschen Bundesbank[4] nachgewiesen, sondern kann auch leicht durch folgende einfachen Vergleiche belegt werden. Stellt man die Entwicklung der Inflationsrate der EWU (gemessen durch den Harmonisierten Verbraucherpreis-Index, HVPI) in den über 8 Jahren seit Einführung des Euro derjenigen in einem gleichlangen Zeitraum vor seiner Einführung in Deutschland (gemessen durch den Preisindex für die Lebenshaltung aller privaten Haushalte) gegenüber (Schaubild 4), wird deutlich, dass die durchschnittliche Inflationsrate nachher signifikant niedriger war als vorher. Da dies auch darauf zurückgehen kann, dass im zweiten Abschnitt allgemein günstigere Bedingungen herrschten als im ersten, wird im Schaubild 5 die Differenz zwischen den Inflationsraten der USA und Deutschlands bzw. der EWU verglichen. Auch hier lassen sich keine Anhaltspunke für eine abnehmende Stabilitätsorientierung nach Einführung des Euro finden.

Nun wird ganz im Gegensatz dazu von einigen Politikern – darauf wird später noch zurückzukommen sein – argumentiert, dass die EZB zu sehr auf das Ziel Preisniveaustabilität fixiert gewesen sei und gerade dies die Wachstums- und Beschäftigungsziele beeinträchtigt habe. Eine weniger stabilitätsorientierte Geldpolitik für die – wenn – nötig auch durch eine Änderung der Zielvorgabe des Maastrichter Vertrages („Priorität für Preisstabilität") gesorgt werden solle, würde zu einer höheren Wachstumsrate und Beschäftigung führen. Abgesehen davon, dass es den Protagonisten wohl nicht möglich sein wird, gute, d.h. wissenschaftlich fundierte Argumente für die Existenz eines geldpolitisch nutzbaren mittel- bis langfristigen Trade-Off zu finden[5], gibt es zwei weitere schwerwiegende Einwände gegen diese Position.

---

4 Vgl. Brachinger, H.W. (2005) und Deutsche Bundesbank (2004)

5 Für einen Überblick vgl. Hoffmann, Kösters (1998)

Schaubild 4:

Inflationsrate in Deutschland und der EWU

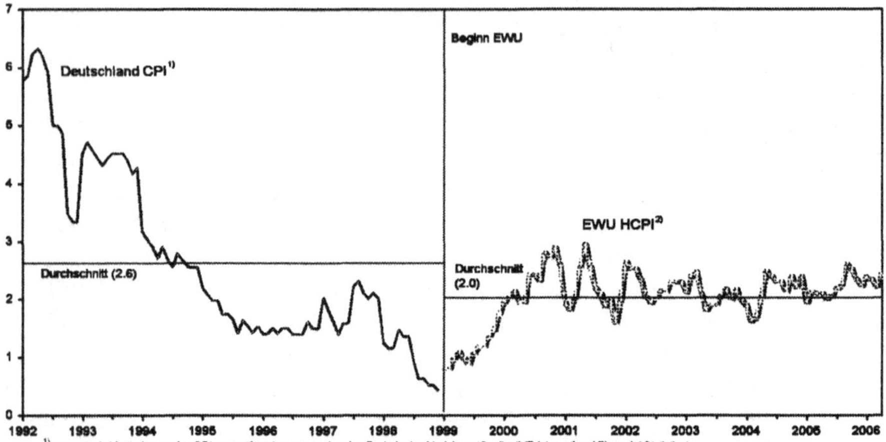

1) prozentuale Veränderung des CPI gegenüber der entsprechenden Periode des Vorjahres (Quelle: IMF International Financial Statistics)
2) prozentuale Veränderung des HCPI gegenüber der entsprechenden Periode des Vorjahres (Quelle: IMF International Financial Statistics)

Schaubild 5:

Inflationsrate in Deutschland, EWU und USA

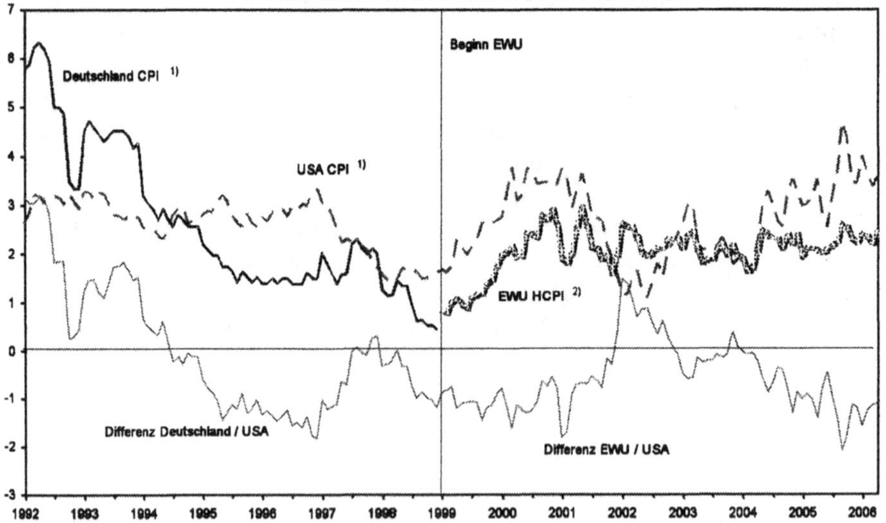

1) prozentuale Veränderung des CPI gegenüber der entsprechenden Periode des Vorjahres (Quelle: IMF International Financial Statistics)
2) prozentuale Veränderung des HCPI gegenüber der entsprechenden Periode des Vorjahres (Quelle: IMF International Financial Statistics)

Zum einen dürfte die Zulassung einer höheren Inflationsrate die schon bestehenden Akzeptanzprobleme für die neue Währung („Der Euro ist ein Teuro") weiter verschärfen und Glaubwürdigkeitsprobleme für die EZB schaffen, was zu Lasten der Wirksamkeit und Effizienz der Geldpolitik geht. Zum anderen wird dabei die Tatsache übersehen, dass die Lage in den EWU-Mitgliedsstaaten unterschiedlich ist. So sind von den Wachstums- und Beschäftigungsproblemen hauptsächlich große Länder (besonders Deutschland, Frankreich, Italien) betroffen, während einige kleinere Länder wie z.B. Irland, hier gute Ergebnisse erreichen. Die wirtschaftlichen Probleme einzelner Länder können mit Hilfe einer einheitlichen europäischen Geldpolitik aber nicht effizient gelöst werden. Im Folgenden soll gezeigt werden, dass nicht die EWU per se die unterschiedlichen Entwicklungen in den Mitgliedstaaten verursacht, sondern die Art und Weise wie die Wirtschaftspolitik in ihnen auf die Herausforderungen reagiert, die durch den neuen Rahmen gesetzt werden.

3. Die ökonomische Konzeption der EWU und grundlegende Erfordernisse für ihre Nachhaltigkeit

Mit dem Europäischen Binnenmarkt (EBM) und der EWU wurde ein neuer Rahmen für die Wirtschaftspolitik in Europa geschaffen, durch den aus ökonomischer Sicht eine bessere und schnellere Anpassung an die Notwendigkeiten und Herausforderungen der Globalisierung erreicht werden sollte. Denn offensichtlich, so wurde argumentiert, seien die Mitgliedsstaaten aus eigener Kraft nicht in der Lage, die notwendigen Strukturreformen politisch durchzusetzen. Der neue Rahmen schaffe aber die erforderlichen Zwänge, sie beschleunigt in Angriff zu nehmen, und Europa von einem Nachzügler zu einem Vorreiter bei der Bewältigung der Globalisierung zu machen. Das würde den Wohlstand sichern und weiter ausbauen. Übrigens wird all dies im Rahmen des Lissabon-Prozesses erneut diskutiert, ohne Bezug auf diese vorhergehende Debatte zu nehmen.

Wie sieht nun der durch EBM und EWU gesetzte neue Rahmen für die Wirtschaftspolitik von seiner Konzeption her aus? Er umfasst die Binnenmarkt- und Geldordnung. Durch die volle Realisierung des EBM sollten nach der schon lange erfolgten Abschaffung der Zölle auch alle nicht tarifären Hemmnisse beseitigt und der freie Verkehr von Gütern, Dienstleistungen, Kapital und Arbeit in der EU garantiert werden. Die potentielle Mobilität der Produktionsfaktoren Arbeit und Kapital wird dadurch erheblich gesteigert, was ihre Optionen für Protest und Abwanderung (Hirschman, A., 1970, Exit, voice and loyalty) deutlich erhöht. Das durch Entscheidungen des EuGH etablierte Ursprungslandprinzip ermöglicht es Inländern zudem – auch ohne Faktorwanderungen, nationalen Jurisdiktionen und Regulierungen auszuweichen und sich bewusst für andere zu entscheiden. Ferner könnte mit wachsender europäischer Öffentlichkeit der Messlatten-Wettbewerb (yardstick competition) zunehmen und ein höherer Druck zur Übernahme besserer Lösungen wirtschaftspolitischer Probleme entstehen, die in anderen Mitgliedsländern gefunden wurden.[6] Durch all dies sollte für mehr Wettbewerb auf den ökonomischen und politischen Märkten aber auch zwischen den nationalen Regulierungssystemen („Systemwettbewerb") gesorgt werden, um so den Druck auf die Mitgliedsländer zu erhöhen, die dringend benötigten Strukturreformen schneller voran zu bringen. Ihre Durchführung würde eine höhere Lohn- und Preisflexibilität und damit eine bessere Anpassungsfähigkeit der EU- und EWU-Länder an die Entwicklungen in der Welt bewirken.

Die Einführung des Euro und die im Maastrichter Vertrag vereinbarte Ausgestaltung der EWU und damit der europäischen Geldordnung sollten diese Prozesse noch verstärken. Die wichtigsten Elemente der früheren deutschen Geldverfassung wurden auf die europäische Ebene übertragen: Verpflichtung der EZB auf das Ziel Preisniveaustabilität (Art. 105 EGV), die Unabhängigkeit der EZB (Art. 108 EGV), das strikte Verbot der monetären Finanzierung öffentlicher Haushaltsdefizite (Art. 101 EGV). Hinzu kommen die no-bail-out-Klausel (Art. 103 EGV) und die Regeln für die nationalen Finanzpolitiken im Stabilitäts- und Wachstumspakt (SWP) (Art. 104 EGV). Mit der Übernahme der zuvor genannten wichtigen Elemente der deutschen Geldverfassung in die europäische Geldordnung wurde ein Teil der hohen Reputation und Glaubwürdigkeit der Deutschen Bundesbank für eine stabilitätsorientierte Geldpolitik auf die EZB zu transferieren versucht. Dies könnte die bisher relativ hohe Stabilität des Euro zumindest teilweise erklären.

Mit der Einführung des Euro wurden das nominale Wechselkursrisiko und Kosten für den Tausch nationaler Währungen in der EWU endgültig beseitigt und andere vorher bestehende Transaktionskosten für Preisvergleiche etc. reduziert. Dies bewirkt eine weitere Erhöhung der potentiellen Mobilität des Kapitals und eine Verschärfung des Systemwettbewerbs. Nimmt man das europäische Vertragswerk zu EWU und EBM ernst – und das sollte für alle geschlossenen Verträge gelten, impliziert dies die Schaffung von Bedingungen für einen freien Austausch von Gütern und Dienstleistungen sowie den freien Verkehr von Arbeit und Kapital, die weit über das hinausgehen, was irgendwo in der Welt gilt. Man kann die Liberalisierungen durch EBM und EWU und die dadurch mögliche Integration von Märkten daher auch als „Superglobalisierung" in Europa bezeichnen.[7]

---

6 Vgl. Kösters, La Roche (2003)
7 Vgl. Kösters, La Roche (2003)

Seit dem Start der EWU können die Geldpolitik und die Wechselkurspolitik zudem nicht mehr als nationale Anpassungsinstrumente benutzt werden. Denn die EZB muss ihre Politik auf alle jetzt 13 Mitgliedsländer der EWU ausrichten und ist zudem prioritär auf die Verfolgung des Ziels Preisniveaustabilität verpflichtet. Der nominale Wechselkurs der im Euro aufgegangenen Währungen ist für immer fixiert, allerdings kann sich der reale Wechselkurs durch unterschiedliche Inflationsraten verändern. Die Finanzpolitik bleibt zwar ein nationales Instrument. Ihr Einsatz ist aber durch Defizit- und Schuldenstandskriterium (3% bzw. 60% des BIP) begrenzt, so dass sie weniger als Instrument der Globalsteuerung und eher als Mittel der Allokationspolitik eingesetzt werden kann. Die Bekämpfung der in vielen EWU-Mitgliedsländern hohen Arbeitslosigkeit muss daher durch Arbeitsmarktreformen und die Lohnpolitik geleistet werden, was Gewerkschaften und Arbeitgeberverbänden eine deutlich größere Verantwortung für das Ziel hoher Beschäftigungsstand zuweist und den Druck auf die nationalen Regierungen zur Durchführung dringend notwendiger Strukturreformen erhöht. Dies ist kein keynesianisches sondern vielmehr ein institutionenökonomisch fundiertes Policy Assignment.

Der durch EBM und EWU geschaffene neue wirtschaftspolitische Rahmen sieht also vor, dass die Bedeutung der makroökonomischen Prozesspolitik zugunsten der Ordnungspolitik zurückgedrängt wird. Die früher in der Globalsteuerung vorgesehene stabilisierungspolitische Aufgabe von Geld-, Fiskal- und Wechselkurspolitik sollte jetzt überwiegend durch Anpassungsprozesse auf Märkten erfüllt werden. Ihre dafür notwendige verbesserte Funktionsfähigkeit soll durch ordnungspolitische Reformen erreicht werden, die einen stärkeren Wettbewerb und flexiblere Preise und Löhne bewirken. Die Durchsetzung der ordnungspolitischen Strukturreformen wiederum soll der verstärkte Systemwettbewerb beschleunigen.

Die Nachhaltigkeit der EWU wird gefährdet, wenn nicht an dieser Konzeption festgehalten und stattdessen die beschlossenen ordnungspolitischen Regeln offen gebrochen oder in Frage gestellt werden. Leider gibt es eine wachsende Zahl von Beispielen dafür, dass die geschaffenen ordnungspolitischen Zwänge unverblümt missachtet, tatsächlich gelockert werden oder dies versucht wird, um mehr diskretionären Handlungsspielraum für die Politik zurück zu gewinnen. Wird dem nicht entschieden Einhalt geboten, droht die Aufgabe vereinbarter bindender Regeln, das Abgleiten in eine deutlich interventionistischere Wirtschaftspolitik und mehr Divergenz statt Konvergenz. Da unter solchen Umständen notwendige ordnungspolitische Strukturreformen ausbleiben oder langsamer erfolgen, besteht die Gefahr des Verlustes internationaler Wettbewerbsfähigkeit und von Wohlfahrtseinbußen bei einzelnen Mitgliedsländern der EWU. Ein Auseinanderbrechen der EWU kann dann in letzter Konsequenz nicht ausgeschlossen werden.

4. Kritische Einschätzung der Stabilität der EWU

Dass die aktuelle Wirtschaftspolitik in den EWU Mitgliedsstaaten den grundlegenden Erfordernissen für die Nachhaltigkeit der EWU oft nicht gerecht wird und sie dadurch gefährdet, lässt sich durch eine Reihe von Beispielen belegen.

Die im Maastrichter Vertrag vereinbarte Geldverfassung der EWU wurde in letzter Zeit vielfach von wichtigen Politikern in Frage gestellt. So forderte im Juni 2005 der damalige italienische Arbeitsminister Roberto Moroni öffentlich, Italien solle die EWU verlassen und die Lira wieder einführen. Er wurde in seiner Kritik vom damaligen italienischen Ministerpräsidenten Silvio Berlusconi grundsätzlich unterstützt.

Die Unabhängigkeit der EZB und ihre Verpflichtung auf Preisniveaustabilität wurden bisher zwar noch nicht eingeschränkt, es gab aber eine Reihe von Versuchen dazu. So hat es in den Beratungen des Europäischen Konvents zur Erarbeitung eines Europäischen Verfassungsvertrages Vorstöße gegeben, die Zielsetzung für die Geldpolitik um den hohen Beschäftigungsstand zu erweitern, die sich aber nicht durchsetzen konnten. Im ersten Entwurf des Verfassungsvertrages wurde allerdings die Preisniveaustabilität nicht mehr unter den grundlegenden Zielen der EU aufgeführt und stattdessen zu einem Ziel der EZB allein degradiert. Erst nach heftiger Kritik u.a. der Deutschen Bundesbank wurde das in der letzten Fassung wieder geändert. Während im jetzt gültigen Vertragswerk die EZB eine Institution sui generis ist, wird sie im Verfassungsvertrag zu einem Organ der EU, was ihre Unabhängigkeit gefährden könnte.[8]

In letzter Zeit gab es wiederholt Forderungen, vor allem aus der französischen und italienischen Regierung, das Preisniveauziel und die Unabhängigkeit der EZB zu relativieren. So forderte schon der damalige französische Innenminister und Präsidentschaftskandidat des bürgerlichen Lagers, Nicolas Sarkozy, Ende Juni 2006 ein grundsätzliches Überdenken der Statuten und Ziele der EZB. Er wiederholte dies seitdem mehrfach und im französischen Wahlkampf wurde seine Forderung u.a. auch von Staatspräsident Chirac und Ségolene Royal, der sozialistischen Präsidentschaftskandidatin geteilt. Von ihnen wird heftige Kritik an der als zu stabilitätsorientiert empfundenen Geldpolitik der EZB geäußert und diese für die Aufwertung des Euro „zum Schaden der Exportwirtschaft Frankreichs“ verantwortlich gemacht. Nach seiner Wahl zum französischen Präsidenten hat

8 Vgl. Kösters (2004), wist

Sarkozy seine Forderungen wiederholt und bei mehreren Gelegenheiten die Geldpolitik der EZB heftig kritisiert und Änderungen verlangt. All dies zeigt, dass in Frankreich offensichtlich die gegenwärtige Geldverfassung nicht akzeptiert wird und stattdessen an der Vorstellung von einem gouvernement economique festgehalten wird, mit der eine Einbindung der Geldpolitik und damit eine Beschränkung ihrer Unabhängigkeit verbunden wäre.

Diese Idee wird auch in einem gemeinsamen Schreiben des Präsidenten der Euro Gruppe des ECOFIN-Rates, Jean Claude Juncker, und des für Währungsfragen zuständigen EU-Kommissars, Joaquin Almudia, an den Präsidenten der EZB, Jean Claude Trichet, vom April 2006 transportiert. Denn es enthält die Forderung nach häufigeren Treffen zu dritt mit dem erklärten Ziel einer größeren ex ante Koordinierung zwischen Geld- und Finanzpolitik, was die Unabhängigkeit der EZB klar gefährden würde. Besonderes Gewicht erhält dieser Vorstoß dadurch, dass er von Vertretern zweier EU-Institutionen unternommen wird, zumal von einem Mitglied der EU-Kommission, die oft als Hüterin der Verträge bezeichnet wird. Nachdem Präsident Trichet sich öffentlich klar gegen solche Treffen ausgesprochen hat und Juncker und Almudia von ihrer Forderung nach „regelmäßigen" Treffen Abstand genommen zu haben scheinen, scheint die Angelegenheit (vorerst?) zu ruhen.

In 2005 wurde bekannt, dass Griechenland jahrelang seine Defizit- und Schuldenstandsdaten gefälscht hatte und daher nicht in die EU hätte aufgenommen werden dürfen. Die Zahlen Italiens werden überprüft. Anders als Großbritannien und Dänemark hat Schweden kein Opting-Out-Recht vereinbart, weigert sich aber trotzdem, die im Maastrichter Vertrag vorgesehenen Vorbereitungsschritte zu unternehmen, um dann der EWU beitreten zu können. In all diesen Fällen liegen klare Vertragsverletzungen vor, die nicht geahndet werden.

Dies gilt auch für das Verhalten Deutschlands (2002-2005), Frankreichs (2002-2004) und anderer EWU-Mitgliedsländer, die das Defizitkriterium für mehrere Jahre nicht einhielten, was gegenwärtig trotz guter Konjunkturlage für Italien (Defizitquote 5,7% in 2006) und Portugal (Defizitquote 4,6% in 2006) zutrifft. Die gegen Deutschland und Frankreich eingeleiteten Verfahren wurden nach heftigen Protesten, insbesondere des damaligen Kanzlers Gerhard Schröder, durch Beschluss des Ministerrats eingestellt. Stattdessen wurden die Regeln des Stabilitäts- und Wachstumspaktes „reformiert", d.h. verwässert, indem Anpassungsfristen verlängert und die Zahl der Ausnahmetatbestände vergrößert wurde. Dadurch wird der diskretionäre Handlungsspielraum für die nationale Finanzpolitik ausgeweitet und die von den alten Regeln ausgehenden Zwänge für die Haushaltskonsolidierung verringert. Der politische Druck für notwendige Strukturreformen sinkt, der auf die EZB nimmt aber gleichzeitig zu. Denn bei jeder Zinserhöhung wird die EZB mittlerweile von den Finanzministern, allen voran

Jean Claude Juncker, unter Rechtfertigungszwang zu setzen versucht. Ist das der schleichende Beginn eines gouvernement economique?

Spanien, Frankreich und Italien versuchen, Übernahmen heimischer Unternehmen durch andere Unternehmen aus EU-Mitgliedsstaaten zu verhindern und verstoßen damit klar gegen ein konstitutives Merkmal einer Währungsunion, den vollkommen freien Kapitalverkehr und volle Konvertibilität. Diese Beispiele mögen als Beleg dafür genügen, dass die Geldverfassung als zentrales Fundament der EWU immer noch nicht voll akzeptiert ist, sondern selbst wichtige Elemente von Regierungsmitgliedern, Kommissaren und Mitgliedsstaaten immer wieder in Frage gestellt werden.

Bei dem anderen zentralen Fundament steht es nicht besser. Denn auch mit der Vollendung des EBM und der Umsetzung schon beschlossener Regeln gibt es gravierende Probleme. Hier ist an erster Stelle die Zurückweisung des ersten Entwurfs der europäischen Dienstleistungsrichtlinie, insbesondere durch die großen EU-Länder zu nennen, in der als Regel das Ursprungslandprinzip verankert war. Verabschiedet wurde schließlich eine stark verwässerte Fassung im Europäischen Parlament, in der nunmehr das Herkunftslandprinzip die Regel und das Ursprungslandprinzip die Ausnahme ist. Dies verringert den Wettbewerb im Binnenmarkt und macht Löhne und Preise weniger flexibel. Da der Beitrag der Dienstleistungen zum BIP in den EU-Ländern im Durchschnitt etwa 70%, der Anteil am innergemeinschaftlichen Handel aber nur ca. 40% beträgt, wird eine wichtige Quelle der Wohlstandssteigerung nicht adäquat genutzt.

Zudem gibt es eine Reihe von nationalen Maßnahmen, die gegen den Geist, wenn nicht gegen die Buchstaben der Regeln des EBM verstoßen und den Wettbewerb weiter behindern. Dazu zählen in Deutschland die Versuche mit dem Entsendegesetz und der Einführung eines gesetzlichen Mindestlohns – neben dem schon durch Tarifverträge und Sozialgesetzgebung de facto bestehenden – Hürden im Binnenmarkt zu errichten, was sozialpolitisch zu begründen versucht wird.

In Frankreich hat der frühere Premierminister Dominique de Villepin ökonomischen Patriotismus eingefordert und bestimmte Unternehmen als strategisch wichtig erklärt, so dass sie nicht von ausländischen Unternehmen, d.h. auch Unternehmen aus EU-Ländern, übernommen werden können. Die Schaffung nationaler Champions mit staatlicher Unterstützung durch Fusionen unter französischer Führung zählt dazu.

Die spanische Regierung hat mit allen Mitteln versucht, d.h., auch nicht vertragskonformen, offen oder versteckt die Übernahme der Endesa durch die deutsche Eon zu verhindern und war schließlich sogar erfolgreich. In die gleiche Richtung geht der Versuch der polnischen Regierung, die aus der Fusion von

Unicredit und Hypo-Vereinsbank resultierende Fusion der polnischen Töchter Pekao und BPH zu verbieten.

Neben nationalen Interessen werden in letzter Zeit immer häufiger sozialpolitische Argumente gegen die Umsetzung und Durchsetzung der Binnenmarktregeln ins Feld geführt. Gern wird dabei der EBM gegen das europäische Sozialmodell ausgespielt. Das Scheitern des Europäischen Verfassungsvertrages in den Referenden in Frankreich und den Niederlanden lieferte für viele Politiker den Anlass, mehr soziale Absicherung und weniger Wettbewerb einzufordern. Sollten sie damit Erfolg haben, würde dies zu einer Verlangsamung bei der Durchsetzung notwendiger Strukturreformen mit den zuvor beschriebenen Gefährdungen der Nachhaltigkeit der EWU führen.

5. Fazit

Die ökonomische Konzeption der EWU, wie sie sich aus den europäischen Verträgen ergibt, ist so angelegt, dass der dauerhafte Erfolg der EWU durch die volle Akzeptanz der vereinbarten europäischen Geldordnung und die Vollendung des Binnenmarktes sichergestellt werden soll. Denn dadurch wird ein neuer Rahmen für die Wirtschaftspolitik in Europa geschaffen, in dem über mehr Systemwettbewerb für die schnellere Durchsetzung ordnungspolitischer Strukturreformen gesorgt wird. Diese sind dringend notwendig, um den Herausforderungen der Globalisierung gerecht zu werden und den Wohlstand in Europa zu festigen und darüber hinaus zu mehren. Erst dies schafft die Fundamente, durch die die Nachhaltigkeit der EWU gesichert wird. Werden jedoch die vereinbarten ordnungspolitischen Regeln aufgeweicht und missachtet und damit ein größerer diskretionärer Handlungsspielraum ermöglicht, kann in letzter Konsequenz die EWU in ihrer jetzigen Form scheitern. Denn dann wären Ausweichreaktionen der Politik möglich und würde die europäische Integration nicht mehr die Ziele erfüllen können, die ihr in der Vergangenheit die Zustimmung der Menschen gesichert haben: Wohlstandsmehrung und Friedenssicherung. Unterbleibt nämlich die notwendige Anpassung an die sich ändernden weltwirtschaftlichen Bedingungen, sinkt die internationale Wettbewerbsfähigkeit und der (relative) Wohlstand. So haben Italien und Portugal seit dem Start der EWU gegenüber Deutschland über ein Drittel ihrer internationalen preislichen Wettbewerbsfähigkeit verloren und weisen bei guter Weltkonjunktur hohe Haushaltsdefizite auf.[9] Es ist zu befürchten, dass in der nächsten Rezession die Defizitquoten auch in anderen Ländern wieder über die drei-Prozentmarke steigen werden. Daher ist es dringend erfor-

9 Vgl. OECD (2007), Survey EM

derlich, im neuen geplanten Grundlagenvertrag die beschlossenen ordnungspolitischen Regeln und damit die Fundamente der EWU zu stärken und für effektive Sanktionen zu sorgen. Denn ein Scheitern der EWU ginge an die Substanz der EU insgesamt.

Literatur

Beckmann, R., Born, J. und W. Kösters (2002): *„The US Dollar, the Euro, an the Yen: AnEvaluation of Their Present and Future Status as International Currencies"*, In: Klenner,W., Watanabe, H. (2002), „Globalization and Regional Dynamics – East Asia and the European Union from the German Perspective", Berlin, S.51-79.

Brachinger, H.-W. (2005): *„Der Euro als Teuro? – Die wahrgenommene Inflation in Deutschland."*, In: Wirtschaft und Statistik (2005)

Deutsche Bundesbank (2004): *„Die Entwicklung der Einzelhandelspreise"*, Frankfurt am Main.

ECB (2007): *„Review of the International Role of the Euro"*, Frankfurt am Main.

Hirschman, A. (1970): *„Exit, voice and loyalty: Responses to decline in firms, organizations, and states"*, Cambridge, MA

Hoffmann, B. und W. Kösters (1998): *„40 Jahre Phillipskurve: Ein kurzer aktueller Überblick über eine lange Diskussion."*, In: Hüpen, R. und Th. Werbeck (Hrsg.): „Wirtschaftslehre zwischen Modell und Realität. Theoretische Analyse als Fundament anwendungsbezogener Aussagen.", Stuttgart.

Kösters, W., (2004): *„Stabilitätsvergessen: Kritische Anmerkungen zum Verfassungsentwurf des Europäischen Konvents"*, Wist 33

Kösters, W., La Roche, E. (2003): *„Systemwettbewerb"*, Walter Raymond Stiftung, Kleine Reihe, Heft 73.

OECD (2007): *„Euro area"*, Economic Surveys, Paris

Finanzmarktintegration und Geldpolitik

H. Jörg Thieme[1] *und Andreas Wiesner*[2]

1. Der europäische Einigungsprozess

Die physische Einführung des Euro, der seit dem 01.01.1999 existiert, sollte den stagnierenden Einigungsprozess in Europa mit neuen Impulsen versehen („Schrittmachertheorie"). Allerdings ist die Zustimmung in Deutschland und anderen Ländern der Europäischen Union auch heute noch relativ gering, so dass der Euro weiterhin eine Art Retortenwährung bleibt (Thieme, 2002).

Inwieweit die Einführung der Gemeinschaftswährung auf den Einigungsprozess eingewirkt hat, ist differenziert zu betrachten. Nach der Schaffung des gemeinsamen Marktes, der Einführung des Euros und der Erweiterung der EU nach Osten müssen jetzt Rückschläge hingenommen werden: der Lissabon-Prozess, der die Wachstumspotenziale der europäischen Wirtschaft freisetzen sollte, ist weit von seinen Zielen entfernt und das ehrgeizige Verfassungsprojekt ist nach den Referenden in Frankreich und den Niederlanden de facto gescheitert (Holzhausen, 2005).

Es wäre jedoch zu kurz gegriffen, den europäischen Einigungsprozess auf aktuelle politische Entwicklungen zu reduzieren. Vielmehr handelt es sich um einen Prozess, der auf verschiedenen Ebenen abläuft, wobei an dieser Stelle der Blick auf den aktuellen Stand der Finanzmarktintegration und die Rolle der Europäischen Zentralbank (EZB) gerichtet ist. Schließlich findet Geldpolitik nicht im luftleeren Raum statt, sondern pflanzt sich über die Finanzmärkte fort bis sie die Gütermärkte und Haushalte erreicht (Weber, 2005a). Aus diesem Grund ist es für die EZB wichtig, die Finanzmarktstrukturen zu kennen und mögliche Veränderungen dieser Strukturen zu erkennen, um eine effiziente Geldpolitik umsetzen zu können.

2. Stand der Finanzmarktintegration

Wie ist nach über acht Jahren Euro der Stand der Integration? Trotz des signifikanten Impulses, der von der Einführung der Gemeinschaftswährung ausging und

1 Heinrich- Heine- Universität Düsseldorf
2 Heinrich- Heine- Universität Düsseldorf

noch ausgeht, ist das Bild der Finanzmarktintegration im Euroraum gemischt. Dieses Bild ergibt sich zu großen Teilen daraus, dass in den verschiedenen Ländern spezifische, historisch gewachsene Strukturen vorliegen (Weber, 2005a).

Für die Frage, wann ein Finanzmarkt als integriert anzusehen ist, gibt die Definition der Deutschen Bundesbank folgende Antwort: langfristig sollen sich alle potentiellen Marktteilnehmer einheitlichen Regeln gegenüber stehen sehen, den gleichen Marktzugang haben und gleich behandelt werden (Weber, 2005c).

a. Geldmarkt

Mit der Einführung der Währungsunion zum 01.01.1999 ist quasi schlagartig auch ein gemeinsamer Geldmarkt entstanden. Innerhalb des Marktes für kurzfristige Kredite (Geldmarkt) gibt es verschiedene Segmente, wobei der unbesicherte Geldmarkt und der Repomarkt wohl die beiden wichtigsten Segmente darstellen (Baele et al., 2004). Auf dem unbesicherten Geldmarkt tauschen Banken kurzfristig liquide Mittel ohne Sicherheiten aus. Ein Repogeschäft ist eine Vereinbarung über den Verkauf und Rückkauf einer Sicherheit zu einem bestimmten Preis und Zeitpunkt in der Zukunft.

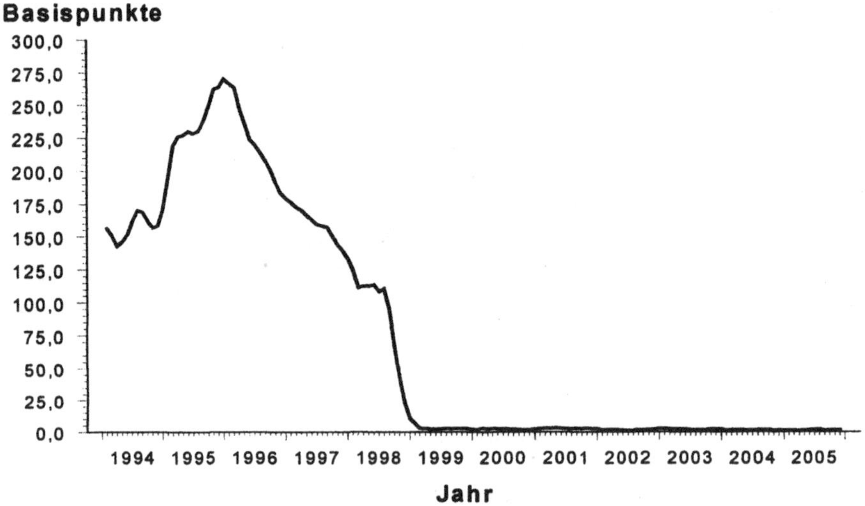

Abb.1: Standardabweichung des kurzfristigen Zinssatzes in Basispunkten am unbesicherten Interbankenmarkt zwischen Euro-Ländern (Benchmark: EONIA), Quelle: EZB (2005), eigene Berechnungen.

Die Standardabweichung des Basiszinssatzes am unbesicherten Geldmarkt beträgt zwischen den EWU-Staaten, wie in Abbildung 1 sichtbar, heute nur noch wenige Basispunkte und zeigt damit einen hohen Integrationsgrad an. Die verbleibende Abweichung liegt im Bereich von 2-3 Basispunkten und unterscheidet sich nicht weiter von der Abweichung, die innerhalb eines EWU-Staates zwischen verschiedenen Banken anzutreffen ist (Baele et al., 2004).

Im Vergleich zum unbesicherten Geldmarkt hat der Repomarkt, trotz beachtlicher Fortschritte, einen geringeren Integrationsgrad erreicht. Die Gründe hierfür sind u.a. fehlende Standardisierung und Harmonisierung der rechtlichen Vorschriften, sowie geringer Liquidität im Bereich der Repogeschäfte mit längeren Laufzeiten (Baele et al., 2004).

b. Bondmärkte

Bei den Bondmärkten unterscheidet man gewöhnlich zwischen den Märkten für Unternehmensanleihen (Corporate Bonds) und Staatsanleihen (Government Bonds).

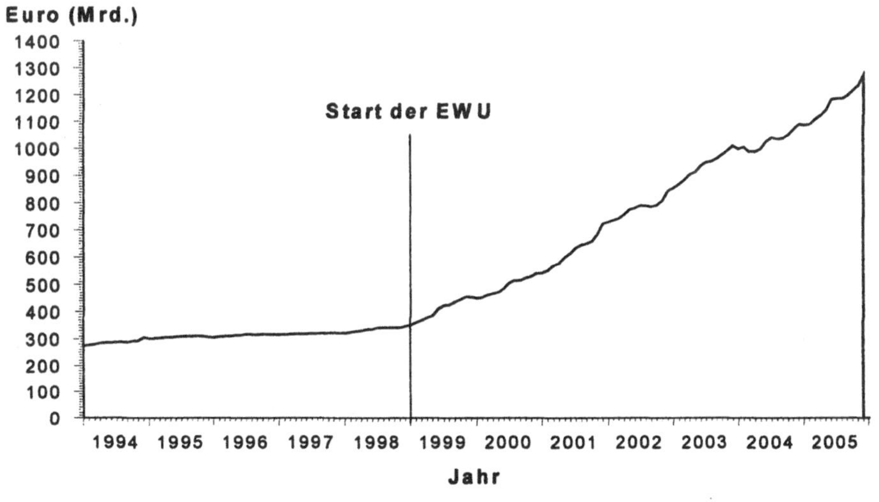

Abb.2: Umlauf euro-denominierter Corporate Bonds in Milliarden Euro, Quelle: eigene Berechnungen.

Im Vergleich zum Markt für Staatsanleihen ist der Markt für Corporate Bonds noch relativ jung, hat sich aber in seiner Größe und Struktur in den letzten Jahren verändert. Die Abbildung 2 zeigt, dass seit dem Start der Währungsunion der Umlauf euro-denominierter Corporate Bonds deutlich zugenommen hat, wobei festgestellt werden kann, dass dieses Wachstum mit einer drastisch erhöhten Zahl von Emittenten der Rating-Kategorien A und BBB einhergeht. Als Emittenten treten dabei neben Finanzunternehmen nun verstärkt auch Industrieunternehmen auf (Carnegie-Brown/King, 2003).

Diese Marktentwicklung hat zu einem verschärften Wettbewerb zwischen den Emissionshäusern geführt, so dass die Marktkonzentration im Bereich des Bond-Underwriting zurückgegangen ist. Die Emittenten profitieren davon in Form von fallenden Emissionsgebühren (Holzhausen, 2005).

Eine ähnliche Entwicklung vollzog sich auf auch dem internationalen Schuldtitelmarkt. Der Bestand an umlaufenden internationalen Schuldtiteln in Euro übertrifft den der in Dollar denominierten und liegt bei ca. 47% aller kurz- und langfristigen Schuldtitel. Die Entwicklungen in beiden Segmenten führen zu einem Mehr an Liquidität und Professionalität, wodurch wiederum internationale Emittenten angelockt werden. Diese liquiden Märkte sind auch Voraussetzung für die Entwicklung derivativer Instrumente wie Credit Default Swaps (CDS) und Collateralized Debt Obligations (CDO). Es scheint in diesem Marktsegment insgesamt ein Punkt erreicht zu sein, wo durch positive externe und interne Entwicklungsanstöße ein positiver Kreislauf angeregt wurde (Holzhausen, 2005).

Ähnlich wie beim unbesicherten Geldmarkt hatte die Einführung der Gemeinschaftswährung einen signifikanten Einfluss auf den europäischen Markt für Government Bonds. Mit dem Wegfall der Wechselkursrisiken, haben die Investoren begonnen, sich verstärkt auf die Kredit- und Liquiditätsrisiken zu fokussieren und ihre Bondportfolios international zu diversifizieren. In diesem wettbewerbsintensiveren Umfeld wurde von den Regierungen daran gearbeitet, ihre Staatsanleihen für internationale Investoren attraktiver zu machen. Zur Verbesserung der Marktliquidität wurde das Emissionsvolumen der Anleihen vergrößert und normiert. Zudem findet der Handel von Staatsanleihen verstärkt über elektronische Plattformen (z.B. EuroMTS) und immer weniger außerbörslich statt. Schließlich hat auch die Entwicklung von Swap- und Future-Märkten zu einer erhöhten Liquidität in diesem Segment beigetragen, da die Marktteilnehmer ihre Zinsrisiken nun absichern können. Die Markttransparenz wurde durch die Einführung eines Emissionskalenders verbessert. Dadurch wurden die Emissionsaktivitäten regelmäßiger und für die Marktteilnehmer vorhersehbar. Die Abbildung 3 zeigt, dass sich die Renditen für 2-, 5- und 10-jährige Staatsanleihen fast vollständig angeglichen haben, was als Indikator für einen hohen Integrationsgrad spricht (Baele et al, 2004).

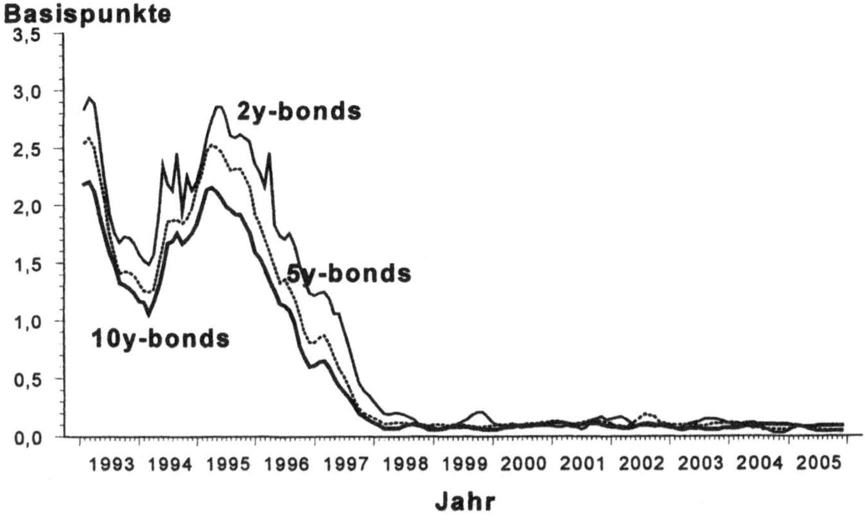

Abb.3: Standardabweichung der Renditen in Basispunkten für 2-(2y-bonds), 5-(5y-bonds) und 10-jährige (10y-bonds) Staatsanleihen (Benchmark: Deutschland für 10-jährige Anleihen, Frankreich für 2- und 5-jährige Anleihen), Quelle: EZB (2005), eigene Berechnungen.

c. Aktienmärkte

Durch den Wegfall nationaler Wechselkursrisiken erfuhren die europäischen Aktienmärkte eine bedeutende Transformation in Richtung eines gemeinsamen Marktes. Die Bedeutung der Portfoliodiversifikation nach Sektoren wurde durch die gemeinsame Währung erhöht. Insgesamt jedoch weisen die Aktienmärkte trotz beachtlicher Fortschritte immer noch einen geringen Integrationsgrad auf (Weber, 2005a). Der Hauptgrund für die zögerliche Integration dürften v.a. im Bereich der Infrastruktur liegen, wo Ineffizienzen beim grenzüberschreitenden Clearing & Settlement vorliegen. Hinzu kommt eine zersplitterte Börsenlandschaft und eine nach wie vor vorhandene „home-bias" europäischer Investoren. Letztere scheint jedoch abzunehmen, da z.B. der Anteil heimischer Aktien in den Portfolien europäischer Investmentfonds von 1997 bis 2002 von 49% auf 28% zurückging und der Anteil europäischer Aktien von 10% auf 26% anstieg (Holzhausen, 2005). Die anhaltende Konsolidierung in der europäischen Börsenlandschaft, sowie die noch zu erzielenden economies of scale, müssen jedoch nicht in die Errichtung einer großen pan-europäischen Börse münden. Möglicherweise können mehrere kleinere Börsen nebeneinander existieren und ein differenzierteres Angebot bereitstellen. Eine endgültige Struktur der zukünftigen europäischen Börsenlandschaft ist allerdings noch nicht absehbar (McAndrews/Stefanadis, 2002).

d. Retailmärkte

Im Bereich der Retailmärkte wurden bisher die geringsten Integrationsfortschritte gemacht und auch hinsichtlich des möglichen Integrationstempos sollten die Erwartungen nicht zu hoch gesteckt sein. Bankpreise sind immer noch nationale Preise, internationale Vergleiche spielen hier keine Rolle. Die Konvergenz von Kreditzinssätzen in der EU 15 ist faktisch zum Stillstand gekommen, so dass insgesamt von einer Fragmentierung der Retailmärkte entlang der Staatsgrenzen gesprochen werden kann. Die Vorteile eines Finanzbinnenmarktes für Verbraucher mit sinkenden Preisen für Finanzprodukte bei größerer Produktvielfalt sind noch kaum zu spüren. Trotz neuer Vertriebskanäle via Internet und Telefon-Banking ist das grenzüberschreitende Geschäft gering und die home-bias der Konsumenten ausgeprägt. Angesichts dieser home-bias und weiterer Hindernisse (Verbraucherschutz, Finanzaufsicht, etc.) werden sich die Vorteile eines gemeinsamen Marktes hauptsächlich über die Präsenz im jeweiligen Markt realisieren lassen. Die europäische Bankenkonsolidierung bleibt Schrittmacher der Integration im Retailbereich. Die in vielen Ländern – mit Ausnahme Deutschlands – abgeschlossene Marktkonsolidierung, wird sich auf europäischer Ebene fortsetzen. Die Übernahme der HVB durch Unicredito deutet dieses bereits an und zeigt weiterhin, dass es sich vor dem Hintergrund der Konkurrenz durch amerikanische Großbanken um einen marktgetriebenen Prozess handelt (Holzhausen, 2005).

e. Fazit und Ausblick

Als Faustregel kann gelten, dass die Integration auf denjenigen Märkten weit fortgeschritten ist, die unmittelbar durch die Geldpolitik beeinflusst werden und nicht durch nationales Recht oder regionale Infrastrukturen segmentiert sind (Weber, 2005a).

Insgesamt kann durch die z.T. erfreulichen Integrationsfortschritte, die zunehmenden technischen Möglichkeiten der kostengünstigen direkten Marktnutzung und der Globalisierung eine stärkere Kapitalmarktorientierung für das Gebiet der EWWU konstatiert werden (Weber, 2005a). Die verstärkte Kapitalmarktorientierung bedeutet allerdings nicht, dass es zu einem Paradigmenwechsel, weg vom bankdominierten Finanzsystem und hin zu einem kapitalmarktorientierten Finanzsystem, kommt (Weber, 2005b). Der verstärkte Trend zur Disintermediation im klassischen Bankgeschäft muss jedoch nicht mit einem Bedeutungsverlust der Banken einhergehen. Offensichtlich verlieren die bisherigen Intermediationswege, wie z.B. das Hausbankprinzip, ihre Bedeutung, aber die Banken sind in der Lage ihre Instrumente an ein kapitalmarktnäheres Umfeld anzupassen (Weber, 2005a).

Weitere Hersausforderungen liegen in der Umsetzung des Financial Services Action Plan (FSAP) der Europäischen Kommission zur Verbesserung des Binnenmarktes für Finanzdienstleistungen und des Fortschreitens des Lamfalussy-Prozesses. Letztlich müssen noch viele kleinere und größere Schritte im Integrationsprozess zurückgelegt werden (Holzhausen, 2005).

3. Geldpolitik in Euroland

Obwohl innerhalb Europas noch unterschiedliche Finanzmarktstrukturen herrschen, wird heute bereits eine einheitliche Geldpolitik durch die EZB betrieben (Welteke, 2001).

a. Die aktuelle Geldpolitik der EZB

Das vorrangige Ziel der EZB ist die Sicherstellung von Preisniveaustabilität, definiert als Anstieg des harmonisierten Verbraucherpreisindex (HVPI) um nicht mehr als 2% im Jahresvergleich, und hat für den Einsatz ihres geldpolitischen Instrumentariums eine Zwei-Säulen-Strategie gewählt. In der ersten Säule werden alle Informationen über die Geldmengenentwicklung analysiert und ein Referenzwert für das jährliche Wachstum der Geldmenge M3 berechnet, welcher seit 1999 mit 4,5 v.H. angegeben wird. Diese Säule wird aus der monetaristischen Transmissionstheorie abgeleitet, wonach ein angemessenes und verstetigtes Geldmengenwachstum weitgehend inflationsfreies Wirtschaftswachstum ermöglicht. In der zweiten Säule analysiert die EZB wichtige Wirtschafts- und Finanzindikatoren, die sie bei ihren geldpolitischen Operationen berücksichtigt und die für die Erreichung von Preisniveaustabilität wichtig sind. Die zweite Säule repräsentiert somit die alternative Strategie der direkten Inflationssteuerung. Ausgangspunkt sind periodisch zu erstellende Inflationsprognosen. Bei einer Abweichung der Prognosen vom gewünschten Preisniveauziel, muss die Zentralbank mit expansiver beziehungsweise restriktiver Geldpolitik reagieren. In diesem Konzept bleibt allerdings offen, auf welcher theoretischen Basis die Inflationsprognose zu erfolgen hat (Thieme, 2003). Die Abbildung 4 zeigt, dass die EZB ihr definiertes Ziel in den letzten Jahren nicht erreicht hat. Dennoch befindet sich die Inflationsrate im Vergleich zu den Siebziger- und Achtzigerjahren auf einem niedrigen Niveau.

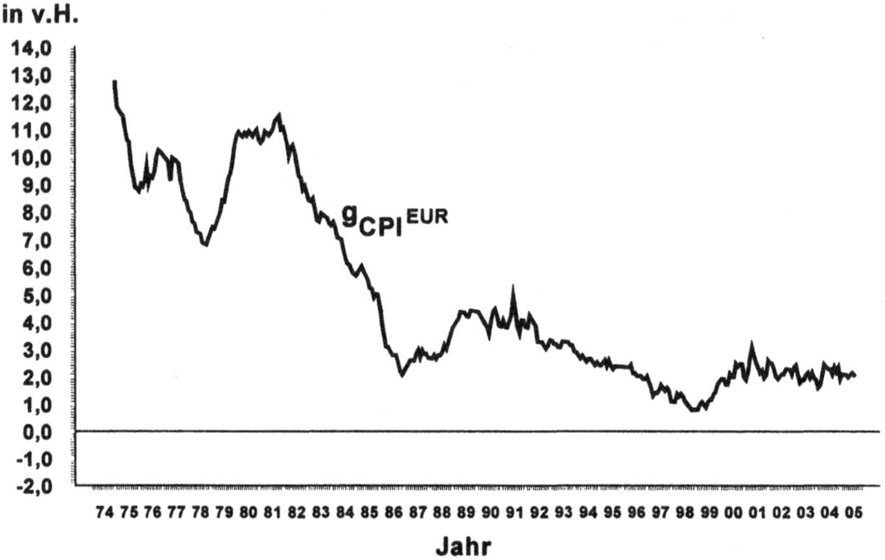

Abb.4: Entwicklung der Inflationsrate in der Euro-Zone, Änderungsrate des Konsumentenpreisindizes (gCPI EUR) ggü. Vorjahresmonat, Quelle: long series / iefg© 2005.

Die Änderungsraten der Geldmenge entwickelten sich in der Vergangenheit ebenfalls nicht im Sinne der ersten Säule der geldpolitischen Strategie der EZB, sondern übertrafen den Referenzwert mitunter deutlich, wie in Abbildung 5 zu erkennen ist. Inwieweit diese Tatsache als Beleg für eine faktische Abkehr der EZB von einer systematischen Geldmengensteuerung angeführt werden kann, bleibt abzuwarten. Allerdings hat es den Anschein, dass sich die Zwei-Säulen-Strategie immer mehr zu einer Weder-noch-Strategie verkehrt, die für ihre Entscheidungsträger erhebliche Gestaltungsspielräume offen lässt. Im Namen der direkten Inflationssteuerung würde dann der Weg zu einem geldpolitischen Muddling Through freigemacht, das eine leicht nachvollziehbare Geldpolitik in der Öffentlichkeit unmöglich macht. Ob dieses Strategiewirrwarr unter geänderten Finanzmarktbedingungen zur Verlässlichkeit der Geldpolitik beiträgt bleibt fraglich.

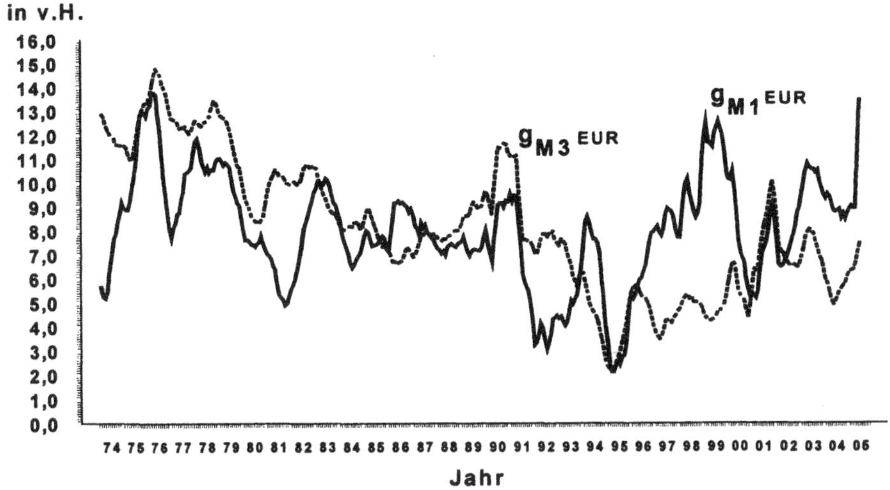

Abb.5: Entwicklung der Geldmenge in der Euro-Zone, Änderungsraten von M1 (g_{M1} EUR) und M3 (g_{M3} EUR) ggü. Vorjahresmonat, gleitender Durchschnitt der letzten drei Änderungsraten, Quelle: long series / iefg© 2005.

b. Wirkungen veränderter Finanzmarktstrukturen auf die Geldpolitik

Über den Einsatz ihres geldpolitischen Instrumentariums versucht die EZB ihr Ziel der Preisniveaustabilität zu erreichen. Die Wirkungen dieser Instrumente hängen wiederum von den Finanzmarktstrukturen ab. Die geänderten Finanzmarktstrukturen, wie oben beschrieben, bewirken demnach die bessere Nutzung der Kapitalmärkte, eine höhere Informationseffizienz durch verstärkte Transparenz, verbesserte Finanzierungsmöglichkeiten durch innovative Instrumente wie CDSs und CDOs, verstärkten Wettbewerb zwischen Banken sowie Banken und Kapitalmärkten, und haben möglicherweise Einfluss auf

- den Transmissionsprozess der Geldpolitik,
- die Auswirkungen der Vermögenswerte für die Geldpolitik und
- die Bedeutung geldpolitischer Signale (Weber, 2005b).

Die Transmission monetärer Impulse erfolgt über verschiedene Transmissionskanäle, wobei zwischen dem traditionellen, dem vermögenstheoretischen und dem Kreditansatz unterschieden wird. Innerhalb des Kreditansatzes finden sich Bankkreditkanal, Bilanzkanal, Cashflow-Kanal, Kanal der Inflationserwartungen und Kanal der Liquiditätseffekte (Thieme, 2003).

Durch den o.g. Trend zur Disintermediation ist für den *Transmissionsprozess* mit einer verringerten Bedeutung des Bankkanals (instabiler Geldangebotsmultiplikator) und einer stärkeren Rolle des traditionellen Zinskanals zu rechnen (Weber, 2005b). Die Transmission geldpolitischer Impulse dürfte durch die verstärkte Rolle des Zinskanals und der höheren Reaktionsfähigkeit der Märkte im Vergleich zum Banksystem mit höherer Geschwindigkeit ablaufen. Wirkungsverzögerungen der Geldpolitik würden verringert. Die Banken werden durch den verstärkten Wettbewerb ihre Kreditzinsen stärker an die auf den jeweiligen Finanzmärkten anzutreffenden Renditen anpassen müssen (Welteke, 2001).

Ein Faktor, der für eine geringere Transmissionsgeschwindigkeit spricht, liegt in einer Umschichtung von kurzfristigen, variablen zu langfristig fixierten Finanzkontrakten, in Ländern, wo bisher eine hohe Inflationsrate geherrscht hat. Es ist aber davon auszugehen, dass insgesamt der erste Effekt dominierend sein wird, es also zu einer Beschleunigung des Transmissionsprozesses kommt (Welteke, 2001).

Neben den Auswirkungen auf die Transmissionsgeschwindigkeit stellt sich die Frage, wie die Volatilität beeinflusst wird. Hier kann damit gerechnet werden, dass durch die geringere Bedeutung des Hausbankprinzips, die Glättung der intertemporalen Zinsstruktur ebenfalls abnimmt und damit die Volatilität zunimmt. Der Grund hierfür ist, dass auf mittlere Sicht der monopolistische Spielraum des relationship lender durch den verstärkten Wettbewerb abnimmt (Weber, 2005b). Insgesamt kann man also mit einer schnelleren, aber volatileren Transmission geldpolitischer Impulse rechnen.

Durch die verstärkte Kapitalmarktorientierung kann der *Vermögenseffekt* für die Geldpolitik an Bedeutung gewinnen, d.h., dass durch Wertzuwächse bei Finanzanlagen zusätzlicher Konsum generiert wird. Allerdings ist dieser Effekt für Deutschland mit ca. 1% verhältnismäßig gering (Welteke, 2001). Die EZB beobachtet deshalb im Rahmen ihrer Zwei-Säulen-Strategie die Entwicklung wichtiger Vermögenspreise, also einzelner Transmissionsvariablen, wie Aktienkurse oder Immobilienpreise. Anhänger dieses Konzeptes argumentierten in der Vergangenheit, dass z.B. die Aktienkurshausse in Deutschland eine Inflationsblase darstellte, die Gefahr für die Preisniveaustabilität birgt. Ungeklärt bleibt jedoch, woher eine Zentralbank das Wissen nehmen kann, wann eine Vermögenspreisentwicklung eine „ungesunde Blasenbildung“ signalisiert und wann nicht, da auch eine Zentralbank nicht weiß, ob die Veränderung der Vermögenspreise aus Nachfrageverschiebungen oder Defekten in der Transmissionskette resultiert (Thieme, 2003). Solche Defekte können insbesondere an drei Stellen auftreten, nämlich im Geldangebotsprozess, im Geldnachfrageprozess und im Übergang zur realen Sphäre. Üblicherweise wird ein Bruch der Transmissionskette bei der Geldnachfrage bzw. der Umlaufgeschwindigkeit des Geldes vermutet. Eine Variation des

Geldmengenwachstums wird durch eine veränderte Kassenhaltung kompensiert und es erfolgt keine Absorption über die Güter- und Dienstleistungsmärkte. Für den Rückgang der Umlaufgeschwindigkeit kann es verschiedene Gründe geben, u.a. das gestärkte Vertrauen in eine Währung oder die sie repräsentierende Institution, zunehmende Nachfrage als internationale Reservewährung oder niedrige Opportunitätskosten der Geldhaltung. Im Euroraum lässt sich für die letzten Jahre, wie Abbildung 6 zeigt, eine drastisch gesunkene Umlaufgeschwindigkeit feststellen, wobei es sich keineswegs um erratische Schwankungen zu handeln scheint (Michler/Thieme, 2004).

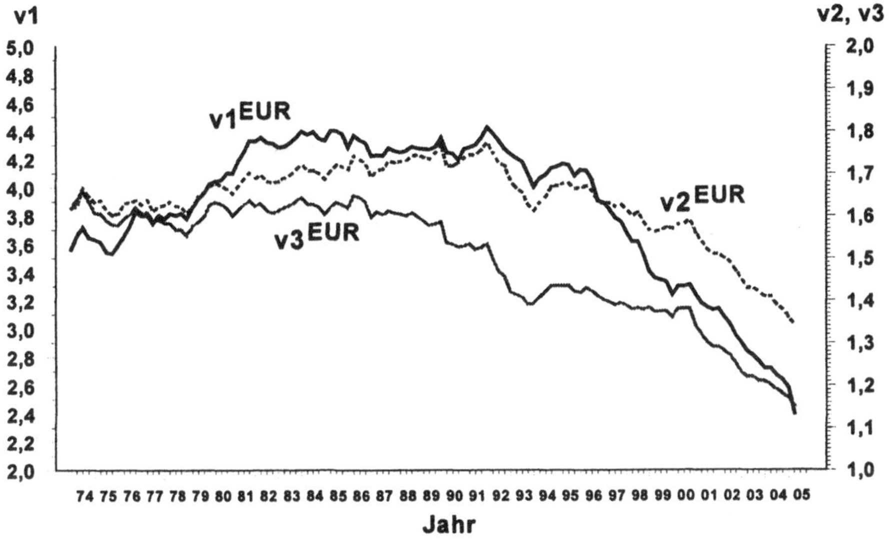

Abb.6: Änderungsraten der Umlaufgeschwindigkeit in der Euro-Zone, Änderungsraten von M1 (v1 EUR), M2 (v2 EUR) und M3 (v3 EUR) ggü. Vorjahresmonat, Quelle: long series/ iefg© 2005.

Welcher dieser verschiedenen Gründe für den zu beobachtbaren Rückgang der Umlaufgeschwindigkeit in Euroland maßgeblich ist, kann nicht eindeutig beantwortet werden. Es hat aber den Anschein, dass die EZB trotz ihrer unklaren geldpolitischen Strategie bisher ein hohes Maß an Reputation hat aufbauen können.

Durch die stärkere Kapitalmarktorientierung des europäischen Finanzsystems und der damit einhergehenden schnelleren, aber volatileren Transmission geldpolitischer Impulse, steigt auch die Notwendigkeit für eine transparente, berechenbare geldpolitische Strategie. Die Bedeutung geldpolitischer Signale steigt, da die EZB ihrerseits Marktinformationen im Rahmen ihrer zweiten geldpolitischen Säule analysiert und die übrigen Marktteilnehmer wiederum auf die Verlautbarungen und Entscheidungen der Zentralbank reagieren. Das Verhältnis zwischen beiden Akteuren kann aus der Sicht der Zentralbank wie folgt beschrieben werden: we watch them – and they watch us (Welteke, 2001).

4. Zusammenfassung

Die Integration der europäischen Finanzmärkte ist ein Prozess, der in manchen Segmenten bereits fast abgeschlossen ist, während es bei den Aktien- und Retailmärkten noch größerer Anstrengungen bedarf. Die Finanzmarktintegration führt in der Tendenz zu einer stärkeren Kapitalmarktorientierung, jedoch ohne dass von einem Paradigmenwechsel gesprochen werden kann. Der Wettbewerb initiiert hier eine Transformation der nationalen Finanzsysteme, deren finale Struktur nicht absehbar ist (Weber, 2005a). Ein vollständig integrierter Finanzmarkt dürfte die Durchführung einer einheitlichen Geldpolitik erleichtern, da keine regionalen Strukturunterschiede mehr beachtet werden müssen. Allerdings wird dieser Effekt durch die stärkere Kapitalmarktorientierung gedämpft. Für die Träger der Geldpolitik wird es schwieriger die Wirkungen ihrer Entscheidungen abzuschätzen. Hinzu kommt, dass die EZB keine klare geldpolitische Strategie verfolgt, sondern sich einem intransparenten Muddling Through hingibt.

Literatur

Baele, Lieven et al. (2004): *„Measuring European Financial Integration"*, in: Oxford Review of Economic Policy, Vol. 20, Nr. 4, 2004.

Carnegie-Brown, Bruce; King, Matt (2003): *„Development of European Bond Markets"*, in: Gaspar, Vitor u.a. (Hg.):" The Transformation of the European financial system", Frankfurt 2003.

Europäische Zentralbank (2002), Monatsbericht, Oktober 2002.

Europäische Zentralbank (2005): *„Indicators of financial integration in the euro area"*, Frankfurt 2005.

Holzhausen, Arne (2005): *„Europäische Finanzmarktintegration und Bankenkonsolidierung"*; Economic Research Allianz Group/Dresdner Bank, Working Paper Nr. 51, 31.08.2005.

McAndrews, James; Stefanadis, Chris (2002): *„The Consolidation of European Stock Exchanges"*, in: Federal Reserve Bank of New York (Hg.), Current Issues in Economics and Finance, Vol. 8, Nr. 6, Juni 2002.

Michler, Albrecht F.; Thieme, H. Jörg (2004): *„Ordnungsökonomische Grundlagen nationaler und internationaler Wirtschaftspolitik"*, in: Apolte, Thomas u.a. (Hg.), Schriften zu Ordnungsfragen der Wirtschaft, Band 74, Stuttgart 2004.

Thieme, H. Jörg (2002): *„Geldpolitik bei integrierten Finanzmärkten –Erste Erfahrungen der Europäischen Zentralbank"*, in: Lang, Franz Peter; Ohr, Renate (Hg.), Schriften zu internationalen Wirtschaftsfragen, Band 33, Berlin 2002.

Thieme, H. Jörg (2003): *„Transmission monetärer Impulse: Theoretische Grundlagen und geldpolitische Implikationen"*, in: Cassel, Dieter u.a. (Hg.), Stabilisierungsprobleme in der Marktwirtschaft, München 2003.

Weber, Axel (2005a): *„Finanzsysteme im Wettbewerb"*, Rede vom 28. April 2005 bei der Banque Centrale du Luxembourg.

Weber, Axel (2005b): *„Bank Relationships, Financial Integration, and Monetary Policy"*; Keynote Speech at the DIW-Conference „Bank Relationships, Credit Extension, and the Macroeconomy", Berlin, 03. Juni 2005.

Weber, Axel (2005c): *„European (Financial) Integration and Monetary Policy"*, Public lecture at the International Center for Monetary and Banking Studies, Genua, 06. Juni 2005.

Welteke, Ernst (2001), Cross effects between monetary policy and financial markets, BIS Review 54/2001.

Deindustrialisierung in Japan und Deutschland als Folge von Globalisierung und Integration in Ostasien und Europa?

Shuichi Yatsubayashi[1]

1. Deindustrialisierung

„Deindustrialisierung" wird häufig als Schlagwort ohne genauere Begriffsbestimmung benutzt, aber meistens wird damit die Befürchtung zum Ausdruck gebracht, dass ein Land an industrieller Basis verliert. Zunächst wird kurz erklärt, wie das Schlagwort Deindustrialisierung zumeist entwickelten Ländern in Gebrauch kam. Der Begriff wurde das ersten Mal bereits in den 70er Jahren in England benutzt. Damals litt die englische Wirtschaft unter schwachem Wirtschaftswachstum und geringen Produktivitätssteigerungen. Unter den entwickelten Ländern wies England besonders schlechteste wirtschaftliche Leistungen auf. Als Hauptgrund wird der allgemeine Rückgang der englischen Industrie angegeben, deren Anteil an der gesamten Wertschöpfung und der Beschäftigung tendenziell abnahm. (Inagami, Takeshi, 2005, S.169 ff.).

In den USA begann man in den 80er Jahren das Wort Deindustrialisierung zu benutzen. In der ersten Hälfte der 80er Jahre verschlechterte sich die wirtschaftliche Lage der USA. Im weiteren Verlauf der so genannten „Stagflation" nahmen die Importe von Produkten des Verarbeitenden Gewerbes stark zu, deren Export dagegen ab. Die amerikanische Handelsbilanz zeigte daher einen großen Importüberschuss. Handelskonflikte besonders mit Japan, die zuerst im Zusammenhang mit Textilien begannen, weiteten sich auf Stahlprodukte und später auch auf Farbfernseher und Automobile aus. In der amerikanischen Regierung und im Parlament brach eine heftige Debatte um die Deindustrialisierung aus. In diesem Zusammenhang wurde nicht nur der relative Rückgang des Verarbeitenden Gewerbes, sondern auch der Rückgang der Wettbewerbsfähigkeit der amerikanischen Industrie in die Diskussion eingebracht. Als einer der wichtigsten Gründe für den Rückgang der Wettbewerbsfähigkeit wurde der Umstand genannt, dass amerikanische Industrieunternehmen, welche die Befürchtung hatten ihre Wettbewerbsfähigkeit auf den internationalen Märkten zu verlieren, versuchten, mit der Verlagerung ihrer Produktionsprozesse ins Ausland Kostenvorteile zu realisierten. Mit diesen Verlagerungen würde eine spürbare Reduktion der Beschäftigung im Inland einhergehen. Hierfür wurde ein drastischerer Ausdruck als

1 Senshu Univerität Tokyo

„Deindustrialisierung", nämlich „Aushöhlung (hollowing-out)" benutzt. Die Frage wurde aufgeworfen, ob nicht die Produktionsverlagerung durch amerikanische Direktinvestitionen ins Ausland eine signifikante Abnahme der Beschäftigung im Verarbeitenden Gewerbe im Inland hervorruft (Suzuki, Naotsugu, 2004, S.125 ff.).

Die gleiche Frage wurde in Deutschland unter dem Stichwort „Industriestandort Deutschland" bereits vor der Wiedervereinigung besonders in den schlechteren Wirtschaftsphasen diskutiert. So hatte das Gutachten 1995/96 des Sachverständigenrates zur Begutachtung der gesamtwirtschaftlichen Entwicklung den Titel „Im Standortwettbewerb". Im Gutachten wurde gefordert, die Wirtschaftsstruktur Deutschlands an den tief greifenden Wandel im internationalen Wettbewerb anzupassen. Besorgnis erregte neben den Schwierigkeiten in den neuen Bundesländern die Tendenz der deutschen Unternehmen, ihre Investitionen in Deutschland an Rationalisierungszielen auszurichten, Teile ihrer Produktion an ausländische Standorte zu verlagern und Vorprodukte zunehmend von ausländischen Lieferanten zu beziehen (Sachverständigenrat zur Begutachtung der gesamtwirtschaftlichen Entwicklung, 1995, S.172-173).

Im Jahre 2004 wurde in Anbetracht der hohen Exporte bei gleichzeitigen binnenwirtschaftlichen Problemen die „Basarökonomie" zum großen Diskussionsthema. Damit ist gemeint, dass durch die Verlagerung vorgelagerter Wertschöpfungsketten ins Ausland der inländische Wertschöpfungsanteil an den Exporten immer geringer wird. In diesem Zusammenhang wird die Beziehung zwischen den deutschen Direktinvestitionen im Ausland und der Beschäftigungslage im Inland als Hauptthema behandelt (Sinn, Hans-Werner, 2005). Auch das Jahresgutachten 2004/05 des Sachverständigenrates, „Erfolge im Ausland – Herausforderungen im Inland" analysierte dieses Problem (Sachverständigenrat zur Begutachtung der gesamtwirtschaftlichen Entwicklung, 2004, S.349 ff.).

2. Deindustrialisierung in Japan

Auch in Japan ist seit Mitte der 80er Jahre von der Deindustrialisierung oder häufiger „Aushöhlung" die Rede („Kuudouka"). Nach dem Plaza-Abkommen vom September 1985, das eine gezielte Abwertung des US Dollar anstrebte, stieg der Wechselkurs des Yen an. Seither nahmen die japanischen Direktinvestitionen im Ausland stark zu. In den 80er flossen japanischen Direktinvestitionsströme meistens in die USA und die europäischen Länder. Japanische Unternehmen des Verarbeitenden Gewerbes wollten vor Ort produzieren und auf diese Weise offene Handelskonflikte mit diesen Ländern zu vermeiden. Außerdem wollte man sich gegen das Wechselkursrisiko absichern. In den 90er Jahren kam ein weiteres

Motiv hinzu. Um Kosten zu sparen, wurden Teile von Produktionsprozessen in die asiatischen Länder verlagert, wo billige Arbeit reichlich vorhanden war. Als die Wirtschaft in den 90er Jahren in eine Depressionsphase geriet, wurden diese Direktinvestitionen in dem Zusammenhang mit der zunehmenden Arbeitslosigkeit im Inland gestellt. (Amano, Tomofumi, 2005, S.3 ff.; Kanou, Yoshikazu, 2003, S.3 ff.; Ishikawa, Hideki, 2003, S.55 ff.; Nagaoka, Sadao, 2003, S.107 ff.).

Das Weißbuch zur Wirtschaft 1994 ging auf die Deindustrialisierungsfrage näher ein und sie unter den Aspekten:

1. Die inländische Produktion wurde durch Importe ersetzt, weil das inländische Verarbeitende Gewerbe wegen der Aufwertung des Yen seine Wettbewerbsfähigkeit verlor;
2. Die inländische Produktion für den Export wurde durch die Produktion im Ausland ersetzt, weil japanische Unternehmen aus Kostenersparnismotiven heraus Teile des Produktionsprozesses ins Ausland verlagerten;
3. Die inländische Industrieproduktion wurde durch Dienstleistungen ersetzt.

Bei der Analyse der Deindustrialisierung, in der die fortschreitende Entwicklung der internationalen Arbeitsteilung im asiatischen Raum in Betracht gezogen wurde, richtete man das Hauptaugenmerk auf die Rolle der Aufwertung des Yen (Keizai Kikaku Chou, 1994, S.278 ff.).

In den letzten Jahren wurde die Deindustrialisierung in weiteren Weißbüchern in Japan thematisiert. Schwerpunkt bildet nunmehr der Einfluss der anschwellenden grenzüberschreitenden Handels- und Kapitalströme im asiatischen Raum auf Japans Deindustrialisierung (Cabinet Office, Government of Japan, 2002, S. 161 ff.; Cabinet Office, Government of Japan, 2004, S.149 ff.).

3. Deindustrialisierung und Internationalisierung

Zunächst können wir feststellen, dass ein relativer Rückgang der Anteile der Industrie an die Wertschöpfung und Beschäftigung kein spezifisch deutsches oder japanisches Problem ist, sondern ein Phänomen, das in sehr ähnlicher Form in fast allen entwickelten Ländern beobachtet wird. Als Ursache dieses sektoralen Strukturwandels spielten der internationale Handel und die Direktinvestitionen im Ausland nur eine untergeordnete Rolle. Als wesentlicher Erklärungsfaktor werden in der Regel eine unterschiedliche sektorale Produktivitätsentwicklung – die Produktivitätsentwicklung im Verarbeitenden Gewerbe verläuft in der Regel rasanter als im Dienstleistungsbereich – sowie langfristige Umschichtungen in der Nachfragestruktur hin zu Dienstleistungen genannt (z.B. Sachverständigenrat zur Begutachtung der gesamtwirtschaftlichen Entwicklung, 2004, S.372 ff.).

Durch die Globalisierung werden nicht nur Märkte für Waren und Dienstleistungen weiter geöffnet. Auch die Freizügigkeit für unternehmerische Aktivitäten und für Kapital wird erhöht. Die Globalisierung führt nämlich neben einem Anstieg des grenzüberschreitenden Waren- und Dienstleistungsaustausches ebenfalls zu einer zunehmenden Internationalisierung der Produktion und der Produktionsstätten. Dadurch verändert sich die internationale Arbeitsteilung tief greifend. Die ostasiatischen Länder haben, wie später eingehender darlegt, besonders in den letzten zwei oder drei Jahrzehnten, trotz des Einbruchs als Folge der asiatischen Finanzkrise im Jahre 1997, hohe Wachstumsraten verwirklicht. Hierzu haben ausländische Direktinvestitionen in diesen Ländern wesentlich beigetragen; umfangreiche Ströme von ausländischem Investitionskapital sind aus verschiedenen Ländern geflossen. Auch japanische Unternehmen haben ihre Auslandsaktivitäten insbesondere in den asiatischen Ländern intensiviert, was auch auf die Beschäftigungslage in Japan Auswirkungen haben kann.

4. Außenhandel Japans

Im Folgenden wird zuerst die Entwicklung des Außenhandels und der Direktinvestitionen Japans insbesondere unter dem Aspekt der Vertiefung der grenzüberschreitenden Arbeitsteilung und der Integration der ostasiatischen Länder betrachtet. Nachdem der japanische Außenhandel durch die asiatische Finanzkrise einen spürbaren Rückgang verzeichnet hatte, haben sowohl die Ausfuhren als auch die Einfuhren, in absoluten Größen wieder das Niveau vor der Finanzkrise erreicht und übertroffen. Der Wert der Einfuhren hat sich vom Jahr 1998 bis zum Jahr 2004 auf das 1,6fach vergrößert, derjenige der Ausfuhren auf das 1,5fache, obwohl die relativen Anteile beider am Welthandel seit den 90er Jahren tendenziell leicht zurückgegangen sind (JETRO, Japanese Trade, 2005, Tab.1-1 „Japanese Trade").

Hinsichtlich der regionalen Struktur des japanischen Außenhandels ist seit Mitte der 80er Jahre die Verschiebung hin zu einem verstärkten Handel mit den ostasiatischen Ländern bemerkenswert. Die Außenhandelsbeziehungen Japans haben sich besonders in den 80er Jahren mit den asiatischen NIEs (Korea, Taiwan, Singapur und Hong Kong), dann besonders in den 90er Jahren mit den ASEAN4 (Malaysia, Thailand, Indonesien und Philippinen) und seit Mitte der 90er Jahre mit China merklich verstärkt. Von diesen drei asiatischen Gruppen zusammengenommen macht der Anteil der Einfuhren an den gesamten Einfuhren Japans schon 43% und derjenige der Ausfuhren 44% im Jahre 2003 aus.

Tab. 1: Japanese Trade by Principal Country (Area)

(share, %)

	Year	Total	Asia				America, North	Europe
				Asian Nies	ASEAN4	China		
Export	1986	100	29	14	4	5	44	20
	1990	100	34	20	8	2	36	23
	1995	100	46	25	12	5	32	17
	2000	100	43	24	9	6	34	18
	2001	100	43	22	9	8	35	18
	2002	100	46	23	9	10	33	16
	2003	100	49	23	9	12	29	17
Import	1986	100	43	10	11	4	28	16
	1990	100	42	11	10	5	27	20
	1995	100	46	12	11	11	26	18
	2000	100	55	12	13	15	22	15
	2001	100	55	11	13	17	21	16
	2002	100	56	11	13	18	20	16
	2003	100	58	10	13	20	18	16

Quelle: Statistics Bureau & Statistical Research and Training Institute, 2004, Table 18-1 „Values of Japan Exports by Principal Country (Area) of Destination" und Table 18-2 „Values of Japan Imports by Principal Country (Area) of Origin".

Der Außenhandel Japans mit diesen asiatischen Ländern zeigt in den letzten 20 Jahren nicht nur eine starke absolute sowie relative Zunahme, sondern auch eine bemerkenswerte Veränderung in der gütermäßigen Ein- und Ausfuhrstruktur. Die oben dargelegte Zunahme des gesamten japanischen Außenhandels mit diesen Ländern geht nämlich parallel mit der Zunahme des Anteils der „Capital equipment" an dem gesamten Handel mit diesen Ländern. Bei den NIEs und ASEAN4 ist dies in Tabelle 2 an den höheren Anteilen der „Capital equipment" zu ersehen. Als Beispiel für diese Entwicklung im Außenhandel Japans mit diesen asiatischen Ländern betrachten wir die Güterstruktur des Handels Japans mit China seit dem Jahr 1999. Sie zeigt beachtliche Veränderungen. Unter den japanischen Exporten nach China hat der Anteil der „Capital equipment" von 51% im Jahre 1999 auf 58% im Jahre 2004 zugenommen. Hierbei spielen die beiden

Tab. 2 Japanese Trade with Asian Countries and Country Groups by Special Classification of Commodity (%)

		World		NIE s		ASEAN4		China	
	Year	1999	2004	1999	2004	1999	2004	1999	2004
Export	Total	100	100	100	100	100	100	100	100
	Food and direct consumers	0	0	1	1	0	0	0	0
	Industrial supplies	18	20	27	27	25	26	40	32
	Capital equipment	58	57	60	60	62	62	51	58
	Non-electric machinery	21	21	20	19	21	22	21	23
	Electric equipment	22	22	31	29	33	27	24	25
	Transport equipment	9	9	3	4	5	9	2	4
	Consumer non-durable goods	1	1	1	1	1	0	1	1
	Consumer durable goods	20	18	7	5	7	6	5	5
Import	Total	100	100	100	100	100	100	100	100
	Food and direct consumers	14	11	9	6	11	8	12	8
	Industrial supplies	39	43	23	28	42	46	18	18
	Capital equipment	27	27	48	51	33	34	20	35
	Non-electric machinery	11	11	23	18	14	11	6	16
	Electric equipment	12	12	21	29	16	20	11	15
	Transport equipment	3	2	1	1	1	1	0	1
	Consumer non-durable goods	9	8	5	2	3	2	34	24
	Consumer durable goods	9	8	10	8	9	8	13	14

Quelle: JETRO, Japanese Trade in 2004, Table1-5 „Exports by Region" and Table1-7 „Imports by Region".

Warenkategorien der „Capital equipment", „Non-electric machinery" und „Electric equipment", eine wesentliche Rolle. Dies ist umso mehr beachtlich, als der gesamte Export nach China in diesem Zeitraum auf das 3,2fache gestiegen ist. Bei der Güterstruktur der Importe aus China tritt die Verschiebung zu einem verstärkten Import der „Capital equipment“ klarer als bei der Exportstruktur hervor, deren Anteil innerhalb dieses Zeitraumes von 20% auf 35%, in absoluten Zahlen auf das 3,9fache zugenommen hat. Dabei spielen „Non-electric machinery“ und „Electric equipment“ auch bei der Importstruktur eine große Rolle. Außerdem haben „Food and direct consumers“, „Industrial supplies“ und „Consumer goods“ unter den japanischen Importen aus China nicht geringere Anteile. Importe von „Consumer goods“, in absoluten Zahlen haben sich zumeist erhöht, wenn auch ihre Anteile an den gesamten japanischen Importen von China tendenziell abnehmen.

Gemäß einer detaillierten Waren-Klassifizierung nimmt die Warengruppe „semiconductor devices, IC., etc.“ im Jahre 2004 unter den japanischen Ausfuhren nach China mit einem Anteil von 9.4% schon den ersten Platz unter den exportierten Warengruppen ein, ebenso wie bei den japanischen Ausfuhren in die asiatischen NIEs und die ASEAN4. Bei den japanischen Einfuhren aus diesen Ländern nehmen „semiconductor devices, IC., etc.“ meistens den dritten Platz ein (Statistics Bureau & Statistical Research and Training Institut, 2006, Tab.15-7 „Japans Außenhandel nach Ländern und Warenarten“). Besonders bei der Elektroindustrie sollte man sowieso die schnelle Entwicklung der intra-industriellen Arbeitsteilung im asiatischen Raum zur Kenntnis nehmen. Auch China wird in steigendem Maße integriert. Hierzu ist eine Analyse der ausländischen Direktinvestitionen nötig, nämlich die der Tätigkeiten der Tochterfirmen von ausländischen Unternehmen unterschiedlicher Länder.

5. Japanische Direktinvestitionen

Die japanische Direktinvestitionen im Ausland haben seit den 80er Jahren bis zur asiatischen Finanzkrise im großen Maße zugenommen, insbesondere, wie oben dargelegt in die USA und die europäischen Länder. Die japanischen Unternehmen aus dem Verarbeitenden Gewerbe haben versucht, statt zu exportieren im Ausland zu produzieren und zu verkaufen um damit Handelskonflikte zu vermeiden. Ein typisches Beispiel sind die Unternehmensaktivitäten der japanischen Automobilindustrie in den USA. Danach wurden einzelne Produktionsprozesse in die asiatischen Ländern verlagert. Aber wegen der asiatischen Finanzkrise sind die ausländischen Direktinvestitionen japanischer Unternehmen zurückgegangen und haben sich seither kaum erholt.

Tab.3 Japanische Direktinvestitionen im Ausland, nach Ländern oder Ländergruppen aufgeschlüsselt

(Mill.US$, %)

Zeitraum	1980-84	%	85-89	%	90-94	%	95-99	%	00-04	%
Insgesamt	39,628	100	182,464	100	209,710	100	262,120	100	189,829	100
USA	12,501	32	84,505	46	90,029	43	98,253	37	42,278	22
EU15	4,717	12	33,942	19	42,108	20	65,702	25	73,820	39
asiatische NIEs	3,765	10	12,995	7	12,763	6	15,295	6	10,901	6
ASEAN4	5,305	13	6,928	4	15,808	8	21,165	8	10,004	5
China	173	0	2,287	1	6,254	3	10,821	4	11,937	6

Quelle: JETRO, Statistik zu Außenhandel, Direktinvestitionen, und Zahlungsbilanz, 2005, „Japanische Direktinvestitionen im Ausland nach Ländern und Regionen".

Trotz dieser stagnierenden Tendenz im Ganzen, sind die folgenden Punkte zu beachten, wenn wir die japanische Direktinvestitionen in den asiatischen Ländern unter die Lupe nehmen. Zunächst haben Japans Direktinvestitionen in China in diesen Jahren weiter eine lebhafte Entwicklung genommen. Zweitens ist es beachtlich, dass unter den in asiatische Länder vorgenommenen ausländischen Direktinvestitionen, die bei der weitere Entwicklung der Arbeitsteilung dieses Raumes eine wichtige Rolle gespielt haben, die japanischen Direktinvestitionen im Vergleich zu denen der USA und der europäischen Ländern immer noch sehr groß sind. Die Summe der seit 1985 von den japanischen Unternehmen in China getätigten Direktinvestitionen ist nur wenig kleiner als die der USA und beträgt knapp das 1,5fache der Summe von England, Deutschland, Frankreich und Italien vorgenommenen Direktinvestitionen. Bei den ASEAN4 beläuft sich diese Summe auf das Doppelte der von den USA und das 1,4fache der von den 4 europäischen Länder.

Tab.4 Die ausländischen Direktinvestitionsströme nach den ASEAN4

(Genehmigungsbasis, Mill.$)

	Gesamtsumme	Jahresdurchschnitt		
		1990-1995	1996-1999	2000-2003
Japan	100522	6399	8516	3959
USA	49408	3427	4185	2111
4 europäische Länder	72165	3958	7414	3403

4 europäische Länder: England+ Deutschland+ Frankreich+ Italien
Quelle: JETRO, Weißbuch zu Außenhandel und Direktinvestitionen 2004, S.52.

Tab.5 Die ausländischen Direktinvestitionsströme nach China

	Gesamtsumme		Jahresdurchschnitt					
			1990-1995		1996-1999		2000-2003	
	A	B	A	B	A	B	A	B
Japan	57230	40748	3071	1376	3468	3595	5588	4127
USA	86190	43619	4053	1488	6088	3699	8458	4610
4 europäische Länder	48136	28583	2542	707	3994	3085	3836	2845

A= Vertragssumme, B= erfüllte Summe
4 europäische Länder: England+ Deutschland+ Frankreich+ Italien
Quelle: JETRO, Weißbuch zu Außenhandel und Direktinvestitionen 2004, S.52.

Drittens ist beachtenswert, dass bei den japanischen Direktinvestitionen in den asiatischen Ländern das verarbeitende Gewerbe eine größere Rolle spielt, als bei denjenigen der USA und der europäischen Länder, bei denen „Non-Manufacturing", d.h. andere Branchen als das Verarbeitende Gewerbe, wie Handel und das Kredit- und Versicherungsgewerbe größere Anteile haben.

Tab.6 Direct Investment overseas by industry 2000-2004 (%)

	World	America, North	Asia	Europe
Total	100	100	100	100
Food	1	2	4	0
Textile	1	0	2	0
Lumber and Pulp	1	0	1	0
Chemical and allied products	7	14	7	6
Iron and steel, Non-ferrous metals	2	4	5	0
General machinery	3	5	5	2
Electrical machinery	10	16	16	6
Transportation equipment	10	6	17	13
Other Manufacturing	2	2	7	2
Manufacturing	37	49	65	30
Non-Manufacturing	62	51	30	70

Quelle: JETRO, Statistik zu Außenhandel, Direktinvestitionen, und Zahlungsbilanz, „Japanische Direktinvestitionen im Ausland nach Ländern und Regionen".

6. Beschäftigungseffekte

Es folgt eine eingehendere Analyse der Aktivitäten der japanischen Unternehmen in den asiatischen Ländern unter dem Aspekt ihres Einflusses auf die Beschäftigungslage in Japan. Die Zahl der japanischen Tochterfirmen, die im Ausland tätig sind, hat seit der asiatischen Finanzkrise weder zu – noch abgenommen, ebenso sie das Volumen der japanischen Direktinvestitionen im Ausland. Nur in China hat die Zahl der japanischen Tochterfirmen beachtlich zugenommen.

Abb. 1 Zahl der Tochterfirmen nach Ländern und Ländergruppen

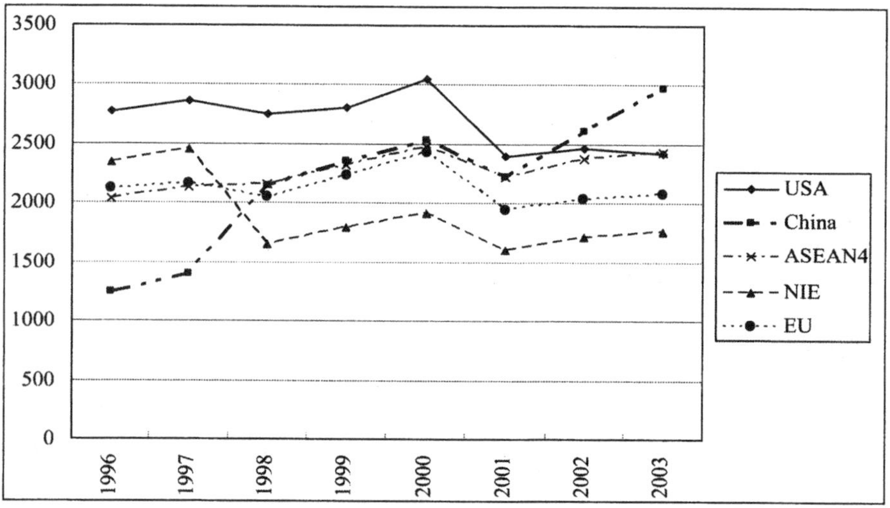

Quelle: Ministry of Economy, Trade and Industry, Enquete-Untersuchung über die überseeischen Aktivitäten der japanischen Firmen 1996-2003, Anhang-Tabelle 2-1.
„China“in 1996 and 97 does not include „Hong Kong“.
„NIEs3“in 1996 and 97 include „Hong Kong“.

Betrachtet man die Aktivitäten der Tochterfirmen aus dem japanischen Verarbeitenden Gewerbe im Ausland im Zusammenhang mit denen der Unternehmungen im Inland, so fällt zuerst die seit zehn Jahren zunehmende Tendenz der Auslandsquote auf. Im Jahre 2004 betrug der Anteil des Umsatzes der ausländischen Tochterfirmen am gesamten Umsatz der betreffenden Unternehmungen schon 30,8%, und am gesamten Umsatz der betreffenden Branche des Verarbeitenden Gewerbes in Japan 16,1%. Die betreffende Quoten beliefen sich im Jahre

1994 auf nur ca. die Hälfte, 18,0% und 7,9%.(Ministry of Economy, Trade and Industry, Enquete-Untersuchung, 2005, Abb.5-1 „Auslandsgeschäfts-Quote").

Hinsichtlich der branchenmäßigen Verteilung des Auslandsumsatzes dominieren die beiden Branchen „electrical machinery" und „transport equipment". Der Anteil der „electrical machinery" an dem gesamten Auslandsumsatz des Verarbeitenden Gewerbe betrug im Jahre 2003 30,2%, und derjenige des „transport equipment" 40,6%. Beide Branchen haben auch die mit Abstand höchste Auslandsquote. So betrug im Jahre 2003 die der „electrical machinery" 23,4% und die der „transport equipment" 32,6%.

Tab.7 Auslandsgeschäfts-Quote nach den Industriebranchen und Umsatzanteile der jeweiligen Branchen am gesamten Auslandsumsatz der verarbeitenden Industrie im Jahre 2003 (%)

	A	B
Manufacturing Total	15.5	100.0
Food	4.9	3.1
Textile	8.4	1.3
Lumber and Pulp	3.8	0.7
Chemical and allied products	13.6	8.4
Petroleum and coal Products	1.6	1.4
Iron and steel	6.9	1.4
Non-ferrous metals	7.9	1.1
General machinery	10.7	5.2
Electrical machinery	23.4	30.2
Transportation equipment	32.6	40.6
Precision instruments	12.8	2.1
Other Manufacturing	5.0	2.1

A: Auslandsgeschäfts-Quote (basiert auf dem gesamten Umsatz der betreffenden Branche)
B: Anteil am gesamten Auslandsumsatz
Quelle: Ministry of Economy, Trade and Industry, Enquete-Untersuchung über die überseeischen Aktivitäten der japanischen Firmen 2003, Anhang-Tabelle 2-□.

Diese hohen Quoten scheinen einen der Gründe für die Befürchtung auszumachen, die industrielle Basis und damit auch zahlreiche Arbeitsplätze zu verlieren; eine höhere Auslandsquote scheint weniger Aktivitäten der Unternehmen im Inland als Ergebnis der Produktionsverlagerung ins Ausland zu implizieren.

Um die Auswirkungen der Direktinvestitionen im Ausland auf den japanischen Arbeitsmarkt eingehender zu untersuchen, werden zunächst auf der gesamtwirtschaftlichen Ebene die Veränderungen der Beschäftigtenzahl im Verarbeitenden Gewerbe betrachtet. In Abb.2 sind die eine hohe Auslandsquote aufweisenden Branchen und sowie zum Vergleich „Apparel and other finished products" zu ersehen. Man kann annehmen, dass „Apparel" in Japan eine Branche ist, die wegen ihres arbeitsintensiveren Produktionsprozesses tendenziell ihre Wettbewerbsfähigkeit verliert und durch Importe verdrängt wird. Neben „Apparel" zeigt interessanterweise auch „Electrical machinery" eine abnehmende Tendenz seit den 90er Jahren.

Abb.2 Persons engaged in Manufacturing

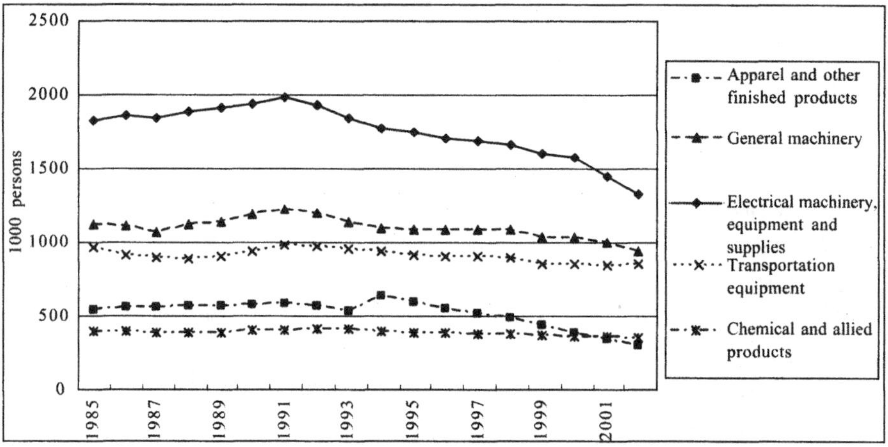

Quelle: Statistics Bureau & Statistical Research and Training Institute, Die Zeitreihenstatistiken Japans, 2004, 6-3 „Establishments and Persons by Industry of Medium Groups, Size of Regular Employees – Non-agriculture, forestry and fisheries (1978--2001) ".

Dieser Rückgang der Beschäftigtenzahl der Branche, „Electrical machinery", die eine sehr hohe Auslandsquote hat, scheint eine nuanciertere Interpretation der Beobachtung zu erfordern. Allerdings wird die Analyse durch die vor allem seit den 90er Jahren in Japan anhaltende schlechte Konjunkturlage erschwert, auf die ebenfalls der Rückgang der Beschäftigtenzahl in dieser Branche zurückzuführen ist.

7. Entwicklung von Import- und Exportanteilen

Betrachten wir die Schwankungen des Importanteils am inländischen Gesamtbedarf und die des Exportanteils an der inländischen Produktion für den Zeitraum 2000 – 2004 im Verhältnis zu derjenigen des Produktionsindexes.

Abb.3 Produktionsindex, Importanteil und Exportanteil des verarbeitenden Gewerbes, 2000→2004, Auswahl einiger Warengruppen

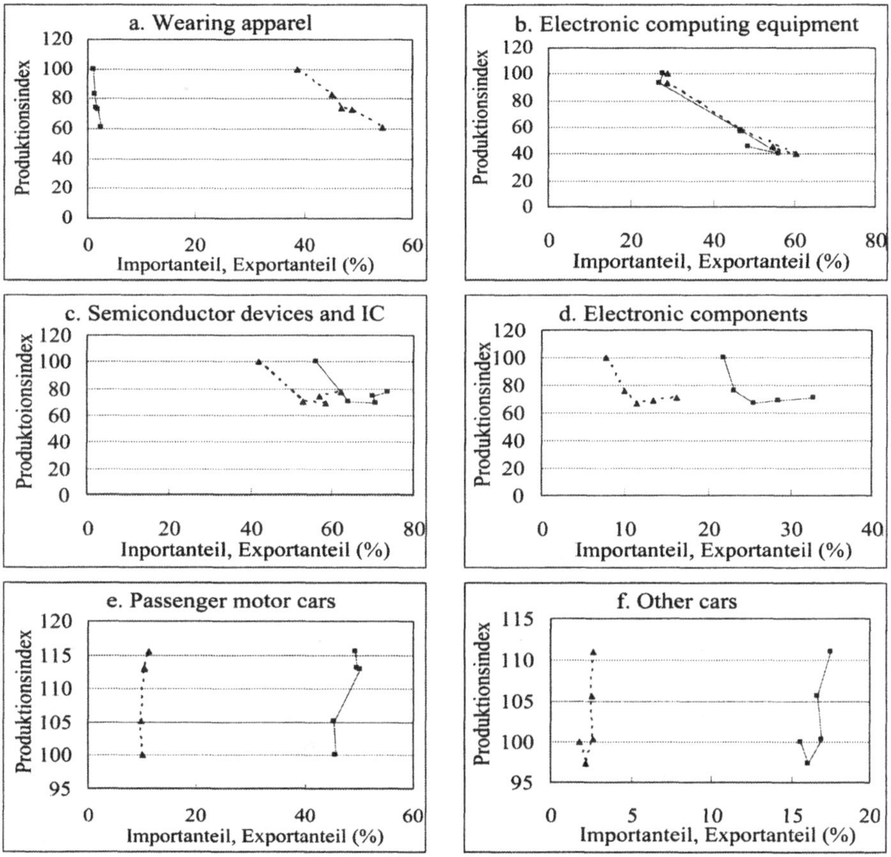

—▲—: *Exportanteil* ----■----: *Importanteil*
Produktionsindex im Jahre 2000=100
Quelle: Ministry of Economy, Trade and Industry, Input-Output-Tabellen 2000-04.

„Passenger motor cars“(3-e) und „Other cars“(3-f), gehören zu denjenigen Branchen, die hohe Auslandsquoten aufweisen.

Ihre Importanteile blieben niedrig und stabil, gleichzeitig nahmen ihre Produktionszahlen zu. Bei „Wearing apparel“(3-a) sind eine Zunahme des Importanteils und eine Abnahme der Produktionsindices gleichzeitig zu beobachten, während der Exportanteil unbedeutend bleibt. Dem ist zu entnehmen, dass die inländische Produktion dieser Branche durch die Importe ersetzt wird. Dagegen ist es schwierig, in Bezug auf die Elektroindustrie gehörenden Branchen, „Electric computing equipment“(3-b), „Semiconductor devices and IC“(3-c) und „Electric components“(3-d), ein klares Urteil abzugeben. Denn obwohl eine Zunahme des Importanteils und eine Abnahme des Produktionsindexes auch bei „Electric computing equipment“ zu beobachten sind, ähnlich wie bei „Wearing apparel“, ist der Exportanteil im Unterschied zu „Wearing apparel“ groß und zeigt eine zunehmende Tendenz wie der Importanteil. Bei „Semiconductor devices and IC“ und „Electric component“ nehmen die Produktionsindizes seit 2001 nicht mehr ab, und die Importanteile und die Exportanteile zeigen noch steigende Tendenzen. Auf jeden Fall ist für die Elektroindustrie ein sehr hoher und noch steigender Exportanteil charakteristisch. In Rechnung noch die Konjunkturflaute dieser Industriebranche (die so genannte „IT-Flaute“) in den letzten Jahren bei der Betrachtung der Schwankungen des Produktionsindexes dieser gezogen werden.

8. Produktionsverlagerungen undBeschäftigungseffekte

Bei der Analyse der Beschäftigungseffekte von Produktionsverlagerungen in das Ausland ist es üblich, zwischen horizontalen Direktinvestitionen, die in der Regel der Erschließung ausländischer Märkte dienen, und vertikalen, hauptsächlich aus Kostenersparnismotiven heraus getätigten Direktinvestitionen zu unterscheiden (Fukao, Kyoji & Amano, Tomofumi, 1998, S.259 ff.). An Hand der Enquete, die jedes Jahr von dem Ministerium für Wirtschaft, Handel und Industrie veranstaltet wird, untersuchen wir, aus welchen Motiven heraus die japanischen Unternehmen im Ausland tätig werden.

Tab.8: Die Frage und die Antwortarten der Enquete über die Motive, die ausländischen Tätigkeiten zu entwickeln (zu Tab.9, Abb.4 & 5)

Die Frage: „Aus welchem Motiv haben Sie entschlossen, die ausländischen Tätigkeiten zu entwickeln?“
Die Antwort (mehrfache Antworten sind möglich.):

1: „Um Rohmaterialien oder Ressourcen zu gewinnen."
2: „Weil es im Ausland leichter als in Japan ist, Kostenvorteile zu realisieren."
3: „Weil es schwierig wäre, die Wettbewerbsfähigkeit zu erhalten, wenn wir weiter in Japan produzieren würden, wird es unumgänglich, durch die Produktionsverlagerung ins Ausland die Kosten zu reduzieren."
4: „Um den japanischen Unternehmen („assembly maker"usw.), die die ausländischen Tätigkeiten entwickelt haben, weiter Teilprodukte usw. zuzuliefern."
5: „Um den Verkauf in dem Land, wo die Tochterfirmen tätig sind, zu erhalten und weiter zu befördern."
6: „Um den Verkauf in dem Drittland innerhalb des Raumes, wo die Tochterfirmen tätig sind, zu erhalten und weiter zu befördern."
7: „Um den Verkauf in dem Drittland außerhalb des Raumes, wo die Tochterfirmen tätig sind, zu erhalten und weiter zu befördern."
8: „Um die Produkten in Japan wieder zu importieren."
9: „Um Gewinne wie Dividenden zu erzielen."
10: „Um sich gegen das Wechselkursrisiko abzusichern."
11: „Um den Handelskonflikten auszuweichen."
12: „Forschung und Entwicklung in dem Land, wo die Tochterfirmen tätig sind, zu betreiben."

Mehrfache Antworten sind bei der Umfrage möglich, daher schließt eine Antwort andere nicht aus.

Wenn man Antwort 2 und 3 dem Kostenersparnismotiv zuordnet, beläuft sich sein Anteil auf ungefähr 20%. Diesbezüglich sind keine großen Unterschiede zwischen den Industriebranchen bemerkbar. Antwort 5 und 6 ist zu entnehmen, dass ungefähr 40% der Unternehmen aus Markterschließungsmotiven heraus Tätigkeiten im Ausland aufnahmen. Auch hierbei gibt es keine großen Unterschiede zwischen den Branchen. Kostenersparnismotiv und Markterschließungsmotiv sind demnach grundsätzlich sehr bedeutend. Unterschiede werden allerdings ersichtlich, wenn man die Unternehmen regional gliedert. Nur bei Asien ist das Motiv, Kostenvorteile zu realisieren, sehr bedeutend. Das Markterschließungsmotiv ist dagegen weniger wichtig als in anderen Regionen.

Tab.9 Veränderungen der Motive, die Auslandstätigkeit zu beginnen

	1	2	3	4	5	6	7	8	9	10	11	12
1995	4.1	10.4	7.1	7.8	30.7	10.9	5.8	5.4	2.6	1.2	2.4	11.6
1998	4.2	12.4	9.1	8.3	28.2	11.8	6.7	5.2	7.8	2.8	1.3	2.1
2000	4.6	11.8	8.7	9.8	28.2	11.7	8.3	5.7	5.5	1.3	0.5	3.8
2001	4.2	12.1	8.6	9.0	28.4	13.0	7.2	5.1	7.1	2.5	0.8	1.9
2002	4.5	12.1	7.9	10.1	29.8	12.3	6.2	4.8	6.9	2.4	0.6	2.3
2003	4.4	12.2	8.3	10.9	29.6	12.1	6.3	4.7	6.2	2.5	0.7	2.2

Quelle: Ministry of Economy, Trade and Industry, Enquete-Untersuchung über die überseeischen Aktivitäten der japanischen Firmen 2003, Tab.11-1 „Motive, die Auslandstätigkeit zu beginnen".

Abb. 4 Motive, die Auslandstätigkeit zu beginnen, nach Industriebranchen

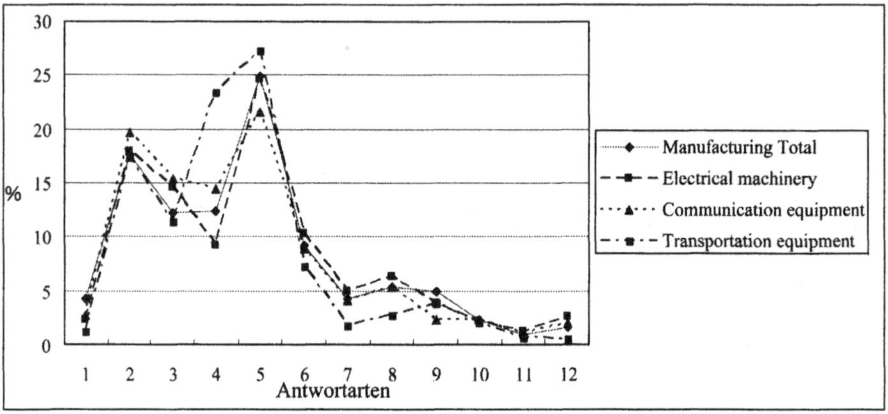

Quelle: Ministry of Economy, Trade and Industry, Enquete-Untersuchung über die überseeischen Aktivitäten der japanischen Firmen 2003, Tab.11-2 „Motive, die Auslandstätigkeit zu beginnen, nach Industriebranchen".

Abb.5 Motive, die Auslandstätigkeit zu beginnen, nach Gebieten

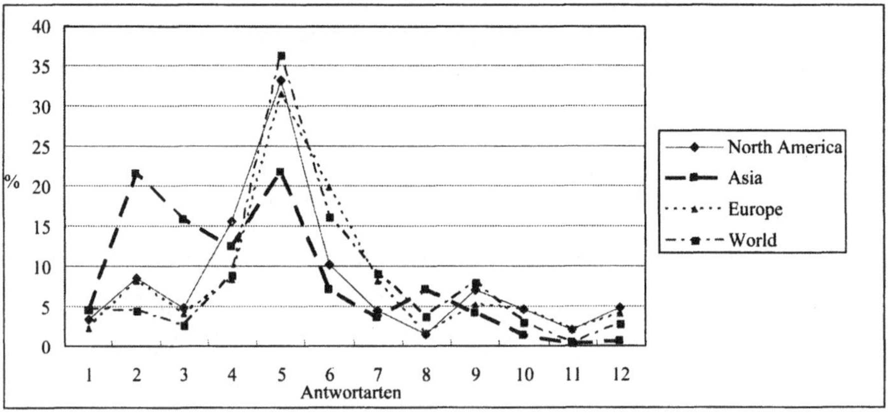

Quelle: Ministry of Economy, Trade and Industry, Enquete-Untersuchung über die überseeischen Aktivitäten der japanischen Firmen 2003, Tab.11-3 „Motive, die Auslandstätigkeit zu beginnen, nach Gebieten".

Die große Bedeutung des Kostenersparnismotivs ist leicht zu verstehen, weil Arbeitskräfte in Asien billiger als in Japan, in den USA oder in Europa sind. Um das relativ geringe Gewicht des letzten Motivs etwas eingehender analysieren zu können, betrachten wir die Absatz- und Beschaffungsmarktstruktur der japanischen Tochterfirmen im Verarbeitenden Gewerbe. Aus Tab.10 ergibt sich, dass japanische Tochterfirmen in Asien (außer Japan) 69,9%, in Japan 22%, in Nordamerika 3,4% und in Europa 2,9% ihres Umsatzes erzielen. Dagegen verkaufen Tochterfirmen in Nordamerika 95,3% und diejenigen in Europa 94,3% ihrer Produktion innerhalb des jeweiligen Raumes. Japanischen Tochterfirmen in Asien verkaufen demnach verhältnismäßig mehr außerhalb der Region.

Wie oben dargelegt, entfaltet sich eine tief greifende, intra-industrielle Arbeitsteilung im asiatischen Raum als Folge japanischer und die sonstiger ausländischer Direktinvestitionen. Der asiatische Raum entwickelt sich sozusagen zu einem globalen Exportstandort, an dem japanische Unternehmen auch Teilprodukte von hoher Qualität erzielen. Aus Tab.11 ergibt sich, dass Japan als Beschaffungsmarkt mit einem Anteil von über 30% eine große Rolle auch in Asien spielt. Auch aus einer Untersuchung über die Auslandstätigkeiten mittelständischer Unternehmen vom November 2003 ergibt sich, dass der Absatz der japanischen Muttergesellschaft zunimmt, wenn sie in ausländischen Tochterfirmen produziert. (Ministry of Economy, Trade and Industry, Weißbuch zu den mittelständischen Unternehmen, 2004, Abb.2-2-56). Dies würde bedeuten, dass Direktinvestitionen Ausfuhren nicht ersetzen, sondern umgekehrt zu intensiveren Handelsströmen führen.

Tab.10 Absatz der japanischen Tochterfirmen des Verarbeitenden Gewerbes im Jahre 2003, nach den Absatzmärkten gegliedert (%)

der Raum, wo die Tochterfirmen tätig sind Absatzmärkte	Asien	Nordamerika	Europa
Gesamtabsatzsumme (Mrd.Yen)	25912	27633	13758
das Land, wo die Tochterfirmen tätig sind	50.8	87.3	53.8
das Drittland innerhalb des Raumes	19.3	8.0	40.5
Japan	22.0	2.2	2.0
Asien	-	0.8	0.9
Nordamerika	3.3	-	1.4
Europa	2.8	0.7	-

Source: Ministry of Economy, Trade and Industry, Enquete-Untersuchung über die überseeischen Aktivitäten der japanischen Firmen 2003, Abb.12-1 „Absatz der japanischen Tochterfirmen des Verarbeitenden Gewerbes".

Tab.11 Beschaffung der japanischen Tochterfirmen des Verarbeitenden Gewerbes im Jahre 2003, nach den Beschaffungsmärkten gegliedert (%)

der Raum, wo die Tochterfirmen tätig sind Beschafffungsmärkte	Asien	Nordamerika	Europa
Gesamtbeschaffungssumme (Mrd.Yen)	18808	19612	9939
das Land, wo die Tochterfirmen tätig sind	53.7	58.1	28.7
das Drittland innerhalb des Raumes	13.9	4.2	28.1
Japan	30.6	33.7	37.6
Asien	-	2.9	3.7
Nordamerika	0.6	-	1.8
Europa	0.6	0.5	-

Source: Ministry of Economy, Trade and Industry, Enquete-Untersuchung über die überseeischen Aktivitäten der japanischen Firmen 2003, Abb.12-5 „Beschaffung der japanischen Tochterfirmen des Verarbeitenden Gewerbes"

Unter den Motiven für die Auslandstätigkeiten ist Antwort 4 „Um das japanische Unternehmen („assembly maker" usw.), mit Teilprodukten usw. zu beliefern", sehr interessant, weil es maßgeblich für die meisten mittelständischen Zulieferunternehmen ist. Weitere mittelständische Zulieferunternehmen folgen in der Regel. Aus Tab.9 ergibt sich, dass dieses Motiv in den letzten zehn Jahren wachsende Bedeutung hatte. Dies ist auch Ausdruck der zunehmenden internationalen Arbeitsteilung; für mittelständische Zulieferunternehmen wird hierdurch Anpassungsbedarf erzeugt. Aber diese Art von Direktinvestitionen kann auch zusätzliche Handelsströme nach sich ziehen.

9. Ergebnisse einer Enquete

In der dargelegten Enquete wurde auch unmittelbar gefragt, wie sich die Produktion der heimischen Produktionsstätten mit der Entwicklung der ausländischen Produktion verändert hat.

Tab.12 Die Frage und die Antwortarten der Enquete über die Auswirkungen der ausländischen Tätigkeiten auf die heimischen Produktionstätigkeiten (zu Tab.13, Abb.6 & 7)

Die Frage der Enquete: „Wie haben sich die Produktionstätigkeiten der heimischen Produktionsstätten mit der Entwicklung der ausländischen Produktionstätigkeiten verändert?"

Die Antworten (mehrfache Antworten sind möglich.):

1: „Die Produktionstätigkeiten der ausländischen Tochterfirmen verfolgen den Zweck, den Bedarf des betreffenden Landes und der dort tätigen japanischen Firmen zu dekken. Daher ist keine Veränderung der Produktionstätigkeiten eingetreten und auch nicht vorgesehen."

2: „Keine Veränderung des bisherigen Produktionssystems (der Beschäftigung) ist eingetreten und auch nicht vorgesehen, weil der Schwerpunkt der heimischen Produktion auf eine mehr wertschöpfungsintensive verschieben wird."

3: „Die heimische Produktion hat abgenommen, und Arbeitskräfteüberschuss ist vorhanden. Aber Reduktion der Personen ist durch die Umstellung des Arbeitskräfteüberschusses auf nicht- produzierende Abteilung nicht vorgesehen."

4: „Die heimische Produktion hat abgenommen, und die überschüssigen Personen werden reduziert, oder die Reduktion ist vorgesehen. Aber die Produktionsstätten bleiben erhalten."

5: „Die heimischen Produktionsstätten wurden zum Teil geschlossen, oder sind vorgesehen, geschlossen zu werden."

Die Antwort 1, „keine Veränderungen der heimischen Produktionstätigkeiten ist eingetreten und auch nicht vorgesehen", wurde von den meisten, knapp 70%, gegeben. Danach wurden Direktinvestitionen mit dem Zweck getätigt, „den Bedarf des betreffenden Landes und der dort tätigen japanischen Firmen zu decken"; es handelt sich demnach um horizontale Direktinvestitionen. Auch die Antwort 2, die einen Anteil von knapp 20% hat, sieht „keine Veränderung des bisherigen Produktionssystems (der Beschäftigung)" vor. Als Grund wird aber vorgebracht, „weil der Schwerpunkt der heimischen Produktion in Richtung wertschöpfungsintensiv verschoben wird". Interessanterweise ist der Anteil dieser Antwort bei den Industriebranchen, „Electrical machinery" und „Communication equipment" und in der asiatischen Region verhältnismäßig hoch. Hierbei handelt es sich hauptsächlich um vertikale Direktinvestitionen, weil nur Teile des Produktionsprozesses in das Ausland verlagert werden. Wichtig scheint, dass dies auch als eine Bedingung dafür gesehen werden kann, dass keine Veränderung des bisherigen Produktionssystems, d.h. kein Beschäftigungsrückgang eintritt. Umgekehrt ausgedrückt bedeutet dies, dass ein Unternehmen gegebenenfalls dazu gezwungen wird, überschüssiges Personal abzubauen, wenn es ihm nicht gelingt, die heimische wertschöpfungsintensiver zu gestalten. Die Anteile der Antwort 4 und 5, die die Reduktion des überschüssigen Personals vorsehen, liegen im Ganzen gesehen zwischen 5 % und 6%, sind aber bei den Branchen, „Electrical mashinery" und „Communication equipment", und im asiatischen Raum wesentlich höher.

Tab.13 Veränderungen der Antwortarten auf die Auswirkungen der ausländischen Tätigkeiten auf die heimischen Produktionstätigkeiten

	1	2	3	4	5
1997	70.1	16.7	4.0	6.6	2.5
1998	66.9	20.7	4.5	4.0	3.3
1999	65.5	19.8	4.8	7.1	2.9
2000	62.6	17.6	6.9	8.9	4.0
2001	62.2	15.9	5.1	11.5	5.4
2002	63.4	16.8	5.2	8.6	6.1
2003	65.0	18.8	5.0	5.8	5.4

Quelle: Ministry of Economy, Trade and Industry, Enquete-Untersuchung über die überseeischen Aktivitäten der japanischen Firmen 2003, Tab.11-17 „Auswirkungen der ausländischen Tätigkeiten auf die heimischen Produktionstätigkeiten".

Abb.6 Auswirkungen der ausländischen Tätigkeiten auf die heimischen Produktionstätigkeiten nach Industriebranchen

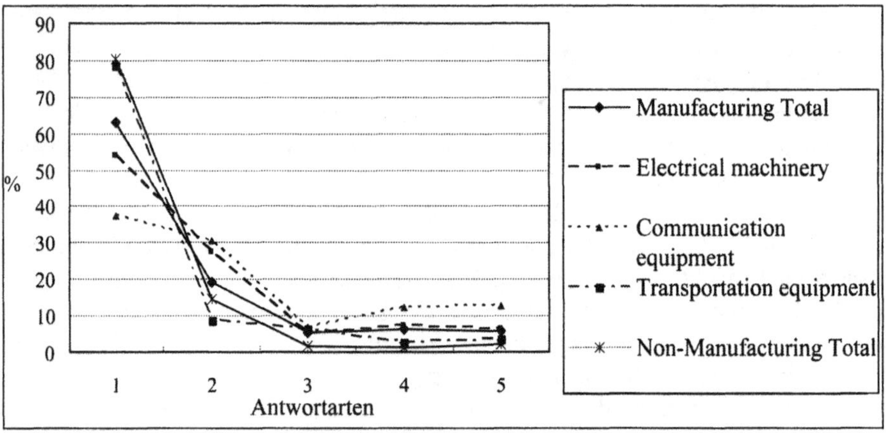

Quelle: Ministry of Economy, Trade and Industry, Enquete-Untersuchung über die überseeischen Aktivitäten der japanischen Firmen 2003, Tab.11-18 „Auswirkungen der ausländischen Tätigkeiten auf die heimischen Produktionstätigkeiten nach Industriebranchen".

Abb.7 Auswirkungen der ausländischen Tätigkeiten auf die heimischen Produktionstätigkeiten nach Gebieten (nur "Manufacturing Total")

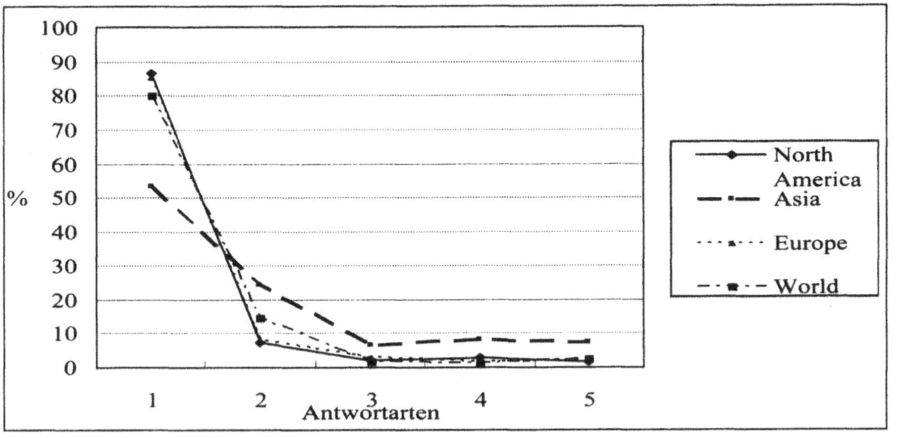

Quelle: Ministry of Economy, Trade and Industry, Enquete-Untersuchung über die überseeischen Aktivitäten der japanischen Firmen 2003, Tab.11-19 „Auswirkungen der ausländischen Tätigkeiten auf die heimischen Produktionstätigkeiten nach Gebieten".

Zusammenfassend betrachtet ist es schwierig, einen eindeutigen Zusammenhang zwischen der Entfaltung der ausländischen Tätigkeiten durch ausländische Direktinvestitionen einerseits und der heimischen Beschäftigungslage anderseits zu finden. Auf jeden Fall rufen ausländische Tätigkeiten offenkundigen Anpassungsbedarf hervor, nicht nur für die im Ausland tätigen Unternehmen, sondern auch für Zuliefer- und andere Unternehmen.

Literatur

Amano, Tomofumi (2005): „*Higashi Ajia no Kokusai Bungyou to Nihon Kigyou*" (Die internationale Arbeitsteilung in Ost-Asien und die japanischen Unternehmen), Tokyo, 2005.

Cabinet Office, Government of Japan (2002): *Annual Report on Japanese Economy and Public Finance / Economic Survey of Japan 2002.*

Cabinet Office, Government of Japan (2004): *Annual Report on Japanese Economy and Public Finance / Economic Survey of Japan 2004.*

Fukao, Kyoji; Amano, Tomofumi (1998): *„Taigai Chokusetsu Toushi to Seizougyou no Kuudouka"*, in: Keizai Kenkyuu (Hitotsubashi Daigaku), Bd.49, Nr.3, 1998.

Inagami, Takeshi (2005): *„Sangyou Kuudouka towa Nani ka – Nichi Ei Doku no Hikaku"* (Was ist die Deindustrialisierung – Ein Vergleich von Japan, England und Deutschland), in: ders., Posuto-Kougyouka to Kigyou Shakai (Post-Industrialisierung und die Gesellschaft der Unternehmen), Kyoto 2005.

Ishikawa, Hideki (2003): „Ajia ni okeru Hikakuyuui Kouzou no Henka to Kuudouka Mondai" (Die Veränderungen der „Comparative Advantage Structure" in Asien und Deindustrialisierungsproblem), in: Kanou, Yoshikazu (hrsg.), Sangyou Kuusouka wa dokomade susumunoka (Wie weit schreitet die Deindustrialisierung), Tokyo, 2003.

JETRO (2004): *„Boueki Toushi Hakusho 2004"* (Weißbuch zu Außenhandel und Direktinvestitionen 2004), 2004.

JETRO (2005): *„Boueki Toushi Kokusai Shuushi Toukei"* (Statistik zu Außenhandel, Direktinvestitionen, und Zahlungsbilanz), 2005.

JETRO (2005): *„Japanese Trade in 2004"*, 2005.

Kanou, Yoshikazu: *„Sangyou Kuudouka Ron wo kiru"* (Deindustrialisierung, kritisch betrachtet), in: ders. (hrsg.), a.a.O.

Keizai Kikaku Chou (Behörde für wirtschaftliche Planung) (1994): *„Keizai Hakusho"* (Weißbuch zur Wirtschaft), 1994.

Ministry of Economy, Trade and Industry: *„Kaigai Jigyou Katsudou Kihon Chousa"* (Enquete-Untersuchung über die überseeischen Aktivitäten der japanischen Firmen) 1996-2003, 1998-2005.

Ministry of Economy, Trade and Industry: *„Kani Enchou Sangyou Renkan Hyou"* (Input-Output-Tabellen) 2000-2003, 2002-2005.

Ministry of Economy, Trade and Industry(2004): *„Chuushou Kigyou Hakusho"* (Weißbuch zu den mittelständischen Unternehmen), 2004.

Nagaoka, Sadao (2003): *„Chuugoku Keizai tono „Kyousou" to Nihon Sangyou Kuudouka no Kyojitu"* (Der „ Wettbewerb" mit chinesischen Wirtschaft und die Realität der Deindustrialisierung der japanischen Industrie), in: Itou Motoshige (hrsg.), Nicchuu Kankei no Keizai Bunseki (Die wirtschaftswissenschaftliche Analyse der Japan-China-Beziehung), Tokyo, 2003.

Sachverständigenrat zur Begutachtung der gesamtwirtschaftlichen Entwicklung (1995): *„Im Standortwettbewerb: Jahresgutachten 1995/96"*, 1995.

Sachverständigenrat zur Begutachtung der gesamtwirtschaftlichen Entwicklung (2004): *„Erfolge im Ausland – Herausforderung im Inland. Jahresgutachten 2004/05"*, 2004.

Sinn, Hans-Werner (2005): „*Basar-Ökonomie in Deutschland. Exportmeister oder Schlusslicht?*“, ifo Schnelldienst 6/2005, ifo Institut für Wirtschaftsforschung, 2005.
Statistics Bureau & Statistical Research and Training Institute (2004): „*Nihon no Chouki Toukei Keiretsu*“ (Die Zeitreihenstatistiken Japans), 2004.
Statistics Bureau & Statistical Research and Training Institute (2006): „*Nihon no Toukei“ (Die Statistiken Japans)*, 2006.
Suzuki, Naotsugu (2004): „*Beikoku ni okeru Sangyou to Koyou no Kuudouka ni kansu Giron ni tuite*“ (Diskussionen über die Deindustrialisierung von der Industrie und der Beschäftigung in den USA), in: The Japan Institute for Labour Policy and Training, Sangyou to Koyou no Kuudouka ni kansuru Kokusai Hikaku Kenkyuu (Eine international vergleichende Studie über die Aushöhlung der Industrie und der Beschäftigung), 2004.

Die Auswirkungen von Globalisierung und Wirtschaftsintegration in Ost- und Südostasien auf den japanischen Arbeitsmarkt[1]

Sachio Imakubo[2]

1. Einleitung

Vor dem Hintergrund der voranschreitenden Globalisierung sowie der Wirtschaftsintegration in Ost- und Südostasien hat sich der Wettbewerb auf den Weltmärkten seit den 1980er und 90er Jahren verschärft. Dies trifft in Japan zusammen mit landesinternen Faktoren wie der alternden Bevölkerung und einer niedrigen Fertilitätsrate, was einen großen Einfluss auf den japanischen Arbeitsmarkt sowie das japanische Beschäftigungssystem hat. Das allgemeine Verständnis ist, dass diese Entwicklungen das Beschäftigungssystem Japans auf eine Bewährungsprobe stellen. Als Reaktion darauf wurden Politikmaßnahmen mit dem Ziel erarbeitet, ein für die Zukunft Japans angemessenes Beschäftigungssystems zu schaffen, das den Herausforderungen gewachsen ist. Dies hat jedoch auch Gegenmaßnahmen hervorgerufen.

Die herrschende Meinung ist wie folgt: Aufgrund der Auswirkungen der veränderten Rahmenbedingungen werden die bisherige Arbeitsmarktstruktur sowie das Beschäftigungssystem „japanischer Art" als solche an Nachhaltigkeit verlieren. Sie stellen somit ein Hindernis für die Erholung der japanischen Wirtschaft dar. Es ist deswegen nötig, zur Wiederbelebung der Wirtschaft bzw. zur Anpassung an die Rahmenbedingungen die Struktur des starren, bisherigen Arbeitsmarktes und gleichzeitig das japanische Beschäftigungssystem zu reformieren. Sämtliche wirtschaftspolitischen Vorschläge fußen auf dieser Sichtweise (eine repräsentative Meinung des herrschenden Standpunktes vertritt Economic Strategy Council of Japan 1999).

Daneben existiert eine weitere Auffassung, die besagt, dass gerade die Antwort der Unternehmen auf diese Bedingungen gemeinsam mit den Maßnahmen der Regierung dazu geführt haben, dass sich das japanische Beschäftigungssystem wandelt oder dass es gar komplett aufgelöst wird (ein Musterbild der abgeleiteten Meinung vertritt Council on Economic and Fiscal Policy 2005.4b). Es lässt sich sagen, dass dieser Standpunkt eine Ableitung der herrschenden Meinung ist. Schließlich wird davon ausgegangen, dass die Maßnahmen von Regie-

---

1 Übersetzung: Daniel Willam, LMU München

2 Universität Kyoto

rung und Unternehmen, welche ja angeblich zum Wandel bzw. Auflösung des japanischen Beschäftigungssystems führen, auf den Politikempfehlungen der herrschenden Meinung basieren.

Wie objektiv und angemessen sind jedoch das Verständnis der derzeitigen Situation sowie die sozial- und wirtschaftspolitischen Vorschläge zur Reformierung des japanischen Systems von Seiten des herrschenden Standpunktes und aus der Sicht zur Auflösung des japanischen Systems? Wie lassen sich die Vorschläge charakterisieren, und was für Probleme bringen sie mit sich? Um diesen Fragen nachzugehen, wird diese Arbeit zunächst einmal die Entwicklung des Arbeitsmarktes sowie des Beschäftigungssystems seit den 1980er und 90ern untersuchen und danach die herrschende Meinung sowie die Vorschläge und konkreten Maßnahmen, die sich daraus ableiten lassen, überprüfen. Als Grundlage werden hauptsächlich Statistiken und Veröffentlichungen der Regierung verwendet.

Obwohl dieses Thema auch mit dem staatlichen Wohlfahrtssystem zusammenhängt, wurde dieser Teil aus Platzgründen von der Untersuchung abgegrenzt.

2. Die Veränderungen des gegenwärtigen japanischen Arbeitsmarktes und des Beschäftigungssystems

Zunächst werden im Rahmen der Entwicklung des japanischen Arbeitsmarktes und des Beschäftigungssystems seit dem 2. Weltkrieg die besonderen Veränderungen in letzter Zeit herausgearbeitet. Besonderes Augenmerk wird dabei auf folgende Themen gelegt:

(a) Rückgang der erwerbsfähigen Bevölkerung
(b) Zunahme der Arbeitslosigkeit
(c) Rückgang der regulären und Zunahme der irregulären Beschäftigung
(d) Anstieg der ausländischen Beschäftigten
(e) Absinken des Lohnniveaus und Zunahme der Einkommensunterschiede

a. Rückgang der erwerbsfähigen Bevölkerung

Die derzeitige erwerbsfähige Bevölkerung Japans (sprich die Gesamtzahl der über 14-jährigen, beschäftigten oder arbeitssuchenden Bevölkerung ohne Altersobergrenze), verfolgt seit dem Höhepunkt von 67,93 Millionen im Jahr 1998 einen sinkenden Trend, so dass sie im ersten Quartal 2005 bis auf 65,54 Millionen gesunken ist. Hierbei sticht besonders der Anteil der 20- bis 24-jährigen Erwerbsfähigen (der Anteil der erwerbsfähigen 20- bis 24-Jährigen an allen 20- bis 24-Jährigen) hervor. Die Anzahl dieser Bevölkerung ist von 8,86 Millionen im

Jahr 1995 auf 7,61 Millionen im Jahr 2000 gesunken. Es lässt sich somit sagen, dass diese Daten einen historischen Wandel in der Gesamtzahl des Angebots im japanischen Arbeitsmarktes seit Kriegsende sowie insbesondere in dieser Altersklasse, belegen (Ministry of Health, Labour and Welfare – im Folgenden MHLW genannt – 2005a).

Dieser Rückgang der erwerbsfähigen Bevölkerung ist im Grunde auf die Veränderung der Bevölkerungsdynamik sowie des *Anteils der Erwerbsfähigen* (der Anteil der Erwerbsfähigen an der Bevölkerung im Erwerbsalter, also an *allen* 15- bis 64-Jährigen) zurückzuführen.

Erstens sind in diesem Zusammenhang die Alterung der japanischen Bevölkerung und die niedrige Fertilitätsrate zu nennen. Was die Alterung angeht, so ist der Anteil der japanischen Bevölkerung über 64 Jahren im Vergleich zu anderen Industrienationen erst in den 1950er Jahren angestiegen, hat 1970 aber schon die nötigen 7 Prozent betragen, die Japan als „überalternde Gesellschaft", wie sie von der UNO definiert ist, klassifiziert hat. Danach ist dieser Anteil in einer unter Industrienationen beispielslosen Geschwindigkeit von 25 Jahren auf 14 Prozent gestiegen, womit Japan als „überalterte Gesellschaft" klassifiziert wurde (in den Fällen Deutschland, USA und Frankreich wurden für diese Verdoppelung des Anteils 40, 75, bzw. 115 Jahre benötigt, also wesentlich länger als in Japan). Im Jahre 2000 überstieg dieser Anteil Japans den von UK, USA, Frankreich und Deutschland, und betrug am ersten Oktober 2000 19 Prozent (MHLW 2005a).

Was die Fertilitätsrate in Japan betrifft, stieg diese nach Kriegsende zwischen 1961 und der ersten Hälfte der 1970er zwar stets leicht an, ist jedoch 1974 bereits unter die damals für den Bevölkerungserhalt notwendigen 2,07 gefallen und seitdem weiter gesunken. 1989 wurde der Wert von 1,58 aus dem Jahr 1966 unterschritten („1,57-Schock"); mittlerweile ist die Geburtenrate auf 1,29 in den Jahren 2003 und 2004 gesunken. Wenn man die Fertilitätsrate aufteilt in die Anteile der verheirateten Frauen und die Fertilitätsraten der verheirateten Frauen der jeweiligen Jahre, wird ersichtlich, dass zwischen der zweiten Hälfte der 1970er bis zu den 1980ern der Hauptgrund für die sinkenden Fertilitätsraten in dem Rückgang des Anteils der verheirateten Frauen zu finden ist. Dieses Phänomen kann durch die Tendenz erklärt werden, dass Frauen im immer späteren Alter geheiratet haben. Zu dieser Entwicklung ist jedoch in den 1990er Jahren ein weiteres Phänomen hinzugestoßen, nämlich dass die Fertilitätsrate der verheirateten Frauen gesunken ist (MHLW 2005b).

Diese Veränderungen der Bevölkerungsdynamik, sprich die Alterung der Gesellschaft und eine niedrige Fertilitätsrate, sind als ein Hauptgrund für den Rückgang der erwerbsfähigen Bevölkerung zu sehen.

Was die Gesamtbevölkerung Japans angeht, wurde diese im Jahr 2004 zwar noch auf 127,67 Millionen geschätzt. Es wird jedoch vorausgesagt, dass 2006 der

Höhepunkt erreicht wird und danach die Bevölkerung zurückgeht (MHLW 2005b). Allerdings wird aus der jüngsten Bevölkerungsstatistik des MHLW („Abridged Life Tables For Japan 2005“) klar, dass in der ersten Hälfte 2005 die Anzahl der Neugeburten die der Verstorbenen unterschritten und in einem halben Jahr die Bevölkerung um 311.034 Menschen abgenommen hat. Falls diese Tendenz auch im zweiten Halbjahr fortbesteht, wird schon in 2005, und damit früher als von der Regierung prognostiziert, zum ersten Mal die Bevölkerung schrumpfen. Bei Betrachtung der bisherigen Entwicklung ist dies äußerst wahrscheinlich. Auch wenn dies erst später eintritt, wird ein solcher Rückgang der Bevölkerung, falls kein effektives Gegenmittel eingeleitet wird, der Tendenz zur Alterung der Bevölkerung weiter Ansporn verleihen und in Zukunft zu einer weiteren Verringerung der erwerbsfähigen Bevölkerung führen.

Zweitens ist der *Anteil der Erwerbsfähigen*, der 1970 noch 65,4 Prozent betrug, bis 1980 auf 63,3 Prozent zurückgegangen. Zum Jahr 1990 ist er weiter leicht auf 63,3 Prozent gesunken und hat in der zweiten Hälfte der 1990er stagniert. Danach ist er Ende der 90er wieder zurückgegangen und zum ersten Quartal 2005 bis auf 59,6 Prozent gefallen. Außerdem sind seit der zweiten Hälfte der 90er in allen Altersklassen die Anteile der Erwerbsfähigen zurückgegangen. Auch dies lässt sich als einer der Hauptgründe für den Rückgang der erwerbsfähigen Bevölkerung nennen (MHLW 2005a).

Was sind somit die Ursachen für den Rückgang des *Anteils* der Erwerbsfähigen? Hier ist zunächst die Tendenz zu nennen, dass sich potentiell Erwerbsfähige aufgrund der Konjunkturschwäche und der Restrukturierungsmaßnahmen vom Arbeitsmarkt entfernen und zur *nicht arbeitssuchenden* Bevölkerung, also zu den nicht Erwerbsfähigen wechseln. In diesem Zusammenhang lässt sich der Rückgang des Anteils der 20- bis 24-jährigen Erwerbsfähigen zum Teil dadurch erklären, dass nicht genügend Beschäftigungsmöglichkeiten bestehen.

Im Falle dieser jungen Altersklasse ist bezüglich des Arbeitsangebots zusätzlich die immer länger werdende Schul- und Ausbildungsdauer ein Faktor, der zum sinkenden Anteil der Erwerbsfähigen beiträgt. Laut einer Studie des Ministeriums für Erziehung, Sport, Kultur, Wissenschaft und Technologie (im Folgenden Kultusministerium genannt) ist der Anteil der Highschool Absolventen, die weiter zu einem Hochschulstudium voranschreiten, von 30,5 Prozent in 1985 auf 44,6 Prozent im Jahr 2003 gestiegen („*Japan's Education at a Glance 2005*“). Ferner ist der Anteil derer, die zu einer Art Fachhochschule („Senshû Gakkô“) voranschreiten, von 11,4 Prozent in 1985 bis auf 18,9 Prozent in 2003 angestiegen (Webseite des Kultusministeriums, MHLW 2005a). Diese Entwicklungen sind wohl statt konjunktureller vielmehr tendenzieller Natur; jedenfalls gibt es keinen Zweifel, dass sie einen signifikanten Beitrag zur Verringerung des Anteils der Erwerbsfähigen leisten.

b. Zunahme der Arbeitslosigkeit

Die seit den 1990ern steigende Arbeitslosigkeit ist eine weitere Neuheit für den Arbeitsmarkt, die nicht ignoriert werden kann.

Erstens hat die Zahl der Arbeitslosen (über-14-Jährige, die in der Befragungswoche keine Arbeit haben, jedoch aktiv Arbeit suchen und arbeitsfähig sind; dies beinhaltet auch solche, die in der Vergangenheit arbeitssuchende Maßnahmen ergriffen haben) seit den 1960ern bis in die 1990er Jahre zwar stets leicht zugenommen, der Anstieg vom Anfangsbestand zwischen 500 und 700 Tausend Arbeitslosen ist jedoch bei ungefähr 1,5 Millionen zum stoppen gekommen, und die Arbeitslosenquote (der Anteil der Arbeitslosen an der erwerbsfähigen Bevölkerung) hat sich stets unter dem Niveau von etwas über 2 Prozent gehalten. In kürzester Zeit sind diese Werte jedoch zum Jahr 1995 auf 2,1 Millionen bzw. 3,2 Prozent, zum Jahr 1998 auf 2,79 Millionen bzw. 4,1 Prozent und bis 2001 sogar auf 3,4 Millionen bzw. 5,0 Prozent stark angestiegen. Zu Jahresbeginn 2002, als sich die Wirtschaft im Konjunkturtal befand, betrugen diese Zahlen 3,59 Millionen bzw. 5,4 Prozent und nahmen somit die höchsten Werte in der Geschichte ein. Auf dem Weg zum Konjunkturaufschwung sind die saisonbereinigten Werte im Jahr 2004 zwar mit 3,13 Millionen bzw. 4,7 Prozent zum Niveau von 1999 und im September 2005 mit 2,85 Millionen bzw. 4,2 Prozent sogar zum Niveau von 1998 zurückgekehrt. Doch im Gegensatz zu der sich anscheinend bessernden Performance der Unternehmen bleiben sowohl die Gesamtzahl der Arbeitslosen als auch die Arbeitslosenquote weiterhin auf einem hohen Niveau (vgl. Abb. 1a sowie Abb. 1b am Ende des Textes, MHLW 2005a und Nikkei Zeitung 28. Oktober 2005). Die Arbeitslosenquote übertraf im internationalen Vergleich im Zeitraum zwischen 1999 und 2001 die USA und hat 2001 das Niveau von UK und Schweden übertroffen; auch wenn in jüngster Zeit die japanische Arbeitslosenquote die der letzteren Länder wieder unterbieten konnte, ist die Zeit vorbei, in der die japanische Arbeitslosenquote im internationalen Vergleich als ausgesprochen niedrig galt (Statistikamt, Ministry of Internal Affairs and Communications, im Folgenden MIC, „Labour Force Survey" in: MHLW 2005a).

Zweitens ist bei Männern und Frauen ein Anstieg sowohl der Häufigkeiten als auch der Länge der Arbeitslosigkeit zu erkennen. Die Zahl der Arbeitslosigkeitsfälle ist bei Frauen zwar höher als bei Männern, der Zeitraum der Arbeitslosigkeit ist jedoch bei Männern länger. Damit wird deutlich, dass Männer größere Schwierigkeiten bei der Wiedereinstellung haben. Außerdem hat sich der Anteil der Langzeitarbeitslosen (Arbeitslosigkeit von über einem Jahr) an der Gesamtzahl in den letzten 10 Jahren verdoppelt; im Jahr 2003 betrug er 30 Prozent. Auch die Langzeitarbeitslosenquote (der Anteil der Langzeitarbeitslosen an der erwerbsfähigen Bevölkerung) betrug im selben Jahr 1,8 Prozent und nahm somit den höchsten Stand in der Geschichte ein. Obgleich er seit dem zweiten Quartal 2004 wieder sinkt, stimmt deren derzeitiges Niveau des Jahres 2005 mit dem von 2002 überein, was dafür spricht, dass grundsätzlich der Zeitraum der Arbeitslosigkeit immer länger wird (MHLW 2005a).

Drittens fällt in letzter Zeit besonders unter jüngeren Altersklassen nicht nur die Arbeitslosigkeit, sondern auch ein immer unsicherer Arbeitsplatz auf. Im Vergleich der Altersklassen ist bei der Anzahl der regulär Beschäftigten seit der zweiten Hälfte 2001 besonders unter den 20- bis 29-Jährigen ein starker Rückgang zu erkennen. 2003 hat der Umfang des Rückgangs zwar abgenommen, doch ist die Lage weiterhin angespannt. Ferner ist die Arbeitslosenquote unter den 15- bis 34-Jährigen seit Mitte der 1990er Jahre rapide angestiegen. Bei den 15- bis 19-Jährigen ist sie bis 2002 auf 12,8 Prozent, bei den 20- bis 24-Jährigen auf 9,8 Prozent gestiegen. Danach lassen sich zwar Anzeichen einer Verbesserung der Lage erkennen, doch bleibt die Arbeitslosigkeit in dieser Altersklasse auf hohem Niveau. Die Langzeitarbeitslosenquote in dieser Klasse ist zudem von 14,5 Prozent im Jahr 1990 bis zu 28 Prozent in 2003 gewachsen. Besonders unter den 20- bis 24-jährigen und 30- bis 34-jährigen Männern sowie 15- bis 19-jährigen Frauen wird die immer länger werdende Dauer der Arbeitslosigkeit deutlich.

Ferner gibt es die Gruppe der *„Freeter*“. Dies ist die Abkürzung für „Freie Arbeiter“; es handelt sich dabei um Beschäftigte, die in einem sehr unsicherem Beschäftigungsverhältnis stehen. Ein *„Freeter*“ wird wie folgt definiert: Er/Sie ist zwischen 15 und 34 Jahre alt, hat einen Highschool Abschluss, ist noch nicht verheiratet (jedoch nur im Falle einer Frau), und es gilt zusätzlich entweder: a.) Die offizielle Bezeichnung des gegenwärtigen Beschäftigungsverhältnis von Seiten des Arbeitgebers ist „Nebenjob“ oder „Teilzeitarbeit“, oder: b.) Es handelt sich um derzeit nicht beschäftigte Personen, die nicht im Haushalt tätig sind und sich auch nicht in Aus- bzw. Weiterbildung befinden, eine Einstellung als „Nebenjob“ oder auf „Teilzeitarbeit“ jedoch wünschen.

Die Zahl der *Freeter* betrug 1982 noch 500 Tausend, ist aber ständig gewachsen und hat 2003 bereits 2,17 Millionen Beschäftigte ausgemacht. Obwohl sie 2004 auf 2,14 Millionen geschrumpft sind, zeigt sich ein steigender Trend für diese Gruppe.

Die Anteil der „NEET“ (*„Not in Employment, Education or Training*“) – Bevölkerung an den nicht Erwerbstätigen betrug 2004 wie in den beiden vorherigen Jahren 640 Tausend und stellt weiterhin den höchsten Wert der Geschichte dar (MHLW 2005a). Eine „NEET“-Person wird wie folgt definiert: Sie ist zwischen 15 und 34 Jahre alt, noch nicht verheiratet, nicht im Haushalt tätig und befindet sich auch nicht in Aus- bzw. Weiterbildung.

Nachdem im Sommer 2005 sowohl die Regierung als auch die *Bank of Japan* gemeinsam verkündet haben, dass die Konjunkturkrise überwunden worden sei, sollten die großen Konzerne wieder vermehrt Arbeitskräfte einstellen. Zur guten Konjunktur kommt schließlich hinzu, dass um 2007 die erste Nachkriegs-Babyboom-Generation das Renteneintrittsalter erreicht und die Unternehmen mit Blick auf die Zukunft ihre Arbeitskräfte sichern und somit ihre Einstellungsaktivitäten erweitern müssten. Obgleich in Folge dessen die Beschäftigung steigen sollte, würde dies erstens nur daran liegen, dass dies mit dem Zeitpunkt zusammenfällt, an dem die Anzahl der Beschäftigten einen historischen Tiefpunkt erreicht hat. Zweitens bleibt bei aller Euphorie seitens der Regierung und der Zentralbank, die Krise überwunden zu haben, eine Ungewissheit bezüglich des Aufschwungs sowie dessen Nachhaltigkeit zurück, und es gibt viele Argumente, die gegen Regierung und Zentralbank sprechen. Es wird zudem davon ausgegangen, dass die Unternehmen in jedem Fall ihre Restrukturierungsmaßnahmen fortführen. Somit lässt sich letztendlich sagen, dass es bei der jetzigen Lage sehr unwahrscheinlich ist, dass sich die Arbeitslosigkeit ebenso wenig wie die unsicheren Beschäftigungsverhältnisse zu einem Niveau entwickelt, welches dem Anfang der 1990er vor Zerplatzen der Blase entspräche.

c. Veränderung der Beschäftigungsformen

Die Veränderung der Beschäftigungsformen ist nicht nur eine Strukturneuheit des Arbeitsmarktes. Sie gehört gleichzeitig auch zu den Veränderungen im Beschäftigungssystem. Aufgrund der Fragestellung dieser Arbeit wird hierbei ein besonderes Augenmerk auf die Verringerung der regulären Beschäftigung sowie der Zunahme der irregulären Beschäftigung gelegt. Mit regulärer Beschäftigung ist hierbei ein Beschäftigungsverhältnis gemeint, dass folgende drei Kriterien erfüllt: 1.) Eine direkte Beschäftigung bei einem bestimmten Unternehmen; 2.) das Vorliegen eines ordentlichen Arbeitsvertrags, der mit einer dauerhaften Anstellung zusammenhängt; 3.) eine Beschäftigung zum vollen Arbeitszeitumfang, sprich Vollzeitbeschäftigung. Mit irregulärer Beschäftigung ist eine nicht reguläre Beschäftigung gemeint. Die Gruppe der irregulär Beschäftigten setzt sich zusammen aus Teilzeitarbeitern und aus Leiharbeitern, Zeitarbeitern, Auftragsarbeitern und Ähnlichem, wobei letztere von Zeitarbeitsunternehmen entliehen werden. Laut einer Sonderstudie zur Beschäftigung des japanischen Statistikamtes (Ministry of Internal Affairs and Communications, MIC) betrug 1995 der Anteil der irregulär Beschäftigten an der Gesamtzahl der Beschäftigten von 47,8 Millionen (ohne leitende bzw. geschäftsführende Angestellte) noch 20,9 Prozent. Im ersten Quartal 2005 dagegen betrug der Anteil der regulär Beschäftigten an der Gesamtzahl der Beschäftigten von 49,23 Millionen (ohne leitende bzw. geschäftsführende Angestellte) gerade einmal 67,7 Prozent und hat somit die 70 Prozent in großem Maße unterschritten. Dagegen ist der Anteil der irregulär Beschäftigten mit einer Gesamtzahl von 15,91 Millionen auf über 30 Prozent (32,3%) gewachsen (Abb. 2). Für den Herbst 2005 lässt sich zwar eine leicht gegenläufige Tendenz erkennen, es wird jedoch davon ausgegangen, dass diese nicht ausreichen wird, um den Trend weg von der regulären und hin zur irregulären Beschäftigung aufzuhalten.

Abb.2 Anzahl der Beschäftigten nach Beschäftigungsform

Jahr/ Zeitraum	Beschäftigte ohne leitende Angestellte	regulär Beschäftigte (Anteil in Klammern)	irregulär Beschäftige			
				Teilzeitarbeit, „Nebenjob"	Zeitarbeit, Vertragsarbeit, Leiharbeit, etc.	davon Leiharbeit
	in 10 T	in 10 T (%)				
1995	4780	3779 (79.1)	1001 (20.9)	825 (17.3)	176 (3.7)	- -
1996	4843	3800 (78.5)	1043 (21.5)	870 (18.0)	173 (3.6)	- -
1997	4963	3812 (76.8)	1152 (23.2)	945 (19.0)	207 (4.2)	- -
1998	4967	3794 (76.4)	1173 (23.6)	986 (19.9)	187 (3.8)	- -
1999	4913	3688 (75.1)	1225 (24.9)	1024 (20.8)	201 (4.1)	- -
2000	4903	3630 (74.0)	1273 (26.0)	1078 (22.0)	195 (4.0)	33 (0.7)
2001	4999	3640 (72.8)	1360 (27.2)	1152 (23.0)	208 (4.2)	45 (0.9)
2002	4940	3489 (70.6)	1451 (29.4)	1053 (21.3)	398 (8.1)	43 (0.9)
2003	4948	3444 (69.6)	1504 (30.4)	1089 (22.0)	415 (8.4)	50 (1.0)
2004	4975	3410 (68.5)	1564 (31.4)	1096 (22.0)	468 (9.4)	85 (1.7)
2003 1.Q	4941	3444 (69.7)	1496 (30.3)	1092 (22.1)	404 (8.2)	46 (0.9)
2. Q	4929	3445 (69.9)	1483 (30.1)	1069 (21.7)	414 (8.4)	46 (0.9)
3. Q	4987	3480 (69.8)	1508 (30.2)	1094 (21.9)	414 (8.3)	53 (1.1)

4. Q	4936	3407 (69.0)	1528 (31.0)	1103 (22.3)	425 (8.6)	53 (1.1)
2004 1.Q	4934	3380 (68.5)	1555 (31.5)	1106 (22.4)	449 (9.1)	62 (1.3)
2. Q	4986	3433 (68.9)	1554 (31.2)	1081 (21.7)	473 (9.5)	90 (1.8)
3. Q	4967	3404 (68.5)	1563 (31.5)	1091 (22.0)	472 (9.5)	88 (1.8)
4. Q	5010	3425 (68.4)	1585 (31.6)	1107 (22.1)	478 (9.5)	99 (2.0)
2005 1. Q	4923	3333 (67.7)	1591 (32.3)	1095 (22.2)	496 (10.1)	95 (1.9)

Anmerkungen:

1.) Die Anteile in Klammern stellen den Anteil ohne leitende Angestellte an der Gesamtzahl dar.

2.) Es ist möglich, dass der Rückgang der Zahl von „Teilzeitarbeit, Nebenjob" und der Anstieg von „Zeitarbeit, Vertragsarbeit, Leiharbeit, etc." im Jahr 2002 auf einen veränderten Fragebogen zurückzuführen ist, so dass manche Befragte ab 2002 statt „Teilzeitarbeit, Nebenjob" mit „Zeitarbeit, Vertragsarbeit, Leiharbeit, etc." geantwortet haben.

Quelle: Statistics Bureau of Japan (Hrsg.), übernommen aus: Ministry of Health, Labour and Welfare, „White Paper on the Labour Economy 2005".

Wenn man sich die Einzelposten der irregulär Beschäftigten für den 2003 Durchschnitt anschaut, nehmen die Teilzeitarbeiter davon 72,5 Prozent ein. Von denen wiederum machen Männer nur 15,6 Prozentpunkte und Frauen mit 50,6 Prozentpunkten die große Mehrheit aus. Bezüglich der Zeit- und Leiharbeiter wird außerdem ersichtlich, dass durch die Ausweitung der Leiharbeit die Anzahl der Zeit- und Leiharbeiter von 610 Tausend im Fiskaljahr 1995 auf 2,13 Millionen im Fiskaljahr 2002 stark angestiegen ist (es wird angenommen, dass die wahre Zahl den oben genannten Wert weit übersteigt, falls illegale Entsendungen, die Aufträge und Kommissionen tarnen, hinzugezählt würden. Vgl. bezüglich dieses Punktes sowie zur Machtlosigkeit der gegenwärtigen Gesetzgebung gegenüber illegalen Entsendungen Nakano 2003).

Zuletzt fällt die Abnahme der Beschäftigungsmöglichkeiten für regulär Beschäftigte im Alter von 15 bis 34 auf, deren Rückgang seit 1997 besonders stark ist.

Dass diese veränderten Beschäftigungsformen für die Unternehmen eine Senkung der Lohnkosten und für die Beschäftigten einen Rückgang des Gehaltsniveaus darstellen, wird weiter unten angesprochen.

d. Anstieg der ausländischen Beschäftigten

Laut der Schätzung des Japanischen Arbeitsministeriums (MHLW 2005a) betrug 2002 die Zahl der ausländischen Beschäftigten ungefähr 760 Tausend und machte somit einen relativ niedrigen Anteil von 1,1 Prozent an der erwerbsfähigen Bevölkerung aus. Laut Schätzungen der OECD beträgt dieser Wert sogar nur 0,3 Prozent, so dass im internationalen Vergleich Japan innerhalb der G7 den untersten Wert annimmt (OECD 2004, Nikkei Zeitung 23. März 2005).

Nichtsdestotrotz lässt sich nicht ignorieren, dass der Anstieg der ausländischen Beschäftigten in Japan einen Teil der Veränderungen des japanischen Arbeitsmarktes ausmacht. Seit den 1990ern ist die Zahl der ausländischen Beschäftigten Jahr für Jahr gestiegen. Laut des Migrationsamts des Justizministeriums betrug der Strom der Immigranten mit dem Ziel einer Beschäftigung im Jahr 2002 ungefähr 140 Tausend, was im Vergleich zu 1997 einer Verfünffachung gleichkommt. Außerdem lässt sich annehmen, dass dieser Anstieg der ausländischen Beschäftigten auch nach 2002 stark angestiegen ist und auch weiter ansteigen wird, da zum einen die Nachfrage nach ausländischen Beschäftigten ständig zunimmt, und zum anderen die Regierung eine Arbeitsmarktpolitik verfolgt, die auf einen Regulierungsabbau in dieser Hinsicht abzielt.

Die grobe Zusammensetzung der ausländischen Beschäftigung im Jahr 2002 ist laut oben genannter Schätzung wie folgt: Ca. 186 Tausend fachmännisch-technisch Beschäftigte, ca. 231 Tausend Niedergelassene (Ausländer japanischer Abstammung oder Kinder, Angeheiratete, etc.), ca. 219 Tausend mit illegalem Aufenthalt, ca. 54 Tausend „*technical interns*" (Praktikanten, Ausländer mit working holiday visa, etc.) und ca. 98 Tausend mit sonstigen Einreisegenehmigungen wie z.B. Austauschstudenten. Wenn man sich die Arten der Einreisegenehmigungen anschaut, so nimmt die Kategorie „Tanz, Aufführung, Schauspiel, etc." über 80 Prozent ein. In den Kategorien „Kulturelles Wissen, Auslandsgeschäft", sowie „Technik, Technologie" blieb in den letzten fünf Jahren die Anzahl mit 20 Tausend auf dem gleichen Niveau, aber besonders die Neigung zu „Aufführung, etc." sticht hervor. Nach Nationalitäten kommen besonders viele aus nahe liegenden Ländern wie den Philippinen oder China, aber auch aus Industrienationen wie UK oder USA. Die hohe Anzahl der Philippiner ist auf deren zahlreichen Tänzer, sprich deren Aufenthalte zur „Aufführung, etc.", zurück zu führen.

e. Absinken des Lohnniveaus und Zunahme der Einkommensunterschiede

Der Bruttolohn bzw. der Grundlohn (der vertraglich vereinbarte Lohn ohne Überstunden-, Sonn- und Feiertagszuschläge) haben sich im Zeitraum zwischen

1981 bis 2004 stark nach unten entwickelt. Der Spitzenwert der Lohnkurve (die festgelegte Zunahme des Lohnes) des Jahres 2004 ist auf ca. 70 Prozent des Wertes von 1990 gesunken. Sowohl der nominale, als auch der reale Bruttolohn (bestehend aus Grundlohn und Zuschlägen) zeigen bis 2004 eine durchwegs fallende Tendenz. Zudem ist im besagten Zeitraum die Einkommensschere stark auseinander gegangen, und auch bei separater Betrachtung der Haushalte ist gleichzeitig mit einem Absinken des Gehaltsniveaus eine Zunahme der Einkommensunterschiede zu erkennen. Beim Überschlag des Jahreseinkommens eines Haushalts aus dem Jahr 2004 wird bei einem 20- bis 29-jährigen Ehepaar, in dem beide zur vollen Arbeitszeit beschäftigt sind, ein Wert von 6,75 Millionen Yen (ca. 48 Tausend Euro, im Folgenden gilt ein Wechselkurs von 140 Yen/Euro) berechnet. Sind beide jedoch nur teilzeitbeschäftigt, was mit steigender Tendenz 2003 bereits etwas mehr als 5 Prozent aller Haushalte waren, beläuft sich dieser Wert nur auf 2,32 Millionen Yen (ca. 16,5 Tausend Euro). Bei den 30- bis 39-Jährigen beträgt der Wert für einen Haushalt mit zwei Vollzeitbeschäftigten 8,99 Millionen Yen (ca. 65 Tausend Euro), mit zwei Teilzeitbeschäftigten im Gegensatz dazu nur 2,83 Millionen Yen (ca. 20,5 Tausend Euro). Diese Zahlen können als Beleg für die Entwicklung gesehen werden, dass aufgrund des nach und nach zunehmenden Alters und des Dienstalters der Beschäftigten in einem Betrieb – und somit also auch im Zeitverlauf – die Einkommensunterschiede zunehmen (MHLW 2004, 2005a, 2005b und 2005c).

Was die Lohnquote in Japan angeht, so ist diese von einem Stand von 60,1 Prozent in 1985 auf 56 Prozent in 1990 gesunken, danach mit einigen Abweichungen bis 1998 auf 79 Prozent gestiegen. Anschließend ist sie zwischen 1999 und 2005 trotz kleiner Abweichungen wieder gesunken und hat im ersten Quartal 2005 62,7 Prozent betragen. Die laufenden Gewinne der Unternehmen haben dagegen seit 1993 trotz weniger Abweichungen stets zugenommen (MHLW 2005a).

Der beratende Ausschuss für Wirtschafts- und Fiskalpolitik („*Council on Economic and Fiscal Policy*"; erstellt durch das Regierungsamt und damit beauftragt, die wichtigsten Bereiche der Wirtschafts- und Fiskalpolitik wie die Steuerung der Gesamtwirtschaft, das Finanzwesen oder die Haushaltsbildung zu untersuchen und Grundlinien für die Politik zu erstellen) sieht in dem Abschlussbericht seiner Sonderstudie („*Japan's 21st Century Vision*", CEFP 2005.4a) den Anstieg des Anteils der Teilzeitarbeiter als Hauptgrund für die Veränderungen des Lohnniveaus. Das Arbeitsministerium bestätigt, dass die Zunahme der Einkommensunterschiede zum großen Teil durch den Anstieg des Teilzeitarbeiteranteils sowie durch die größer werdenden Lohnunterschiede zwischen den regulär Beschäftigten und den Teilzeitarbeitern zustande kommt (MHLW 2004).

Allerdings besagt die oben genannte Studie des beratenden Ausschusses für Wirtschaft- und Fiskalpolitik auch, dass seit 2005 der Teilzeitarbeiteranteil den Höhepunkt überschritten hat, die Zahl der regulär Beschäftigten seit sieben Jahren wieder gestiegen ist und dies so auch einen positiven Einfluss auf das Einkommensniveau haben könnte. Ferner wird angegeben, dass es Anzeichen für eine Veränderung weg von der Reduktion der Lohnquote gibt. Nichtsdestotrotz sind dies, wie bereits erwähnt, keine deutlichen Verbesserungstendenzen, so dass auch in Zukunft davon ausgegangen werden kann, dass ein Anstieg der laufenden Gewinne der Unternehmen mit niedrig gehaltenen Lohnkosten einhergeht.

3. Reaktion der Unternehmen, Unterstützung der Regierung und Rückgang der Gewerkschaftsaktivitäten

a. Reaktion der Unternehmen

Es gibt viele verschiedene Gründe für die oben angesprochenen Veränderungen. Zunächst sind konjunkturelle Ursachen zu nennen, wie z.B. die lange Rezession nach dem Zerplatzen der Blase, die einen Rückgang der Nachfrage nach Arbeitskräften zur Folge hatte. Ferner wurde oben bereits die veränderte Struktur des Arbeitsangebots durch die Alterung der Bevölkerung und der immer länger werdenden Schul- und Ausbildungsdauer angesprochen. Ein weiterer Aspekt ist die seit den 1980er und 90ern voranschreitende Globalisierung der Wirtschaft und die substantielle bzw. institutionelle Wirtschaftsintegration in Ost- und Südostasien. Neben technologischen Innovationen wie z.B. in der Informationstechnologie, ist zuletzt noch die veränderte Form der Arbeitsnachfrage durch eine immer hochgradigere Industriestruktur zu nennen.

Letztendlich haben all diese Aspekte jedoch erst insofern zu den oben beschriebenen Veränderungen geführt, als dass die Unternehmen im Zuge des lang anhaltenden Konjunkturtals sowie der Verschärfung des Wettbewerbs Maßnahmen ergriffen haben, um diesen Faktoren entgegen zu wirken. Zur Analyse der Veränderungen ist es deshalb notwendig, sich zunächst auf die Reaktionen der Unternehmen zu konzentrieren, die als eine der Hauptgründe für die Veränderung der Arbeitsmarktstruktur und des Beschäftigungssystems zu sehen sind. In diesem Zusammenhang sind besonders die im Folgenden beschriebenen Aktionen der Unternehmen bedeutsam.

Erstens sind da die ausländischen Direktinvestitionen (FDI) sowie die damit einhergehende Produktionsverlagerung zu nennen, die aufgrund des Plaza-Abkommens 1985 stark angestiegen sind und in den 1990er Jahren noch weiter zugenommen haben. Obwohl diese Bewegungen zum Teil den japanischen Export stimuliert und dadurch zusätzliche Arbeitsplätze in Japan geschaffen haben, war das eigentliche Ziel der Mehrheit der Unternehmen, durch Senkung der Lohnkosten die Produktionskosten zu verringern. Im Grunde hat dies eine Substitution der inländischen Beschäftigten bedeutet, wodurch innerhalb des Landes die Nachfrage nach Arbeitskräften und somit auch das Lohnniveau gesunken sind. Die Direktinvestitionen haben ebenfalls impliziert, dass Industriegüter aus den Ländern mit billigen Arbeitskräften wie denen in Ostasien reimportiert worden sind. Dies hat somit einen indirekten „Import" von Arbeitskräften auf den japanischen Arbeitsmarkt, bzw. den „Import" eines niedrigen Lohnniveaus und der Arbeitslosigkeit bedeutet.

Zweitens waren die inländischen Unternehmen, die zur Zeit der Blase ihre Aktivitäten ausgeweitet hatten, im Zuge der deflationären Rezession nach dem Zerplatzen der Blase bemüht, die „Überschussbeschäftigung" einzudämmen und die Lohnkosten zu senken. Zudem wurden Restrukturierungsmaßnahmen mit Priorität auf den kurzfristigen Gewinnen durchgeführt. Neueinstellungen wurden niedrig gehalten, und der Lohnanteil konnte mit Maßnahmen wie etwa der Einsparung von Weiterbildungskosten oder von zusätzlichen Sozialleistungen gesenkt werden. So wurde z.B. der Unternehmensanteil der Rentenversicherungsbeiträge umgangen, indem irregulär Beschäftigte zu einem Zeitumfang eingestellt wurden, der die für die Beitragszahlung notwendigen drei Viertel der Arbeitszeit eines Vollzeitbeschäftigten nicht erreichte. Somit war es möglich, einen großen Teil der Tätigkeiten, die vorher regulär Beschäftigten überlassen waren, auf irregulär Beschäftigte, darunter auch nicht wenige ausländische Arbeitskräfte, zu übertragen. Auch aufgrund der einfacheren Regulierung der irregulären Beschäftigung wurde diese ausgeweitet und die Zahl der regulär Beschäftigten verringert. Junge Arbeitssuchende, insbesondere *Freeter* und die NEET-Bevölkerung, brachten zu wenig Erfahrung und Qualifikation mit, um sofort einsetzbar zu sein, und wurden so immer weniger als regulär Beschäftigte eingestellt. Zuletzt ist unter regulär Beschäftigten die Leistungs- und Ergebnisorientierung eingeführt oder ausgeweitet worden. Solche und ähnliche Maßnahmen sind seit den 1990er Jahren in fast allen Betrieben eingeführt worden und gelten auch heute, in der die Unternehmen sich von der Flaute erholt haben, als Restrukturierungsmaßnahmen im Personalmanagement. Diese Maßnahmen sind letztendlich die Ursachen für die steigende und immer länger werdende Arbeitslosigkeit, die unsicheren Beschäftigungsverhältnisse besonders unter den 15- bis 34-Jährigen, den Trend weg von den regulären Beschäftigungsverhältnissen und das sinkende Gehaltsniveau. Sie sind außerdem genauso die Ursache dafür, dass es für diese Arbeits- und Beschäftigungsbedingungen keine Anzeichen auf Besserung gibt (vgl. bezüglich dieses Absatzes MHLW 2005a).

Es lässt sich also folgendes sagen: Während seit den 1990ern in Japan die Zahl der inländischen Arbeitskräfte abgenommen hat, ist durch den direkten und indirekten „Import" von ausländischen Arbeitskräften der Umfang des Arbeitsmarktes größer geworden. Doch das wahre Ausmaß der veränderten Situation geht über dies weit hinaus: Als Antwort auf die Flaute nach Zerplatzen der Blase, die Verschärfung des globalen Wettbewerbs und die zunehmenden, gegenseitigen wirtschaftlichen Abhängigkeit mit Ost- und Südostasien, haben es die Unternehmen verstanden, in einem hohem Maße und frei nach ihrem Belieben viele traditionelle Komponenten zu substituieren, die ihren Standpunkt gegenüber den Beschäftigten gestärkt haben. Dies betrifft die Substitution von inländischen Arbeitskräften durch Arbeitskräfte im Ausland, die Substitution von regulär durch irregulär Beschäftigte, die Substitution von regulär Beschäftigten untereinander (was somit zu einem höheren Wettbewerb geführt hat) und die Substitution von inländischen Beschäftigten durch ausländische innerhalb Japans. So wird deutlich, dass einer der Hauptgründe für die Veränderungen in Japan darin liegt, dass die faktische Ausbreitung des Arbeitsmarktes in die Region Ost- und Südostasiens die Unternehmen dazu gebracht hat, Substitutionen ausnutzen zu können, die de facto über die Grenzen hinweggehen.

b. Unterstützung der Regierung

Ein weiterer Faktor, der einen großen Teil zu den Veränderungen des Arbeitsmarktes und des Beschäftigungssystems in Japan beigetragen hat, sind die sozial- und wirtschaftspolitischen Maßnahmen der Regierung, welche die kurzfristige Gewinnausrichtung der Unternehmen unterstützt haben. In diesem Zusammenhang wurden vielfältige Maßnahmen ergriffen, von denen hier besonders die Deregulierung bezüglich erstens der Beschäftigungsformen und zweitens der ausländischen Arbeitskräfte untersucht werden soll.

Erstens haben die sozial- und wirtschaftspolitischen Maßnahmen der letzten Jahre bezüglich der veränderten und immer wieder neuartigen Beschäftigungsformen insgesamt eine Tendenz zur Deregulierung. Zunächst ist da zu nennen, dass das Leiharbeitsgesetz von 1985 die Entleihung von Arbeitern in 26 Tätigkeiten und Industriezweigen ermöglichte. Danach wurde dieses Gesetz immer weiter gelockert. In der Überarbeitung von 1999 wurde die Entleihung prinzipiell nicht mehr beschränkt und nur noch in wenigen, ausnahmeähnlichen Bereichen verboten (Webseite des MHLW). Im Rahmen der Tagung im November 2001 des beratenden Ausschusses für Wirtschafts- und Fiskalpolitik, der als Hauptthemen auch die Wiederbelebung der Wirtschaft und die Abwanderung der Unternehmen anspricht, schlug ein ziviler Vertreter aus der einflussreichen Industriebranche (Jirou Ushio, Sonderberater des Unternehmerverbandes „*Japan Association of Corporate Executives*“) vor, den Regulierungsabbau der Leiharbeit sowie der zeitlich befristeten Beschäftigung (sprich der Vertragsarbeit) so schnell wie möglich zu realisieren. Er argumentierte, dass „falls die Entleihung von Arbeitern sowie die zeitlich befristete Beschäftigung frei verfügbar wären, ... die neuen Beschäftigungsformen durch Verträge über kurze Zeiträume und Entleihungsarbeiten dieser Leute verstärkt eingesetzt, und dadurch wiederum die Löhne gesenkt und die Zahl der Arbeiter erhöht werden“ könnten. Dabei sollte die Leiharbeit seiner Meinung nach „bis auf die Herstellung und Fertigung von Produkten ausgeweitet und länger gemacht werden“; zusätzlich war „die Frist für den Vertragsarbeiter zwar nur ein Jahr, sollte aber auf drei bis fünf Jahre verlängert und auf weiterer Gebiete ausgedehnt werden“ (Council on Economic and Fiscal Policy 26. November 2001).

Die Überarbeitung des Leiharbeitsgesetztes aus dem Jahr 2003 hat in weiten Teilen mit diesen Vorschlägen übereingestimmt. Die grundlegenden Änderungen waren, dass

a. in den 26 Bereichen, in denen der Leiharbeitszeitraum auf 3 Jahre beschränkt war, diese Beschränkung aufgelöst wurde,
b. in den restlichen Bereichen der erlaubte Leiharbeitszeitraum von 1 auf 3 Jahre angehoben wurde,
c. die Leiharbeit auf das herstellende Gewerbe sowie ärztliche Tätigkeiten (Krankenschwestern, etc.) ausgeweitet wurde,
d. die Verfügbarkeit des Leiharbeiters zur direkten Übernahme für das Entleihunternehmen weiter erhöht wurde,
e. bei Entleihung mit Option auf anschließende Beschäftigung („Leiharbeit mit Option“) vor der Entleihung nun ein Bewerbungsgespräch oder ein Lebenslauf eingefordert werden konnte.

Abgesehen vom Fall „d“ wurde sogar klar, dass der Regulierungsabbau, wie vom Vertreter des Ausschusses aus der Industriebranche gefordert, stärker als bei vergangenen Malen erfolgte (Webseite des MHLW).

Des Weiteren wurde die Vertragsarbeit 1993 mit dem so genannten Teilzeitarbeitsgesetz (ein Gesetz bezüglich der Verbesserung der Behandlung von Teilzeitbeschäftigten) von Formalitäten, mit der sie angeblich in keinem Zusammenhang stand, wie z.B. Vertragsverlängerung, Pensionszahlungen, Beförderungen, entbunden, wodurch die Unternehmen mühelos ihre Lohnkosten senken konnten. Außerdem wurde 2003 in der Überarbeitung des Arbeitsstandardgesetzes die Obergrenze der Laufzeiten für Vertragsarbeiter erhöht, so dass Teilzeitarbeiter die Vertragsdauer von ein Jahr auf drei Jahre erhöhen konnten. Somit konnten Unternehmen Teilzeitarbeiter mit noch mehr Planungssicherheit beschäftigen (Webseite des MHLW).

Oben angesprochene Punkte haben den Effekt gebracht, dass Unternehmen jetzt erstens ihre Verpflichtung gegenüber der Beschäftigten nicht zu übernehmen hatten, zweitens einer leichteren Regulierung der Beschäftigung gegenüber stehen und drittens die Personalkosten gesenkt werden konnten. Es wurde für die Unternehmen also eine flexible Beschäftigung ermöglicht, die den gesetzlichen Hintergrund für den Anstieg der irregulären Beschäftigung darstellen.

Es ist anzunehmen, dass diese Wirtschaftspolitik auch in Zukunft weitergeführt wird. Der Ausschuss zur Förderung der Regulierungsreform („*Council for the Promotion of Regulatory Reform*") schlägt in seinem ersten Ergebnisbericht vom 23. März 2005 als Antwort auf die Alterung der Bevölkerung, der Globalisierung der Wirtschaft und der damit einhergehenden verkürzten Lebensdauer von Unternehmen zahlreiche Möglichkeiten der Deregulierung vor, die viele Fragen der Beschäftigung und Arbeitsrechte in den Privatsektor verlagern. Darunter finden sich die Auflösung des Bewerbungsgesprächs bei Entleihung außerhalb der „Leiharbeit auf Option", die Befreiung der Beantragungspflicht des Beschäftigungsvertrages, die Ausweitung der Vertrauensarbeitszeit, die Überarbeitung (sprich Abschaffung) der branchenspezifischen Mindestlöhne und die Privatisierung der öffentlichen Ämter zur Stellenvermittlung, was allerdings als Verstoß gegen das Übereinkommen Nummer 88 der internationalen Arbeitsorganisation (ILO) über die Arbeitsmarktverwaltung gilt. Aus den bisherigen Geschehnissen schließend, ist die Durchführung vieler dieser Vorschläge wahrscheinlich. Bereits der Vorgänger dieses Ausschusses, der Ausschuss für die Regulierungsreform („*Council for Regulatory Reform*"), plante eine Deregulierung aufbauend auf drei Säulen, nämlich mit den Zielen,

1.) eine erhöhte Mobilität von Arbeitskräften zu ermöglichen,
2.) vielseitige irreguläre Beschäftigungsformen einzuführen, und
3.) auf das neue Arbeiterprofil zu reagieren.

Da viele der Vorschläge in der Wirtschaftspolitik umgesetzt wurden, ist davon auszugehen, dass auch die Vorschläge des neuen Ausschusses zu Genüge Aufmerksamkeit finden werden. Dazu sei noch angemerkt, dass obiger Bericht des Ausschusses zur Förderung der Regulierungsreform vom März 2005 nicht nur die Ideen des Vorgängers aufgreift und weiterführt, sondern darüber hinaus gehende Gesetzeslockerungen fordert.

Bestätigt wird die Auffassung, dass die Deregulierung in dieser Richtung noch weiter fortgeführt wird, außerdem in der Tatsache, dass ein von der Regierung beschlossenes, wirksames Gesetz fehlt, welches eine Gleichbehandlung der Arbeitskräfte in ihrer Beschäftigung und deren Bedingungen bewirkt. Ein solches Beispiel ist die im November 2000 vom Europarat erlassene „Richtlinie zur Festlegung eines allgemeinen Rahmens für die Verwirklichung der Gleichbehandlung in Beschäftigung und Beruf", sowie die Richtlinie des Europäischen

Parlaments vom September 2002 „...zur Verwirklichung des Grundsatzes der Gleichbehandlung von Männern und Frauen hinsichtlich des Zugangs zur Beschäftigung, zur Berufsbildung und zum beruflichen Aufstieg sowie in Bezug auf die Arbeitsbedingungen". Ein solches Hindernis für die Ausbreitung der irregulären Beschäftigung ist in Japan jedoch nicht existent (Nakano 2003).

Das Gegenteil ist eher der Fall: In der Überarbeitung des Leiharbeitsgesetzes aus dem März 2004 wurde ein „kombinierter Bereich" festgelegt, der aus den 26 Tätigkeiten ohne Obergrenze und den „restlichen" Tätigkeiten mit einer Leihfrist von drei Jahren zusammengesetzt wurde. Falls ein Leiharbeiter im kombinierten Bereich, also in beiden Tätigkeiten beschäftigt, aber nur weniger als 10 Prozent im „restlichen" Bereich tätig ist, gilt die Leihfrist von 3 Jahren für diese „restliche" Tätigkeit nicht. Werden diese 10 Prozent jedoch überschritten, gilt eben jene Obergrenze von 3 Jahren; zusätzlich muss das Entleihunternehmen nach Ablauf dieser 3 Jahre dem Leiharbeiter eine direkte Beschäftigung anbieten (Webseite des MHLW). Obwohl dies prinzipiell dem Beschäftigten entgegenkommt, sieht die Realität anders aus: Auch wenn das ehemalige Entleihunternehmen den Arbeiter nun direkt anstellt, kann dies auf Basis eines einjährigen, ständig zu erneuernden Vertrag geschehen; es kann zudem die Entlohnung des ehemaligen Entleihungsarbeiter unter das Niveau bringen, zu welchem es diesen als Entleihungsarbeiter bezahlt hat. Anhand solcher Maßnahmen wird deutlich, dass Gesetzesüberarbeitungen trotz guter Absichten keine Garantie dafür sind, dass die Verschlechterung der Beschäftigungsbedingungen aufgehalten werden, sondern sie ganz im Gegenteil sogar zu deren Verschärfung führen können (Nikkei Zeitung 24. Oktober 2005).

Das MHLW hat im Oktober 2005 begonnen, ein neues Gesetz für das Jahr 2007 zu entwerfen, welches als Ersatz für das Arbeitsstandardgesetz den Teilzeitarbeitern einen Überstundenzuschlag von 5 bis 10 Prozent des Normallohns garantieren soll. Allerdings vertritt die Industriebranche den gegenteiligen Standpunkt, nämlich dass aufgrund der unterschiedlichen Einsatzformen der Teilzeitarbeitern je nach Branche und Betriebsgröße das Gesetz nicht einheitlich für alle Betriebe gelten sollte, sondern die Details den Verhandlungen in den Betrieben zwischen Arbeitnehmer und Arbeitgeber überlassen werden sollten. So ist es ungewiss, ob das neue Gesetz wie vom Ministerium geplant ausgestaltet wird (Nikkei Zeitung 18. Oktober 2005). Auch wenn das Gesetz wie geplant durchgesetzt wird, ist nicht gesagt, dass es das Lohnniveau für die Teilzeitbeschäftigung, die einen Wochenumfang von bis zu 40 Stunden annehmen kann, anhebt. Wenn man dazu mit einberechnet, dass das Lohnniveau schon jetzt um einiges niedriger als das der regulären Beschäftigung ist und die Überstundenzuschläge Japans auch im internationalen Vergleich sehr gering sind, ist die Wahrscheinlichkeit, dass das Gesetz die Ausbreitung der irregulären Beschäftigung zum Stoppen bringt, relativ niedrig.

Zweitens lässt sich auch für die ausländischen Beschäftigten eine Deregulierung beobachten. Die Grundlage dafür ist ein jeweils für fünf Jahre geltender „Basisplan für die Beschäftigungspolitik", den das Arbeitsministerium aufbauend auf dem Beschäftigungsmaßnahmegesetz („*Employment Measures Law*") erlassen hat. Im ersten (1967) bis zum dritten (1976) Fünfjahresplan wurden keine ausländischen Beschäftigte zugelassen. Seit dem sechsten Plan (1988) jedoch wurden „fachmännisch-technische Beschäftigte" so weit wie möglich zugelassen, „einfache Beschäftigte" jedoch weiterhin verboten. Dies hat dennoch die Tür zur Einführung von ausländischen Arbeitskräften geöffnet, und die Grundlinie wird weiter bis zum neunten Plan (bis 2009) beibehalten.

In der Überarbeitung des Gesetzes durch das Migrationsamt des Justizministeriums 1989 wurde außerdem ein Basisplan zur Ein- und Ausreisekontrolle („*Basic Plan for Immigration Control*") erlassen. Die jetzigen Einwandererströme sind zum großen Teil auf diese Maßnahme zurückzuführen.

Dazu kommen weitere, jüngere Maßnahmen, welche auf eine Deregulierung zur Einführung von ausländischen Arbeitskräften abzielen. Das Außenministerium hat 2004 in einem Bericht der Kommission für internationale Migration vorgeschlagen, die Einführung von „einfachen" ausländischen Beschäftigten zu untersuchen („*Report of the Council on the Movement of People Across Borders*"). Das Ministerium für Wirtschaft, Handel und Industrie (genannt METI, „*Ministry of Economy, Trade and Industry*") spricht die Notwendigkeit von noch aktiverer Aufnahme von hochqualifizierten Arbeitskräften an („*White Paper on International Economy and Trade 2003*"). Zudem sieht es in der Ausweitung von ausländischen Beschäftigten in die bisher nicht erlaubten Bereiche einen Ausweg im Hinblick auf den gegenwärtigen und zukünftigen Mangel an Arbeitskräften. Auch das Justizministerium gibt in seinem dritten Basisplan zu Aus- und Einreisefragen an, dass „Möglichkeiten zur Aufnahme von ausländischen Arbeitern zu Zeiten des Bevölkerungsrückgangs" untersuchungswert seien. Es teilt dieselbe Meinung zum Kurs der Deregulierung wie das METI, und will die Aufnahme von ausländischen Beschäftigten in Bereiche, die gegenwärtig nicht als fachmännisch-technische Bereiche klassifiziert sind, untersuchen (hierzu Yorimitu 2005).

Die Vorschläge stimmen letztendlich mit der Sichtweise der Vertreter der Privatwirtschaft im beratenden Ausschuss für Wirtschaft- und Fiskalpolitik überein. Diese fordern jedoch darüber hinausgehende Maßnahmen, die auch Standpunkte von einflussreichen Wirtschaftsvereinigungen wie dem Wirtschaftsdachverband „Nippon Keidanren" und der japanischen Industrie- und Handelskammer beinhalten. Die Grundzüge der Maßnahmen sind zum einen die vorgezogene Revision des Basisplans für die Beschäftigungspolitik, mit Schwerpunkt auf der Gesetzeslockerung der Einführung von ausländischen Arbeitern, bis zum Fiskaljahr 2007. Zum anderen ist es die Schaffung einer „Kommission zum Zusammenleben mit Ausländern“ mit Vertretern des Parlaments und der Privatwirtschaft, welche Fragen zur wirksamen Verwendung von ausländischem Humankapital untersuchen soll. Hier zeichnet sich ab, dass die Privatwirtschaft im Prinzip plant, ihren Einflussbereich in der Lockerung von Gesetzen, welche die Einführung von ausländischen Beschäftigten beschränken, auszuweiten. Im Gegensatz dazu hat das Arbeitsministerium seinen Blick auf dem möglichen Druck von enormen Zuströmungen. Es ist deshalb weiterhin ablehnend gegenüber der Position, die Einreise von ausländischen Arbeitskräften als Antwort auf die Alterung der Gesellschaft und dem damit einhergehenden Mangel an Arbeitskräften durchzuführen. Allerdings wird diese Position nur von einer Minderheit in der Regierung vertreten, und über kurz oder lang wird diese Gesetzeslockerung, die faktisch durch die Privatwirtschaft vorangetrieben wird, wohl durchgeführt werden (Nippon Keidanren 1. März 2005, Japan Chamber of Commerce and Industry 19. April 2005, MHLW 19. April 2005, Council on Economic and Fiscal Policy 19. April 2005).

Als nächstes soll nun der Stand der Verhandlungen bezüglich der Wirtschaftskooperationsabkommen (EPA) sowie der Freihandelszonen (FTA) angesprochen werden. In den Verhandlungen zum Kooperationsabkommen zwischen Japan und den Philippinen wurden im November 2004 Übereinstimmungen in weiten Teilen der Immigrationsfragen erlangt. Japan akzeptiert die Immigration von philippinischen, angehenden Krankenschwestern und Pflege- und Wohlfahrtsarbeitern, die bestimmte Kriterien erfüllen. Nach Beenden des Japanischstudiums ist für diese während der Vorbereitungszeit auf das japanische Staatsexamen die Beschäftigung erlaubt (im Fall der Krankenschwestern beträgt die Obergrenze drei, für Pflege- und Wohlfahrtsarbeiter vier Jahre). Bei Bestehen der Prüfung bzw. Erhalt der Arbeitsgenehmigung können diese dann als Krankenschwestern und Pflege- und Wohlfahrtsarbeiter weiterbeschäftigt werden. Im Falle der Pflege- und Wohlfahrtsarbeiter ist es ebenfalls möglich, dass diese nach Beendigung des Japanischstudiums ein japanisches Ausbildungsinstitut für Pflege- und Wohlfahrtsarbeiter besuchen, das den Absolventen die Arbeitsgenehmigung erteilt. Bezüglich der genauen Immigrantenzahl werden sich Japan und die Philippinen demnächst zu Gesprächen treffen. Die Regierung der Philippinen wird notwendige Schritte einleiten, um die Formalitäten für die Ein- und Ausreise sowie für die Arbeitsgenehmigung zu vereinfachen, den Japanern mit Wohnsitz in den Philippinen die für die Ausreise notwendigen Bescheinigungen zu verringern und die Mobilität der Menschen zu vereinfachen.

Bei der Verhandlung zum Kooperationsabkommen zwischen Japan und Thailand sind die Gespräche Mitte 2005 nur bis zur Übereinkunft gekommen, dass „die Mobilität von natürlichen Personen eine wirksames Mittel zur Vorantreibung der Kooperation auf wirtschaftlicher Ebene" sei. Ferner wurden auf japanischer Seite Probleme der Arbeitsgenehmigung und auf thailändischer Seite die Liberalisierung und Vereinfachung bezüglich der Einreise von Person, die im Gesundheitsbereich tätig sind, angesprochen.

Was die Gespräche zur japanisch-koreanischen Freihandelszone betrifft, so wurde in der ersten Runde im Dezember 2003 die Mobilität von Personen in die Verhandlungsthemen aufgenommen. In der vierten Runde Juni 2004 hat Korea zwar ein starkes Interesse an einer permanenten Visumsfreiheit angedeutet, doch seit dem faktischen Scheitern der sechsten Runde im November 2004 gibt es keine Prognosen, wann die Verhandlungen zur Freihandelszone wieder aufgenommen werden, und auch die Fragen zur Mobilität hängen ungelöst in der Luft.

Die Verhandlungen zum japanisch-indonesischen Kooperationsabkommen letztendlich sind im Juli 2005 in die erste Runde gegangen; die Mobilität ist zwar in die Verhandlungsthemen aufgenommen worden, doch entscheidet sich alles Nähere erst in den folgenden Gesprächen.

Die Maßnahmen der japanischen Regierung zur Einführung ausländischer Arbeitskräfte gehen also insgesamt eher in die Richtung einer schrittweisen Öffnung. Der Einreisestrom innerhalb des Rahmens der Verhandlungen zu Freihandelszonen und Kooperationsabkommen würde jedoch schließlich auf bestimmte Bereiche beschränkt sein (vgl. hierzu die Webseiten des Außenministeriums und des METI über die EPAs). Das liegt daran, dass die Gesprächspartner den Verhandlungsrahmen akzeptiert haben, den die Japaner mit ihrer bisherigen Einreisepolitik festgelegt haben. Deshalb können unter diesen Umständen die Verhandlungspartner eine systematische Mobilität, die den Verhandlungsrahmen sprengen würde, derzeit nicht fordern.

Doch auch innerhalb dieses Rahmens ist bezüglich der Mobilität der Menschen noch keine Übereinkunft erreicht worden. Im Falle des japanisch-philippinischen Kooperationsabkommen sind dieses Jahr gegensätzliche Positionen bezüglich der Anzahl der philippinischen Arbeitskräfte, die in Japan einreisen dürften, an die Oberfläche getreten. Die Unterzeichnung des Abkommens innerhalb dieses Jahres 2005 gilt als recht unwahrscheinlich. Die konkrete Anzahl der Krankenschwestern und Pflege- und Wohlfahrtsarbeitern, die in Japan einreisen dürfte, wurde in den Gesprächen des November 2004 auf spätere Gespräche verschoben, und Japan möchte diese auf ein paar Hundert beschränken. Die Philippinen fordern jedoch, dass im Abkommen eine weit höhere Zahl festgelegt wird. Die Verhandlungen diesbezüglich werden also noch weitergehen (Nikkei Zeitung 2. Juli 2005). In jedem Fall würde auch nur ein geringes Zugeständnis Japans solch ein Niveau unmittelbar auf die Bedingungen der anderen Verhandlungen, unter anderem mit Thailand und Indonesien, übertragen. Es würde somit im Laufe dieser Verhandlungen zu weiteren Zugeständnissen bezüglich der Zahl der Einreisen führen.

Doch auch in solch einem Fall würde der Umfang der Einreisen, die in den Abkommen festgelegt sind, eine Beschränkung haben. Dass die Einführung von ausländischen Arbeitskräften in hohem Umfang steigt, ist letztendlich jedoch vielmehr der Tendenz zu verdanken, dass die japanischen Unternehmen durch die zunehmende Wirtschaftsintegration in Ost- und Südostasien eine verstärkte Deregulierung fordern. Dies liegt besonders am Interesse der Unternehmen, den veränderten Personalanforderungen in einem internationalen Unternehmen gerecht zu werden.

Es lässt sich also sagen, dass oben beschriebene politische Maßnahmen letztendlich in Richtung eines weiteren Regulierungsabbaus gehen. Die Unternehmen sind so in den oben beschriebenen, vielschichtigen Substitutionen von Arbeitskräften unterstützt worden, die zur Veränderung des Arbeitsmarktes und des Beschäftigungssystems beigetragen haben. Die Maßnahmen reflektieren aber ebenso die Antwort der Regierung auf die veränderten Bedingungen.

c. Rückgang der Gewerkschaftsaktivitäten

Der wichtigste Faktor, der sich der Liberalisierung und Deregulierung des Beschäftigungssystems, wie sie von Unternehmen und Regierung vorangetrieben werden, entgegenstellt, ist die Gewerkschaftsaktivität. Es ist eine nicht ignorierbare Besonderheit des gegenwärtigen japanischen Beschäftigungssystems, dass diese in letzter Zeit deutlich zurückgegangen ist. Erstens ist laut einer Basisstudie über die Gewerkschaften des Arbeitsministeriums (jeweils zum 30. Juni des Jahres) der Organisationsgrad von 35,4 Prozent in 1970 seit 1976 29 Jahre hintereinander gefallen und hat 2004 den historischen Tiefstand von 19,2 Prozent erreicht. Dieser Rückgang ist Mitte der 1980er besonders stark gewesen, als neoliberale Verwaltungsreformen wie die Privatisierung von Staatsunternehmen durch die Außerordentliche Verwaltungsuntersuchungskommission („*Provisional Comission for Administrative Reform*“) durchgeführt wurden. Ein weiterer Zeitraum mit starkem Rückgang ist der zwischen 1996 und 2003, in dem besonders das Jahr 1996 hervorsticht (Abb. 3). Zweitens sind zwischen 1990 und 2003 die Anzahl der Arbeitsstreitigkeiten und deren Teilnehmerzahl stark zurückgegangen. Die Zahl der Gesamtstreitigkeiten in 1990 (die in den Betrieben durchgeführten Streiks plus die Streitigkeiten, die zwar nicht zum Streik führten, deren Schlichtung aber durch eine Drittpartei wie der Arbeitskommission durchgeführt wurde) betrug 2071, an denen ungefähr 2,03 Millionen Personen teilgenommen haben. Nach ständigem Rückgang betrugen diese Zahl 2003 nur noch 872 Streiks bzw.

1,15 Millionen Teilnehmer (MHLW 2005a, 2005d). Drittens haben die Gelegenheiten, bei denen Gewerkschaftsvertreter an verschiedenen Gremien und beratenden Organen der Regierung teilnehmen, stark abgenommen, wie auch an dem Beispiel des beratenden Ausschusses für Wirtschafts- und Fiskalpolitik deutlich wird, bei dem auf Seiten der zivilen Vertreter die Gewerkschaften nicht repräsentiert sind.

Abb.3 Veränderung der Anzahl der Gewerkschaften und deren Mitglieder sowie des geschätzten Organisationsgrades

Jahr	Anzahl der Gewerkschaften	Anzahl der Mitglieder	Veränderungen zum Vorjahr		Geschätzter Organisationsgrad
			Anzahl der Gewerkschaften	Anzahl der Mitglieder	
		Personen	%	%	%
1970	60,954	11,604,770	3.6	3.2	35.4
1975	69,333	12,590,400	2.2	1.0	34.4
1980	72,693	12,369,262	1.3	0.5	30.8
1981	73,694	12,471,270	1.4	0.8	30.8
1982	74,091	12,525,529	0.5	0.4	30.5
1983	74,486	12,519,530	0.5	-0.0	29.7
1984	74,579	12,463,755	0.1	-0.4	29.1
1985	74,499	12,417,527	-0.1	-0.4	28.9
1986	74,183	12,342,853	-0.4	-0.6	28.2
1987	73,138	12,271,909	-1.4	-0.6	27.6
1988	72,792	12,227,223	-0.5	-0.4	26.8
1989	72,605	12,227,073	-0.3	-0.0	25.9
1990	72,202	12,264,509	-0.6	0.3	25.2
1991	71,685	12,396,592	-0.7	1.1	24.5
1992	71,881	12,540,691	0.3	1.2	24.4
1993	71,501	12,663,484	-0.5	1.0	24.2
1994	71,674	12,698,847	0.2	0.3	24.1
1995	70,839	12,613,582	-1.2	-0.7	23.8
1996	70,699	12,451,149	-0.2	-1.3	23.2
1997	70,821	12,284,721	0.2	-1.3	22.6
1998	70,084	12,092,879	-1.0	-1.6	22.4
1999	69,387	11,824,593	-1.0	-2.2	22.2
2000	68,737	11,538,557	-0.9	-2.4	21.5
2001	67,706	11,212,108	-1.5	-2.8	20.7
2002	65,642	10,800,608	-3.0	-3.7	20.2
2003	63,955	10,531,329	-2.6	-2.5	19.6
2004	62,805	10,309,413	-1.8	-2.1	19.2

Quelle: Ministry of Health, Labour and Welfare Database.

Als Gründe für diese Entwicklung lassen sich folgende Faktoren aufbringen: Erstens war der Einfluss der Gewerkschaften bezüglich der Entlohnung und den Arbeitsbedingungen schon immer schwach, da die Organisationsform der Unternehmensgewerkschaften ihre Tätigkeit häufig beschränkte und im Zeitraums des Hochwachstums die Gewerkschaften des rechten Flügels bei den großen Privatunternehmen dominierten. Zweitens sind durch den Kurs der Außerordentlichen Verwaltungsuntersuchungskommission und der Verwaltungsreform selber die Gewerkschaften des öffentlichen Sektors, die bis Anfang der 1980er das Rückgrad der Gewerkschaftsaktivitäten des linken Flügels bildeten, quasi ausgelöscht worden. Drittens wurden durch die Veränderung der Industriestruktur und der Mikroelektronik-Revolution die Arbeitsplätze vieler Gewerkschafter wegrationalisiert, während die irreguläre Beschäftigung und die Beschäftigung in der Dienstleistungsbranche stiegen, die beide durch einen niedrigen Organisationsgrad gekennzeichnet sind. Viertens hatten viele Mitglieder zu hohe Erwartungen an die Gewerkschaften und kehrten ihnen von den Ergebnissen enttäuscht den Rücken zu. Fünftens und letztens ist besonders unter 15- bis 34-Jährigen ein zunehmendes Desinteresse an den Gewerkschaften zu erwähnen (vgl. hierzu auch Inoki *et al.* 1995 sowie Shinkawa 2005). Diese Faktoren erklären auch den Unterschied zu Deutschland, welches zwar ähnlich stark sinkende Mitgliederzahlen und Organisationsgrade hat wie Japan, wo die Gewerkschaften aber weiterhin einen starken Einfluss auf den Arbeitsmarkt und das Beschäftigungssystem haben.

Es lässt sich also folgern, dass der starke Rückgang der Gewerkschaftsaktivitäten die Deregulierung und die Liberalisierung zugelassen, und damit auch die Veränderung des Arbeitsmarktes und des Beschäftigungssystems nicht aufgehalten hat.

Kündigen all die beschriebenen Veränderungen und deren Ursachen nun an, dass sich das Beschäftigungssystem japanischer Art wie behauptet verwandelt oder sogar auflöst? Oder sind es Anzeichen, dass das starre japanische Beschäftigungssystem reformiert und ein neues, flexibleres System aufgebaut werden muss, wie es die herrschende Meinung behauptet? Der nächste Teil wird eben diesen Fragen nachgehen.

4. Bewertung des Standpunktes zur Reformierung des japanischen Systems

a. Der Standpunkt zur Reformierung des japanischen Beschäftigungssystems

Die Argumente der heute dominanten Sichtweise zur Reformierung des japanischen Beschäftigungssystems sind, dass das jetzige bzw. traditionelle System die Wiederbelebung der Wirtschaft verhindert und deshalb nicht weiter existieren sollte; es sollte stattdessen durch ein neues Beschäftigungssystem abgelöst werden. Diese Sichtweise wird im Bericht des Strategischen Wirtschaftsausschusses („*Strategic Economic Council*") klar dargestellt. Er besagt folgendes:

Erstens ist die Ursache für die erhöhte Unsicherheit in der Bevölkerung darin zu finden, dass das japanische Beschäftigungs- und Lohnsystem sowie das umfangreiche System der sozialen Sicherung ihre Nachhaltigkeit als solche verloren haben. Aufgrund dieses sozialen Systems der übermäßigen Gleichheit breitet sich in der gesamten Gesellschaft ein Moral Hazard- Problem aus, dass die Stagnation der Wirtschaft weiter mit sich zieht.

Zweitens ist es für die Wiederbelebung der japanischen Wirtschaft im 21. Jahrhundert somit notwendig, dass dieses soziale System japanischer Art umgeformt wird. Es hat den Schwerpunkt zu stark auf die Ergebnisgleichheit gesetzt. Stattdessen muss die Gleichheit der Teilnahmebedingungen sichergestellt und eine Gesellschaft geschaffen werden, in der unter transparenten und angemessenen Regeln die privaten Wirtschaftsakteure wie Unternehmen und Einzelpersonen in einem gesunden und harten Wettbewerb um die Wertschöpfung stehen.

Drittens ist nicht ein Netz der sozialen Sicherung eines großen Staates anzustreben, in dem die Regierung in der Privatwirtschaft interveniert und die soziale Sicherung sämtliche Lebenslagen umfasst. Es sollte stattdessen das soziale Netz eines kleinen Staates angestrebt werden, welches dem Bürger eine Eigenverantwortung überlässt, aber gleichzeitig den Bedürftigen Unterstützung und dem Bürger einen Minimalstandard gewährleistet. Da bei einem zu hohem Standard nicht nur das Moral Hazard-Problem auftaucht, sondern gleichzeitig ein ineffizienter, großer Staat aufgebaut wird, sollten auch Bereiche wie das Gesundheits- und das Wohlfahrtswesen erst ab einem bestimmten Mindestniveau an sozialer Bedürftigkeit greifen (Strategic Economic Council 1999).

Es lässt sich also festhalten, dass der Bericht des Strategischen Wirtschaftsausschusses die Nachhaltigkeit des japanischen Beschäftigungs- und Lohnsystems sowie des umfangreichen Systems der sozialen Sicherung als nicht mehr existent ansieht. Er setzt voraus, dass die Probleme der beiden Systeme dieselben Ursachen haben.

Diese Sichtweise, die letztendlich den Schwerpunkt auf einem Markt mit mehr Wettbewerb legt, stimmt in weiten Teilen mit der Sichtweise der Wirtschaftsverbände überein. Der Arbeitgeberverband Nikkeiren („*Japan Federation of Employers' Associations*") hat bereits 1995 das „neue Zeitalter des japanischen Management" proklamiert, das auf eine „Diversifizierung und erhöhte Mobilität" der Beschäftigung abzielt. Die „Diversifizierung" der Beschäftigung hat dabei die Klassifizierung von drei Arten der Beschäftigung bedeutet: Die Nutzung von langfristig akkumulierten Fähigkeiten (sprich das traditionelle System der langfristigen Beschäftigung), die Nutzung von hochgradig spezialisierten Fähigkeiten (z.B. in Arbeitsgruppen), und die flexible Beschäftigung (sprich die irreguläre Beschäftigung). Diese „Diversifizierung" der Beschäftigung hat aufgrund der Behandlung und Vergütung nach Leistung und Fähigkeiten ein weiteres Auseinandergehen der Einkommensschere impliziert. Diese Unterscheidung wurde dadurch gerechtfertigt, dass es dem Gleichheitssinn der Menschen entspräche (Nikkeiren 1995). Eine Studie des *Japan Productivity Center for Socio-Economic Development* aus dem Jahr 1996 hat dies dagegen mit den Worten kommentiert, dass „die Anzahl der Menschen gestiegen ist, die in relativ einheitlichen, wenig abweichenden Tätigkeiten eine ungleiche Behandlung verspüren" (Japan Productivity Center for Socio-Economic Development 1996, Ishida 2003 und Ôsawa 2001).

Diese Denkweise ist auch der heutzutage dominierende Standpunkt in der Regierung. Laut des Berichts des Ausschusses für die industrielle Struktur („*Industrial Structure Council*") des METI aus dem Jahr 2000 hat Japan eine „Gesellschaft mit vielfältigen Gestaltungsmöglichkeiten und Lebensweisen" anzustreben; eine Gesellschaft, die die Konzepte der Wettbewerbsfähigkeit und Teilnahme widerspiegelt. Eine solche ökonomische Gesellschaft müsse einen Herausforderer von sich aus zu schätzen wissen und sollte in angemessener Weise einen Unterschied zwischen jemandem, der sich nicht bemüht, und jemandem, der etwas Wertvolles schafft, als gerecht erdulden. Auch im Bericht der Arbeitsgruppe für Wettbewerb („*Competitiveness Working Group Report*") im Rahmen der Veröffentlichung „*Japan's 21st Century-Vision*" des beratenden Ausschusses für Wirtschaft- und Fiskalpolitik wird eine „wettbewerbsfähige und vielseitige Gesellschaft" betont, dessen Inhalte mit der vorherigen Auffassung übereinstimmen. Des Weiteren entspricht diese Sichtweise auch den Standpunkten des Strategischen Wirtschaftsausschusses und der Wirtschaftsverbände, die ein Konzept vertreten, dass „die Leute belohnt, die sich bemühen".

Wie bereits zu Beginn dieser Arbeit beschrieben, gibt es als Ableitung der Theorie der Reformierung des japanischen Systems die Theorie der Wandlung, wenn nicht gar Auflösung des Systems. Sie besagt, dass das japanische Beschäftigungssystem zu Zeiten, wo es noch eine „Bevölkerungspyramide" gab, funktioniert hat. Durch Alterung der Gesellschaft jedoch habe das System an Funktionsfähigkeit verloren. Laut der Theorie haben die darauf folgenden Restrukturierungsmaßnahmen und die Einführung von Ergebnisorientierung das Beschäftigungssystem stark verwandelt, wenn nicht sogar aufgelöst. Anders formuliert besagt die These, dass die Wandlung bzw. Auflösung des Systems ein Ergebnis der Wirtschaftspolitik sowie der Reaktionen der Unternehmen ist, die auf der Auffassung der Situation, wie sie oben beschrieben wurde, basieren. Ein Beispiel, an dem diese Theorie deutlich wird, ist das Weißbuch des Arbeitsministeriums von 1987 („*White Paper on the Labour Economy 1987*"). In diesem wird behauptet, dass übermäßige staatl. Leistungen und Dienste die Wirtschaft hemmen, und dass auf Basis der Selbstversorgung des Individuums eine Entwicklung zur Effizienz und „Angemessenheit" gefördert werden sollte, da die Grenzen des Systems sowie der Finanzen erreicht worden seien. Es wurde eine veränderte Politik bezüglich des japanischen Systems der sozialen Sicherung proklamiert. Darauf wurden in der zweiten Hälfte der 1980er Reformen durchgeführt, die bezüglich des damals bestehenden Beschäftigungssystems und dem System der sozialen Sicherung auf der oben beschriebenen Auffassung fußten (vgl. diesbezüglich Ministry of Health and Welfare 1987, Ôsawa 1993 und 2001). Auch danach wurden, wie bei dem beratenden Ausschuss für Wirtschaft- und Fiskalpolitik gesehen (vgl. hierzu Council on Economic and Fiscal Policy 26. November 2001), sozial- und wirtschaftspolitische Entwürfe und Maßnahmen erstellt bzw. durchgeführt, die auf derselben Auffassung basierten.

Die Theorie der Reformierung des japanischen Beschäftigungssystems als auch dessen abgewandelte Theorie haben letztendlich gemeinsam, dass sie die Notwendigkeit bekräftigen, das System so zu reformieren, dass das Individuum seine Kraft entfalten kann. Im Folgenden sollen nun diese Sichtweisen unter Berücksichtigung der eingetretenen Veränderungen überprüft werden.

b. Die Erhaltung des japanischen Beschäftigungssystems und dessen quantitative Veränderungen

Zunächst muss ausdrücklich bekräftigt werden, dass das japanische Beschäftigungssystem, anders als es die herrschende Meinung immer wieder betont, in keiner Weise ein starres Beschäftigungssystem gewesen ist, das Gleichheit für alle im Übermaß geschaffen hat. Es ist vielmehr ein System, dass ursprünglich durch dessen Flexibilität für die Unternehmen und durch den scharfen Wettbewerb, den es unter den Beschäftigten entfacht, seit Zeiten des lang anhaltenden Hochwachstums zur Belebung der japanischen Wirtschaft beigetragen hat. Genauer heißt dies folgendes:

1. Die Langzeitanstellung, die als einer der Hauptbestandteile des japanischen Beschäftigungssystems gilt, hat nur auf die reguläre Beschäftigung von männlichen Arbeitern in Großbetrieben abgezielt. Um diesen Kern herum wurden zur Anpassung an Bedürfnisse weitere Arbeitskräfte wie externe Arbeiter, Zusatzarbeiter, Saisonarbeiter, weibliche Beschäftigte, etc. eingestellt, die in ihrer Beschäftigung und Verwendung aber von der erstgenannten Gruppe stark abgewichen sind. Die heute zunehmende irreguläre Beschäftigung ist letztlich nichts anderes als eine Erweiterung des Umfangs der zusätzlichen Arbeitskräfte.

2. Was einen weiteren Hauptbestandteil, nämlich das Senioritätsprinzip, angeht, so galten als Maßstab ursprünglich Alter und Länge der Anstellung gleichermaßen wie Leistung, Fähigkeit und Loyalitätsgrad. Danach wurde die Gewichtung der Faktoren Alter und Länge der Anstellung jedoch geändert, so dass seit ungefähr 1965 das „System der Entlohnung nach Tätigkeit" eingeführt wurde. Dieses basierte auf der Bildung von Tätigkeitsklassen (je nach Bewertung der Arbeitsstelle). Erweitert wurde diese Form dann auf das System der Entlohnung nach Tätigkeit „japanischer Art", in das nicht nur die Bewertung der Arbeitsstelle, sondern auch die des Beschäftigten einfloss. Schließlich wurde das Prinzip der Leistungsfähigkeit als grundlegendes System des Personalmanagement eingeführt, das sich bis zur ersten Hälfte der 1990er weit verbreitete. Das bis heute bei den meisten Unternehmen erhaltene „System der Entlohnung nach Qualifikation und Leistungsfähigkeit" berücksichtigt als Grundlagen der Vergütung viele Faktoren wie Alter, Dauer der Anstellung, Qualifikation, Beurteilung, usw. Hierbei wurden Konzepte der Seniorität wie die Entlohnung nach Alter oder die Erhöhung des Grundlohns nach bestimmter Zeit eingebunden. Selbst bei dem Wechsel vom Prinzip der Leistungs*fähigkeit* zum *Leistungs*prinzip seit der zweiten Hälfte der 1990er wurden die Bewertungen von Ergebnis und Fähigkeit verknüpft. Der Hauptgrund dieser Umstellung war zwar die Senkung der Lohnkosten, da diese aufgrund der alternden Beschäftigten immer weiter stiegen. Doch hatten selbst diese kurzfristigen Kalküle typisch japanische Gesichtszüge, wie z.B., dass die feste und sichere Anstellung Voraussetzung für die Einführung des Leistungsprinzip war. Selbst das Personalbewertungssystem, welches ursprünglich aus den USA kam, wurde bis auf Beschäftigte ausgeweitet, die Mitglied in einer Gewerkschaft waren, so dass auch dieses Konzept „japanisiert" wurde. Von der Einstellung bis zum Eintritt in den Ruhestand wurde so unter den Arbeitern ein Wettbewerb gestaltet, der aufgrund dieser Bewertungen solche Beschäftigte, die ihrer Arbeit nicht nachgingen, benachteiligte. Es lässt sich also zusammenfassen, dass diese japanische Flexibilität der Verwendung von Arbeitskräften trotz veränderter Methodik bis heute aufrechterhalten worden ist. So lässt sich nicht leugnen, dass durch all diese Bewertungsmaße selbst die männlichen, regulär Beschäftigten in einem scharfen Wettbewerb untereinander gestanden haben.
3. Die Langzeitbeschäftigung und das Senioritätsprinzip hatten seit jeher die unabdingbare Voraussetzung, dass die Beschäftigten in Form einer Pyramide nach Alter sowie Dauer der Anstellung organisiert waren. Um dieses Gebilde erbauen bzw. aufrecht erhalten zu können, standen die beiden Konzepte in enger Verbindung mit vorübergehenden, aber auch dauerhaften Anpassungen der Beschäftigung wie z.B. der Entsendung oder Versetzung von regulär Be-

schäftigten an Tochterunternehmen, dem Frühpensionierungssystem oder sogar Entlassungen. Dies bedeutete, dass eine Langzeitbeschäftigung nur einem begrenzten Kreis vergönnt war, selbst wenn dies männliche, regulär Beschäftigte in Großunternehmen waren.

Es ist also keinesfalls so, dass das japanische Management seit Zeiten des Hochwachstums ein starres Beschäftigungssystem erhalten hat, das keinen Wettbewerb erzeugt, unter „Gleichmacherei" gelitten und das seinen Mitarbeiter ein gemütliches Leben erlaubt hat. Das japanische Beschäftigungssystem ist vielmehr ein flexibles System, das einen scharfen Wettbewerb unter den Beschäftigten erzeugt und viele, zum Teil drastische Möglichkeiten der Kostensenkungen verbunden hat.

Wie vorher beschrieben wurde, haben sich der Arbeitsmarkt in Japan sowie dessen Beschäftigungssystem im Zuge der lang anhaltenden Konjunkturkrise in den 1990er Jahren zweifelsohne einigen Veränderungen unterzogen. Doch als wie groß diese Veränderungen auch gesehen werden, sind diese Veränderungen nur quantitativer Art und in ihrem Umfang neu; sie beinhalten jedoch keine Veränderungen der besonderen qualitativen Eigenschaften des japanischen Beschäftigungssystems, nämlich dessen flexible Struktur. Diese besonderen Eigenschaften wurden auch durch jene quantitativen, oberflächlichen Veränderungen nicht grundlegend beeinflusst. Bisher durchgeführte Studien bezüglich des japanischen Beschäftigungssystems haben diesen Punkt schon wiederholt hervorgehoben (Ujihara 1966, Ôkôchi *et al.* 1970, Kumazawa 1977, Iwata 1977, Endô 1999, Ôsawa 2001 und Matushige *et al.* 2005). Die Sichtweise wie die des Strategischen Wirtschaftsausschusses ignorieren solche Studien und stellen lediglich eine Form der politischen Diskussion dar. Dieses Problem trifft deswegen genauso auf die Vorschläge der Sozial- und Wirtschaftspolitik sowie die konkreten Maßnahmen selber zu, da diese ja auf der herrschenden Meinung aufbauen.

c. Die Problematik des japanischen Beschäftigungssystems

Dass sich das Grundwesen des japanischen Beschäftigungssystems nicht geändert hat, bedeutet aber auch, dass seine bisherigen Probleme erhalten worden sind und dass diese sich aufgrund der Veränderungen sogar vergrößert haben.

1. Der Wettbewerb unter den regulär Beschäftigten durch das japanische Beschäftigungssystem hat sich verschärft. Die Personalführung nach dem Ergebnis- und Leistungsprinzip steht nicht nur im Zusammenhang mit einer mangelnden Objektivität und Gleichheit beim „*Personaltreatment*" von Arbeitskräften. Gleichzeitig hat es auch zu einem niedrigen Niveau des Verständnisses und *Ein*verständnisses der Beschäftigten sowie deren Stimme ge-

führt (vgl. dazu Endô 1999; man bedenke nur die niedrige Transparenz bei Personalevaluationen, bzw. „personnel appraisals"). Dieser Trend scheint sich aufgrund der fortschreitenden Globalisierung und der Integration in Ost- und Südostasien sowie der damit einhergehenden Verschärfung des Wettbewerbs sogar ohne Aussicht auf grundlegende Verbesserungen weiter fortzusetzen.

2. Was die Kehrseite der Medaille des japanischen Beschäftigungssystems, nämlich die irreguläre Beschäftigung, betrifft, breitet sich diese weiter aus, und die Zahl der irregulär Beschäftigten steigt deutlich an. Ferner nimmt gleichzeitig der Gehaltsunterschied zwischen regulär Beschäftigten und Teilzeitarbeitern weiter zu. Was die Zeit- und Leiharbeiter angeht, so hat das derzeitige System der Leiharbeit die Besonderheit, dass die Entleihunternehmen von der Verantwortung entbunden sind und die Entleihung den Charakter eines Warenhandels hat. Dies bringt ungenügende Verantwortung auf Seiten des Entleihunternehmens und unangemessene Arbeitgeber-Arbeitnehmer-Verhältnisse für den Leiharbeiter mit sich. Obwohl diese Gruppe also jetzt schon unter unsicheren und niedrigen Verhältnissen leidet, wird sie vom Rückgang des Lohnniveaus im Allgemeinen und dem der Leiharbeiter im Speziellen weiter beeinflusst. Auch die oben angesprochene Lockerung des Leiharbeitszeitraum wird nicht etwa zu einer sichereren Beschäftigung der Leiharbeiter, sondern vielmehr zu einer Verkürzung der Zeiträume des Entleihvertrags führen, da sowohl das Entleihunternehmen als auch das Zeitarbeitsunternehmen (sprich das *Ver*leihunternehmen) mit Blick auf die Risikominderung die Verträge ständig ablaufen und erneuern lassen werden (vgl. Nakano 2005).

Ein weiteres Ergebnis dieses Zustandes ist, dass sich die vielen Schichten des Arbeitsmarktes weiter voneinander abgrenzen. Das liegt daran, dass der Standpunkt der „Chancengleichheit" und dessen Erweiterung, der Standpunkt der „gerechten Unterschiede", die vom Strategischen Wirtschaftsausschuss, den Wirtschaftsverbänden und von Regierungsvertreter betont werden, der Ausbreitung der irregulären Beschäftigung zustimmen. Doch anstatt dass Bemühungen und Leistungen aufgrund der Chancengleichheit belohnt und so zu besagten Unterschieden führen würden, werden eher die etablierten und immer weiter steigenden Unterschiede selbst eine „Ungleichheit der Ausgangssituation" mit sich bringen, was weiter zu einem Verlust der Chancengleichheit führen wird.

3. Des Weiteren ist es sehr wahrscheinlich, dass sich der Trend zur irregulären Beschäftigung negativ auf die Zahl der Hochzeiten und Geburten auswirkt, und sich somit das Problem der Alterung der Bevölkerung und der niedrigen Fertilitätsrate weiter verschärft. Laut des Weißbuchs für nationale Lebensverhältnisse *(„White Paper on the National Lifestyle")* aus dem Jahr 2005 betrug in den 1970ern und 80ern der Anteil der Haushalte, die eine Ersparnis von

null hatten, an den Gesamthaushalten noch 5 bis 7 Prozent. 2004 ist dieser Anteil jedoch schon auf über 20 Prozent gestiegen, und unter den Haushalten der 20- bis 30-Jährigen hat dieser Anteil fast 40 Prozent betragen. Dass dies zum Trend hin zur, wenn überhaupt, späten Heirat und der damit einhergehenden niedrigen Fertilitätsrate, also zur niedrigen Zahl der Hochzeiten und Geburten beiträgt, wird aus diesen Zahlen heraus deutlich. Ein Beweis dafür ist laut derselben Publikation, dass bei Haushalten mit einem jährlichen Einkommen von weniger als 4 Millionen Yen (ca. 29 Tausend Euro) der Anteil der kinderlosen Haushalte mehr als 20 Prozent beträgt und damit deutlich höher ist als bei anderen Einkommensklassen (vgl. Cabinet Office, Government of Japan 2005b). Es gibt keinen Zweifel, dass ein Grund für diese veränderte Situation der steigende Einkommensunterschied zwischen regulär und irregulär Beschäftigten ist, der eine Ausweitung der letzteren mit sich führt. Dies wiederum wird eine langfristige Krise der Wissensübermittlung mit sich bringen, sprich einen Zustand, in dem der Mechanismus einer „erhöhten Reproduktion der Wettbewerbsfähigkeit" der japanischen Wirtschaft nicht ausreichend funktioniert. Derselbe Zustand hängt im Übrigen auch mit dem bevorstehenden „Jahr 2007 Problem" zusammen, in welchem ein großer Teil der Baby-Boom Generation in Pension geht. Da nicht genügend Wert auf eine langfristige Personalplanung gelegt worden ist, wird es schwierig, das Wissen und die Fähigkeiten der Baby-Boomer an die jüngere Generation weiterzugeben. Ferner wird der Weg zu einer sozialen Gerechtigkeit, dessen Achse die Einkommensverteilung durch das Beschäftigungssystem und dem System der sozialen Sicherung ist, immer ungewisser. Gleichzeitig könnten so auch Probleme der sozialen Sicherheit auftreten (Ôsawa 2001).

5. Ausblick

Die fortschreitende Globalisierung und Integration in Ost- und Südostasien sowie die Alterung der Bevölkerung stellen die japanischen Unternehmen auf die Probe des erhöhten Wettbewerbs und der gleichzeitigen Sicherung der Arbeitskräfte. Als Antwort darauf haben diese, wie in dieser Arbeit beschrieben, vielfältige Maßnahmen ergriffen, um diese Probe zu überstehen. Dabei schlagen ihre Maßnahmen den Weg der Erhaltung des japanischen Beschäftigungssystems ein, was alte Schwachstellen aufrechterhält, teils aber auch vergrößert hat. Somit ist es möglich, dass die Unternehmen auf kurze Frist die Unternehmenskrise überwinden könnten. Auf mittel- und langfristige Sicht kann es jedoch passieren, dass die Erhaltung der mit vielen Problemen verbundenen, japanischen Beschäftigung eine Krise des sozioökonomischen Systems Japans hervorruft oder sogar verschärft.

Ökonomisch gesehen ist zunächst die Wettbewerbsfähigkeit anzusprechen, welche bis heute der japanischen Wirtschaft ihre Stärke verliehen hat. Diese hat ihre Wurzeln in Faktoren wie der harten und qualitativ hochwertigen Arbeitsleistung und der durch betriebliches Lernen erlangten, hohen Funktionalität der Beschäftigten. Es besteht jedoch die Gefahr, dass durch die zunehmende Schichtenbildung unter den Beschäftigten die Wettbewerbsfähigkeit und deren „erhöhte Wiederherstellung" durch die folgenden Generationen nicht weitergeführt werden kann. Dies stellt mittel- und langfristig auch für die Unternehmen ein schwerwiegendes Problem dar.

Soziologisch gesehen sind diejenigen anzusprechen, die als Resultat der heute herrschenden Sichtweise der „gerechten Unterschiede" die Verlierer sind. Diese Verlierer profitieren heute zwar noch von den vielen Maßnahmen wie dem Fähigkeitserwerb durch betriebliches Lernen oder der sozialen Sicherung, die ihnen einen Wiedereintritt in den Wettbewerb („Comeback eines Verlierers") erlauben. Es besteht jedoch die Gefahr, dass die soziale Sicherung bezüglich der Redistribution des Einkommens für die Schwächeren künftig ungenügend sein wird. Dies gilt schon allein für die junge Bevölkerungsschicht ohne sichere Beschäftigung wie den *„Freeter"* oder der „NEET"-Bevölkerung, für die ein „Comeback" ohnehin schon schwer ist. Erst recht gilt das jedoch für die Älteren, für die ein Wiedereintritt in den Wettbewerb so gut wie unmöglich ist. Obwohl Mitte 2005 aufgrund der erhöhten Gewinne der Unternehmen eine Verbesserung der Beschäftigungslage ersichtlich gewesen ist, bleibt der Trend zum erhöhten Arbeiterumschlag, sprich der Verringerung der regulär Beschäftigten und der Erhöhung der irregulär Beschäftigten, erhalten. Die Flexibilisierung hin zur Senkung der Löhne und Arbeitskräfte führt außerdem zu einem Ungleichgewicht der Einkommensverteilung. Dennoch ist fast keine nennenswerte sozial- und wirtschaftspolitische Aktivität zu ersehen, die dieses Ungleichgewicht z.B. durch Redistribution des Einkommens zum Positiven bewegt. Aus diesen Umständen heraus lassen nicht nur makroökonomische Effekte wie eine Erhaltung oder gar Erhöhung der privaten Konsumnachfrage lange auf sich warten. Es ist zudem genauso wenig eine Richtung zur Wiederherstellung der sozialen Sicherheit zu erkennen. Besonders die Jugend hat nur noch wenig Hoffnung für ihre Zukunft. Da außerdem die Wahrscheinlichkeit steigt, dass die Mittelklasse zurückgelassen wird, sind Ausbrüche sozialer Unruhen letztendlich nicht mehr auszuschließen.

Wenn diese Probleme des japanischen Beschäftigungssystems jedoch abgeschwächt werden und dessen positive Seite gestärkt wird, lässt sich der Ausblick für die Zukunft sogar zum Guten wenden. Denn die positive Seite des japanischen Beschäftigungssystems ist vielfältig: Die auf lange Sicht geplante, sichere

Beschäftigung bezüglich der Verwendung und Zuteilung von Arbeitskräften, das Heranziehen von Humankapital durch den kontinuierlichen Fähigkeitserwerb und deren Bewertung sowie schließlich die hochwertigen Ergebnisse durch die Verständigung unter Mitarbeitern und durch reibungslose Teamarbeit, die auf langfristigen menschlichen Beziehungen aufbauen. Diese Faktoren tragen zur Erhaltung und Erhöhung der wirtschaftlichen Wettbewerbsfähigkeit bei und funktionieren gleichzeitig als Basis für die Sicherung des Gesellschaftssystems. Was das Leistungs- und Ergebnisprinzip angeht, welches den Wettbewerb unter den Arbeitskräften stimuliert, könnte hier das Verständnis der Beschäftigten erlangt werden, indem das System zum Beispiel durch höhere Transparenz und Gerechtigkeit bei der Personalbewertung verbessert würde. Dadurch könnte auch der Wettbewerb und die Moral der Beschäftigten verbessert werden. Des Weiteren ist es notwendig, den Einkommensunterschied zwischen regulär und irregulär Beschäftigten auszulöschen, indem einheitliche Prinzipien für Lohn und Beschäftigung etabliert werden, die nicht zwischen Nationalität, Geschlecht oder Alter differenzieren. So würde wie in der EU der grenzenlosen Ausbreitung der irregulären Beschäftigung ein Ende gesetzt. Gleichzeitig würde ein bedeutender, negativer Faktor des gegenwärtigen japanischen Beschäftigungssystems beseitigt, der die Ungleichheit stets weiter erhöht hat; denn schließlich führt eine Deregulierung nach dem Prinzip der Chancengleichheit bei Vorhandensein dieser Einkommensunterschiede zwischen regulär und irregulär Beschäftigten in Wirklichkeit zu einer Ungleichheit der Chancen. Somit würde diese Beseitigung zu einem sichereren Arbeitgeber-Arbeitnehmer-Verhältnis beitragen.

Wird das japanische Beschäftigungssystem aus dieser Sichtweise betrachtet, dann wird es, je nach den durchgeführten Verbesserungen, nicht etwa ein System sein, das nur auf Effizienz abzielt und sozioökonomisch unflexibel ist, wie es in der Zukunftsprognose der herrschenden Meinung zu Tage kommt. Es wird vielmehr als grundlegendes Gerüst funktionieren, welches der derzeitigen Wirtschaft und Gesellschaft Japans in Zeiten der schwindenden Bevölkerung angemessen ist und welches die Qualität und Quantität einer ausgeglichenen, erwerbsfähigen Bevölkerung als Voraussetzung hat, damit ein neues sozioökonomisches System entstehen kann (vgl. hierzu Watanabe 2006, der aus Sicht der Gründung der „allumfassenden Bevölkerungspolitik“ den „Wandel des sozioökonomischen System als relativ bevölkerungsarmes Land von Quantität zu Qualität“ erläutert).

Um ein solches wirtschaftlich funktionierendes, aber allen voran gesellschaftlich akzeptables Beschäftigungssystem japanischer Art aufbauen zu können, muss aber zunächst die jetzige Methodik, nämlich die Beschlussfassung unter Führung der Privatwirtschaft und der Arbeitgeber, wie sie die herrschende Meinung als Voraussetzung ansieht, geändert werden. Stattdessen ist es unabdingbar, dass unter Einverständnis von Arbeitgeber und Arbeitnehmer ein angemessenes

Gerüst geschaffen wird. Zuletzt ist es notwendig, dass die politischen Maßnahmen der Regierung, die bislang eher einseitig die Unternehmensseite unterstützt haben, auch zugunsten der Rahmenbedingungen der Arbeitnehmer hin verbessert werden.

6. Nachtrag

Im Folgenden soll anhand aktueller Daten die Entwicklung skizziert und kommentiert werden, die sich seit dem Vortrag abgezeichnet hat.

a. Arbeitsmarkt, Beschäftigungsform und Lohnentwicklung

Laut des Statistikamtes des MIC (30. Januar 2007) betrug die erwerbsfähige Bevölkerung im Jahr 2006 66,57 Millionen, was einen leichten Anstieg von 70 Tausend bzw. 0,1 Prozent gegenüber dem Vorjahreswert von 66,5 Millionen bedeutet. Dies ist in erster Linie auf einen Anstieg der weiblichen Erwerbsfähigen sowie der erwerbsfähigen Bevölkerung über 65 zurückzuführen (die in Japan ja zur erwerbsfähigen Bevölkerung dazugezählt wird). Derselben Quelle zufolge stagnierte der Anteil der Erwerbsfähigen zum dritten Mal in Folge und betrug 60,4 Prozent. Die Zahl der 20- bis 24-jährigen Erwerbsfähigen dagegen, die 1996 noch 7,34 Millionen betragen hat, ist seit dem Rückgang auf 6,29 Millionen in 2000 weiter auf 5,18 Millionen in 2006 gefallen, und auch der Anteil der Erwerbsfähigen unter dieser Bevölkerung ist in den jeweiligen Jahren von 74,3 Prozent auf 72,8 und weiter auf 69,5 Prozent gefallen. Laut der Prognose des *Labor Policy Advisory Council* des MHLW wird die erwerbsfähige Bevölkerung im Jahr 2015 gegenüber 2004 um 6 Prozent auf 55,97 Millionen, und innerhalb von 25 Jahren um insgesamt 10,5 Millionen schrumpfen, falls der Arbeitsmarkt so bleibt wie bisher (Nikkei Zeitung 2. Februar 2006).

Was die japanische Gesamtbevölkerung betrifft, betrug diese im Oktober 2005 laut des Statistikamtes des MIC (30. Juni 2006) genau 127.767.994, was im Vergleich zur Vorgängerstudie aus dem Jahr 2000 eine Zunahme von 842.151 Personen bedeutet, wobei dies der niedrigste Bevölkerungsanstieg seit Kriegsende ist. Es wird ferner festgestellt, dass 2005 die Gesamtbevölkerung im Vergleich zu 2004 um ca. 22 Tausend zurück gegangen ist. Für 2006 wird ebenfalls ein Rückgang von 18 Tausend erwartet. Es lässt sich also sicher sagen, dass die japanische Bevölkerung schrumpft. Die Zahl der Bevölkerung über 64 (die Seniorenbevölkerung) dagegen betrug 2005 26,82 Millionen und hat mit einem Anteil von 21 Prozent an der Gesamtbevölkerung einen neuen Höchstwert erreicht. Im

Vergleich zu 2000 bedeutet dies einen Anstieg um 4,81 Millionen bzw. 21,9 Prozent sowie einen Anstieg des Seniorenanteils an der Bevölkerung um 3,7 Prozentpunkte. Die Bevölkerung unter 16 betrug 2005 nur 17,40 Millionen und hat mit einem Bevölkerungsanteil von 13,6 Prozent einen neuen Tiefstand seit Aufzeichnungsbeginn erreicht. Im Vergleich zu 2000 kommt dies einem Rückgang von 1,07 Millionen bzw. 5,8 Prozent gleich, und auch der Bevölkerungsanteil dieser Gruppe ist um 1 Prozentpunkt gefallen. Laut Schätzungen des *National Institutes of Population and Social Security Research* ist der Anteil der unverheirateten Bevölkerung, der als Hauptursache für den Geburtenrückgang gilt, im Jahr 2005 weiter gestiegen und auch die Fertilitätsrate ist im Vergleich zu 2002 von 1,39 auf 1,26 dramatisch zurückgegangen. Der Trend zur Alterung mit gleichzeitigem Geburtenschwund geht also nach wie vor weiter.

Bezüglich der ausländischen Arbeitskräfte betrug dessen Zahl inklusive derjenigen mit illegalem Aufenthalt Schätzungen des MHLW zufolge 790 Tausend im Jahr 2003, was einer Verdreifachung der 260 Tausend aus dem Jahr 1990 bedeutet. Diese Zahl erfasst allerdings keine Arbeiter und Auszubildende, die illegal eingewandert sind, weswegen die wahre Zahl noch höher sein sollte. Es gibt jedenfalls keinen Zweifel daran, dass die Anzahl der ausländischen Beschäftigten in Japan jährlich steigt.

Was die Arbeitslosigkeit betrifft, hat laut Statistikamt des MIC (30. Januar 2007) deren Gesamtzahl im Dezember 2006 2,44 Millionen betragen; dies ist im Vergleich zum Vorjahreswert um 210 Tausend niedriger und entspricht einer Verringerung gegenüber dem Vormonat zum 13. Mal in Folge. Allerdings betrug die saisonbereinigte Arbeitslosenquote 4,1 Prozent, was einen Anstieg von 0,1 Prozent gegenüber dem Vormonat bedeutet. Die Arbeitslosigkeit war somit im Vergleich zum Höchststand von April 2003 von 3,85 Millionen um 1,41 Millionen niedriger, jedoch weiterhin deutlich über dem Niveau von 1997 (2,3 Millionen und 3,4% Arbeitslosenquote). Unter den Jugendlichen ist bei den 15- bis 24-jährigen der Jahreswert der Arbeitslosenquote für 2005 bei 8% und der Monatswert für Dezember bei 6,1 Prozent, sowie bei den 25- bis 34-jährigen der Jahreswert für 205 bei 5,2 und der Monatswert Dezember bei 5 Prozent, was in beiden Fällen einen Rückgang gegenüber dem Höchststand von 2003 (10,1 Prozent bzw. 6,3 Prozent) bedeutet. Im Vergleich zum Gesamtzeitraum allerdings verharren die Werte bei einem hohen Niveau. Die Zahl der *Freeter* ist zwar laut des MHLW (2006) im Vergleich zu 2,17 Millionen im Jahr 2003 und 2,14 Millionen in 2004 ein weiteres Mal auf 2,01 Millionen im Jahr 2005 gefallen, aber unter den 25- bis 34-jährigen ist der Rückgang sehr gering gewesen (jeweils 990, 980 und 970 Tausend) und weiterhin hoch geblieben. Die Regierung versucht laut derselben Quelle zudem seit Mai 2004 jährlich 200 Tausend *Freeter* in ein reguläres Beschäftigungsverhältnis zu bringen. Doch laut einer Umfrage der Keidanren vom Oktober 2006 unter ihren Mitgliedern äußerten sich 90 Prozent der Unternehmen selbst bei einem verstärkten Gefühl von Personalnot nur zurückhaltend auf die Frage, ob sie *Freeter* demnächst als regulär Beschäftigte übernehmen würden. Auf die Frage, ob sie diese sogar freiwillig regulär anstellen würden, konnte nur ein Sechstel Prozent positiv antworten (Nikkei Zeitung 26. Oktober 2006). Eine Auflösung dieser Umstände erscheint also äußerst schwierig. Eine Verbesserung der Arbeitslosigkeit zu einem Niveau wie noch vor dem Zerplatzen der Blase ist nach wie vor sehr weit entfernt.

Bei der Beschäftigungsform zeichnet sich folgendes Bild ab: Laut des Statistikamtes des MIC (1. Dezember 2006) befanden sich zwischen Juli und September 2006 durchschnittlich 34,08 Millionen in einer regulären und 17,07 Millionen in einem irregulären Beschäftigungsverhältnis, was den Anteil der irregulären Beschäftigung gegenüber dem vorangegangen Quartal um 0,5 Prozentpunkte auf 33,4 Prozent ansteigen ließ. Im Vergleich zum ersten Quartal 2005 sind die regulär Beschäftigten um 750 Tausend und die irregulär Beschäftigten um 1,16 Millionen gestiegen. Unter den 15- bis 24-jährigen belief sich im selben Herbstquartal 2006 die Zahl bzw. der Anteil der irregulär Beschäftigten auf 2,59 Millionen bzw. 46,3 Prozent (falls man Schüler und Studenten herausnimmt 1,5 Millionen bzw. 33,6 Prozent) und war somit höher als der Durchschnitt. Gegenüber dem vorherigen Quartal ist dieser Wert sogar u 0,3 Prozentpunkte (ohne Schüler und Studenten um 0,4 Prozentpunkte) gestiegen. Hieran wird deutlich, dass ein Großteil des Rückgangs der Arbeitslosigkeit sowie des Anstiegs der regulären Beschäftigung unter einer Zunahme der irregulären Beschäftigung realisiert wurde und sich besonders unter den Jugendlichen die irreguläre Beschäftigung immer weiter ausbreitet. Auf die genaue Zusammensetzung der irregulär Beschäftigten wird hier aus Platzgründen nicht näher eingegangen.

Nun soll auf die Lohnentwicklung eingegangen werden. Laut des MHLW (31. Januar 2007) beträgt der monatliche Bruttolohn im Durchschnitt 335.522 Yen (ca. 2400 Euro) und hat mit einem Anstieg von 0,2 Prozent zum zweiten Mal in Folge seinen Vorjahreswert übertroffen. Der reale Bruttolohn allerdings, der zwischen 2001 und 2004 gegenüber dem Vorjahr durchwegs gefallen war, ist nach der ersten Zunahme um 1 Prozent im Jahr 2005 für 2006 wieder um 0,6 Prozent gesunken. Diese Information beinhaltet zwar keine Angaben zu den Lohnentwicklungen bei den verschiedenen Beschäftigungsformen, doch falls man sich den Posten für 2005 näher betrachtet, wird deutlich, dass sich die Lohnunterschiede vergrößert haben: Während die Löhne für regulär Beschäftigte um 0,7 Prozent gegenüber dem Vorjahr stiegen, war der Anstieg bei Teilzeitbeschäftigten nur bei 0,5 Prozent (MHLW 2006).

Die Entwicklung der Lohnquote kann wie folgt zusammengefasst werden. Laut der Unternehmensstatistiken des MOF („*Financial Statement Statistics of*

Corporations") und der Zahlen der Regierung („*Annual Report of National Accounts, Cabinet Office, Goverment of Japan*") ist sie von 63 Prozent im letzten Quartal 2005 auf 63,2 Prozent zum ersten Quartal 2006 leicht angestiegen, doch sieht es nicht danach aus, dass sie den sinkenden Trend, dem sie seit dem Rückgang vom Niveau um 70 Prozent aus den Jahren 1998-99 und 2002 unterliegt, aufhalten kann. Hierzu kommentiert das MHLW (2006), dass „die Entwicklung der Lohnquote möglicherweise nicht genügend die Personalsausgaben von Unternehmen zu Zeiten einer wiedererstarkten Konjunktur widerspiegeln". Auf Stimmen, dass trotz der zunehmenden Unternehmensgewinne „das Individuum die Früchte der Verteilung noch nicht gesehen hat", wird die Regierung mit den Worten zitiert, dass „der Grund darin liegt, dass die Unternehmen zunehmend global agieren, und die Lohnkosten im Wettbewerb mit China und anderen Ländern unter Druck stehen" (Nikkei Zeitung 9. Januar 2007). Außerdem „besteht die Möglichkeit, dass aufgrund der Zunahme von irregulärer Beschäftigung und der Massenpensionierung der Babyboom-Generation die Lohnquote weiter sinken wird".

b. Reaktion der Unternehmen, Unterstützung der Regierung, Gewerkschaftsaktivität

Zunächst soll auf die Unternehmen eingegangen werden. Die Keidanren hat Ende 2006 den Bericht des *Committee on Management and Labor Policy* veröffentlicht, das die Position der Arbeitgeber für die Frühjahresverhandlungen 2007 darlegt. Dieses attackiert die derzeitige Krisenstimmung aufgrund des verschärften Wettbewerbs und macht klar, dass sich die Ergebnisse der guten Unternehmensaktivität „grundsätzlich in Bonus- und Einmalzahlungen widerspiegeln". Es weist die Forderungen der Gewerkschaften von Lohnerhöhungen zurück und bemerkt zur Kritik bzgl. der sinkenden Lohnquote, dass eine kurzfristige Angleichung der Lohnquote zu Zeiten eines Konjunkturumschwungs eine erhöhte Kostenstruktur mit sich bringen würde und „letztendlich die Sicherheit von Löhnen und Beschäftigung gefährdet wird" (Nikkei Zeitung 20. Dezember 2006). Diese Situation entspricht auch der Tatsache, dass die guten Unternehmensleistungen sich nicht auf die Einkommen der Arbeitnehmer auswirken. Diesbezüglich lässt sich folgendes hervorheben: Die gute Unternehmensleistung sowie der Aufschwung der letzten Jahre stehen vor dem Hintergrund, dass hauptsächlich die Exporte und die Auslandsproduktion gestiegen sind, dass die Unternehmen zur Stärkung ihrer Wettbewerbsfähigkeit im In- und Ausland die Anlageinvestitionen erhöht haben und dass schließlich umfangreiche Unternehmsübernahmen sowie auch unternemenseigene Aktienkäufe als Übernahmeschutz durchgeführt wurden. Das Wirtschaftswachstum setzt zwar einen Impuls für eine Ausweitung der Beschäftigung und ein höheres Lohnniveau, zur Sicherung der Wettbewerbsfähigkeit der Exporte werden jedoch die Investitionen über die Beschäftigung präferiert. Auch bzgl. der Löhne bieten China und die Länder der NIEs billige Alternativen aufgrund der Substituierbarkeit der Industrien an, was das Lohnniveau in Japan herunterdrückt. Ein großer Teil der Wertschöpfung im Ausland wird außerdem vor Ort in Anlagen und Beschäftigung re-investiert, was zusätzlichen Druck auf die japanischen Löhne ausübt. Die erhöhten Investitionen im Inland sowie auch die Fusionen und vermehrten Aktienkäufe dagegen lassen zuletzt die Kapitalquote in Japan steigen, so dass eine Zunahme der Lohnquote verhindert wird.

Nun zur Wirtschaftspolitik der Regierung. Zwischen 2006 und Anfang 2007 wurde eine Reformierung des Beschäftigungssystems auf mehreren Säulen geplant. Die erste darunter ist die Verbesserung der Behandlung von Arbeitnehmern. Hier gilt die Überarbeitung des Teilzeitarbeitsgesetzes, das den Unternehmen eine Verantwortung zur gleichgewichtigen Behandlung von regulären Angestellten und Teilzeitarbeitern aufgibt. Dazu soll als Maßnahme gegen das Problem der irregulären Beschäftigung die Rentenversicherung auf Teilzeitarbeiter ausgeweitet werden (der Vorschlag zur Rentenreform ist eines der Herzstücke der Regierung Abes in der „Unterstützung von Rückkehrern"). Auch die Anhebung der Zuschüsse für Überstunden unabhängig von der Beschäftigungsform (Reform des Arbeitsstandardgesetzes) sowie eine Erhöhung des Mindestlohnes, der bisher für eine angemessene Sicherung der Lebensverhältnisse unzureichend war, stehen auf dem Plan. Die zweite Säule beinhaltet die Einführung von flexiblen Beschäftigungsregeln, die auf eine höhere Mobilität auf dem Arbeitsmarkt abzielen. Hierzu gehört die rechtliche Wirksamkeit der Arbeitsordnung wie bei einem Arbeitsvertrag, ein System zur Lösung von Entlassungsproblemen durch Abfindungen (beide entsprechen Kernelementen des neuen Arbeitsvertragsgesetzes), eine Regelung zur Umgehung der Arbeitszeitbeschränkung für bestimmte Bereiche („*Japanese White Collar Exemption*" als Teil der Reform des Arbeitsstandardgesetzes) sowie letztlich eine weitläufige Reform des Leiharbeitsgesetzes, das die Verlängerung von Entleihzeiten und die Auflösung des Verbots eines Bewerbungsgespräches vor einer Übernahme beinhaltet. Die dritte Säule schließlich sind die Maßnahmen gegen die Kinderlosigkeit und Überalterung der Gesellschaft. Um die Maßnahmen unter Leitung des Premierministers möglichst umfangreich zu gestalten, ist ab Februar 2007 eine Konferenz über „Strategien zur Unterstützung von Kindern und Familien in Japan" geplant, die aus den Angestellten der entsprechenden Ministerien zusammengesetzt wird.

Allerdings gibt es bzgl. der Ausweitung der Rentenversicherung im Rahmen der ersten Säule bereits Einwände von Seiten der Industrien, die die erhöhten

Beiträge tragen müssen, sowie auch innerhalb der Regierungspartei aufgrund der anstehenden Oberhauswahlen. Bezüglich der höheren Überstundenzuschläge gibt es innerhalb der Regierungspartei Abstimmungsschwierigkeiten zwischen dem Standpunkt, dass Maßnahmen, die jungen, parteiunabhängigen Arbeitnehmer zugute kommen, durchgeführt werden sollen, und der Gegenposition, dass der Schwerpunkt lieber auf die Unternehmer der kleineren und mittleren Betriebe gelegt werden sollte, da diese bisher die Partei unterstützt haben. Was schließlich eine Änderung des Mindestlohnes angeht, gibt es Stimmen, die einen Kostenanstieg für die Unternehmen befürchten. So ist es ungewiss, ob die Vorhaben überhaupt umgesetzt werden, und selbst in solch einem Falle erscheint die Umsetzung in der ursprünglich geplanten Form als äußerst schwierig.

Was die zweite Säule angeht, ist zwar die Unternehmensseite des *Labour Policy Advisory Council* an einer schnellen Einführung bestrebt. Dem stellt jedoch die Arbeitnehmerseite entgegen, dass die Unternehmen auf diese Weise an der Bezahlung der Überstunden sparen wollen und diese Maßnahme die Anzahl von „*Karoushi*" (Todesfällen durch Überarbeitung) in die Höhe treiben würde, so dass die Regelung erst einmal eingestellt wurde. Auch bei dem System zur monetären Lösung von Entlassungen wurden innerhalb des *Labour Policy Advisory Council* die gegenseitigen Positionen deutlich, wodurch auch diese Maßnahme zu den Akten gelegt wurde. Bzgl. der Aufweichung des Arbeitsstandardgesetztes befürchtet die Arbeitnehmerseite ferner zum einen, dass aufgrund von Alter, Aussehen oder Geschlecht bestimmten Gruppen die Leiharbeit verwehrt bleibt, und zum anderen, dass die Unternehmen die Beschäftigung von Leiharbeitern auf Kosten der regulär Beschäftigten ausweiten. Ob diese Regelung letztlich durchgeführt wird, muss noch abgewartet werden. Nur das Arbeitsvertragsgesetz, das im Mittelpunkt die Regelung von Arbeitsverhältnissen innerhalb des Arbeitsvertrags vorsieht, hat eine hohe Wahrscheinlichkeit, umgesetzt zu werden, da es innerhalb der Regierungspartei keine Unstimmigkeiten gibt. Die Wirkungen der Maßnahmen gegen Kinderlosigkeit und Veralterung –also die dritten Säule- sind nach wie vor unklar, da die bisherigen Initiativen allesamt keine nennenswerten Ergebnisse vorbringen konnten.

Zuletzt noch einige Worte zur Arbeitnehmerseite. Laut der Datenbanken des MHLW ist der Organisationsgrad von 19,2 Prozent auf 2004 auf 19,7 Prozent in 2005 gestiegen. Dies ist jedoch auf den Konjunkturumschwung zurückzuführen und lässt nicht darauf schließen, dass der langfristige Trend eines sinkenden Organisationsgrades gestoppt ist. Außerdem betrug die Anzahl der Arbeitsstreitigkeiten im selben Jahr 708 und die Anzahl der Teilnehmer 646.291, was somit einem scharfen Rückgang gegenüber dem Jahr 2003 (872 Streitigkeiten und 1.115.300 Teilnehmer) entspricht (MHLW 2005d). Auch wenn dies zum Teil eine Verbesserung der Beschäftigung aufgrund der guten Konjunktur widerspiegelt, zeigt es doch vielmehr den langfristigen Rückgang der Gewerkschaftsaktivität. Angesichts dieser Situation kritisiert ein ziviler Vertreter des Ausschusses für Wirtschaft- und Fiskalpolitik, dass „die Gewerkschaften, die nur 20 Prozent aller Beschäftigten ausmachen, als ‚Repräsentanten der Arbeiter' im Rahmen z.B. von Ausschüssen für Arbeit die Stärkung und Erhaltung der Arbeitsregulierung fordern". Er verkündet weiter, dass die Zeiten, in der eine Arbeitsmarktreform nur im Rahmen von Ausschüssen für Arbeit zwischen Arbeitgeber und -nehmer verhandelt werden, vorbei sind und demnächst auch im Ausschuss für Wirtschaft- und Fiskalpolitik solche Fragen geprüft werden. Dies vertritt den Standpunkt, dass aufgrund des schwindenden Einflusses der Gewerkschaften die Konflikte zwischen Arbeitgeber und -nehmer nicht durch das Abwiegen ihrer jeweiligen Vor- und Nachteile, sondern von Technokraten von oben herab gelöst und somit der Rahmen für Arbeitsbeziehungen insgesamt reformiert werden sollte (Nikkei Zeitung 29. Oktober 2006, 29. Dezember 2006).

c. Zusammenfassung

Bei Betrachtung der Aktivität von Unternehmen und Regierung wird deutlich, dass im Bezug auf das gegenwärtige Beschäftigungssystem und den Arbeitsmarkt nicht etwa die Beschäftigungssicherung oder die Lohnerhöhungen, sondern vielmehr die weitere Flexibilisierung des Arbeitsmarktes vorangetrieben wird. Auch bei den Arbeitsbeziehungen ist wahrscheinlich, dass die Technokraten aus dem Regierungsumfeld zur Umsetzung ihrer Ziele die Führung übernehmen, was letztlich den politischen Empfehlungen des Autors im Rahmen der japanisch-deutschen Wirtschaftstagung widerspricht.

Abb. 1-a

Jahr/ Zeit-raum	Bevölkerung über 15 Jahren		erwerbs-fähige Bevölkerung		Anteil der Erw.	Erwerbs-tätige		Beschäf-tigte		Arbeits-lose M + F	
	M + F	VÄ	M + F	VÄ	M + F	AI	VÄ	AI	VÄ	AL	ALQ
	in 10 T	%	in 10 T	%	%	in 10 T	%	in 10 T	%	in 10 T	%
1960	6,520	1.5	4.51	1.8	69.2	4,436	2.3	2,370	5.3	75	1.7
1961	6.603	1.3	4.56	1.1	69.1	4,498	1.4	2,478	4.6	66	1.4
1962	6.755	2.3	4.61	1.1	68.3	4,556	1.3	2,593	4.6	59	1.3
1963	6.938	2.7	4.65	0.8	67.1	4,595	0.9	2,672	3.0	59	1.3
1964	7.122	2.7	4.71	1.2	66.1	4,655	1.3	2,763	3.4	54	1.1
1965	7.287	2.3	4.79	1.6	65.7	4,730	1.6	2,876	4.1	57	1.2
1966	7.432	2.0	4.89	2.2	65.8	4,827	2.1	2,994	4.1	65	1.3

1967	7.557	1.7	4.98	1.9	65.9	4,920	1.9	3,071	2.6	63	1.3
1968	7.678	1.6	5.06	1.6	65.9	5,002	1.7	3,148	2.5	59	1.2
1969	7.782	1.4	5.10	0.7	65.5	5,040	0.8	3,199	1.6	57	1.1
1970	7.885	1.3	5.15	1.1	65.4	5,094	1.1	3,306	3.3	59	1.1
1971	7.979	1.2	5.19	0.6	65.0	5,121	0.5	3,412	3.2	64	1.2
1972	8.070	1.1	5.20	0.3	64.4	5,126	0.1	3,465	1.6	73	1.4
1973	8.238	1.3	5.33	1.7	64.7	5,259	1.9	3,615	3.6	68	1.3
1974	8.341	1.3	5.31	-0.3	63.7	5,237	-0.4	3,637	0.6	73	1.4
1975	8.443	1.2	5.32	0.2	63.0	5,223	-0.3	3,646	0.2	100	1.9
1976	8.540	1.1	5.38	1.0	63.0	5,271	0.9	3,712	1.8	108	2.0
1977	8.631	1.1	5.45	1.4	63.2	5,342	1.3	3,769	1.5	110	2.0
1978	8.726	1.1	5.53	1.5	63.4	5,408	1.2	3,799	0.8	124	2.2
1979	8.824	1.1	5.60	1.2	63.4	5,479	1.3	3,876	2.0	117	2.1
1980	8.932	1.2	5.65	1.0	63.3	5,536	1.0	3,971	2.5	114	2.0
1981	9.017	1.0	5.71	1.0	63.3	5,581	0.8	4,037	1.7	126	2.2
1982	9.116	1.1	5.77	1.2	63.3	5,638	1.0	4,098	1.5	136	2.4
1983	9.232	1.3	5.89	2.0	63.8	5,733	1.7	4,208	2.7	156	2.6
1984	9.347	1.2	5.93	0.6	63.4	5,766	0.6	4,265	1.4	161	2.7
1985	9.465	1.3	5.96	0.6	63.0	5,807	0.7	4,313	1.1	156	2.6
1986	9.587	1.3	6.02	1.0	62.8	5,853	0.8	4,379	1.5	167	2.8
1987	9.720	1.4	6.08	1.1	62.6	5,911	1.0	4,428	1.1	173	2.8
1988	9.849	1.3	6.17	1.3	62.6	6,011	1.7	4,538	2.5	155	2.5
1989	9.974	1.3	6.27	1.7	62.9	6,128	1.9	4,679	3.1	142	2.3
1990	10.089	1.2	6.38	1.8	63.3	6,249	2.0	4,835	3.3	134	2.1
1991	10.199	1.1	6.51	1.9	63.8	6,369	1.9	5,002	3.5	136	2.1
1992	10.283	0.8	6.58	1.1	64.0	6,436	1.1	5,119	2.3	142	2.2
1993	10.370	0.8	6.62	0.6	63.8	6,450	0.2	5,202	1.6	166	2.5
1994	10.444	0.7	6.65	0.5	63.6	6,453	0.0	5,236	0.7	192	2.9
1995	10.510	0.6	6.67	0.3	63.4	6,457	0.1	5,263	0.5	210	3.2
1996	10.571	0.6	6.71	0.7	63.5	6,486	0.4	5,322	1.1	225	3.4
1997	10.661	0.9	6.79	1.1	63.7	6,557	1.1	5,391	1.3	230	3.4
1998	10.728	0.6	6.79	0.1	63.3	6,514	-0.7	5,368	-0.4	279	4.1
1999	10.783	0.5	6.78	-0.2	62.9	6,462	-0.8	5,331	-0.7	317	4.7
2000	10.836	0.5	6.77	-0.2	62.4	6,446	-0.2	5,356	0.5	320	4.7
2001	10.886	0.5	6.75	-0.2	62.0	6,412	-0.5	5,369	0.2	340	5.0
2002	10.927	0.4	6.69	-0.9	61.2	6,330	-1.3	5,331	-0.7	359	5.4
2003	10.962	0.3	6.67	-0.3	60.8	6,316	-0.2	5,335	0.1	350	5.3
2004	10.990	0.3	6.64	-0.4	60.4	6,329	0.2	5,355	-0.4	313	4.7
2003											
1.Q	10.942	0.0	6.67	0.1	60.2	6,312	0.0	5,330	0.3	360	5.4

2. Q	10.960	0.2	6.69	0.3	61.4	6,330	0.3	5,341	0.2	359	5.4
3. Q	10.970	0.1	6.67	-0.3	61.1	6,325	-0.1	5,336	-0.1	345	5.1
4. Q	10.976	0.1	6.64	-0.4	60.6	6,302	-0.4	5,336	0.0	336	5.0
2004											
1.Q	10.983	0.1	6.65	0.2	59.8	6,328	0.4	5,351	0.3	326	4.9
2. Q	10.991	0.1	6.65	0.0	60.9	6,344	0.3	5,378	0.5	309	4.6
3. Q	10.988	0.0	6.69	0.6	60.9	6,379	0.6	5,372	-0.1	314	4.8
4. Q	10.998	0.1	6.62	-1.1	60.2	6,326	-0.8	5,363	-0.2	290	4.6
2005											
1.Q	11.003	0.0	6.554	-1.0	59.6	6,248	-1.2	5,302	-1.1	305	4.6

Abkürzungen: Q: Quartal, Erw.: Erwerbstätige, T: Tausend, AL: Zahl der Arbeitslosen, M + F: Männer + Frauen, ALQ: Arbeitslosenquote, AI: Alle Industrien, VÄ: Veränderung gegenüber dem Vorjahr bzw. Vorzeitraum.
Quelle: Statistics Bureau of Japan (Hrsg.), übernommen aus: Ministry of Health, Labour and Welfare, „White Paper on the Labour Economy 2005“.

Abb. 1-b

Jahr/ Zeitraum	Beschäftigungsindex		Beschäftigungsveränderung		Offene Stellen ÷ Arbeitssuchende		Anzahl der gen. Empf. Arb.vers.		Anzahl der tats. Empf. Arb.vers.	
	AI	VÄ	ANE	AAG	NE	Ges.		VÄ		
		%					in T	%	In T	%
1960	-	-	2.9	2.3	-	-	81	3.7	365	2.9
1961	-	-	3.3	2.7	-	-	92	14.0	381	2.7
1962	-	-	2.9	2.6	-	-	122	32.4	470	3.0
1963	-	-	2.8	2.6	0.99	0.70	143	17.3	589	3.5
1964	-	-	3.2	2.9	1.12	0.80	146	1.7	625	3.5
1965	-	-	2.7	2.6	0.88	0.64	148	1.8	592	3.2
1966	-	-	2.5	2.4	1.04	0.74	146	-1.8	583	3.0
1967	-	-	2.9	2.6	1.32	1.00	141	-3.1	556	2.8
1968	-	-	2.8	2.5	1.36	1.12	137	-2.8	531	2.6
1969	-	-	2.6	2.4	1.54	1.30	135	-1.8	512	2.4
1970	77.3	-	2.7	2.5	1.61	1.41	144	6.8	491	2.3
1971	79.0	2.2	2.4	2.3	1.29	1.12	168	17.0	547	2.5
1972	79.7	0.8	2.1	2.1	1.51	1.16	169	0.6	585	2.6
1973	80.2	0.6	2.3	2.1	2.14	1.76	168	-0.6	527	2.3
1974	80.3	0.2	2.0	2.0	1.40	1.20	188	11.6	567	2.4
1975	79.0	-1.6	1.7	1.8	0.97	0.61	188	0.2	870	3.2
1976	79.0	0.0	1.6	1.7	1.02	0.64	130	-31.0	754	2.7

1977	80.1	1.3	1.6	1.6	0.85	0.56	129	-1.1	632	2.6
1978	80.4	0.5	1.5	1.6	0.91	0.56	129	0.7	709	2.9
1979	81.4	1.3	1.6	1.6	1.11	0.71	121	-6.7	658	2.7
1980	82.8	1.5	1.6	1.6	1.07	0.75	125	3.5	648	2.6
1981	84.3	1.8	1.6	1.6	0.96	0.68	139	11.6	731	2.8
1982	85.3	1.1	1.6	1.6	0.87	0.61	153	9.7	811	3.1
1983	85.4	0.2	1.6	1.6	0.89	0.60	156	2.2	865	3.2
1984	86.0	0.7	1.6	1.6	0.96	0.65	156	-0.4	850	3.1
1985	86.9	1.0	1.6	1.6	0.97	0.68	148	-5.0	639	2.3
1986	87.5	0.8	1.59	1.62	0.91	0.62	153	3.8	660	2.4
1987	88.1	0.5	1.53	1.58	1.08	0.70	147	-4.1	672	2.4
1988	89.5	1.7	1.74	1.63	1.53	1.01	130	-11.8	565	2.0
1989	91.8	2.6	1.76	1.68	1.85	1.25	121	-6.5	516	1.7
1990	94.8	3.1	1.89	1.68	2.07	1.40	118	-3.0	484	1.6
1991	97.8	3.2	1.88	1.71	2.05	1.40	121	2.7	486	1.5
1992	99.9	2.2	1.76	1.66	1.61	1.08	138	14.3	544	1.7
1993	101.0	1.1	1.73	1.73	1.20	0.76	161	16.2	667	2.0
1994	101.1	0.0	1.68	1.73	1.08	0.64	170	5.7	773	2.3
1995	100.6	-0.6	1.60	1.72	1.06	0.63	183	7.7	825	2.4
1996	100.2	-0.4	1.62	1.67	1.19	0.70	180	-1.4	842	2.5
1997	100.8	0.6	1.70	1.75	1.20	0.72	194	7.3	874	2.6
1998	101.3	0.5	1.62	1.71	0.92	0.53	224	15.7	1,021	3.0
1999	100.8	-0.5	1.76	1.88	0.87	0.48	222	-0.9	1,073	3.2
2000	100.0	-0.8	1.76	1.88	1.05	0.59	216	-2.8	1,038	3.1
2001	99.0	-1.0	1.78	1.94	1.01	0.59	233	7.9	1,092	3.1
2002	97.7	-1.3	1.90	2.04	0.93	0.54	240	3.0	1,095	3.1
2003	96.4	-1.3	1.87	1.98	1.07	0.64	209	-12.7	889	2.5
2004	96.7	0.3	1.91	1.92	1.29	0.83	193	-7.9	708	2.0
2003 1.Q	96.7	-0.4	1.85	2.06	1.00	0.59	208	-15.1	909	2.6
2. Q	96.4	-0.3	19.0	1.98	1.03	0.61	275	-11.4	907	2.6
3. Q	96.4	0.0	1.95	2.03	1.08	0.65	188	-11.6	933	2.7
4. Q	96.2	-0.2	1.99	1.94	1.20	0.73	166	-12.9	805	2.3
2004 1.Q	96.3	0.1	1.81	1.74	1.18	0.76	190	-8.7	713	2.1
2. Q	96.7	0.4	1.94	2.01	1.28	0.80	250	-9.0	705	2.0
3. Q	96.8	0.1	1.87	1.89	1.30	0.85	174	-7.5	756	2.1
4. Q	96.8	0.0	1.90	1.96	1.42	0.90	156	-5.9	658	1.9
2005 1.Q	99.4	0.2	1.84	1.89	1.41	0.91	174	-8.8	609	1.7

Abkürzungen: Q: Quartal, Erw.: Erwerbstätige, NE: Neueinstellungen, T: Tausend, AL: Zahl der Arbeitslosen, ANE: Anteil der Neueinstellungen, AAG: Anteil der Abgänge, AI:

Alle Industrien, gen. Empf. Arb. vers.: genehmigte Empfänger von Arbeitsversicherungen, VÄ: Veränderung gegenüber dem Vorjahr bzw. Vorzeitraum, tats. Empf. Arb. vers.: tatsächliche Empfänger von Arbeitsversicherungen.

Quelle: Statistics Bureau of Japan (Hrsg.), übernommen aus: Ministry of Health, Labour and Welfare, „White Paper on the Labour Economy 2005".

Literatur

Abe, Masahiro (2005): „*Nihonkeizai no Kankyo Henka to Rodo Shijo*" (Die Veränderung desUmfelds und der Arbeitsmarkt der japanischen Wirtschaft), Toyo Keizai Shinposha, 2005

Cabinet Office, Government of Japan (2005a): „*Annual Report on Japanese Economy and Public Finance / Economic Survey of Japan 2005", 2005*

Cabinet Office, Government of Japan (2005b): „*White Paper on the National Lifestyle 2005*"

Council on Economic and Fiscal Policy (CEFP) (2001): „*Minutes of the Twenty-ninth Meeting of the CEFP", 26. November 2001*

CEFP (2005): „*Minutes of the Eighth Meeting of the CEFP", 19.April 2005*

CEFP (2005.4a), Special Board of Inquiry: „*The Report of the special board of inquiry for examining 'Japan's 21st Century Vision'", 2005*

CEFP (2005.4b), Economic and Fiscal Prospects Working Group: „*Keizai Zaisen Tenbo Wakingu Gurupu Hokokusho" (Economic and Fiscal Prospects Working Group Report)*

CEFP (2005.4c), Competitiveness Working Group: „*Competing over the Long Run: Fostering Cultural Creativity, Transfer of Skills, and Individual Abilities", 2005*

Economic Strategy Council of Japan (1999): „*Strategies for Reviving the Japanese Economy", 26. Februar 1999*

Endou, Kimitsugu (1999): „*Nihon no Jinji Satei*" (Schätzung der Personalverwaltung Japans), Minerva Shobo, 1999

Imakubo, Sachio (1996): „*Nihonteki Koyo Kanko no Minaoshi ni tuite*" (Zur Revision des japanischen Beschäftigungssystems), in: „*Heisei 8 Nen Osaka Rodo Hakusho*" (White Paper on Osaka Labour, 1996

Inoki, Takenori und Yoshio Higuchi (Hrsg.) (1995): „*Nihon no Koyo Shisutemu to Rodo Shijo*" (Das Beschäftigungssystem und der Arbeitsmarkt Japans), Nihon Keizai Shinbunsha,1995

Ishida, Mitsuo (2003): „*Shigoto no Shakai Kagaku*" (Sozialwissenschaft der Arbeit), Minerva Shobo,2003

Iwata, Ryushi (1977): „*Nihonteki Keiei no Hensei Genri*“ (Die Grundsätze des japanischen Managements), Bunshindo,1977

Japan Chamber of Commerce and Industry (2005): „*Dai 3 Ji Shutunyukoku Kanri Shihon Keikaku ni okeru Omo na Kadai to Kongo no Hoshin' ni Taisuru Iken*“ (Meinungen bezüglich der ‚Zukünftigen Richtung und grundlegenden Fragen zum dritten Basisplan zur Ein- und Ausreisekontrolle'), 01. März 2005

Kumazawa, Makoto (1997): „*Noryoku Shugi to Kigyo Shakai*“ (Das Leistungsfähigkeitsprinzip und die Gesellschaft der Unternehmen), Iwanami Shoten. 1997

Matushige, Hisakazu, Osamu Umezaki und Tetsuo Nakashima (Hrsg.) (2005): „*Jinji no Keizai Bunseki*“ (Wirtschaftliche Analyse der Personalführung), Minerva Shobo, 2005

Ministry of Economy, Trade and Industry, Industrial Structure Council (METI) (2000): „*Challenges and Prospects for Economic and Industrial Policy in the 21st Century – Building a Competitive, Participatory Society*“, *2000*

METI (2005): „*White Paper on International Economy and Trade 2005*“ ,*2005*

Ministry of Education, Culture, Sports, Science and Technology (2005): „*Japan's Education at a Glance 2005*“ , *2005*

Ministry of Health and Welfare (Hrsg.) (1987): „*Annual Report on Health and Welfare 1987*“, 1987

Ministry of Health, Labour and Welfare (MHLW) (Hrsg.) (2004): „*White Paper on the Labour Economy 2004*“ , *2004*

MHLW (Hrsg.) (2005a): „*White Paper on the Labour Economy 2005*“, *2005*

MHLW (Hrsg.) (2005b): „*Annual Report on Health and Welfare 2005*“, *2005*

MHLW (Hrsg.) (2005c): „*Basic Survey on Wage Structure*“, *2005*

MHLW (Hrsg.) (2005d): „*Survey on Labour Dispute Statistics*“ , *2005*

MHLW (2005e): „*Abridged Life Tables For Japan 2005*“, *2005*

MHLW (2005): „*Gaikokujin Roudousha Ukeire Mondai*“ (Problematik der Aufnahme von Gastarbeitern), 19. April 2005

MHLW (2006): „*White Paper on the Labour Economy 2006*“, *2006*

MHLW (2007): „*Provisional Report of Monthly Labour Survey – December 2006*“, 31. Januar 2007

Ministry of Internal Affairs and Communications (MIC) (2006): „*Population Estimates, Monthly report –provisional estimates*“, 30. Juni 2006

MIC (2007): „*Labour Force Study, Detailed Tabulation, July – September 2006*“, 01. Dezember 2007

MIC (2007): „*Labour Force Study, Monthly Resullts December 2006*“, 30.Januar 2007

Nakano, Asami (2003): *„Rodosha Hakenho no Kakudai to Rodoho"*, Shakai Seisaku Gakkai (ed.), *„Koyo Kankei no Henbo"*, Shakai Seisaku Gakkai Shi Dai 9 Go, („Die Ausweitung des Leiharbeitsgesetzes und das Arbeitsrecht", in: Society for the Study of Social Policy (Hrsg.), „Die Veränderung der Beschäftigungsverhältnisse", Journal of Social Policy and Labor Studies, Nr. 9). 2003

Nippon Keieisha Dantai Renmei (Nikkeiren, Japan Federation of Economic Organizations) (1995): *„Shinjidai no ‚Nihonteki Keiei"* (Das neue Zeitalter de japanischen Management)", 1995

Nippon Keizai Dantai Rengokai (Nippon Keidanren, Japan Federation of Employers' Associations) (2005): *„Dai 3 Ji Shutunyukoku Kanri Shihon Keikaku ni okeru omo na Kadai to Kongo no Hoshin' ni Taisuru Iken narabini Yobo"* (Meinungen und Wunsche bezüglich der ‚Zukünftigen Richtung und grundlegenden Fragen zum dritten Basisplan zur Ein- und Ausreisekontrolle'), Nippon Keizai Shinbun (Nikkei Zeitung), 1. März 2005

OECD (Hrsg.) (2004): *„Aging and Employment Policies", 2004*

Okouchi, Kazuo, Wakao Fujita und Shojiro Ujihara (1970): „Rodo Kumiai no Kozo to Kino" (Struktur und Funktion der Gewerkschaften), Tokyo Universität Verlag, 1970

Osawa, Mari (1993): „Kigyo Chushin Shakai wo Koete -Gendai Nihon wo ‚Jenda' de Yomu" (Über eine Gesellschaft der Unternehmen hinaus – Interpretation des heutigen Japans über ‚Gender'), Jiji Tushinsha, 1993

Osawa, M. (2001): „Fukushi Kokka to Byodo", Shakai Seisaku Gakkai (ed.): „Fukushi Kokka no Shatei", Shakai Seisaku Gakkai Shi(SSGS) Dai 6 Go, („Wohlfahrtsstaat und Gleichheit", in: Society for the Study of Social Policy (Hrsg.): „Die Reichweite des Wohlfahrtsstaats", Journal of Social Policy and Labor Studies (JSPLS), Nr. 6), 2001

Seisansei Kenkyujo (Japan Productivity Center for Socio-Economic Development) (1996): „Waga Kuni Nenbosei no Genkyo to Tenbo 96 Nen Chosa" (Lage und Ausblick der japanischen Altersstruktur, Untersuchung im Jahr 1996)", Stiftung Shakai Keizai Seisansei Honbu, 1996

Shakai Seisaku Gakkai (SSG, Society for the Study of Social Policy) (Hrsg.) (2002): „Gulobalizeshon to Shakai Seisaku" (Globalisierung und Sozialpolitik), SSGS Dai 8 Go (JSPLS, Nr. 8), 2002

SSG (Hrsg.)(2003): „Gendai Nihon no Shitugyo" (Arbeitslosigkeit im heutigen Japan), SSGS Dai 10 Go, (JSPLS, Nr. 10), 2003

SSG (Hrsg.) (2003): „Wakamono –Chokika suru Ikoki to Shakai Seisaku" (Länger werdende Übergangszeiten und soziale Maßnahmen bei den Jugendlichen), SSGS Dai 13 Go (JSPLS, Nr. 13), 2003

Shinkawa, Toshimitsu (2005): „Nihongata Fukushi Rejimu no Hatten to Henyo“ (Die Entstehung und Veränderung des Wohlfahrtsregimes japanischer Art), Minerva Shobo, 2005

Statistikamt, Ministry for Internal Affairs and Communication (MIC) (2006): 30. Juni 2006

Ujihara, Shojiro (1966): „Nihon Rodo Mondai Kenkyu“ (Untersuchung zu den Problemen der Arbeit in Japan), Tokyo Universität Verlag, 1966

Watanabe, Hisahi (2006): „Nihon no Kiki Jokyo to Kiki Ishiki“ (Der Zustand und das Bewusstsein der Krise in Japan), in: Watanabe, H., Sachio Imakubo, Herbert Hax und Wolfgang Klenner (Hrsg.), Koritu to Togo -Nichidoku Sengo Shi no Bunkiten (Isolation and Integration -Watershed of the Japanese and German Post War History), Kyoto Universität Verlag, 2006

Yorimitu, Masatestu (2005): „Nihon no Imin Seisaku wo Kangaeru –Jinko Gensho Shakai no Kadai“ (Über Japans Immigrationspolitik -Das Problem der schwindenden Bevölkerung), Meiseki Shoten, 2005

Die Osterweiterung der EU: Auswirkungen der Globalisierung und Europäischen Integration auf den deutschen Arbeitsmarkt

Artur Woll[1]

1. Einleitung

In den letzten fünfzehn Jahren hat es in Deutschland drei Entwicklungen gegeben, die den Arbeitsmarkt grundlegend verändert haben:

1. Durch die Wiedervereinigung von West- und Ostdeutschland im Jahr 1990 entstand ein Wirtschaftsraum mit etwa 40 Millionen Erwerbstätigen. Obwohl in den neuen Bundesländern die Löhne erheblich niedriger waren – und zum Teil noch sind –, ist die Arbeitslosigkeit dort doppelt so hoch wie in Westdeutschland.
2. In den neunziger Jahren hat die weltweite Vernetzung der nationalen Volkswirtschaften deutlich zugenommen, ausgehend von den Finanzmärkten, der computergestützten Telekommunikation und dem Luftverkehr. Diese Entwicklung wird als Globalisierung bezeichnet. Im Gegensatz zu einer weit verbreiteten Meinung ist die Globalisierung an sich kein neuer Tatbestand, auch wenn der internationale Wettbewerb zwischen Unternehmen deutlich stärker geworden ist, zunächst nur für Großunternehmen (global players), zunehmend aber auch für mittlere und kleinere Unternehmen. Eine Bemerkung zum Ausdruck Globalisierung: Bis 1985 war er in keinem Wörterbuch zu finden. Derzeit bietet die Suchmaschine Google dazu über 100 Millionen Links an.
3. Die Europäische Union, deren Vorgänger in den fünfziger Jahren des vergangenen Jahrhunderts entstanden sind, ist von ursprünglich sechs Staaten durch Beitritte andere Länder ständig erweitert worden, zuletzt im Jahr 1995 durch Österreich, Schweden und Finnland, im Jahr 2004 durch acht osteuropäische Länder, die früher zum Sowjetblock gehörten, und zwei kleine südeuropäische Länder (Zypern und Malta). Zwei weitere süd-osteuropäische Länder (Bulgarien und Rumänien) sind seit 2007 Mitglied. Mit der Türkei gibt es seit einiger Zeit Beitrittsverhandlungen, deren Ende nicht abzusehen ist.

Die Wirkungen der deutschen Wiedervereinigung auf den Arbeitsmarkt, die eine Diskussion in Wissenschaft und Praxis ausgelöst haben und in Kürze nicht dargelegt werden können, bleiben im Folgenden außer Betracht. Die generelle Wirkung der Globalisierung und der Europäischen Integration besteht darin, dass

---

1 Universität Siegen

Märkte geöffnet werden, so dass der Handel von Produkten und die Wanderung von Produktionsfaktoren (Arbeit und Kapital) ermöglicht oder verstärkt werden. Die Öffnung nationaler Märkte durch internationalen Handel – gleichgültig, ob im Zuge der Globalisierung oder der Europäischen Integration – erhöht die Wohlfahrt für alle beteiligten Länder, wie von den Ökonomen seit Adam Smith und David Ricardo immer wieder betont wird (Smith, Adam, 1976, S. 428 ff.; Ricardo, David, 1970, S. 128 ff.). Allerdings verteilen sich die Wohlfahrtsgewinne zwischen den Ländern nicht gleichmäßig und innerhalb eines Landes kann es auch Verlierer geben (Samuelson, Paul, 2004, S. 135). Eine Frage ist, ob zu diesen Verlierern die Arbeitnehmer in Deutschland gehören.

2. Das Problem der Arbeitslosigkeit in Deutschland

Es scheint zunächst zweckmäßig, kurz die Entwicklung der Arbeitslosigkeit in Deutschland zu betrachten. Das wichtigste Merkmal zur Kennzeichnung der Lage auf dem Arbeitsmarkt ist – neben der Zahl der Beschäftigten – die Arbeitslosenquote. Wegen der internationalen Vergleichbarkeit wird auf die Abgrenzung der Arbeitslosenquote nach dem OECD-Standard zurückgegriffen, bei dem niedrigere Zahlen ausgewiesen werden als bei der in Deutschland gebräuchlichen Abgrenzung der Bundesagentur für Arbeit. Die Arbeitslosenquote lag in Deutschland in den sechziger und frühen siebziger Jahren des vergangenen Jahrhunderts unter 2 Prozent, so dass Vollbeschäftigung herrschte und – angesichts nicht zu besetzender freier Stellen – auch von „Überbeschäftigung" gesprochen wurde. In dieser Zeit kamen fünf Millionen Gastarbeiter, vor allem aus südeuropäischen Ländern (Italien, Spanien, Griechenland, Türkei), nach Deutschland, um das Angebotsdefizit auf dem Arbeitsmarkt zu beheben. Festgehalten zu werden verdient, dass diese Vollbeschäftigung ohne staatliche Eingriffe von Bund und Ländern zustande kam, denen es früher gesetzlich nicht aufgegeben war, für einen hohen Beschäftigungsstand zu sorgen.

Eine solche Verpflichtung gibt es in Deutschland – nach dem amerikanischen Vorbild des Employment Act von 1946 – erst seit Ende der sechziger Jahre. Diese Verpflichtung hat nicht verhindern können – und war zum Teil sogar ursächlich dafür –, dass in den folgenden Jahrzehnten die Arbeitslosigkeit in Deutschland ständig zunahm. Seit drei Jahrzehnten gibt es in Deutschland keine Vollbeschäftigung mehr, woran sich auch unter der jetzigen Regierung der großen Koalition nichts geändert hat. Bemerkenswert an der Entwicklung der Arbeitslosigkeit war, dass sie in Schüben erfolgte. Bei schwacher Konjunkturlage stieg die Arbeitslosigkeit deutlich an, nahm aber bei einer wirtschaftlichen Erholung nicht oder nur wenig ab (Klinkeneffekt). Seit einer Reihe von Jahren hält sich die Arbeitslosigkeit im Jahresmittel bei etwa 10 Prozent, mit den üblichen saisonalen Schwankungen und den erwähnten Unterschieden zwischen West- und Ostdeutschland (Sachverständigenrat, 2006, S. 1 ff.).

Zur Kennzeichnung der Lage auf dem Arbeitsmarkt wird in der öffentlichen Diskussion fast ausschließlich auf die Arbeitslosenquote zurückgegriffen. Für eine soziale Beurteilung der Arbeitslosigkeit sind drei andere Merkmale nicht weniger wichtig: erstens die durchschnittliche Dauer der Arbeitslosigkeit, zweitens der Anteil der Langzeitarbeitslosen und drittens der Anteil der ungelernten Arbeitskräfte. Zum ersten Merkmal: Die soziale Verträglichkeit der Arbeitslosigkeit nimmt mit der Dauer der Arbeitslosigkeit ab et vice versa. In Deutschland betrug die durchschnittliche Dauer der Arbeitslosigkeit im Jahr 1960 5 Wochen. Seitdem ist sie permanent angestiegen auf gegenwärtig 40 Wochen. Damit liegen wir bei einem internationalen Vergleich von Industrieländern an der Spitze. Das gilt auch für das zweite Merkmal, dem Anteil der Langzeitarbeitslosen. Zu dieser Gruppe gehören Personen, die seit mindestens 12 Monat arbeitslos sind. Auch diese Zahl hat sich seit 1960 ständig erhöht, auf gegenwärtig 50%. In den USA z. B. beträgt der Anteil 11%, in den Niederlanden 30% (bei 50% noch vor zehn Jahren). Von der Arbeitslosigkeit in Deutschland sind – drittens – besonders ungelernte Arbeitskräfte betroffen. Deren Anteil an den Arbeitslosen hat sich ebenfalls in den letzten Jahrzehnten ständig erhöht, so dass gegenwärtig etwa die Hälfte aller Arbeitskräfte Ungelernte sind.

Festzuhalten ist auch die ungleiche Verteilung der Arbeitslosigkeit auf einige gesellschaftlichen Gruppen. Die Arbeitslosigkeit ist überdurchschnittlich hoch bei Arbeitnehmern über 55, bei Jugendlichen bis 25 und bei Frauen. Das ist kein Zufall: Der Gesetzgeber in Deutschland hat sich seit langem dieser Gruppen angenommen, vor allem durch einen ausgedehnten Kündigungsschutz. Den Unternehmen wird dadurch ein besonderes Risiko aufgebürdet, das in der Regel kleinere und mittlere Unternehmen stärker trifft als große. Die Unternehmen reagieren auf ihre Weise und sind deshalb bei der Einstellung von Personen aus diesen Gruppen zurückhaltend.

In einer dynamischen Volkswirtschaft, wie der Deutschlands, werden durch neue und wachsende Unternehmen ständig Arbeitsplätze geschaffen, während zugleich durch schließende und schrumpfende Unternehmen Arbeitsplätze verloren gehen. Je dynamischer der wirtschaftliche Wandel ist, umso ausgeprägter ist dieser Prozess. Im Jahr 2005 sind in Deutschland 7.500 Millionen Arbeitsplätze neu geschaffen worden, wohingegen 7.850 Millionen verloren gingen. Die Differenz dieser Stromgrößen ist die Veränderung der Bestandsgrößen Arbeitslosigkeit und offene Stellen (im Jahr 2005: + 350 000). Bezogen auf rund 40 Millionen Erwerbstätige in Deutschland bedeutet dies: Ein Arbeitsplatz bleibt im Durchschnitt nur 5 Jahre „sicher", wobei es vom Durchschnitt große Abweichungen gibt, etwa zwischen Tagelöhnern und lebenslang angestellten Arbeitnehmern. Im Vergleich zu anderen europäischen Ländern ist die in diesen Zahlen zum Ausdruck kommende Dynamik der deutschen Volkswirtschaft relativ hoch. Der Arbeitsmarkt in einer solchen Wirtschaft wird besonders gefordert, wenn er Angebot und Nachfrage zum Ausgleich bringen soll.

Was muss in Deutschland geschehen, um die Arbeitslosigkeit abzubauen – mit dem gesetzlich vorgegebenen Ziel Vollbeschäftigung? Die zentrale Aufgabe ist einfach zu beschreiben: Die Regierung hat dafür zu sorgen, dass der Arbeitsmarkt wieder als Markt fungiert. Das ist deswegen eine staatliche Aufgabe, weil seit 1969 – seit dem Regierungsantritt der sozial-liberalen Koalition – eine Reihe staatlicher Eingriffe in den Arbeitsmarkt erfolgt sind, die den Wettbewerb auf dem Arbeitsmarkt erheblich behindern, wenn nicht ausschließen. Deshalb haben wir einen neuen Typ von Arbeitslosigkeit: vom Staat verursachte oder ermöglichte Arbeitslosigkeit, neben der bisherigen Unterscheidung nach konjunktureller und struktureller Arbeitslosigkeit. Das Stichwort für diese Staatsaufgabe lautet „Deregulierung des Arbeitsmarktes".

3. Direkte Effekte: Arbeitskräftewanderungen

a. Der generelle Einfluss der Globalisierung

Die Marktöffnung durch die Globalisierung kann die internationale Wanderung von Arbeitskräften ermöglichen oder erleichtern. Tatsächlich lässt sich bei der Globalisierung beobachten, dass für bestimmte Güter weltweite Märkte entstehen. Zu diesen rechnen insbesondere Finanzmärkte, die beinahe vollständig globalisiert sind. Dagegen bleiben andere Märkte von der Globalisierung weitgehend unbeeinflusst, vor allem dann, wenn die Güter relativ immobil sind. Hierher gehören investiertes Sachkapital, das auch national oft ortsgebunden ist und deshalb ökonomisch nicht anderweitig verwendet werden kann, und Arbeitskräfte.

Die relative Immobilität von Arbeitskräften liegt zunächst in Besonderheiten des Gutes. Eine internationale Mobilität von Arbeit setzt in der Regel voraus, dass Personen bereit sind, ihre angestammte Umgebung zu verlassen – was auch die nationale Mobilität einschränkt –, sich in einen unbekannten Kulturkreis zu begeben und in einer fremden Sprache zu kommunizieren. Zu diesen, sich aus der Natur des Faktors Arbeit ergebenden Besonderheiten kommt meistens hinzu, dass eine internationale Mobilität politisch nicht gewollt und deswegen verboten oder stark eingeschränkt wird. Ausländer benötigen in fast allen Ländern der Welt eine besondere Arbeitserlaubnis, die oft entweder nicht erteilt wird oder an strenge Voraussetzungen und zeitliche Beschränkungen gebunden ist. Ein deutsches Beispiel dafür ist die auf fünf Jahre begrenzte Arbeitserlaubnis für Softwarespezialisten – analog zur Erteilung der „green card" in den USA –, die überwiegend aus Indien kommen. Die von den Behörden vorgegebene Höchstzahl ist dabei nur zu einem kleinen Teil ausgeschöpft worden.

Aus solchen Gründen haben sich weltweite Arbeitsmärkte – unabhängig von der Globalisierung – nur für ganz wenige Tätigkeiten oder Berufe herausgebildet. Deren gemeinsames Merkmal ist eine hohe Qualifikation oder eine seltene Fähigkeit. Zu denken ist etwa an bekannte Künstler und Schauspieler, Spitzensportler, Wissenschaftler und Manager international operierender Firmen. An solchen Arbeitskräften sind fast alle Staaten interessiert, so dass sie deren Tätigkeit nicht nur zulassen, sondern auch fördern. Ein Beispiel dafür ist die verbreitete Abwanderung von Wissenschaftlern in die USA. Umgekehrt gilt, dass für gering qualifizierte Arbeitskräfte kein globaler Arbeitsmarkt existiert.

Die Globalisierung hat nach allem einen so geringen gesamtwirtschaftlichen Einfluss auf die Wanderung von Arbeitskräften, dass er vernachlässigt werden kann. Diese Einschätzung deckt sich mit der einer Untersuchung der OECD. Diese vertritt in ihrem jüngsten Arbeitsmarktbericht die Ansicht, dass die Globalisierung und die Konkurrenz durch Niedriglohnländer viel weniger für die hohe Arbeitslosigkeit verantwortlich seien, als vielfach angenommen werde. Im Übrigen gerate durch die Öffnung der Märkte nur ein Teil der Wirtschaft unter Druck, während andere Wirtschaftszweige davon profitierten. Die Bilanz sei in der Regel positiv. Der OECD-Bericht gibt damit die oben erwähnte Position klassischer Ökonomen wieder, nach der jedes Land – wenn auch mit Unterschieden – mit dem Außenhandel seinen Wohlstand erhöhe. Andernfalls sei nicht einzusehen, warum es überhaupt am internationalen Handel teilnehme (www.zeit.de/2005/26/oecd-bericht).

b. Der spezielle Einfluss der Europäischen Integration

Der Einfluss der Europäischen Integration auf die Wanderung von Arbeitskräften könnte enorm sein. Innerhalb der Europäischen Union gilt das Prinzip der Freizügigkeit von Arbeitskräften, die damit ihren Arbeitsplatz in einem beliebigen Land wählen können. Insbesondere durch die Erweiterung der Europäischen Union um acht osteuropäische Länder, zu denen Deutschlands Nachbarn Polen und Tschechien gehören, ist der Arbeitsmarkt räumlich erheblich vergrößert worden. Noch wichtiger ist, dass zwischen Deutschland und den osteuropäischen Beitrittsländern ein großes Lohngefälle besteht. Die Stundenlöhne eines Facharbeiters in Deutschland sind derzeit ein Vielfaches höher, als die in den Ostländern der Europäischen Union. In der verarbeitenden Industrie beispielsweise betragen die ungefähren durchschnittlichen Stundenlöhne in Litauen 3 €, in Tschechien 5 €, in Slowenien – dem osteuropäischen „Ausreißer“ – 10 €, in Deutschland dagegen 26 €. Dieses Gefälle wird nicht ausgeglichen durch eine entsprechend höhere Produktivität deutscher Arbeitskräfte, für die überdies beträchtliche, an die Löhne gebundene Sozialabgaben zu zahlen sind. Vor der Aufnahme der neuen Mitgliedsländer gab es in Deutschland eine heftige Diskussion über die Auswirkungen der Integration auf den Arbeitsmarkt, die verstummt ist (Farhaer, Oliver, u. a., 2003, S. 603). Der Beitritt der acht osteuropäischen Staaten ging reibungslos vonstatten und hat kaum Überraschungen gebracht.

Für diesen Stimmungsumschwung gibt es einen einfachen Grund: Die europäischen Wanderungen von Arbeitskräften, die angesichts des Lohngefälles zu erwarten gewesen wären, sind unterbunden worden. Dies haben die alten Mitglieder zur Voraussetzung für eine Aufnahme der neuen Länder gemacht. Generell gibt es für alle Mitgliedsländer einen so genannten Gemeinsamen Besitzstand (Acquis Communautaire), der 31 Verhandlungskapitel umfasst. Zu diesen gehört die Freizügigkeit von Arbeitskräften. Den neuen Mitgliedern wird diese Freizügigkeit erst nach einer Übergangsfrist von sieben Jahren gewährt. Allerdings ist es alten Mitgliedsländern freigestellt, schon nach dem zweiten oder fünften Jahr (2006 oder 2009) den Arbeitsmarkt für neue Mitglieder zu öffnen. Es ist davon auszugehen, dass die Öffnung nicht vor Ablauf von sieben Jahren (2011) erfolgt. So hat der deutsche Bundespräsident – im Einvernehmen mit der Bundesregierung – bei einem Staatsbesuch in der Slowakei deren Wunsch nach einer vorzeitigen Öffnung öffentlich zurückgewiesen. Keinerlei Einschränkungen unterliegt dagegen die Niederlassungsfreiheit Selbständiger aus den Beitrittsländern. Diese wurde bereits durch die Europa-Abkommen im Rahmen der so genannten Heranführungsstrategie gewährt. Vorgänge in deutschen Schlachtbetrieben zeigen allerdings, dass sich in Einzelfällen mit der Niederlassungsfreiheit „Selbständiger“ das Verbot der Freizügigkeit von unselbständigen Arbeitskräften unterlaufen lässt.

Die niedrigen Lohnkosten der osteuropäischen Beitrittsländer werden sich erst in Zukunft, spätestens ab dem Jahr 2011, auf die Arbeitskräftewanderung auswirken können. Erwartungen in alten Mitgliedsländern gehen dahin, dass sich in den kommenden Jahren das Lohngefälle reduziert, wenn nicht auflöst. Für solche Erwartungen spricht, dass eine Lohnangleichung nicht nur durch direkte Effekte erfolgt, sondern auch indirekt durch vermehrte Importe und Standortverlagerungen.

4. Indirekte Effekte: Importkonkurrenz und Standortverlagerungen

a. Importkonkurrenz

Durch die Globalisierung und mehr noch durch die Europäische Integration hat sich die Importkonkurrenz auf dem deutschen Markt eindeutig verschärft. Die importierten Güter und Dienstleistungen sind – bei starken saisonalen Schwankungen – in den letzten Jahren stärker angestiegen als das Bruttoinlandsprodukt, im letzten Jahr beispielsweise über 7 Prozent bei einem gesamtwirtschaftlichen Wachstum von 1 Prozent. Machte im Jahr 1950 der Wert aller Exporte und Importe relativ zum Bruttoinlandsprodukt lediglich 20 Prozent aus, so sind es gegenwärtig fast 60 Prozent. Wenn auch ein Teil dieses Anstiegs in der letzten Zeit auf höhere Ölpreise zurückgeht, so konnten doch auch die Einfuhren von Investitions- und Vorleistungsgütern spürbar zulegen. Bemerkenswert ist vor allem, dass in Deutschland der Anteil der Importe aus Niedriglohnländern zugenommen hat.

Jedoch lässt sich empirisch nicht nachweisen, dass die Importkonkurrenz die Ursache für den Anstieg der Arbeitslosigkeit in Deutschland ist. Untersuchungen der OECD für die Europäische Union haben ergeben, dass kein Zusammenhang zwischen der Niedriglohnkonkurrenz und der Arbeitslosigkeit besteht. Obwohl im letzten Jahrzehnt in der Europäischen Union der Importanteil aus Niedriglohnländern von 21 auf 28 Prozent der Importe insgesamt zugenommen hat, ist die Zahl der Arbeitsplätze um 11 Prozent gestiegen. Zwischen den einzelnen Ländern gibt es allerdings erhebliche Abweichungen. So haben Österreich, Schweden und Dänemark stärker als andere Länder der Europäischen Union auf Billigimporte gesetzt. Dennoch sind diese Länder mit einer Arbeitslosenquote von etwa 5 Prozent nicht allzu weit von einer Vollbeschäftigung entfernt. In Deutschland ist die Arbeitslosigkeit – wie eingangs dargelegt – in den letzten Jahrzehnten ständig angestiegen, bei einer gleichzeitigen Erhöhung der Importe aus Niedriglohnländern.

Inwieweit die gestiegene Zahl der Arbeitslosen in Deutschland auf die Importkonkurrenz zurückgeht, wird sich empirisch kaum ausmachen lassen. Da in anderen europäischen Ländern ein solcher Zusammenhang nicht besteht, spricht manches für die Annahme, den Anstieg der Arbeitslosigkeit auf andere Ursachen zurückzuführen, zumal diese evident sind. Zu diesen Ursachen gehört insbesondere die mangelnde Reaktion des Arbeitsmarktes auf die Freisetzung von Arbeitskräften. Dazu sei nur festgehalten: In Deutschland ist der so genannte Arbeitsmarkt kein funktionierender Markt im ökonomischen Sinne. Wesentliche Voraussetzungen für einen funktionierenden Markt fehlen, wie der Wettbewerb auf einer Marktseite (Angebot oder Nachfrage) und zwischen beiden Marktseiten

(Angebot und Nachfrage), mit Löhnen, die auch nach unten flexibel sind. Es gibt keinen Niedriglohnsektor.

Wenn man die Importkonkurrenz nicht – zumindest nicht als wichtige – Ursache für die Höhe der Arbeitslosigkeit ansieht, so erklärt sie doch die Änderung von deren Struktur. In den letzten zehn Jahren hat – wie erwähnt – der Anteil der niedrig qualifizierten Arbeitslosen ständig zugenommen. In fortgeschrittenen Industrieländern werden Arbeitskräfte mit geringer Qualifikation immer weniger benötigt. Die komparativen Vorteile in diesen Ländern liegen bei humankapital- und technologieintensiven Produkten. Im Zuge der Globalisierung und Europäischen Integration weitet sich die Produktion in diesen Branchen aus, relativ zu arbeitsintensiven Branchen, wie einige Konsumgüterindustrien. Die Folge davon ist, dass die Nachfrage nach hoch qualifizierten Arbeitskräften steigt, während die nach gering qualifizierten zurückgeht. Dieses Ergebnis ist für den britischen Arbeitsmarkt durch eingehende Untersuchungen nachgewiesen worden (Dustmann, Christian, u. a., 2005, S. 324 ff.). Nach dem Faktorproportionentheorem würde keine Arbeitslosigkeit entstehen, wenn bei steigenden Löhnen für qualifizierte Kräfte die Löhne der Ungelernten fielen. Ein Fallen der Löhne wird in Deutschland vor allem durch das gesetzlich verankerte Günstigkeitsprinzip und durch Mindestlöhne in Tarifverträgen verhindert. Zu hohe Löhne für Ungelernte sind eine Ursache für das Ausmaß und für die Struktur der Arbeitslosigkeit. Die letzte Ursache dafür ist also nicht die Importkonkurrenz, sondern ein nicht funktionierender Arbeitsmarkt. Die Wohlfahrtsgewinne aus dem Außenhandel vermindern sich in Deutschland um die vermeidbaren Verluste aus Arbeitslosigkeit.

b. Standortverlagerungen

Zu den Standortverlagerungen im weiteren Sinne gehört auch das so genannte Outsourcing. Dabei werden Wertschöpfungsketten zerlegt, zum Teil ins Ausland verlagert und wieder zusammengefügt. Als Beispiel sei die deutsche Bekleidungs- und Textilindustrie genannt, in der 250 000 Arbeitskräfte beschäftigt werden, davon 100 000 in Deutschland und 150 000 im Ausland; der Anteil der ausländischen Arbeitskräfte hat in den letzten Jahren ständig zugenommen. Solche Zahlen verdeutlichen im Übrigen, dass mit einer Zunahme des internationalen Outsourcings der Wertschöpfungsanteil der Exporte abnimmt, was in der politischen Diskussion bei Verweisen auf die Entwicklung der deutschen Außenhandelsbilanz meistens übersehen wird. Durch die geographische Nähe in der Europäischen Union wird internationales Outsourcing erleichtert, weil es in benachbarten Ländern ideale Voraussetzungen findet.

Das Ausmaß der Standortverlagerungen zeigt sich in den ausländischen Direktinvestitionen. Diese haben mit der Globalisierung ab 1990 weltweit sprunghaft zugenommen. Sie erreichten im Boomjahr 2000 mit 1 400 Milliarden US-Dollar – einem Fünftel der weltweiten Kapitalbildung – das Zehnfache des Jahres 1989, sind aber in den letzten Jahren etwas zurückgegangen. Der internationale Trend spiegelt sich besonders stark in Osteuropa wider. Dort ist allerdings auffällig, dass die Direktinvestitionen schon vor dem Beitritt zur Europäischen Union enorm zugenommen haben, von 640 Millionen US-Dollar im Jahr 1990 auf fast 30 Milliarden US-Dollar im Jahr 2002. Diese Entwicklung verdeutlicht, dass der Beitritt im Jahr 2004 bei Auslandsinvestitionen weitgehend vorweggenommen worden ist. Etwa 25 Prozent der Direktinvestitionen in den acht osteuropäischen Beitrittsländern befinden sich in deutschem Besitz.

Die indirekten Effekte von Standortverlagerungen sind in einem hoch entwickelten Industrieland die gleichen wie bei der Importkonkurrenz: Bei flexiblen Löhnen müssten die Ungelernten eine Lohnsenkung hinnehmen, während die Qualifizierten höhere Löhne erzielten (vgl. für das United Kingdom: Hijzen, Alexander, u. a., 2005, S. 875). Sind die Löhne jedoch – wie in Deutschland – nach unten starr, nimmt die Arbeitslosigkeit der Ungelernten zu. Die Wirkungen auf die Höhe der Arbeitslosigkeit sind per Saldo schwer auszumachen, zumal der zurückgehenden Nachfrage nach Ungelernten eine relativ steigende Nachfrage nach Qualifizierten gegenübersteht. Eindeutig sind dagegen die Wirkungen auf die Struktur der Arbeitslosigkeit, für die ein steigender Anteil Ungelernter kennzeichnend ist.

5. Zusammenfassung

In Deutschland gibt es seit mehr als dreißig Jahre keine Vollbeschäftigung mehr. Seit den frühen 1970er Jahren nimmt die Arbeitslosigkeit in Zeiten einer schwachen Konjunktur zu, ohne bei besserer Wirtschaftslage abgebaut zu werden. In den letzten Jahren betrug die Arbeitslosenquote im Jahresmittel etwa 10 Prozent. Dieser Beitrag behandelt die Frage, welchen Einfluss die Globalisierung und die Europäische Union auf den deutschen Arbeitsmarkt haben. Generell werden durch die Globalisierung Märkte geöffnet. Durch die Europäische Integration wird ein Binnenmarkt geschaffen.

Direkte Wirkungen auf den Arbeitsmarkt entstehen durch Wanderungen von Arbeitskräften. Ein wichtiger Grund für solche Wanderungen ist ein Lohngefälle. Im internationalen Vergleich gehören die Löhne in Deutschland zu den höchsten in der Welt. Trotzdem gibt es kaum direkte, empirisch nachweisbare Effekte der Globalisierung und Europäischen Integration auf den deutschen Arbeitsmarkt.

Für Arbeitsmärkte ist – anders als etwa für Finanzmärkte – die Immobilität kennzeichnend. Nur für hohe Qualifikationen oder seltene Fähigkeiten gibt es einen weltweiten Arbeitsmarkt. Zur generellen, gleichsam „natürlichen" Immobilität kommt hinzu, dass internationale Wanderungen von Arbeitskräften in der Regel politisch nicht gewollt sind. Eine Arbeitserlaubnis wird oft entweder nicht erteilt oder an restriktive Bedingungen geknüpft. Mi der Erweiterung der Europäischen Union durch acht osteuropäische Länder im Jahr 2004 hat sich an diesem Zustand zunächst nichts geändert, weil es bis zum Jahr 2011 keine Freizügigkeit von Arbeitskräften geben wird.

Indirekte Wirkungen auf den Arbeitsmarkt entstehen durch Importkonkurrenz und Standortverlagerungen. Statt der Arbeitskräfte wandern die Produkte, die Arbeitsleistungen aus Niedriglohnländern enthalten. Die Importkonkurrenz und die Standortverlagerungen haben sich sowohl durch die Globalisierung als auch durch die Europäische Integration deutlich verstärkt. Neuere empirische Untersuchungen der OECD zeigen jedoch, dass kein deutlicher Zusammenhang zwischen der Niedriglohnkonkurrenz und der Arbeitslosigkeit besteht. So hat trotz dieser Konkurrenz in einigen Ländern die Zahl der Arbeitsplätze zugenommen.

Vieles spricht dafür, dass durch Importkonkurrenz und Standortverlagerungen vor allem die Struktur der Arbeitslosigkeit verändert wird. In Deutschland ist seit einer Reihe von Jahren der Anteil der Ungelernten an der Gesamtzahl der Arbeitslosen ständig gestiegen. In fortgeschrittenen Ländern benötigt man ungelernte Kräfte immer weniger. Da in Deutschland die Löhne nach unten starr sind, werden freigesetzte Ungelernte kaum noch in den Wirtschaftsprozess eingegliedert. Letzte Ursache für die Veränderung in der Arbeitslosigkeitsstruktur sind nicht Importkonkurrenz und Standortverlagerungen, sondern ein nicht funktionierender Arbeitsmarkt.

Literatur

Dustmann, Christian / Fabbri, Francesca / Preston, Ian (2005): *„The Impact of Immigration on the British Labour Market"*, in: The Economic Journal, Vol. 115, 2005, S. F324-341.

Farhauer, Oliver / Schrader, Bettina (2003): *„Arbeitsmarkteffekte der EU-Osterweiterung"*, in: Das Wirtschaftsstudium, 32. Jg. 2003, S. 603-606.

Hijzen, Alexander / Görg, Holger / Hine, Robert C.(2005): *„International Outsourcing and the Skill Structure of Labour Demand in the United Kingdom"*, in: The Economic Journal, Vol. 115, 2005, S. 860-878.

Ricardo, David (1970): *„On the Principles of Political Economy and Taxation"*, Cambridge, 1970.

Sachverständigenrat zur Begutachtung der gesamtwirtschaftlichen Entwicklung (2006): *„Jahresgutachten 2006/07"*, Wiesbaden, 2006 (*www.sachverstaen digenrat.org*).

Samuelson, Paul (2004): *„Where Ricardo and Mill Rebut and Confirm Arguments of Mainstream Economists Supporting Globalization"*, in: Journal of Economic Perspectives, Vol. 18, 2004, No. 3, S. 135-146.

Seidel, Tobias (2004): *„Globalisierung und Arbeitsmärkte: Welche Auswirkungen haben Standortverlagerungen für Deutschland?"*, in: Ifo-Bericht 5/2004, S. 23-28.

Smith, Adam (1976): *„An Inquiry into the Nature and Causes of the Wealth of Nations"* Oxford, 1976.

Intermingling Structure and Multiple Business Relations: An Empirical Survey on Chinese Automobile Industry

Johzen Takeuchi[1]

Forword

After the Second World War, automobile industry became one of the most decisive industrial sectors among industrializing countries, partly because the sector has been regarded to be a symbol of industrialized society, and partly because especially after the 1970s it became to share bigger and bigger part of global economy. Nowadays, not only industrialized countries but also industrializing countries try to have or to maintain their own automobile sectors. In addition to that, the sector has been appreciated to have high industrial linkages with numerous industrial sectors like steel, glass, plastic, petrochemical, rubber, electronic manufacturing, and so on.

Comparing the global amount of sales of automobiles with GDP of some major countries, the former is ranked to the sixth following to the GDP of US, Japan, Germany, UK and France, and it was bigger than those of Italy and China (Table-1). At the same time, it should be noted that the growth rate of global automobile industry has been far bigger than that of GDP of major countries except China.

Table-1) GDP of Major Countries and Automobile Industry: 2004

Ranking	Country	GDP (tri. $)
1	United States	11.6675
2	Japan	4.6234
3	Germany	2.7144
4	United Kingdom	2.1409
5	France	2.0026
(Automobile Industry)		1.9600*
6	Italy	1.6723
7	China	1.6493

Source: World Bank Report and IAIA Annual Report.
Note: 1 Euro = $1.22
**; annual amount of sales*

1 Zhejiang Univerity

Before the 1960s, automobiles were domestic goods for almost all countries except Europe where they were going to accomplish their international division of labor among themselves. Particularly, high income households of developing countries preferred to import those from a few industrialized countries, and some European countries became big exporters of luxury cars for numerous developing countries. In the 1960s, Japan started to supply low-end cars to American and Asian market, and it was the 1970s when the market for compact cars expanded quickly, and American society needed to arrange new segmentation concepts like sub-compact and mini-compact cars. This new trend intensified newly developing economies (NIEs) to expand their automobile and related industries, and some Asian NIEs succeeded in increasing their automobile production. Nowadays, automobiles are one of the major international transaction commodities and the biggest importer is US followed by UK and, in terms of exported units, the biggest supplier is Japan followed by Germany, Korea, and Mexico (Table-2). Here again, China is an exceptional country that maintains her domestic equilibrium without having significant international trades of the commodity until recently.

Table-2) Automobile Production and Domestic Sales: 2002

Unit: ten thousand cars

Ranking	Country Production	Sales	Amount
1	United States	1227	1714
2	Japan	1026	580
3	Germany	547	352
4	France	370	272
5	China	325	325
6	Korea	315	162
7	Spain	285	164
8	Canada	263	173
9	Mexico	182	48
10	United Kingdom	182	257
	(Others)	506	940
Total		5228	5228

Source: Data File of Huadong Research Institute.

However, China seems to have plunged into the decisive turning point of the industrial sector since the latter half of the 1990s. In terms of the amount of assembled car sales, it was the seventh biggest in 2000 following US, Japan, Germany, UK, France and Italy, but shifted to the fourth biggest in 2002, the third in 2003 surpassing Germany, and the second in 2006 surpassing Japan. This is an extraordinary expansion in modern history and it is the main subject of this paper to have an investigation on Chinese automobile industry from the point of view of (1) intrinsic factors of development of this country, (2) regional divisions of labor within this country, and (3) business relations of automobile manufacturers of both domestic companies and multi-national corporations.

Pertaining modern Chinese automobile industry, there are some distinguished historical analysis (Fahrell er al. 2005), managerial analyses (Lee 1997, 2003, Marukawa 1999, Fujimoto et al. 2005) and plenty of journalistic reports mainly laying stress on her rapid increase (China Industry Report et al. 2004), but few papers of economic analyses and sector analyses. This paper is to close the gap, and it is a shortened paper of Japanese report for which this author attended (Azuma & Takeuchi 2006).

1. Historical Overview of Chinese Automobile Industry and its Development Factors

It is well known that Chinese automobile sector expanded rapidly in recent years, but it has a long history of domestic production. In the 1950s, the assemble line was firstly installed in the north eastern part of the country with the technological assistance of Soviet Russia. They mostly concentrated on supplying large sized tracks and busses which this paper calls "large sized commercial cars (LCCs)". It was one of the features of East Asian societies that they mostly concentrated on manufacturing commercial cars at their first stage of automobile production, excluding the case of South Korea where they concentrated on the passenger car production and succeeded. In Japan and Thailand, they started from assembling small sized commercial cars (SCCs). In China, they preferred to produce LCCs partly because they were highly appreciated by traditional socialist regime. Japanese business world succeeded in increasing and intensifying auto-parts manufacturers. They were mostly small or medium scale manufacturers, but good at supplying various kinds of part-wares in a shorter time, comparing with big enterprises of socialist countries or USA where manufacturers preferred to arrange integration-oriented systems. In China, they also preferred to establish well integrated and large scale organizations for their LCC production. Their strategy was not always suitable to have sufficient flexibilities for supplying new products to their market, even though socialist societies were not interested in creating any markets.

So-called "motorization" in Japan started in the 1960s, and they tried to supply very compact cars for their domestic market, and the engine capacity of the most compact car was only 360cc. They tried to climb up the ladder of segmentation from the lower level to the upper side. This process supplied favourable chances for small manufacturers to supply various kinds of part-wares and, at the same time, they were requested to grade up the quality of their products. Because of the small capacity of engines, they sincerely needed to get higher efficiency and quality of various part-wares to get enough driving efficiency of their tiny automobiles. This was one of the reasons why there have been numerous part-ware manufacturers in Japan, and some of them later could have enough competitiveness in the global market.

At this time, there were several large scale production bases in China, and they mainly supplied LCCs, especially for heavy industries and military purposes. In spite of their huge facilities of production, their total supply was smaller than 200,000 units per year (Table-3). Among numerous facilities, those of Changchun (FAW: First automotive Works) and Shiyan (DFAW; Dong Feng Automotive Works)[2] were by far the biggest and core organizations of Chinese automobile industry. Through these facilities and productions, they were able to get basic ideas and technologies to assemble commercial cars and passenger cars as well.

Table-3) Automobile Production and Sales in China

Year	Passenger Cars	Commercial Cars	Imported Cars
1980	5,000	195,000	51,000
1985	5,000	443,000	354,000
1990	40,000	470,000	65,000
1995	330,000	1,130,000	158,000
2000	610,000	1,460,000	43,000
2005	-	-	10,000

Source: Azuma Kazuo, Automobile Industry in China, pp.8-12 et al.

It was the open door policy of Chinese government started in 1978 to have brought the new wave to the industrial sector of this country. It should be noted that, at the first stage of the policy, the import of passenger cars suddenly increased (Table-3), and it was one of the main reasons why Chinese government hasted to raise their passenger car manufacturers. It was a Chinese import substitutive industrialization policy that they urged to organize joint ventures with some of leading companies of the Western world, and firstly succeeded in establishing a joint venture between FAW and Volkswagen, after one Japanese company abandoned the project. The German company soon established another joint

2 It was originally called "the Second Automotive Works".

venture with SAIC[3]. In the latter half of 1980s, some more joint ventures started. In spite of these new projects, still the production did not expand smoothly.

Chinese automobile production has been quickly expanded since the latter half of the 1990s. It got to the level of supplying more than two million units a year in 2000 (Table-3), while the annual supply in 1990 was only 510 thousand. In 2002, Chinese manufacturers supplied 3.25 million cars to their domestic market, and 4.45 million in 2003 (Table-4), and it was ranked the fifth biggest country following USA, Japan, Germany and France. In 2003, they supplied 4.45 million units to the domestic market, and the country was ranked the fourth biggest. The major part of this expansion was mostly occupied by the supply of passenger cars, instead of passenger cars which were more popular until the 1980s. In terms of domestic market, China was ranked the second biggest following USA in 2006, surpassing the market scale of Japan for the first time.

Table-4) Production of Passenger Cars, Buses Trucks in China

Year	Passenger Cars	Busses	Trucks
2000	610,000	700,000	760,000
2001	703,500	828,600	802,400
2002	1,090,000	1,030,000	1,120,000
2003	2,018,000	1,200,000	1,230,000

Source: Azuma op. cit., pp.12-13.

In the mean time, China is already by far the biggest country to produce motor cycles. Japanese manufacturers once produced more than 7.4 million motor cycles in 1981, and it was the year of the peak production after the long history of producing the item since the beginning of the 20th century. They took the biggest share of global market for the long time until the 1990s. However, nowadays Japanese manufacturers are able to supply only 1.5 million per year, excluding their production outside of Japan. Comparing with them, present Chinese manufacturers supply more than 15 million units per year. Chinese economy showed this tremendous development, and in addition to that, this country is also good at supplying unique vehicles which they call "Non Yong Che", and literally translating, it means agricultural vehicles (hereafter, this paper calls them AGVs). There are various types of them, not a few of them have three wheels, but as a matter of fact, they are automobiles with necessary engines, gear boxes and sus-

3 Originally, SAIC was called Shanghai Automotive Works (SAW), but in this paper it is called SAIC.

pensions. Some LCCs are also classified into this group, including large-sized dump tracks. The official definition of AGVs is that they are prohibited to run within "city" area and the allowed top speed is 50km per hour, because of the poor capacity of engines, heavy body structures and mostly with horrible exhaust fumes. These vehicles have been produced by various local manufacturers throughout the country. In 1999, they produced 3.2 million units, and it means Chinese local people already had enough potentialities to expand their automobile and motor cycle industry, if we do not mind about the quality of them.

There are some more factors to expand Chinese automobile production. Especially, it has become easier for car makers and part-ware suppliers to get specific and high quality materials and machines in their domestic market. China is now the biggest country to supply steal, but it is unable to supply specific materials until recently. However, as for the supply of high tension steals and cold roll steals for forging, they are going to have new supplies from newly established joint ventures with European, Korean and Japanese companies (Table-5). Pertaining to engineering plastics, a few European and Japanese manufacturers started to supply. Teijin, Asahi Chemical, Toray, Mitsubishi and others supply ABS resin, PP resin, Polyester resin etc., and Technopolymar Inc. started to supply specific engineering plastics.

Table-5) Business Relations of Chinese Steel Companies

Company	Partners/ (Year)	Location	Major Production
Baoshan S	Shin-nittetsu Arseroll (2005)	Shanghai	Cold Roll for A. and SS for A.
Baoshan S.	Nisshinn S (2005)*	Shanghai	SS Cold Roll
Guangzhou S.	JFE (2006)*	Guangdong	SS for A.
Anshan S.	Tissen Krupp (2006)*	Anshan	Cold Roll for A. and SS for A.
Benxi S.	POSCO (2005)	Benxi	Cold Roll for A. and SS for A.
Jiangyin S.	Sumitomo Metal (2005)*	Jiangyin	Special S. Rods for A.

Source: Data File of Huadong Research Institute.
Notes: S.; Steel, A.; Automobile, SS; Stainless Steel,
**; scheduled.*
In addition to these projects, Sumitomo Steel Pipe and LNM have their own project of independent direct investment to supply steel wares for automobile manufacturing.

It should be another positive factor for Chinese automobile industry that the speed to arrange nationwide express ways is abnormally high. After the end of the 1990s, they promoted to install 4,000km express ways a year. Japanese government started to arrange express ways in 1964, and nowadays, they were expanded to 6,000km throughout the country. It means that present China is possible to install as long express ways as Japanese total within one and half years. This rapid expansion intensified the diffusion of passenger cars and motorization of inland transportation.

In addition to that, China is going to be a giant country for huge inland transportation. Combining huge provinces and populations, China is going to be the biggest country in terms of the supply of LCCs. Nowadays, European manufacturers take strong leadership for the supply of high quality LCCs, and all of them already shifted to China to establish joint ventures, and they are going to take the biggest share of Chinese market. Provided China will succeed in integrating several central Asian countries in terms of transportation system and express way network, its government will be able to have a superb leadership for the organizations of Eurasian inland transporting network.

2. Chinese Automobile Manufacturers and Their Features

Nowadays, it is well known that there are more than one hundred automobile manufacturers in China, excluding part-ware suppliers (Azuma, 2004). Until the beginning of the 1980s, they were managed to supply only 200 thousand cars a year, but they assembled more than six million in 2006. It is a surprising development, but there are few companies which have enough scale of supply and distribution. In 2005, the biggest supplier was Shanghai GM which is the joint venture between SAIC and GM and it supplied 325 thousand cars. Eleven companies were able to supply more than 100 thousand cars in the same year, and it means that there are numerous small assemblers and various kinds of part-ware suppliers in the country. One unique Japanese automobile specialist suggests that there were 2,385 part-ware suppliers in China, excluding workshops without official registrations (Azuma, op. cit., p.292). There are some reasons why so many car manufacturers and part-ware suppliers compete in the domestic market.

First, this situation is closely related to the sectionalism of huge and complicated bureaucracy of this giant country. Formally, automobile manufacturers were requested to have the official license for their establishment and operation. However, there have been several tiers of official status. The central government issued the license, but there are several ministries to have been authorized to issue the license, and local public organizations are also able to issue their licenses.

In addition to that, there are several tiers of local administrations like provincial government, municipal government of four specially chartered cities, other municipal governments, ward administration offices and even township administration offices. Those public organizations have also issued their licenses. It is difficult to get exact statistical datum about local manufacturers, but above mentioned Japanese specialist tried for several years to get the data as many as possible, which is shown in Table-6 (Azuma, 2004). Strictly speaking, these manufacturers were kinds of sections or divisions of respective organizations. Most of them are now explained to be independent firms. However, they are still now closely related to their mother organizations, excluding a few exceptional private companies which were established recently.

Table-6) Chinese Automobile Makers Classified by Organizational Group: 2003

Group	Company	Number of Major Companies
Central Government Related Groups		
Ministry of Former Machinery Industries		3
	First Automotive Works (FAW)* Dongfeng Automotive Works (DFAW) * Nanjing Automotive Works (NAW)	
Ministry of Military Industries		9
	Chang'an Automotive Works (CAW) + 8 Others	
Ministry of Aircraft Industries (MAI)		7
	Changhe Aircraft Works (CHAW) + Guizhou Aircraft Works (GAW) + He'erbing Aircraft Works (HAW) 4 Others	
Ministry of Agriculture		5*
	Tianjing Tractor Shanghai Tractor Others	
Other Ministries		8*
	(Semi Total)	32*
Regional Government Related Groups		
Provincial Government Related		
Shandong	Jinan Automotive Works (JAW)	
Sichuang	Sichuang Automotive Works (SCAW)	

Shanxi	Shanxi Automobile Works		
	Others		27*
		(Semi Total)	30*
Municipal Government Related			
Beijing	Beijing Automotive Works (BAW) #		
	7 Others		
Shanghai	Shanghai Automotive Works (SAIC) *		
Tianjing	Tianjing Automotive Works (TAW) #		
Shenyang	Jingbei Automotive Works		
Guangzhou	Guangzhou Automotive Works		
Xiamen	Jinglong automotive Works		
Ward, Township Government Related			
	Yun'nan Agricultural Cars		
	Mudan Automotive Work		
	Others		
		(Semi Total)	75*)
		(Total)	120**

Souce: Azuma op. cit., p. 14.
*Notes: *: tentative data.*
***: There are some integrated manufacturers and the total does not equivalent to the gross of semi-totals.*
Central government issued specific agreement for 3 large car projects (*), 3 compact car projects (#), and 2 semi-compact car projects (+).
Companies under the Ministry of Military Industries are usually classified into two groups, like "Northern Group" and "Southern Group".

Second, there is another positive factor for Chinese society to have plenty of automobile manufacturers. There are different kinds of manufacturers in the country. On the one hand, there are some leading manufacturers which prefer to integrate as many part-ware production sections as possible. On the other hand, there are numerous manufacturers which do not have some decisive sections like engine production in their production facilities, but supply cars to their respective market. In today's global market, there are few major automobile manufacturers which do not have the sections of R&D and production lines of main part-wares like engine, gear box and suspension. In case of American firms, they preferred to maintain integration-oriented manufacturing system until recently. Comparing with them, Japanese manufacturers have deeply depended on part-ware suppliers, but they did not depend on suppliers for main parts (Sako, 1992). However, in China, there are various small manufacturers which have neither core sections nor main part-ware production lines. This author once introduced that Japanese manufacturers had preferred to maintain differentiation-oriented production system in comparison with American manufacturers (Takeuchi, 1991). However, numerous Chinese firms are more differentiation-oriented than Japanese ones, and some economists called their system "open architecture" (Fujimoto et al, 2005). There are companies supplying automobile engines only. Some companies solely concentrate on suspension parts. Italy is famous for having a few unique companies which are solely specialized in car designing. However, there are more than fifty design companies in present China.[4] Going to extremes, it is possible to say that an automobile maker can have supreme out-sourcing system except its final assemble line. They can depend upon their various supporters from their basic design of car body to the supply of engines, gears, suspensions, etc. and this should be one of the reasons why there are so many small scale car manufacturers in the country. At the same time, it should be laid emphasis that this supreme out-sourcing system is intermingled with highly integrated huge enterprises, and such an intermingling structure is one of the basic socio-economic features of this giant country.

Third, there are some particular regions where they have historical traditions of small and medium scale enterprises (SMEs) and differentiation-oriented manufacturing. Generally speaking, Chinese society is not good at raising SMEs in their manufacturing sector, excluding the deltaic field area of Yangtze River (DYR) and Taiwan. In this section, DYR means the area including Shanghai, Zhejiang and southern half of Jiangsu Province. Especially, it is noteworthy that we are able to find various towns and villages where people concentrate on manufacturing specific commodities and materials. Now, you can find "the town of necktie", "the village of socks", "the city of ball-point pens", "the town of metal goods", and so on. The variety is far advanced in small towns and villages of Zhejiang Province. For many people in Europe or Japan, "a village" means a community with small population, but in present China, sometimes it is an unit of public administration having more than several hundred or sometimes several thousand manufacturers and merchants of the same line of business. This situation is particularly prominent in DYR. Most of these firms are oriented to have their own shop or shops in their common markets, which this author calls "specific markets" (SMTs). In addition to that, almost all workers of various firms are not habitants of those villages or towns.[5]They are mostly from other districts of the province or immigrant workers from other provinces, and they are not allowed to get any formal status to be habitants of their job places, and requested to

4 Refer to the home page of Tongji Tongjie (*http://www.tji.cn/*).

5 In China, those whose domicile addresses are registered in rural areas are regarded to be "farmers" regardless of their occupational background and they are not allowed to live in urban areas without any special permission.

go back to their home towns and villages within couple of years. This social system made it possible for Chinese SMEs to expand to a larger scale in a shorter time than their Japanese and European counterparts. Table-7 shows some typical SMTs in Zhejiang Province.

Table-7) SMTs in Zhejiang Province

Location	Product	Nr.of Firms	Nr. of Emp.	AOS	SDP
Shengzhou	Necktie	1,200	50	8	80
Yueqingshi	Electrical Apparatus	*3,800	-	15.5	66
Yongkang	Metal Wares	6,500	200	19	25
Wenzhoushi	Lighter	260	-	2	94
Wenzhoushi	Pen & Marker	151	-	1.6	33
Tongluxian	Ball-Point Pen	365	10	0.5	-
Haining	Leather Wares	5,688	62	12.1	25
Wenzhou Cangnan	Label Print	*2,089	*200	*7.5	30
Zhujidatang	Sox	10,000	150	9	-
Wenzhou Yongjiaxian	Button	480	-	1.5	-
Taizhou	Plastic Wares	*10,081	*141	*12.1	14
Taizhou	Die & Mould	979	13	1.2	-
Yuhuanxian	Bulbe	835	*32	*3.5	51
Wenzhou Yongjiaxian	Bulbe	-	-	4.5	30
Shaoxing	Textile	774	*164	41.7	-
Wenzhongshi	Key & Lock	400	-	5	65
Wenzhoushi	Shoes	*6,000	380	30	20
Wenzhoushi	Synthetic Leather Ware	-	-	8	70
Wenzhoushi	Eye Glasses	*500	40	4.5	80
Jiashan	Plywood	*248	*31	*4.2	41
Huzhouzhili	Children's Ware	6,600	-	2.5	15
Wenzhoushi	Garment	2,000	-	22.3	10
Ningboshi	Garment	1,300	40	11.1	-

Source) Data file of Jin Lab. of the School of Economics, Zhejiang University.
*Notes) *: Data of 2000, others are those of 2001.*
-: unknown.
Units: Employment (Emp); thousand persons, Amount of Sales (AOS); billion Yuan/year, Share of Domestic Production (SDP); %

Fourth, specific markets (SMTs) have been another social factor to have intensified the rapid development of SMEs in the DYR region. The development was closely related to the historical background of the region. Zhejiang Province was famous for having various kinds of journeymen and peddlers. In Japan, peddlers had tiny transactions within small local aria or community, but peddlers of this region had traditional nation-wide networks and their scale of space was extraordinarily huge. They went so far as to expand their network to remote areas like Sichuan or Yunnan, neglecting the difficulty of long journeys of about two thousand kilometres and several months or more. During the era of orthodox socialist regime, their activities had been strictly regulated, still they tries to maintain their small business partly because of the poverty of the region and partly because of their aggressive attitude of business. After Chinese government started to take deregulation policies, their activity revived quickly. At this turning point of business, officials of local governments and administration offices took a positive policy. They tried to establish a kind of common market in which farmers were able to have their own business on the strict conditions that farmers were requested to get official licenses and to pay management fees. This was the first stage of SMTs, and it started in the 1970s. At the end of the 1970s, there were more than one thousands SMTs in Zhejiang Province, and it expanded nearly to five thousand (Wu, 1999). After that, the number of SMTs declined slightly, but they have been integrated gradually and the scale of transactions within them has been expanding furthermore (Takeuchi, 2006). Around these SMTs, it is possible to find various production bases, i. e. Zhuji supplying six billion pairs of sox, Wenzhou producing 9.6 billion pens and markers, Shengzhou producing 250 million neckties annually and so on (Table-7). Among these places, there are numerous towns and SMTs supplying automobile and motor-cycle part-wares like Yongkang, and SMEs of those towns are good suppliers for newly rising Chinese automobile manufacturers.

However, products of domestic SMEs are mostly for maintenance goods and for the assembly line of small scale car assemblers and AGV manufacturers. Outsourcing activities of leading manufacturers like FAW and DFAW were mainly limited to their own affiliated companies, which had been established by themselves. In spite of the new establishment of joint ventures with European and Japanese companies, Chinese automobile industry could not have enough technological advancement. It was at the end of the 1990s that Chinese central government changed its strategy to intensify the technology transfer for the industry. Until then, some limited companies got agreement to establish joint ventures with Chinese makers. Among such companies, there were Volkswagen, Chrysler,

Citroen, Daihatsu and Fiat [6]. In 1999, GM succeeded in getting the agreement to establish a new joint venture with SAIC, ant the second wave of introducing new foreign companies came. Among new comers, there were Benz, BMW, Ford, Hyundai, Nissan, Honda, Toyota and some others. It should be laid emphasis that the central government requested foreigners to have their new business relations with Chinese companies which had already started business relations with other foreign companies. Organizing these multiple relations, Chinese business world seemed to have succeeded in intensifying technology transfers from leading automobile manufacturers of industrialized countries. The share of local contents was also improved. Foreign companies were requested to introduce their new models and latest models almost every year, in spite of the limited scale of the market. As a matter of fact, it was a heavy burden for part-ware joint ventures and foreign suppliers to have installed new machines and equipments in China without having enough demands for each specific part-ware. Especially Toyota related part-ware suppliers had a hard time. It is well known that Japanese automobile manufacturers are heavily dependent on part-ware manufacturers, and Toyota was once regarded to come to China as the first runner of foreign direct investment. It was the high dependency on part-ware suppliers that Toyota once hesitated to have direct investment at the beginning of the 1980s, but the company suggested related suppliers to go to China earlier. Consequently, those companies were obliged to survive without their main demander.

In spite of these difficulties of foreign direct investment, foreign car makers also tried to have their own strategic development in China. Chinese government tried to have their major company contract with multiple foreign companies for the purpose of increasing bargaining powers of Chinese companies and intensifying technology transfer. However, foreign investors also tried to have multiple contracts with different local manufacturers. They tried to fully utilize the respective vested interests of gigantic system of Chinese bureaucracy. These mutual manipulations and tough negotiations brought unique multiple business relations of Chinese automobile industry, major relations of which are shown in Table-8.

6 Iveco organized a joint venture with NAW, the former is one of the affiliated companies of Fiat

Table-8) Business Relations among Manufacturers in China: 2004

	FAW	DFAW	NAW	Northern	Southern	MAI	CHTW	Jiangxi	BAW	SAIC	TAW	GZAW	CQAW	DNAW	HCAW
GM										○					
Ford			▲		Δ*			Δ							
D-C				▲					□						
VW	○									○					
BMW															▲
P&S		Δ													
Renault		▲													■
Fiat			▲												
Volvo						▲	▲			▲					
Hyundai									○						
Toyota	Δ										Δ	Δ			▲
Nissan		Δ													
Honda		Δ										Δ			
Mazda	Δ				Δ*										
Fuji						▲									
Isuzu								Δ	▲			▲	▲		
Mitsubishi						□			▲					□	
Daihatsu											▲				
Suzuki					□	Δ									
Hino						▲			▲						

Source) Azuma, Takeuchi (2005)
Notes) D-C; Daimler-Chrysler, P&S; Peugeot-Citroen, Fiat includes Iveco.
**; JV with both Ford and Mazda*
○; *producing 200 thousand passenger cars and more, or 20 thousand commercial cars and more*
□; *producing 100 thousand passenger cars or engines and more, or 10 thousand commercial cars*
Δ; *having high possibility to get to the level of* □
▲; *at the level of planning of reorganization, and the appreciation is not fixed*
■; *the managerial strategy was not successful*
CHTW; China Heavy Track Works, GZAW; Guangzhou,
CQAW; Chongqin AW, DNAW; Dongnan AW,
HCAW; Huachen AW.

3. Some Basic Difficulties of Chinese Automobile Industry and New Trends

Not only numerous journalists but also lots of economists have appreciated the high potentiality of growth of Chinese automobile industry. However, in spite of the rapid development of the industry, it became prominent that the sector has some decisive problems. This section will introduce about five points of them as follows:

(1) over capacity,
(2) integration-oriented under intermingling,
(3) regional gap,
(4) full line-up strategy of the government,
(5) Presence and strategy of multi-national corporations.

First, it is incredible that the sector occasionally showed annual growth rate of domestic market over 60% or more since the beginning of the 21st century. However, it should be noted that the growth rate of production capacity has been far bigger than that of amount of sales. According to Azuma report, the national production capacity of passenger cars was about two million units per year in 2002, and the market demand was about 1.12 million. It means that the average operation rate was 56%. Next year, the domestic market expanded to two million, but production capacity expanded to 3.72 million, and the operation rate was not improved (Azuma, 2004, p.75). Fourin report introduced that the capacity of both passenger cars and commercial cars increased to 8.22 million, and market demand was 4.87 million in 2004, it meant that the operation rate was slightly improved, because of the upturn of operation rate of commercial cars. The report estimated that the production capacity will shift to 14.78 million in 2007 and 16.73 million in 2010, and the operation capacity of passenger cars will go down to less than 30% (Fourin, 2004, p.165). It is prominent that Chinese production is suffering over capacity, and it means the fierce market competition, especially that of passenger cars. This trend is closely related to the increase of new models at the market. At the year end of 2006, 212 models were confirmed, and almost all of them were put in the market after 2001, and further, about half of them were supplied within two years after 2004 (Fourin, op. cit.).

Second, in spite of the development of various SMEs of part-ware production, the main stream of Chinese Automobile production is quickly shifting to large scale enterprises. Until the 1990s, domestic part-ware manufacturers were not highly appreciated, and the major part of new investment was injected into completed car manufacturers. The investment for part-ware manufacturers was about one third or less of that for car manufacturers (Table-9). The investment for the latter turned up after 2000, and now there are big part-ware manufacturers which are enlisted at the stock exchange market of Shanghai or Shenzhen (Table-

10). However, investigating into some leading part-ware manufacturers, this author noticed that almost all companies are intensifying their own "integration-oriented" management. They are utilizing subsidies from the central government which evaluated the importance of increasing competitive part-ware production as one of the supporting industries. They are also heavily utilizing financial assistances from government financial organizations. These financial conditions were driving forces for these companies to be enlisted not only in their domestic markets but also in New York. However, they do not always utilize these funds for their intrinsic production, but for diversifying their line of business in a different way. Most of these companies are now more or less conglomerates, and they seem mostly to prefer having different kinds of businesses, especially real estate business with various kinds of service businesses. It should be laid emphasis that there are plenty of SMEs supplying part-wares for car makers, and they are still now very aggressive and earnest to expand their production and market, but the managerial stratification among part-ware manufacturers is now going to be strengthened to multiple directions. Furthermore, these multiple managerial options are going to intensify the intermingling structure of Chinese society.

Table-9) Trend of Investment of Chinese Automobile Industry

Unit: 100 million Yuan

Term	1986-90	1991-95	1997	1998	1999	2000
a	132.83	545.67	148.27	149.88	150.03	119.69
b	39.58	210.38	55.69	46.24	43.96	59.06
b/a	0.3	0.39	0.38	0.31	0.29	0.49
Total	172.41	756.05	203.96	196.12	193.99	178.75

Source: Annual Book of Chinese Automotive Works, annual edition.
Notes: a; completed car manufacturers including engine production for small assemblers
b; auto parts manufacturers

Table-10) Enlisted Companies of Vehicle Production

Products	Nr. of Companies	Products	Nr. of Companies
Completed Car	28	Car-Parts	32
Motor Cycle	2	Iron& Steal	4
Specific Car	3	Tyre	4
AGV	4	Cnst. Vehicle	9
Car Engine	5		

Source) Fourin, 2004, p.74.
Notes) AGV; Agricultural Vehicle
Cnst. V; Construction Vehicle

Third, Chinese automobile production is shifting to the DYR region. During the term of the traditional socialist regime, the central government tried to diffuse production bases to various places of the country. Nowadays, they are re-shifting to the sea shore area, particularly to the DYR region. Table-11 shows that part-ware production bases were transferred from inland regions like Hubei and Sichuan to eastern sea shore areas like Shanghai, Zhejiang, Jiangsu and Liaoning. Aggregating these four provinces, the share exceeds 50%. Car makers are also shifting to the DYR region as Table-12 shows. In addition to that, not a few of them are going to expand their production capacity to take bigger market shares. Taking some examples of passenger car manufacturers, SAIC plans to expand its production capacity to more than three million in 2010, and both Geely and Cherry announced to expand to more than one million. In the meantime, a few economists suggest that the market of passenger cars will be less than four million in 2010. In the case of multi-national companies, they are also concentrating their production facilities to seashore areas. Toyota was unable to get a license to establish the production base in DYR region, after hesitating over the proposal from Beijing government in the 1980s. The company managed to get a license for opening a small facility in Sichuan in 1998 and after having tough negotiations, it got a new license to establish new organization at Tianjin in 2000. However, the company suggested its related companies to start their production in China after the 1980s, and now Toyota is able to fully utilize the accumulation of part-ware suppliers in China, and they are mostly located in seashore areas. Table-13 shows that Tianjin is the core region of this group, but the DYR region including Shanghai shows the biggest share in terms of business licenses. This is the data of 2002, and the group started to develop another new production base in Guangdong Province after this. The locations of group companies are sure to diffuse to the southern China, but it is certain that they would not go inland areas. Other Japanese car makers, European companies and Americans also concentrate on the eastern seashores. It is noted that these trends intensify the regional stratification of China, and some companies which managed to get a license of inland area are suffering managerial difficulties still now, like the case of Subaru which opened the factory in Guiyang.

Table-11) Auto-Parts Production Classified by Region

Unit ; %

Year	1995		2000	
Rank	Region	Share	Region	Share
1	Hubei	13.5	Shanghai	27.4
2	Beijing	8.2	Zhejiang	9.1
3	Sichuan	8.2	Jiangsu	9.1

4	Shanghai	7.7	Sichuan	7.4
5	Jiangsu	6.1	Liaonin	6.7
-	Others	56.2	Others	40.3

Source: Annual Book of Chinese Automotive Industry, annual edition.
Note: Chonqing is included in Sichuan.

Table-12) Development of China Auto-Business in Huadong Area: 2004

Unit: Th. Vehicles/Year

Company/Group City	Province	Annual Production	
SAIC*	Shanghai	Shanghai	850
SJG	Jiaxing	Zhejian	50-150
DFH	Hangzhou	Zhejiang	10
HCJ	Hangzhou	Zhejiang	5
Geely Auto	Taizhou	Zhejiang	300
Geely Auto	Ningbo	Zhejiang	100-150
Hyundai Kia	Yancheng	Jiangsu	150
Changjiang Auto	Changzhou	Jiangsu	1
Mudan Auto	Zhangjiagang	Jiangsu	10
Nantong Auto	Nantong	Jiangsu	0.5-0.6
FSAW	Wuxi	Jiangsu	10
Suzhou Jinlong	Suzhou	Jiangsu	10
SYAW	Yizheng	Jiangsu	50
Yuejing Auto	Nanjing	Jiangsu	150-200
JAC	Hefei	Anhui	50
Cherry Auto	Wuhu	Anhui	300
JCAW	Jiuchang	Jiangxi	100
Changhe Auto	Jingdezhen	Jiangxi	100
Shangrao Auto	Shangrao	Jiangxi	3
Jiangling Auto	Nanchang	Jiangxi	100-160
		(Total)	2,359.5-2,619.6

Source: Data file of Huadong Research Institute.
Notes: SAIC; Shanghai Auto Industry Co. Group, including VW, GM and Volvo
SJG; Shanghai Jieshida Group
DFH; Dongfeng Hangzhou
HCJ; Hangzhou Changjiang
FSAW; First Specific Automotive Works
SYAW; Shanghai Yizheng Automotive Works
JAC; Jianghuai Automotive Company
JCAW; Jiujiang Changhe Automoyive Works
"Annual Production" means annual production capacity.
"Auto" means automobile or automotive works.

Table-13) Toyota and Related Companies in China: 2002

	Dongbei	Tianjin	Huabei	Shanghai	DYR	Others
Toyota		4				
Denso		3	1			1
Aishin Seiki		2	1		1	
Toyota Gosei		2				1
Toyota AWM					1	
Toyota Tusho	1	1			1	
Tokai Rika		1			1	
NOK	1		2			
Kawashima	1		1	1		
Koyo Seiko	2		1			
Tokiko	1				1	
Kansai Paint	1	2				2
Bridgestone	1	1			1	
Aisan Kogyo	1	1				
Nippon Battery		1				
Sumitomo Denko*	2		1			
Stanley		2		1	1	3
Arako		1			1	1
Fujitsu Ten		1				
Mitsuboshi Belt		1				
Aishin Takaoka		1				
Futaba Sangyo		1				1
Yuasa Battery		1				1
Toyo Radiator			1			
Taiho Kogyo			1			
Nihon Paint			1	1		1
Nichiyasu				1		
Koito				1		
Kayaba Kogyo				1	1	
Nishikawa Rubber				1		
San'oh Kogyo				1		1
Takashimaya Nippatsu					1	
Toyo Rubber					1	
Nihon Seiko					2	1
Chuo Casting					1	
Sumitomo Rubber					2	
Chataller					1	1
Teikoku Piston Ling					2	
Art Kogyo					1	
Toyo Radiator						1
Total	9	28	9	8	21	15

Source: IR Section of Toyota Corp., Toyota's Activity in China, 2003, pp.8-9.
Note: including one JV with Sumitomo Denso.

Fourth, China is now a country where it is possible to identify as many kinds of cars as possible, from luxury cars like Maibach and Rolles-Royce to very compact ones with wooden frames and synthetic films to substitute glasses, from gigantic LCCs for heavy transportations to mini-compact AGVs for tiny farmers in small villages. It should be pointed out that the situation is well accepted by all, including from the top of the state, provincial leaders, company managers, to the end users throughout the country. For example, FAW is one of the top manufacturers in China, and the company is going to maintain its wide varieties of products, from heavy LCCs to compact tracks, and from luxury passenger cars like Hongqi to sub-compact cars like Xiali. Not a few AGV manufacturers are aiming to have production facilities to supply modern passenger cars and commercial cars, like the case of Geely which had started through the supply of AGVs and motorcycles and shifted to modern passenger cars. The company still supplies AGVs and motorcycles, and once it intended to supply cars what they call "Benz-type". On the one hand, China is going to be the biggest country to demand the heavy LCCs to sustain her huge space and transportation. FAW is going to be one of the major manufacturers to supply the vehicle. On the other side, the country needs the supply of cheap and tough AGVs, which have big demand in the rural areas of this country. This is the reason why this author once called "the full line-up strategy" to identify the basic feature of motorization policy of China.[7] The strategy will have an effect to intensify the intermingling structure of the society. On the one side, the structure will bring a possibility for traditional SMEs to have any business chances to develop as modern manufacturers. In addition to that, China will be able to have a high potentiality to raise not only the luxury car market but also the LCC manufacturing sector as the core of Eurasian transportation network. However, on the other side, there is a possibility that this structure could be the other side of the medal of hyper social stratification of society.

Fifth, not only global major car makers but also leading part-ware manufacturers sifted to China these days. However, there are slight differences of managerial activities among American, European and Japanese companies. It is possible to identify the difference through their shifting patterns. Table-14, 15 and 16 are materials for this analysis in terms of production facilities in 2003. In cases of Japanese companies, technical centers and research centers are excluded, and production facilities in Australia are not included here. Comparing with Japanese suppliers, American and European part-ware makers mostly concentrate on Chinese market, and their regional strategies have similarities, excluding a few leading companies. Bosch shows strong activities in China and further in Korea and

7 Pertaining the full line-up strategy, refer to (Azuma, Takeuchi, 2005).

ASEAN. Not only European and American car makers but also Korean and other companies needed Bosch for the supply of some decisive part-wares to export their automobiles to other regions. The management of Bosch is remarkable for having multiple and tough strategies. Still, the main target of this company is also set to China, like other companies. Delphi is a subsidiary of GM and showed positive activities in Korea outside of China, because GM had kept business relations with former Daewoo group of Korea. Although the business performance of the Korean company was not favourable in those days, GM tried to utilize the capacity and human resources for new strategies in China. Including the strategies of these leading companies, Europeans and Americans are constantly focusing on Chinese rapidly expanding market. Meanwhile, Japanese manufacturers have had their business relations with almost all countries of Asia-Pacific region (Table-16). Their activities were comparatively weak in Korea, partly because Korean government preferred to give priority to their domestic manufacturers. In Taiwan, Japanese companies had 28 joint ventures and direct investment companies (DICs), and constantly occupied the biggest share of the market, but the domestic market is limited. Comparing with these neighbours, ASEAN had been more important for Japanese to maintain their business, as they had long relations and appreciated the high potentialities of the market, and the region had accomplished prominent economic development since the 1980s. In addition to that, ASEAN is going to be the decisive production base for Japanese manufacturers to supply so-called "one ton pick-ups" to the global market.[8] In terms of the number of joint ventures and DICs, ASEAN has the biggest share, and if they succeed in developing international division of labor, ASEAN will be able to fix their international status as one of the important industrialized regions. The number of Japanese joint ventures in China is increasing rapidly after the end of the 1990s. Still their activities seem to be slightly modest, comparing with their European, American and Korean counterparts.

8 op cit

Table-14) Major American Auto-Parts Manufacturers in Asia Pacific Region

Company	China	Korea	Taiwan	ASEAN	India	Aus.
Arvin Meritor	4			1	1	
Cummins	4				5	1
Dana	3	1	1	5	1	1
Delphi	10	7		3	1	1
Eaton	3	4	2	2		3
Federal-Mogul	6	3		1	5	1
Gates Rubber Co.	1	1		1		1
Hayes Lemmerz Int'l				1		1
Honeywell Int'l	1	1				
Johnson Controls	2			2	2	
Lear	6	1		2	1	
Magna	6	2		1	1	
Tenneco Automotive	3			1	1	3
Textron	3	1		1		1
Tower Automotive	1	1				
TRW	3	2		4	4	
Visteon	6	5		3	3	
Total	62	29	3	28	25	13

Source: Fourin, op.cit., p.12.
Note: Showing cases of direct investment and joint ventures.
Excluding cases of OEM and technical assistances.
Aus.; Australia

Table-15) Major European Auto-Parts Manufacturers in Asia Pacific Region

Company	China	Korea	Taiwan	ASEAN	India	Aus.
Autoliv	6	1	1	6	1	
Bosch	6	7		6	3	2
Brose	2	1				
Conti Temic	1			1		
Continental Teves	4		1			
Edscha	2		1			
Faurecia	5	1			1	
Freudenberg/NOK	2			1	1	
GKN	3	1	1	2	2	1
Hella	6	3		1	2	2*
Johnson Matthey	1			1	2	
Kolbenschmidt**	2					
Magneti Marelli	4			1	1	
Mahle	3	2		4	2	
Roulunds Fabrike	3	1		3	2	
Siemens***	5	2		2	2	
Thyssen Krupp****	3				1	
TI Automotive	5	1			3	3*

Ticona	1	1				
Valeo	6	2			3	
Webasto	2	1				
ZF	5		1	2	3	1
ZF Sachs	3	1				
Total	80	25	5	30	29	9

Source: Fourin, op.cit., p.12.
Note: Showing cases of direct investment and joint ventures.
Excluding cases of OEM and technical assistances.
**: including one company lovated in New Zieland.*
***: Kolbenschumidt Pierburg*
****: Siemens VDO Automotive*
*****: Thyssen Krupp Automotive*
Aus.: Australia

Table-16) Asian Production Base of Major Japanese Auto-Parts Manufacturers

Unit: Number of JVs and DICs

Company	China	Korea	Taiwan	ASEAN	India
Aishin Seiki	4		1	3	1
Aishin Takaoka	1			6	
Asahi Tech				3	
Araco	3		1	2	1
Ichiko I.				2	
Eccedy	3			4	1
NTN			2	1	
Kayaba I.			1	4	
Kalsonic-Kansei		3	5	5	
Kehin	2			3	2
Koito	1	1	1	1	1
Sanden	2			5	1
Showa	3		1	2	1
Shiroki I.	1			1	
Stanley E.	5			2	1
Sumitomo EN.	5			3	2
Daido MI.	1	1	2	2	1
Takanichi	2			4	
Tachiesu	4				
Chuo S.	2		1	2	1
Denso	6	4	1	11	6
Tokai Rika	2	2	1	3	
Tokiko	2			2	
Toyota Gosei	3		2	3	2
Nairus			1	1	
Nisshinn I.	2			3	
Nippatsu	4			9	3

Nihon Cable System	3	2		4	2
Nihon Seiki	2			2	2
Nihon Seiko	4	1		2	1
Nihon Tokushu Ce.		2	1	3	
Bando C.	1	2	1	5	
Kohsei A.	2			2	
Hitachi Yunishia	2	1	1	3	
Mikuni	3	1	1		1
Mitsuba	2			3	1
Mitsubishi EM.		1	1	4	1
Mitsuboshi Belt	1		1	4	
Yazaki	6		1	10	1
Yachiyo I.	1			1	
Total	103	24	28	150	35

Source: Fourin, Asian Auto-Parts Industry 2003/2004, p.10.
Notes: Abbriviation; I: Industry, C: Chemical, A: Aluminum, E: Electrics,
EN: Electrical Networks, EM: Electric Machines,
MI: Metal Industry, S: Springs, Ce: Ceramics
Excluding cases of OEM and Technical assistances.
Excluding the production of parts manufacturing of motor cycles.
ASEAN means Thailand, Malaysia, Indonesia, and Philippines only.

4. Conclusion

Without any intensive policy, it will be possible for Chinese society to expand its domestic market. Historically speaking, the society has immemorial background of commercial activities and riotous occupations including various underground transactions. If the country has a small population with horrible stratifications and rigid regulations, it will be difficult to have the intermingling and sometimes confusing development, as was partly investigated in this section. However, the scale of national land space and population is awfully different from Western societies where the formation of modern citizenship could be the basement of their common sense and various hypotheses of modern economics. In ordinary national economies, managerial integrations have been intensified through market competitions and selections. However, competitions are intensifying the formation of both integration-oriented companies and various kinds of SMEs in some regions of present-day China. At the same time, there are numerous regions where integrations are intensified without competitions, sometimes under the "principle" of "privatization". This section calls these situations "an intermingling structure". It is not a system organized under common institutional arrangements, but an universe where different kinds of primitive desires surpass social constraints and common sense of duty. Here, multi-national corporations are also mere players to intensify competitions through multi-lateral relations and multiple regulations. Regional sectionalism and vested interests are strong social factors to accelerate multiple relations. For the time being, it would be difficult to identify whether this structure will be settled down to certain ordinary market systems or bring different global conditions, but it is sure that China is now the island of Rodhos for global competition and future reorganization of market economies.

References

Azuma, Kazuo (2004): *"Chuugoku no Jidosha Sangyo"* (Automobile Industry in China) Shanghai: Kato Jidosha Kenkyukai, 2004

Azuma, Kazuo and Johzen Takeuchi (2005): *"Chugoku Jidoshasangyo no Tenkai to Kadai"* (Development and Problems of Chinese Automobile Industry) (Mimeograph) Kitakyushu: ICSEAD, 2005

China Industry Report Inc., Automotive Weekly Inc., et al. (2004): *"Zhonguo Qiche Lingbujian Gongyingshang Shouce 1, 2"* (Handbook of Chinese Auto Parts Suppliers, Vol.1,2) Changchun: Jilin Science and Technology Press, 2004

Fahrell, Findley, Hidetaka Yoshimatu and Yuanzhan Liu (2005): *"Azia no Jidosha Sangyo to Chugoku no Chosen"* (Asian Automobile Industry and Chinese Challenge) Tokyo: Sobunsha, 2005

Fourin ed. (2003): *"Azia Jidosha Buhin Kogyo"* (Asian Auto- Parts Industry) Nagoya: Fourin, 2003

Fourin ed. (2004): *"Chugoku Jidosha Sangyo 04/05"* (Chinese Automobile Industry 04/05), Nagoya; Fourin, 2004

Fujimoto, Takahiro (1999): *"The Evolution of the Manufacturing System at Toyota"*, New York: Oxford University Press, 1999

Fujimoto, Takahiro and Junjiro Shintaku (2005): *"Chugoku Seizogyo no Akitekucha Bunseki"* (Architectural Analysis of Chinese Manufacture) Tokyo: Toyo Keizai Shinposha, 2005

Guan Jiandong (2006): *"Chiye Zhechu he Zheben Lienhu"* (Self Technology and Capital Linkage), in: Zhonguo Jinjiepao (China Management Report), 6. März 2006

Lee, Chunli (1997): *"Gendai Chugoku no Jidoshasangyo"*, (Modern Chinese Automobile Industry) Tokyo: Sinzansha, 1997

Lee, Chunli (2003): *"Hurusettogata Genchika to Chugoku Jibakigyo no Kyososenryaku* "(Full-Set Localization and Competition Strategy of Chinese Local

Firms) in: Kokusai Bijinesu Kenkyugakkai Nenpo (Annual Report of International Business Research Association) Vol.9, 2003

Marukawa, Tomoo and Yuichi Takayama eds. (2004): *"Gurohbarujidai no Chugokujidoshakougyo"*, Tokyo: Sososha, 2004

Maruyama, Hideya et al eds. (2001): *"Chugoku Jidosha Sangyo no Hattenn to Gijyutsu Iten"* (Development off Chinese Automobile Industry and Technology Transfer) Tokyo: Tsugeshobosinsha, 2001

Sako, Mari (1992): *"Prices, Quality and Trust: Inter-Firm Relations in Britain and Japan"*, Cambridge: Cambridge University Press, 1992

Takeuchi, Johzen (1991): *"The Role of Labor Intensive Sectors of Japanese Industrialization"*, Tokyo: UNU, 1991

Takeuchi, Johzen (2004): *"Chugoku Kogyoka no Chiikiteki Kiso"* (Regional Conditions of Chinese Industrialization), Nagoya: East Asia Research Institute (EARI), 2004

Takeuchi, Johzen (2004): *"Chugoku Kogyoka no Nosonteki Kiso"* (Rural Conditions of Chinese Industrialization), Nagoya: EARI, 2004

Takeuchi, Johzen (2006): *"Gendai Chugoku no Kigyokeitai"* (Enterprises of Present China), Nagoya: EARI, 2006

Wu, Zhenkun (1999): *"Zhongkuo Siying Jingji Shiwu Quanshu"* (Practical Handbook of Chinese Private Enterprise), Shanghai: Zhonghua Gongshang Lianhe Press, 1999

Droht Deutschland eine „Energiefalle"?

Günter S. Heiduk[1] *und Christian Schabbel*[2]

1. Zusammenfassung

Die ausreichende und kostengünstige Versorgung mit Energie ist eine wesentliche Voraussetzung für ökonomisches Wachstum in allen Industrieländern. Preisanstiege auf den globalen Märkten für Energierohstoffe, sinkende Gasförderkapazitäten in der Nordsee, politische Instabilitäten in vielen rohstoffexportierenden Ländern und sogar kurzfristige Unterbrechungen der Öl- und Gaslieferungen aus Russland haben zu einer intensiven Diskussion um die Energieversorgungssicherheit in Europa geführt. Deutschland weist zudem mit dem Ausstieg aus der Kernenergie, rückläufigem Braunkohle- und Steinkohleabbau, hoher Marktmacht der nationalen Energieunternehmen, strenger Umweltgesetzgebung, staatlicher Förderung regenerativer Energien und relativ geringen F&E-Ausgaben besondere Rahmenbedingungen auf. Die deutsche Energiepolitik zielt darauf ab, die drohende Versorgungslücke über regenerative Energieträger zu schließen. Kurz- bis mittelfristig dürfte der Import von Energie- und anderen Roh-Stoffen jedoch an Bedeutung gewinnen. Zusammen mit externen Preis- und Nachfrageanstiegen und regionalen Abhängigkeiten könnte Deutschland in eine „Energiefalle" geraten.

2. Einleitung

Seit der weltweiten Verteuerung von Energie- und Rohstoffen (E&R), der abnehmenden Erdgasförderung an der Nordsee und immer häufiger auftretenden politischen Instabilitäten in Exportländern hat sich in vielen europäischen Ländern die Sorge um eine ausreichende Energieversorgung spürbar erhöht. Deutschland weist zudem mit dem Ausstieg aus der Kernenergie, der starken Abschottung seiner nationalen Energiemärkte, hohen Umweltstandards und der Förderung erneuerbarer Energieträger spezielle Rahmenbedingungen auf, die hohe Energiekosten zur Folge haben. Die deutschen Energiekosten gehören zu den höchsten in Europa, was nationale Verbraucher von Energie inzwischen sogar

1 Universität Duisburg- Essen (Campus Duisburg)
2 Universität Duisburg- Essen (Campus Duisburg)

veranlasst hat, Klagen beim Bundeskartellamt einzureichen. Im Vergleich zu nicht-europäischen Industrieländern wie den USA oder Japan hat Deutschland allerdings den Vorteil relativ geringer Transportkosten bei Importen von Energierohstoffen, da diese aus nahe gelegenen Ländern des Nahen Ostens, Nordafrikas und aus Russland bezogen werden.

Es gilt als Allgemeingut, dass die Globalisierung insbesondere den Industrieländern Vorteile verschafft. Allerdings stellt sich nicht nur für Deutschland die Frage, ob angesichts der jüngsten Preis- und Nachfrageentwicklungen auf den internationalen E&R-Märkten die zunehmende Außenabhängigkeit in diesem Sektor vorteilhaft ist. Eine analytisch überzeugende Antwort kann hier nicht gegeben werden, da die Untersuchung aller möglichen Interdependenzen den Rahmen dieses Aufsatzes weit überschreiten würde. Für die zur Diskussion gestellte These, dass das Zusammenwirken von Globalisierung und Nachfrage-Wachstum auf den internationalen E&R-Märkten einerseits und die nationale Energiepolitik andererseits Deutschland in eine „Energiefalle" locken könnte, sprechen jedoch empirische Evidenzen, die im Folgenden näher beleuchtet werden sollen.

Zunächst werden in Abschnitt 2 die globalen Entwicklungen auf den Märkten für E&R skizziert. Abschnitt 3 zeigt die internationalen, europäischen und nationalen Rahmenbedingungen auf, denen Deutschlands E&R-Märkte unterliegen. In Abschnitt 4 werden Aufkommen, Verwendung und internationaler Handel von E&R in Deutschland unter gesamtwirtschaftlichen und marktspezifischen Aspekten untersucht. Es folgt eine Analyse des Spannungsfeldes von nationaler Energiepolitik, zunehmenden Regionalisierungstendenzen und globalen Entwicklungen, aus der Implikationen über die Auswirkungen von Globalisierung und Wachstum auf die deutschen E&R-Märkte und die Gesamtwirtschaft abgeleitet werden.

3. Globalisierung der Energie- und Rohstoffmärkte

a. Globalisierungs- und Regionalisierungstendenzen

In vielen Industrieländern wurde der E&R-Sektor lange Zeit durch nationale Regulierungen vor internationalem Wettbewerb geschützt. Die Politik begründet dies häufig mit „Besonderheiten" dieses Sektors, so z.B. dem begrenzten inländischen Angebot, der hohen und langfristigen Kapitalbindung, den Wettbewerbsnachteilen der inländischen E&R-Märkte, den begrenzten bzw. teueren Speicher- und Aufbewahrungsmöglichkeiten, den teilweise starken zyklischen Schwankungen sowie der hohen kurzfristigen Preisvolatilität. Allerdings hat der zunehmende internationale Wettbewerbsdruck auf den Märkten für Industrie- und Konsum-güter dazu geführt, teure nationale E&R durch preiswertere ausländische zu substituieren. Diese Entwicklung hat die Wirtschaftspolitik herausgefordert, die nationale Schutzpolitik zu überdenken. Die Tendenz der zunehmenden Außenabhängigkeit wird selbst durch internationale Kartelle (Erdöl) bzw. Parallelverhalten (Erdgas) nicht umgekehrt. Damit ist die ungewöhnliche Situation entstanden, dass auf nationalen E&R-Märkten ein erhöhter potenzieller Wettbewerb entstanden ist, während auf internationalen Märkten weder der Substitutions- noch der Anbieterwettbewerb eine hohe Intensität aufweist. Das wettbewerbliche Schrumpfen nationaler E&R-Quellen dürfte insbesondere dort, wo diese Anpassungsprozesse durch staatliche Interventionen verzögert werden, zu Wachstumseinbußen führen. Das politisch gewollte Schrumpfen (Kernenergie) wirkt ebenfalls in diese Richtung.

Die Erschließung preiswerter Energiequellen (Erdöl, Erdgas) in den Peripherien der Industrieländer hat zu einem raschen Wandel in der Struktur des Energieverbrauchs und der -importe in Deutschland geführt (vgl. Abschnitt 4). Die Regionalisierung der Importe von E&R wird durch hohe Transportkosten, insbesondere beim Seetransport, begünstigt. Trotz globaler Bezugsmöglichkeiten weisen die tatsächlichen Lieferstrukturen auf diesen Regionalisierungstrend hin. So fließen 80% der russischen und 75% der nordafrikanischen Ölexporte nach Europa, während 80% der lateinamerikanischen Ölexporte nach Nordamerika strömen. 60% des Öls aus dem Nahen Osten wird nach Ost- und Südostasien exportiert (Müller, Friedemann, 2003, S. 5). Offenbar bezieht sich dieser Trend zur Regionalisierung in erster Linie auf die Produzenten-Abnehmer-Beziehungen, nicht jedoch auf die Preisbildung. Diese erfolgt für Referenzqualitäten auf „enterritorialen“ virtuellen Märkten (Online-Handelsplattformen) und Punkt-Märkten (lokale Leitbörsen). Die Preisbildung wird zum einen durch „globale Ereignisse“ (z.B. eine Nachfrageausweitung) beeinflusst. Zum anderen können „regionale Ereignisse“ (eine Reduzierung der OPEC-Fördermenge, politische Unruhen) Parallelverhalten nicht direkt betroffener Wettbewerber zur Folge haben, was sich wiederum auf regionale Mengenströme und die Preisbildung anderer Referenzsorten auswirkt. Auf diese Weise können auch nicht unmittelbar tangierte nationale Märkte betroffen sein.

b. Relativer Standortvorteil Deutschlands

Im Vergleich zu anderen Industrieländern scheint Deutschland aufgrund seiner geographischen Lage einen relativen Importkostenvorteil beim Bezug von E&R aufzuweisen. In relativer Nähe Deutschlands (4.500 km Radius) befinden sich 80% aller derzeit bekannten Erdgasreserven sowie ein Großteil der verfügbaren

Ölvorkommen (Russland, Naher Osten, Nordafrika). Mit steigenden Importen nimmt jedoch auch die Außenabhängigkeit weiter zu. Die Bundesregierung hat in den letzten Jahren verstärkt die Energiepartnerschaft mit Russland gesucht. Gegenwärtig stammen ca. 35% des deutschen Erdgasverbrauchs sowie 31% des Rohölverbrauchs aus Russland. Mit der geplanten Ostseepipeline von Greifswald (Deutschland) nach Vyborg (Russland) würde die Lieferstruktur noch einseitiger. Diese Strategie stößt auf europäischer Ebene nur auf geteilte Zustimmung. Die EU-Kommission hat Bedenken bezüglich einer zu starken Konzentration auf bestimmte Lieferländer und Produkte, auch angesichts der steigenden europäischen Verbrauchsabhängigkeit bei Erdgas (derzeit: 57%, prognostiziert: 84% bis 2030).

c. Preisentwicklungen auf den wichtigsten globalen Rohstoffmärkten

Eine allgemeingültige Skizzierung der globalen Preisentwicklung von Rohstoffen ist aufgrund der heterogenen Einzelmärkte kaum möglich. Um dennoch Rohstoffpreisentwicklungen darstellen zu können, wurden Indizes geschaffen, die eine Teilmenge einzelner bedeutender Rohstoffe umfassen, so z.B. der HWWA-Rohstoffindex oder der Reuters-CRB-Index. Letzterer umfasst die folgenden Güter (in Klammern die Gewichtung):
Energie: Rohöl, Heizöl, Gas (18%)
Getreide: Korn, Sojabohnen, Weizen (18%)
Industrierohstoffe: Kupfer, Baumwolle (12%)
Fleischwaren: Rinder und Schweine (12%)
Edelmetalle: Gold, Platin, Silber (17%)
Softs: Kakao, Kaffee, Orangensaft, Zucker (23%).

Die Preisentwicklung in den einzelnen Teilsegmenten verlief bislang äußerst unterschiedlich. Die Preise für viele Rohstoffe haben einen langfristigen Abwärtstrend hinter sich und beginnen seit ca. sechs Jahren deutlich zu steigen. Einzelne Rohstoffpreise sowie der aggregierte CRB-Index befanden sich zu Beginn des Jahres 2007 auf oder nahe an einem historischen oder langjährigen Höchststand. Niedrige Lagerbestände und enge Märkte haben bei Metallen wie Aluminium, Nickel und Kupfer zu dieser Entwicklung geführt. Eisenrohstoffe haben sich aufgrund der hohen weltweiten Stahlnachfrage ebenfalls deutlich verteuert. Der HWWA-Rohstoffindex, der die wichtigsten Rohstoffe umfasst, steigt seit 2002, von kleineren Erholungsphasen abgesehen, auf Dollarbasis an. Länder, in denen Rohstoffe für einen wesentlichen Teil der Exporterlöse verantwortlich sind, haben erfolgreich die Preise erhöht, um so die negativen Auswirkungen der Dollarabwertung zu kompensieren (Matthies, Klaus, 2005, S. 333).

Einige Preise werden vertraglich für einen längerfristigen Zeitraum festgelegt, so z.B. bei Eisenerz und wesentlichen Teilen des internationalen Kohle-Handels. Die Preisfestlegung erfolgt üblicherweise einmal im Jahr und wird zwischen den wichtigsten Produzenten und Abnehmern ausgehandelt. Die Preise dieser Rohstoffe entziehen sich daher teilweise kurz- bis mittelfristigen Volatilitäten. Der Preis für Eisenerz wurden für das Lieferjahr 2005 um 72%, der für Kokskohle um 120% heraufgesetzt. Dieser Anstieg hat sich 2006, wenngleich in deutlich geringerem Umfang, fortgesetzt (Eisenerz: +19%).

Die Preise auf den Märkten agrarischer Rohstoffe und von Nahrungsmitteln haben sich je nach betrachtetem Rohstoff sehr heterogen entwickelt. Während die Preise auf den Märkten von Holz und Zellstoffen durch ein hohes Angebot und ebenfalls hohe Kapazitätserweiterungen tendenziell sinken, sind die Preise von tropischen Getränken (Kakao, Kaffee) angestiegen, was mit politischen Unruhen an der Elfenbeinküste und eine gestiegenen Nachfrage aus Asien zu erklären ist. Bei einzelnen Agrarrohstoffen (Baumwolle, Zucker, Getreide) führen nationale Schutzsysteme zu Preisdiskriminierungen (siehe z.B. die EU-Marktordnung), welche wiederum die internationalen Handelsströme beeinflussen.

Die Zunahme der mengenmäßigen Nachfrage aus sich industrialisierenden Schwellenländern, insbesondere China, ist zu einem wesentlichen Teil ursächlich für diese Preistrendumkehr auf den E&R-Märkten. Derzeit steht China für ein Drittel des Verbrauchs an Kohle, ein Viertel des Aluminium- und Stahl-Verbrauchs und 40% des Zementverbrauchs. Insgesamt kann ca. ein Drittel des Nachfrageanstiegs bei Rohstoffen auf China zurückgeführt werden. Dies bedeutet für Rohstoff fördernde Länder eine Ausweitung der Handelsgewinne und für Rohstoffnachfrager steigende Inputpreise. Derzeit deutet wenig auf eine Verlangsamung dieser Preisauftriebstendenzen hin. Insbesondere der Bedarf nach Edelmetallen (Gold, Silber, Platin, Palladium) und Industriemetallen (Aluminium, Kupfer, Nickel, Zink, Blei), welche im Hochtechnologiesektor benötigt werden, sowie die steigende Nachfrage nach Luxusgütern festigen diese Entwicklung. Zusätzlich tragen Exportrestriktionen einiger Länder (Russland, Ukraine, Süd-Korea, seit neuestem auch China) zu einem hohen Preisniveau bei. Die meisten Prognosen gehen daher von langfristig weiter steigenden Rohstoffpreisen aus.

Bei einigen Rohstoffen wiesen die Märkte in der Vergangenheit eine starke Käuferposition (Industrieländer) auf. Eine der Ursachen liegt im technischen Fortschritt der Industrieländer begründet, der zu energiesparender Substitution führte. Die Entdeckung neuer Rohstoffquellen hat den Anbieterwettbewerb auf einigen Märkten verschärft.

d. Energierohstoffe

Zu den Teilmärkten der Energierohstoffe zählen insbesondere die Primärenergieträger Erdöl, Erdgas und Kohle sowie die Sekundärenergieträger Strom, Fernwärme, Heizöl und Koks. Im Gegensatz zu den meisten anderen Rohstoffen wurden und werden die Märkte für Energierohstoffe in hohem Maße national abgeschottet. Die Marktmacht auf den Energiemärkten lag lange Zeit bei nationalen Produzenten (Verkäufermarkt). Mit der Entdeckung von Rohöl und Erdgas entstand ein Substitutionswettbewerb durch ausländische Anbieter, und zwar – wie bereits erwähnt – aus nahe gelegenen Regionen. Dies hängt mit technischen Gegebenheiten wie den hohen Transportkosten, der mangelnden Speicherfähigkeit von Energie oder der begrenzten Länge von Pipelines zusammen. Neuartige Technologien erlauben es inzwischen, Erdgas in den Förderländern zu verflüssigen (liqueified natural gas, LNG) und es in Spezialtankern über weite Strecken zu transportieren. Im Importland wird es dann wieder aufbereitet und in Pipelines eingespeist. Vorteile sind u.a. neue Erschließungsmöglichkeiten von Fördergebieten sowie ein unabhängigerer („globalerer") Gashandel. Die Produktions-, Transport- und Aufbereitungskosten sind aufgrund von Skaleneffekten und neuen Techniken deutlich gefallen, so dass von der Internationalen Energieagentur (IEA) eine starke Nachfrageausweitung bei Flüssiggas prognostiziert wird. Derzeit planen mehrere europäische Energieunternehmen den Bau von Anlandeterminals für Flüssiggas, so auch EON-Ruhrgas in Wilhelmshaven. Regionale Kooperati-onen mit russischen Unternehmen könnten so einerseits umgangen werden, andererseits könnte es die Verhandlungsposition deutscher Energieunternehmen verbessern. Das zunehmende internationale Energie- und Rohstoffangebot könnte so besser genutzt werden. Die endlichen Energierohstoffe Öl, Erdgas und Kohle reichen bei einem Verbrauch auf derzeitigem Niveau und ohne Neuentdeckung von Reserven für 40, 60 bzw. 200 Jahre (= statistische Reichweite). Aussagekräftiger ist hingegen die tatsächliche Reichweite: Der Energiejahresverbrauch ist zwar in den letzten Jahrzehnten deutlich gestiegen, die weltweiten Reserven stiegen jedoch noch stärker. Technischer Fortschritt macht eine Förderung auch entlegener oder schwierig zu explorierender Rohstoffe lohnend.

e. Energienachfrage

Der globale Energieverbrauch hat sich zwischen 1965 und 2005 mehr als verdoppelt. Der Anteil von Erdöl am Weltenergieverbrauch liegt bei ca. 37%. Jeweils ein Viertel tragen Kohle und Erdgas bei. Der Rest (ca. 13%) verteilt sich auf regenerative Energien und Kernenergie. Die Bedeutung von Erdgas in der globalen Energieversorgung ist beständig gestiegen. Die Nutzung und der Import von Erdgas setzt allerdings eine wesentlich höhere Leitungsinfrastruktur als bei Erdöl voraus. Inzwischen ist diese bei den industrialisierten Volkswirtschaften Amerikas, Europas und Ostasiens durchaus vorhanden. Aufstrebende Volkswirtschaften wie China oder Indien verfügen hingegen noch nicht über eine entsprechende Pipeline-Infrastruktur, so dass die Nachfrage kurzfristig nicht stark ausgedehnt werden wird. Trotz intensiver technischer Bemühungen um Energie- und Rohstoffersparnis wird die globale Energienachfrage laut IEA in den nächsten 25 Jahren um 50% zunehmen (Internationale Energieagentur, 2005). Mehr als 60% Anteil an diesem Zuwachs werden Öl und Erdgas verbuchen; der dafür benötigte Ausbau des weltweiten Energiesektors wird auf US-$17 Billionen geschätzt. Die IEA fordert aus Gründen der besseren Diversifizierung daher auch verstärkte Investitionen in Atomkraft und erneuerbare Energien.

f. Ölpreisentwicklung

Historisch betrachtet verharrte der Ölpreis trotz weniger Phasen starker Ausbrüche (Ölkrisen) seit Mitte der 1980er Jahre lange Zeit auf einem äußerst niedrigen Niveau. Ursächlich hierfür war die liberale Fördermengenpolitik der Exportländer im Nahen Osten. Seit 1998 stieg der Ölpreis durch die Förderbeschränkungen der OPEC-Länder einerseits und die globale Nachfrageausweitung andererseits rasch an. Im Juli 2006 erreichte der Referenzpreis mit US-$78 pro Barrel Brentöl einen neuen nominalen Höchstwert. Seitdem findet eine volatile Seitwärtsbewegung statt; der Jahresdurchschnittspreis für Öl der Sorte Brent lag 2006 bei $65,20. Die Produktion der OPEC liegt inzwischen auf dem höchsten Stand seit 25 Jahren und weist kaum noch ungenutzte Fördermengen auf. Politische Instabilitäten (terroristische Anschlägen in Saudi-Arabien, Iran, Nigeria, Irak) und Beschädigungen von Bohrplattformen durch Hurrikans am Golf von Mexiko haben an den Märkten zu erhöhter Unsicherheit und damit zu entsprechenden Risikoprämien geführt. Einzelne Länder haben ihre Notstandsreserven freigegeben, was die Preise kurzfristig stabilisierte. Die reale Preisentwicklung vollzieht sich ähnlich, aber auf niedrigerem Niveau.

g. Auswirkungen der globalen Preisentwicklung

Preise für Energierohstoffe sind ein wesentlicher Einflussfaktor auf die Welt-Konjunktur. In Verbraucherländern bestimmen sie über die Importrechnung die

Einkommensentwicklung und beeinflussen die Ausfuhrpreise, in Exportländern wirken sie auf die Exporterlöse und somit auf die Importfähigkeit ein. Dabei werden einzelne Wirtschaftssektoren unterschiedlich stark beeinflusst. In energieintensiven Branchen (Luftfahrt, Logistik, Teile der verarbeitenden Industrie) stellen Treibstoffe einen wesentlichen Teil der Betriebskosten dar. Diese Sektoren sind besonders stark von Energiepreiserhöhungen betroffen. Mittel- bis langfristig werden auch die Produzenten von langlebigen Konsumgütern tangiert. Geringere Auswirkungen stellen sich dagegen in einzelnen Service-Industrien (Versicherungen, Banken) ein.

Werden geringe Preiselastizitäten der Ölnachfrage sowie kurzfristig geringe Überwälzungsmöglichkeiten auf die Exportpreise von Industrieerzeugnissen unterstellt, bewirkt ein steigender Ölpreis zunächst zusätzliche Nettoeinnahmen der Öl exportierenden Länder. Werden diese Mehreinnahmen für zusätzliche Importe von Erzeugnissen aus Industrieländern ausgegeben, haben der Ölpreisanstieg und der damit verbundene Kaufkraftentzug in Verbraucherländern zwar eine Minderung des realen Volkseinkommens in den Industrieländern, nicht aber einen Rückgang der gesamtwirtschaftlichen Produktion zur Folge. Einer niedrigeren realen Inlandsnachfrage können höhere Exporte in die Erdöl produzierenden Länder gegenüberstehen. Da jedoch tendenziell die Inlandsnachfrage in den Industrieländern schneller sinkt als der Ölexport steigt, kommt es (zumindest kurzfristig) zu einem globalen Nachfragerückgang (Deutsche Bundesbank, 2005a, S. 12). Langfristig kann sich ein Ölpreisanstieg für die europäischen Volkswirtschaften weniger nachteilig auswirken als für Japan und die USA, da Öl exportierende Länder die Mehreinnahmen eher für Importe aus Europa verwenden. Zu diesem Ergebnis kommt eine Studie von Ray Barrell und Olga Pomerantz (2004). Offenbar geben Rohstoff exportierende Länder ihre zusätzlichen Einnahmen nicht unbedingt in gleichem Maße für Importe aus den Ländern aus, in die sie die Rohstoffe exportieren. Die Entwicklung der Struktur des deutschen Exportwachstums scheint dies zu bestätigen. Während z.B. die OPEC-Exporte nach Deutschland relativ gering sind und in jüngster Zeit kaum zugenommen haben, sind die deutschen Exporte in die OPEC-Staaten zwischen 2003 und 2005 stark gestiegen. Auch Deutschlands Exporte nach Russland haben sich seit 2004 sehr positiv entwickelt.

Der Anstieg der Energiepreise hat laut dem Herbstgutachten der führenden Forschungsinstitute Deutschlands zwar über einen Realeinkommensentzug zu einer verhaltenen Entwicklung der privaten Konsumausgaben geführt, die weltweite Konjunktur aber weniger belastet als erwartet. Die weltwirtschaftliche Dynamik bleibt trotz einer Verteuerung von Rohöl und Erdgas hoch. Als wesentliche Ursachen werden drei Gründe genannt:

- Die Verteuerung wurde nachfrageseitig, nicht durch eine Verknappung des Angebots ausgelöst.
- Die Weltkonjunktur wurde durch niedrige Langfristzinsen und steigende Vermögenswerte gestützt.
- Es wurde keine Lohn-Preis-Spirale in Gang gesetzt, so dass die Notenbanken ihren expansiven Kurs bislang noch beibehalten konnten.

Die oben skizzierte Entwicklung hat jedoch viele Industrieländer veranlasst, intensiver über ihre eigene Energieversorgungssicherheit nachzudenken. Im Gegensatz zu verarbeitenden Industrien, in denen sich die Globalisierung immer mehr in grenzüberschreitenden Unternehmensübernahmen äußerst, lassen nationale Sicherheitsinteressen eine solche Entwicklung auf dem Energie- und Rohstoffsektor nur begrenzt zu, ganz besonders, wenn Staatsunternehmen aus bestimmten Ländern als Kaufinteressenten auftreten. So wurde der Versuch des chinesischen Ölkonzerns CNOOC, das US-Ölförderunternehmen Unocal zu übernehmen, von der amerikanischen Regierung abgeblockt. Auch die Übernahme des spanischen Energieversorgers Endesa durch EON wurde lange Zeit von der spanischen Regierung blockiert. Es dominieren daher eher strategische Allianzen, wie sie auch für die deutsch-russische Zusammenarbeit im Energiesektor typisch sind. Darunter fallen gegenseitige Minderheitsbeteiligungen im einstelligen Prozentbereich (z.B. bei EON-Ruhrgas und Gazprom) sowie die Gemeinschaftsfinanzierung grenzüberschreitender Pipelines.

Eine Stärkung der „Verkäufersituation" könnte sich durch zunehmende Renationalisierung von Energie- und Rohstoffunternehmen in einigen rohstoffexportierenden Ländern ergeben. Argentinien hat Ende 2004 das Energieunternehmen Enarsa, welches in den 90er Jahren privatisiert wurde, erneut verstaatlicht; Russland hat die Unternehmen Gazprom, Yukos und Sibneft unter seine Mehrheitskontrolle gebracht. Ähnliche Tendenzen gibt es in Venezuela, Bolivien und Iran.

4. Rahmenbedingungen für die deutschen E&R-Märkte

a. Internationale Verpflichtungen

Auf internationaler Ebene dienen die völkerrechtlichen Verträge zur Emissions-Reduzierung der UN Klimarahmenkonvention (1994) und des Kyoto-Protokolls (seit Februar 2005 in Kraft) sowie die Nachhaltigkeitsbestimmungen, die auf dem World Summit on Sustainable Development in Johannesburg (August 2002) vereinbart wurden, als Grundlage für globale umweltpolitische Zielsetzungen. Das Kyoto-Protokoll läuft 2012 aus und soll durch Anschlussregelungen fortgeführt werden. Die Ziele internationaler Vereinbarungen, welche maßgeblich von den

Vereinten Nationen vorangetrieben werden, umfassen den Schutz und die langfristige Erhaltung der Umwelt durch die Reduzierung von CO2-Emissionen. Trotz einiger Erfolge erweist es sich für die internationale Staatengemeinschaft als schwierig, verpflichtende Regulierungen einzuführen. Einige Industrieländer sind nicht bereit, ihre Umwelt- und Energiepolitik supranationalen Organisationen anzuvertrauen. Aber auch Entwicklungsländer, die am Beginn ihrer Industrialisierung stehen, befürchten, dass zu strenge Umweltauflagen ihr Wachstum beschränken. Daher konnten bislang im Wesentlichen nur freiwillige Verpflichtungen sowie internationale Abkommen ohne ausgeprägte Sanktionsmechanismen als Instrumente der internationalen Umweltpolitik durchgesetzt werden.

b. Europäische Rahmenbedingungen

In der Europäischen Union ist die Sicherung der längerfristigen Energieversorgung zu einem zentralen Thema geworden. Die Eigenproduktion bei Erdöl, Erdgas und Kohle wird nach Schätzungen bis zum Jahr 2020 um ca. 20% zurückgehen; gleichzeitig wird eine Ausweitung der Nachfrage um ebenfalls ca. 20% prognostiziert.[3] Im EU-Grünbuch über Energieversorgungssicherheit vom 29.11.2000 wird auf die zunehmende Abhängigkeit von Energierohstoffimporten hingewiesen. Im Jahr 2003 wurde Energiesicherheit als Bestandteil in die europäische Sicherheitsstrategie aufgenommen (European Council, 2003). Das aktuelle Grünbuch vom 8.3.2006 betont erneut die Notwendigkeit einer europaweiten Strategie nachhaltiger, wettbewerbsfähiger und sicherer Energieversorgung.

Die EU-Kommission ist bei der Schaffung des Energiebinnenmarktes bislang die treibende Kraft gewesen. Dabei setzt sie im Wesentlichen auf ihre Richtlinienkompetenz und überlässt somit den Nationalstaaten die Form der Umsetzung. Ein nicht zu verachtendes Problem stellt in diesem Zusammenhang die Tatsache dar, dass gleich drei Generaldirektorate (Wettbewerb, Energie und Verkehr, Umwelt) Kompetenzen aufweisen, die den Energiesektor unmittelbar tangieren. Den stärksten Einfluss scheint nicht unbedingt die DG Energie und Verkehr, sondern die DG Wettbewerb innezuhaben

3 Der Rückgang der heimischen Förderung ist im Wesentlichen auf eine sinkende Nordsee-Förderung zurückzuführen, wo die Rohölreserven aus heutiger Sicht in ca. 15 Jahren weitgehend erschöpft sein werden. Der historische Höhepunkt der Nordseeölförderung wirde 2000 mit 6,2 Mio. Barrel tägöich erreicht, seitdem ist die Produktion rückläufig. Allerdings lohnt es sich bei hohen Rohölpreisen eher, in alte und schwierige Felder zu investieren, so dass eine Prognose über die Nordseeölproduktion mit erheblichen Unsicherheiten behaftet ist.

Den stärksten Einfluss im Hinblick auf die Verwirklichung einer einheitlichen europäischen Energiepolitik weist nicht die Generaldirektion Energie und Verkehr, sondern das Wettbewerbskommissariat auf.

Der EWG-Vertrag enthielt ursprünglich bis auf allgemeine Ordnungsbestimmungen keine speziellen Regelungen über den Energiesektor. Der Rat beschloss 1973 gemeinsame Einfuhr- und Ausfuhrregelungen für Kohlenwasserstoffe. 1980 wurden weitere Ziele aufgenommen, so u.a. die Verringerung der Abhängigkeit der Gemeinschaft von Energieeinfuhren, die Senkung des Erdöl-Verbrauchs auf 40% des Bruttoverbrauches an Primärenergie, die Deckung des Primärenergieverbrauchs für die Elektrizitätserzeugung zu 70-75% durch feste Brennstoffe und Kernenergie sowie die Förderung erneuerbarer Energieträger. Die größten Mitgliedsstaaten verfolgten jedoch weitgehend unterschiedliche Energiekonzepte: Während Frankreich im Wesentlichen die friedliche Nutzung der Kernenergie und Großbritannien die Förderung von Erdöl und Erdgas propagierte, setzte Deutschland auf eine breite Nutzung verschiedener Energieträger (Kohle, Erdöl, Erdgas, Kernenergie, erneuerbare Energien). Seit dem Vertrag von Maastricht ist die Förderung transeuropäischer Netze in den Sektoren Verkehr, Telekommunikation und Energie eine Gemeinschaftsaufgabe. Die wettbewerbs- und kartellrechtlichen Bestimmungen des Europarechts sind prinzipiell, wenngleich mit Einschränkungen, auch für den Energie-Binnenmarkt gültig.

Die Verwirklichung des einheitlichen Binnenmarktes der Energiewirtschaft wurde durch die Richtlinien 90/954/EWG (1990) sowie 96/92/EG (1. Elektrizitätsbinnenmarktrichtlinie) vom 19. Dezember 1996 eingeleitet. Mit dem Vorschlag zur Einführung eines Emissionshandelssystems im Jahr 2003 und dessen Implementierung 2005 werden inzwischen auch Preise für CO2-Emissionen marktwirtschaftlich bestimmt. Dies hat zu verstärktem Wettbewerb unter den europäischen Stromanbietern geführt. Dabei wurden zu Beginn den Unternehmen der teilnehmenden Industrien CO2-Zertifikate zugeteilt.[4] Bei einem zusätzlichen Verbrauch müssen diese die Zertifikate von anderen Unternehmen zukaufen. Theoretisch ergibt sich ein markträumender Preis, der genau den Kosten entspricht, die eine Anlage zur CO2-Vermeidung kosten würde. Dieser aktuelle Rahmen bietet den Unternehmen zunächst Planungssicherheit bis 2012. Spieltheoretische Simulationen indizieren einen Anstieg des Strompreises durch den Emissionsrechtehandel (Kemfert, Claudia et al., 2003).

---

4 Die Anfangsverteilung resultiert aus Nationalen Allokationsplänen der beteiligten Länder. Es nehmen sämtliche Unternehmen der Sektoren Elektrik, Papierherstellung, Metallindustrie, Zementfabriken, Erdölraffinerien, Glas- und Keramikhersteller sowie Blockheizkraftwerke mit einer gesamt instllierten Leistung von mehr als 20 Megawatt teil.

Die geringe Liberalisierungsgeschwindigkeit veranlasste die EU im Jahr 2003, die Richtlinien 2003/54/EG und 2003/55/EG (2. Elektrizitätsbinnenmarkt-Richtlinien bzw. „Beschleunigungsrichtlinien“) zu verfassen. Darin werden die Mitgliedstaaten aufgefordert, Behörden zur Aufsicht über die Stromleitungsnetze einzurichten und vertikal integrierte Konzerne, die gleichzeitig als Produzent und Netzbetreiber agieren, zu entflechten. Die vollständige Liberalisierung der europäischen Energiemärkte ist für Juli 2007 verbindlich vorgeschrieben. Die bisherige Liberalisierung der Nutzung der europäischen Übertragungsnetze hat offenbar den grenzüberschreitenden Handel mit Strom erhöht (iwd, 2005, S. 4-5). Die Europäische Kommission drängt indes auf eine zügigere Öffnung der Energiemärkte. Sie beanstandet insbesondere, dass die Wahlmöglichkeiten für europäische Verbraucher auf nationale Energieanbieter beschränkt bleiben und die Regierungen einzelner Mitgliedsstaaten ihre heimischen Energieversorgungsunternehmen zu „nationalen Champions“ formen (European Commission, 2005). In einem umfangreichen Bündel von Maßnahmen („Energy Package“) hat die Kommission am 10.1.2007 eine neue Gesamtstrategie formuliert. Darin wird explizit auch die strukturelle Entflechtung, d.h. die Trennung von Produktion und Netzbetrieb, gefordert. Über die Vorteilhaftigkeit und die potenziellen Folgen eines solchen „ownership unbundling“ wird derzeit kontrovers diskutiert.

c. Deutsche Energiegesetzgebung

Die 1. Elektrizitätsrichtlinie der EU wurde in Deutschland durch das Energiewirtschaftsgesetz (EnWG) 1998 umgesetzt. Danach sind die Netzbetreiber verpflichtet, ihre Netze allen Kunden diskriminierungsfrei gegen ein angemessenes Entgelt zur Verfügung zu stellen. Mit der Novelle von 7. Juli 2005 wird das bisherige Prinzip der Verbändevereinbarungen durch den regulierten Netzzugang ersetzt. Des Weiteren müssen Energieversorger mit mehr als 100.000 Kunden bis Juli 2007 ihren Netzbereich von allen anderen innerbetrieblichen Aktivitäten trennen (= structural/management unbundling). Alle Energieversorger unterliegen zudem seit 2006 der Aufsicht durch die Bundesnetzagentur, welche ebenso wie auf den Telekommunikationsmärkten die Entgelte, die von Konkurrenten für die Durchleitung von Strom und Gas bezahlt werden müssen, kontrolliert und genehmigt. Auf diese Weise soll eine nicht-diskriminierende Preisgestaltung sichergestellt werden. Seitdem ist auch der deutsche Gasmarkt in Bewegung geraten. Die Bundesnetzagentur hat sich im Oktober 2006 mit den Energiekonzernen auf ein Netzzugangsmodell geeinigt. Bislang sind jedoch aufgrund der komplexen Verhandlungslage zwischen Regulierungsbehörde, Netzbetreibern und -nutzern bislang nur wenige freien Gasanbieter auf dem Markt tätig geworden.

d. Ziele der deutschen Energiepolitik

Das Bundesministerium für Wirtschaft und Arbeit (BMWA), welches innerhalb der Bundesregierung für die Energiepolitik zuständig ist, gibt als die drei wesentlichen Ziele deutscher Energiepolitik Wirtschaftlichkeit, Versorgungssicherheit und Umweltverträglichkeit an und folgt damit dem Zielkanon der Europäischen Kommission. Wirtschaftlichkeit zielt auf marktwirtschaftliche Strukturen und einen funktionierenden Wettbewerb und soll eine effiziente Energiebereitstellung und -nutzung ermöglichen. Versorgungssicherheit liegt dann vor, wenn der Energienachfrage jederzeit ein ausreichendes Angebot an Energieträgern zur Verfügung steht. „Je vielfältiger der Energieträgermix ist und je mehr Bezugsmöglichkeiten überall auf der Welt genutzt werden, desto sicherer ist die Versorgungslage – dies gilt auch angesichts des beschlossenen Ausstiegs aus der Nutzung der Kernenergie." (BMWA, 2005a). Unter Umweltverträglichkeit wird die schonende Nutzung der natürlichen Ressourcen verstanden. Trotz offiziell gleichrangiger Ziele hatte in der Praxis der deutschen Energiepolitik der Klimaschutz bislang Vorrang vor der Energieversorgungssicherheit mit der Konsequenz, dass bestimmte Energieformen bewusst verteuert und andere gefördert werden.

e. Ausstieg aus der Kernenergie

Deutschland geht in Europa mit seiner Ausstiegsentscheidung bei der Kernenergie aus dem Jahr 2000 einen Sonderweg. Den vier Kraftwerksbetreibern EON, RWE, EnBW und Vattenfall wurden vertraglich bestimmte Reststrommengen zugewiesen. Viele europäische Staaten wollen (auch aus Gründen der Energie-Diversifizierung) nicht auf Kernenergie verzichten; ihre Förderung hat teilweise sogar zugenommen. Dies sowie der Vorwurf, Deutschland habe den Ausstieg nicht mit europäischen Nachbarländern abgestimmt, machen einen Konsens in der europäischen Energiesicherung nicht leichter. Mittlerweile wird der Atom-Ausstieg Deutschlands auf breiter Ebene erneut debattiert. Nationale Energie-Konzerne und Gewerkschaften, aber auch unabhängige Gutachten (z.B. der Deutschen Physikalischen Gesellschaft, 2005, S. 94-96) fordern längere Laufzeiten der Kernkraftwerke (von 32 auf 40 Jahre bzw. abhängig von der Sicherheit des Kraftwerks), welche den steigenden nationalen Energiekosten und dem Anstieg der CO_2-Emissionen entgegenwirken könnten. Verschiedene Umweltverbände (BUND, NABU, WWF, Greenpeace) und andere Beteiligte treten als Lobby für eine Beibehaltung des Atomausstiegs ein. In den Koalitionsverhandlungen zwischen CDU, CSU und SPD von November 2005 einigte man sich auf eine Beibehaltung der bestehenden Gesetzeslage, obwohl die Positionen der Koalitionspartner diesbezüglich eindeutig voneinander abweichen. Auf dem dritten Energiegipfel (geplant für Juni 2007) soll das Thema Kernenergie zur Debatte gestellt werden.

f. Förderung erneuerbarer Energien

Die Förderung regenerativer Energien wurde durch das Stromeinspeisungsgesetz von 1990 und das Erneuerbaren-Energien-Gesetz (EEG) aus dem Jahr 2000 (novelliert 2004) gesetzlich verankert. Diese regeln die Abnahme und die Vergütung von ausschließlich aus erneuerbaren Energiequellen gewonnenem Strom durch Versorgungsunternehmen und bezwecken eine nachhaltige, die Umwelt schützende Energieversorgung. Den Produzenten von Strom aus erneuerbaren Energien werden feste Vergütungssätze garantiert, welche deutlich über den Markt-Preisen liegen. Nach Berechnungen des Bundesministeriums für Umwelt, Naturschutz und Reaktorsicherheit betrug diese „Subventionierung" im Jahr 2005 geschätzte €2,4 Mrd. in Form von höheren Strompreisen des Endverbrauchers über eine bundesweite Ausgleichsregelung (BMU, 2005). Der Anteil regenerativer Energien an der Gesamtstromerzeugung ist seit 1995 (4,7%) bis auf 10,1% (2005) beständig gestiegen. Zielwerte sind 12,5% bis 2010 und 20% für 2020.

Das EEG ist nicht unumstritten. Blankart kritisiert, dass die zusätzliche deutsche Förderung durch das EEG innerhalb des europäischen Zertifikates-Systems einen Nachfragerückgang und somit eine Preissenkung der Zertifikate im deutschen Energiesektor bewirkt (Blankart, Charles B., 2005). Diese kommt den deutschen beteiligten Unternehmen zugute, da sie ihre Ausgaben für Umweltschutz durch die EEG-Förderung reduzieren können. Es ergibt sich durch das EEG keine zusätzliche Reduzierung des CO2-Ausstoßes; der Nettobeitrag des EEG sei somit gleich null. Die deutsche Regierung plant, die wirtschaftliche Effizienz einzelner Vergütungen bis 2007 zu überprüfen.

g. Energieforschung und Förderprogramme

Internationale Vergleichsstatistiken zeigen, dass Japan den mit Abstand höchsten absoluten Wert für Energieforschung aufweist ($3,9 Mrd. in 2005), gefolgt von den USA ($3,0 Mrd.). Deutschland gab 2005 $461 Mio. für Energieforschung aus. Gemessen an der volkswirtschaftlichen Bedeutung Deutschlands sind diese Ausgaben im europäischen Vergleich eher als unterdurchschnittlich einzustufen.

Anzumerken ist jedoch, dass internationale Vergleiche nur eingeschränkte Interpretationen zulassen.[5]

Die Forschungsausgaben Deutschlands wurden sowohl von der Privatwirtschaft als auch vom Bund in den letzten 15 Jahren deutlich zurückgefahren. Die deutsche Privatwirtschaft hat ihre Ausgaben von 1991 (€499 Mio.) bis 2005 (€76 Mio.) fast kontinuierlich gesenkt.

Die Energieforschungsausgaben des Bundes haben sich von €706 Mio. im Jahr 1991 auf €394 Mio. im Jahr 2005 fast halbiert. Ihr Anteil an der gesamten Forschungsförderung des Bundes ging im selben Zeitraum von 7,1% auf 4,4% zurück, wobei ein Großteil dieses Rückgangs den Sektoren „Kohle und andere fossile Energieträger" sowie „Nukleare Energieforschung" zuzurechnen ist. Dagegen werden einzelne Energiegewinnungsmethoden intensiv gefördert. Darunter fallen neben der Brennstoffzellentechnik[6] insbesondere regenerative Energien (Wind-, Wasser- und Solarenergie). Im Jahr 2005 umfassten Letztere mit €170,4 Mio. 43,4% aller Energieforschungsausgaben aus Bundesmitteln. Die Bundesregierung hat in den vergangenen zwei Jahrzehnten eine Vielzahl von Programmen aufgelegt, welche die Verwendung regenerativer Energie fördern sollen:

- 250 MW Wind Programm (Bundesministerium für Forschung und Technologie, 1989-2006)
- ERP Umwelt- und Energiesparprogramm (KfW, seit 1990)
- Dächer Solar Programm (KfW, 1991-1993)
- 100.000 Dächer Programm (KfW, bis 2003)
- Exportinitiative Erneuerbare Energien (Bundesamt für Wirtschaft und Ausfuhrkontrolle, seit 2002)
- Solarthermie 2000 (Bundesministerium für Umwelt, Naturschutz und Reaktorsicherheit, 1993-2002) und Solarthermie 2000plus (2004)
- Zukunftsinvestitionsprogramm (Bundesministerium für Umwelt, 2001-2003)
- CO2-Gebäudesanierungsprogramm (KfW, seit 2000)
- Zuschüsse beim Neubau energiesparender Passivhäuser (KfW).

Insgesamt scheint der rückwärtige Trend bei privaten und öffentlichen Energieforschungsausgaben jedoch vorerst gestoppt; es mehren sich die Anzeichen für verstärkte Investitionen. Im 5. Energieforschungsprogramm (seit Juni 2005) werden laut Angaben der Bundesregierung in den Jahren 2005 bis 2008 insgesamt ca. €1,7 Mrd. zur F&E-Förderung moderner Energietechnologien bereitgestellt.

---

5 Der Wert für Deutschland gilt ohne Forschungsaufwendungen der Bundesländer und institutionelle Forschungsförderung (Ausnahme: Kernfusion)

6 Die Serienfertigung von PKWs mit Brennstoffzellenantrieb wird entgegen früheren Ankündigungen von allen deutschen Automobilherstellern frühestens ab 2012 erwartet.

5. Empirische Bestandsaufnahme

a. Aufkommen und Verwendung von Rohstoffen in Deutschland

Deutschland weist lediglich geringe Vorkommen an Metallerzen, Mineralöl und Erdgas auf.[7] Der Anteil der Inlandsförderung am jeweiligen Gesamtaufkommen (= Inlandsförderung plus Einfuhr) beträgt bei Mineralöl lediglich 3% und bei Erdgas 17%.[8] Allerdings wird in Deutschland die weltgrößte Menge an Braunkohle (177,9 Mio. Tonnen im Jahr 2005) gefördert.[9] Der Bedarf an Steinkohle wird in Deutschland immerhin noch zu 42% aus inländischer Produktion gedeckt. Deutsche Steinkohle deckt zu 40% den Kokskohlenverbrauch der deutschen Stahlindustrie und den Steinkohlenverbrauch des Kraftwerkssektors. Im Vergleich zu anderen Ländern gelten die Gewinnungskosten als sehr hoch. Eine führende Rolle nimmt Deutschland lediglich bei einzelnen seltenen Rohstoffen (Kaolin, Kali, Salz, Bentonit, Baryt) ein. Insgesamt ist Deutschland im internationalen Vergleich jedoch eher als rohstoffarmes Land einzustufen und daher maßgeblich auf Rohstoffimporte von den Weltmärkten angewiesen. Darunter fallen die meisten Primärmetalle (z.B. Kupfererze aus Chile und Argentinien, Bleierze aus Großbritannien, Schweden oder Polen sowie Chromerze aus Südafrika und der Türkei) sowie die mineralischen Brennstoffe Rohöl und Erdgas. Ein Blick auf die Import- und Exportwerte Deutschlands in den entsprechenden SITC-Sektionen zeigt, dass sich der negative Handelssaldo der Kategorie 2 (Rohstoffe) zwischen 1998 und 2004 nicht wesentlich verändert hat. Derjenige der Kategorie 3 (Mineralische Brennstoffe = Energierohstoffe) hat sich indessen in demselben Zeitraum von $-17,7 Mrd. auf $-48,9 Mrd. fast verdreifacht. Dies ist zu einem überwiegenden Teil der Verteuerung dieser Rohstoffe auf den Weltmärkten zuzuschreiben. Im längerfristigen Zeitraum zeigt sich, dass das Volumen an Rohölimporten zugenommen hat (1990: 88 Mio. Tonnen, 2005: 112 Mio. Tonnen). Die wichtigsten Öllieferanten Deutschlands sind Russland, Norwegen, Großbritannien und Libyen. Beim Import von Erdgas zeigt sich ebenfalls eine stetige Zunahme der Importmengen. Die größten Zulieferer sind Russland, Norwegen und die Niederlande.

Die heimische Braunkohleförderung hat sich seit 1990 in etwa halbiert. Dabei ist der Absatz an öffentliche Kraftwerke nur leicht gefallen. Der Rückgang resul-

7 Baurohstoffe wie Sande, Kiese, Hartsteine oder Kalke werden zu großen Teilen im Inland gewonnen. Sie sollen hier nicht näher betrachtet werden.

8 Werden übrige Naturgase, Kokerei- und Hochofengase sowie sonstige hergestellte Gase einbezogen, ergibt sich eine Inlandsquote von 25% (Für das Jahr 2002)

9 Die statistische Reichweite von Braunkohle liegt in Deutschland bei gegenwärtiger Förderung bei 160 Jahren.

tiert im Wesentlichen aus dem gesunkenen Absatz an die Industrie sowie an Selbstverbraucher und sonstige Verwendungen. Was Steinkohle betrifft, importiert Deutschland inzwischen mehr als die Hälfte aus dem Ausland; das Gesamtaufkommen ist insgesamt um von 85,7 Mio. Tonnen 1991 auf 67,4 Mio. Tonnen 2005 gesunken.

b. Energieerzeugung, -verbrauch und -handel in Deutschland

ba. Primärenergiegewinnung und Stromerzeugung

Die Primärenergiegewinnung Deutschlands ist seit 1990 von 6.224 Petajoule (PJ, entspricht Billiarden Joule) auf 3.802 PJ im Jahr 2005 zurückgegangen. Besonders auffällig ist der Rückgang bei Steinkohle (von 2.089 auf 755) und Braunkohle (3.142 auf 1.609). Die Primärenergiegewinnung durch Naturgase ist leicht angestiegen (von 575 auf 656), die von Wasser- und Windkraft hat sich fast verdreifacht (von 58 auf 169). Letztere macht aber lediglich 4,4% der gesamten Primärenergieerzeugung in Deutschland aus.
Die inländische Bruttostromerzeugung ist seit 1990 von 549,9 Mrd. kWh auf 617,2 Mrd. kWh im Jahr 2005 angestiegen und beruht zu einem wesentlichen Teil auf Kernenergie (26,4%), Braunkohle (25,0%) und Steinkohle (21,7%). Strukturell haben sich während der letzten 15 Jahre nur geringe Verschiebungen ergeben; der Anteil der Kohle ist prozentual leicht gefallen, was durch einen erhöhten Anteil an Erdgas (11,3%) und Wind- und Wasserkraft (8,7%) kompensiert wurde.

bb. Energieverbrauch[10]

Als Primärenergieverbrauch (PEV) wird der Verbrauch der direkt in der Natur vorkommenden Primärenergieträger (Steinkohle, Braunkohle, Erdöl, Erdgas, Uran, sowie erneuerbare Energiequellen) bezeichnet. Diese Primärenergie wird in Kraftwerken oder Raffinerien in Endenergie (Strom, Fernwärme, Heizöl, Koks) umgewandelt. Der Primärenergieverbrauch in Deutschland liegt seit 1990 relativ konstant zwischen 14 und 15 PJ. Diversifiziert man nach Energieträgern, so zeigt sich, dass bezogen auf den Zeitraum 1990 bis 2006 der Rückgang bei Braunkohle (von 21,5% auf 10,9%) und Steinkohle (von 15,5% auf 13,0%) zu einem Großteil durch eine Zunahme bei Naturgasen (von 15,6% auf 22,8%)

10 Soweit nicht anders vermerkt, stammen die Daten von den Energiestatistiken des MNWA (2006).

kompensiert wird. Die Verbrauchsanteile der restlichen Energieträger Mineralöl, Kernenergie und Sonstige verblieben relativ konstant. Zieht man vom Primärenergieverbrauch den Verbrauch und die Verluste im Energiesektor, statistische Differenzen sowie nichtenergetischen Verbrauch ab (insgesamt ca. ein Drittel), ergibt sich der Endenergieverbrauch, welcher in Deutschland ebenfalls relativ konstant geblieben ist (1990: 9.472 PJ, 2005: 9.137 PJ). Die Industrie (übriger Bergbau und Verarbeitendes Gewerbe) verbrauchte davon im Jahr 2004 26,8% (gegenüber 31,4% im Jahr 1990), der Verkehrssektor 28,6% (25,1%), private Haushalte 28,8% (25,0%) und der Sektor Gewerbe, Handel und Dienstleistungen 15,8% (18,5%). Am Endenergieverbrauch gemessen, sind die Anteile an Stein- und Braunkohle in demselben Zeitraum deutlich gefallen (Steinkohle von 6,0% auf 4,2%, Braunkohle von 10,3% auf 1,0%). Der größte Zuwachs ist bei Gas (von 19,8% auf 27,3%) zu verzeichnen.

Gemessen am Primärenergieverbrauch stiegen die Nettoimporte der Primärenergieträger Steinkohle, Braunkohle, Mineralöl, Naturgas und Kernenergie seit 1990 von 56,8% auf 74,2% im Jahr 2005 an. Diese Größe wird vom Bundesministerium als Proxy für die Importabhängigkeit verwendet.

bc. Stromhandel

Die Summe aus Stromimporten und -exporten bezogen auf die heimische Bruttostromerzeugung schwankt seit 1991 zwischen 10 und 16%. Die Stromimporte und -exporte sind in den letzten Jahren deutlich gestiegen. Deutschland ist, gemessen am Volumen, das größte Transitland für Stromlieferungen in Europa: Ca. ein Fünftel aller Transportleistungen in deutschen Übertragungsnetzen dienen dem europäischen Stromhandel. Solche Transitlieferungen liegen dann vor, wenn der Strom innerhalb einer Stunde in ein Land hinein- und wieder hinaus fließt. Im europäischen Vergleich liegt Deutschland bei der Quote aus Handel zu Eigenproduktion jedoch deutlich hinter anderen Nachbarländern (Niederlande: 28%, Österreich: 50%, Dänemark: 54%). Offenbar ergibt sich dieser hohe Prozentsatz bei kleinen Ländern aus hohen Stromexporten.

c. Auswirkungen der Energiepreiserhöhung auf die Wettbewerbsfähigkeit Deutschlands

Für Deutschland als Nettoimporteur von Energie zeigen Energieimportrechnungen, dass der Preisanstieg die Konjunktur in Deutschland erheblich belastet (Arbeitsgemeinschaft deutscher wirtschaftswissenschaftlicher Forschungsinstitute e.V., 2005, S. 37). Die Energierechnung erfasst die Belastungen Deutschlands durch die Verteuerung von importierten Energieträgern (Erdöl, Erdgas, Kraftstoffe und andere Energieträger). 2005 musste Deutschland Energie im Wert von €73,25 Mrd. einführen. Dies ist ein Anstieg von ca. €20 Mrd. im Vergleich zu 2004 und entspricht 0,9% des nominalen Bruttoinlandsprodukts (BIP). Von dieser Werterhöhung fallen ca. €11 Mrd. auf die Verteuerung von Rohöl, €4 Mrd. auf die von Erdgas und knapp €5 Mrd. auf die von Mineralölerzeugnissen, Kohle und Koks. Der Kaufkraftentzug aufgrund der Verteuerung von Rohöl ist in Deutschland und Japan allerdings aufgrund der geringeren Energieintensität des privaten Konsums niedriger als in den USA. Zudem differieren die Verbraucherpreiseffekte je nach importierter Rohölsorte. Während in Deutschland und den USA aufgrund von Umweltauflagen und besserer lokaler Verfügbarkeit vorwiegend leichtes und schwefelarmes Rohöl importiert wird, führt Japan relativ viel schweres Öl aus dem Nahen Osten ein. Dementsprechend sind in Japan teurere Raffinerietechniken notwendig, um gewünschte Qualitäten bei bestimmten Mineralölprodukten zu erzeugen, was sich in höheren Verbraucherpreisen niederschlägt. Andererseits können deutsche und amerikanische Raffinerien bei Lieferengpässen leichte und schwefelarme Öle nur begrenzt durch den Mehreinsatz schwererer und schwefelreicherer Ölsorten substituieren. Die amerikanische Rohölsorte West Texas Intermediate (WTI) und die europäische Sorte Brent werden teurer gehandelt als das in Asien verwandte Öl Dubai Fateh. Dabei wirkte sich der globale Preisanstieg von Rohstoffen bei Letzterem geringer aus (Deutsche Bundesbank, 2005b, S. 12).

Die Einfuhrpreise für Rohöl sind seit Herbst 2001 in allen Industrieländern kräftig gestiegen. Obwohl Rohstoffe üblicherweise in Dollar abgerechnet werden, sind für europäische und japanische Abnehmer letztlich die Preise in nationaler Währung entscheidend, welche deutlich geringer angestiegen sind. Somit ist zumindest ein Teil der steigenden Rohölpreise der Schwäche des Dollars anzurechnen. Die Verbraucherpreise für Mineralölprodukte stiegen langsamer an als die Einfuhrpreise der Referenzsorten in nationaler Währung. Berechnungen der Deutschen Bundesbank zufolge haben sich Letztere in den USA von Ende 2001 bis Mitte 2005 um 160% erhöht (Euroraum: 91%, Japan: 71%), die Verbraucherpreise für Mineralölprodukte saisonbereinigt lediglich um 74% (Euroraum: 26%, Japan: 14%). Als Gründe für die regionalen Unterschiede können Verbrauchsteuern, Konsumgewohnheiten und die Ausgestaltung langfristiger Lieferkontrakte angeführt werden. Der Anstieg des Ölpreises kostet laut einer Studie des Instituts für Arbeitsmarkt- und Berufsforschung der Bundesagentur für Arbeit vor allem kurzfristig Arbeitsplätze, und zwar innerhalb von zwei Jahren bis zu 200.000 (Schnur, Peter et al., 2005). Anhand makroökonometrischer Simulationen konnte auch gezeigt werden, dass langfristig die Volkswirtschaft (zumindest teilweise) auf den alten Wachstumspfad zurückfindet. Aufgrund eines langfristigen Anstiegs des Ölpreises wird der bedingte Beschäftigungsverlust in Deutschland auf 30.000 bis 90.000 Arbeitsplätze geschätzt.

Für die Energieverbraucher in Deutschland (Industrie, Verkehr, Privat-Haushalten) haben sich nahezu alle Energiepreise seit 1991 fast kontinuierlich erhöht. Der Anstieg der Energiepreise hat sich in den letzten drei Jahren deutlich beschleunigt. Diese anhaltende Verteuerung hat auch die Erzeugerpreise erhöht. Die Privathaushalte haben seit 1998 steigende jährliche Ausgaben für Energie zu verkraften (1998: €1.821 pro Haushalt pro Jahr, 2005: €2.329). Der prozentuale Anteil der Ausgaben privater Haushalte für Energie an den gesamten privaten Konsumausgaben ist im entsprechenden Zeitraum von 6,0% auf 6,9% gestiegen. In der deutschen Industrie gehören insbesondere Unternehmen der energieintensiven verarbeitenden Industrie zu den Verlierern der globalen Energiepreisverteuerung. Der prozentuale Anteil der Energiekosten am Bruttoproduktionswert stieg von 2000 auf 2004 in den Sektoren Papiergewerbe (von 3,7% auf 5,1%), Glasgewerbe und Keramik (von 4,5% auf 5,6%) und Metallerzeugung und -verarbeitung (von 5,8% auf 6,2%) an.[11] Inzwischen „fordern" energieintensive Unternehmen aus der Metall-, Aluminium-, Chemie- und Zementindustrie von der Bundesregierung kurzfristige Hilfen gegen die stark gestiegenen Energiepreise.

Die globale Verteuerung von Energie und Rohstoffen wirkt in Deutschland insgesamt wachstumshemmend. Zusätzlich zu den höchsten Arbeitslöhnen hat Deutschland auch die höchsten Energiekosten innerhalb der EU. Die Verteuerung von Energie und Rohstoffen bewirkt zudem, dass der Druck zum Abbau nichtkonkurrenzfähiger nationaler Rohstoffe abnimmt. Dies bedeutet wiederum, dass kostenintensive Schutzmaßnahmen nicht abgebaut werden. Die Fehlallokation öffentlicher Mittel verstärkt den wachstumshemmenden Effekt der importierten Energieverteuerung. Auf die wettbewerbshemmenden nationalen Rahmenbedingungen in der deutschen Stromwirtschaft wird im Folgenden eingegangen.

d. Wettbewerbsfähigkeit der deutschen Energiewirtschaft

da. Schrumpfender Sektor mit hoher Marktmacht

Im deutschen Energiesektor arbeiteten im Jahr 2005 knapp 300.000 Beschäftigte, ein Rückgang gegenüber 1991 um ca. 50%. Davon arbeiten 186.000 (1991: 274.000) in der Elektrizitätsversorgung und 55.000 (1991: 239.000) im Bergbau.

---

11 Einzelne deutsche Unternehmen meldeten aufgrund von zu hohen Strompreisen die Insolvenz an. (z.B. Hamburger Aluminium- Werk)

Der deutsche Steinkohlesektor wird aktuell noch mit ca. €2,5 Mrd. pro Jahr subventioniert, ein Rückgang um €2 Mrd. in den vergangenen 10 Jahren. Der Schrumpfungsprozess der deutschen E&R-Industrie schreitet weiter voran. Zu Beginn des Jahres 2007 haben sich Bund und Bergbauländer auf den Ausstieg aus der Kohleförderung im Jahre 2018 geeinigt.

Die großen deutschen Energieversorgungsunternehmen verfügen trotz der vollständigen Liberalisierung der deutschen Stromwirtschaft im Jahr 1999 über eine hohe Marktmacht.[12] Die vier Kraftwerksbetreiber EON, RWE, EnBW und Vattenfall kontrollieren ca. 80% der deutschen Kraftwerkskapazitäten.[13] Auch auf dem oligopolistischen Gasmarkt besitzen die etablierten Unternehmen EON Ruhrgas, RWE Energy, Wingas, VNG und EnBW erheblichen Einfluss. Langfristige Lieferverträge zwischen diesen Gesellschaften und den Stadtwerken sorgen für eine enge und exklusive Bindung. Die Preispolitik der Kraftwerks-Betreiber ist bislang noch äußerst intransparent. Erst auf gerichtlichen Druck begannen erste Anbieter Ende 2005, ihre Preiskalkulation offen zu legen. Mittlerweile gibt es zwar auch auf dem Gasmarkt erste, wenngleich zaghafte Versuche der wettbewerblich orientierten Preisbildung durch die etablierten Unternehmen. Dies muss allerdings nicht zwangsläufig zu einer deutlichen Senkung der Preise führen, wie das Beispiel des deutschen Strommarktes gezeigt hat.

db. Preisentwicklungen

Der deutsche Strompreis orientiert sich am Terminpreis der Leipziger Strombörse EEX. Der Preis liegt bei ca. €45 für eine Megawattstunde für eine Lieferung in 2006 (eine Steigerung um fast 25% gegenüber dem Preis zu Beginn des Jahres 2005). Ob die Preissteigerungen allein auf den Anstieg der Rohstoffpreise auf den internationalen Märkten zurückgeführt werden kann oder ob die nationalen Versorger monopolistische Preissetzungsspielräume ausnutzen, wird von verschiedenen Seiten unterschiedlich beurteilt. Unklar ist bislang auch, inwieweit die höheren Zertifikatepreise für CO2-Ausstoß auf die Strompreise angerechnet werden dürfen.

Die Energiepreise haben sich je nach Energieform und Verbraucher unterschiedlich entwickelt. Im internationalen Vergleich ist der deutsche Energiepreis

12 Für eine Analyse der Marktmacht in der deutschen Elektrizitätswirtschaft siehe Müsgens (2004). Er weist für zumindest einzelne Perioden (z.B. September 2001 bis Juni 2003) starke Marktmacht in der deutschen Elektrizitätswirtschaft nach.

13 Kurz nach der Deregulierung des deutschen Elektrizitätsmarktes gab es acht große Energieversorger. Durch Fusionen und Übernahmen entstanden die heutigen großen Vier: EON entstand aus Preussen Elektra und Bayerwerk, RWE aus RWE und VEW, Vattenfall Europe aus HEW, VEAG und BEWAG.

für Elektrizität für Haushalte mit 17,56 US-Cent pro kWh (Jahr 2003) relativ hoch. Er liegt deutlich über den Werten der USA (8,7), Großbritannien (11,58) und Frankreich (12,66), allerdings unter dem von Japan (18,57). Für Erdgas ergibt sich ein ähnliches Ranking.[14] Bei den Benzinpreisen haben lediglich die USA einen deutlichen Preisvorteil (Deutschland: 1,41 US-Dollar pro Liter, USA: 0,55), bei Heizöl sind die Unterschiede indes relativ gering. Der Preis für Elektrizität für die deutsche Industrie lag im Jahr 2003 bei 6,54 US-Cent pro kWh (USA: 4,95; Großbritannien: 5,46, Frankreich: 4,47, Japan: 12,16). Internationale Energiepreisvergleiche sind allerdings aufgrund unterschiedlicher Berechnungsmethoden mit Unsicherheiten behaftet. Insbesondere bei Elektrizitätspreisen ist die Vergleichbarkeit nicht immer gewährleistet, da Daten teilweise auf Durchschnitts-Erlösen basieren, die bei einem Vergleich konkreter Abnahmefälle nur bedingt aussagefähig sind.

Die Unternehmen der nationalen E&R-Märkte konnten von den höheren Preisen profitieren, wie die positive Gewinnentwicklung vieler Unternehmen in den letzten drei Jahren belegt. Die deutsche Mineralölwirtschaft weist gegenüber europäischen Wettbewerbern jedoch weiterhin Kostennachteile auf, weil Deutschland eine Vorreiterrolle im Umweltschutz einnimmt. Zu diesem Ergebnis kommt eine Studie im Auftrag des BMWA. Im Jahr 2002 ergab sich demnach für die deutsche Mineralölwirtschaft im Durchschnitt ein Kostennachteil in Höhe von €1,9 pro Tonne im Vergleich zu europäischen Wettbewerbern. Davon entfallen €0,40 auf die Raffinieren und €1,5 auf die Tankstellen (BMWA, 2005b).

dc. Modernisierung der Stromwirtschaft

Weite Bereiche der deutschen Stromwirtschaft haben einen hohen Modernisierungsbedarf. Im Jahr 2010 werden über 40% der installierten Kraftwerksleistung in konventionellen Wärmekraftwerken älter als 35 Jahre sein. Der Ersatzbedarf wird auf 30 Gigawatt geschätzt. Aufgrund der Entscheidung, langfristig aus der Atomenergie auszusteigen, werden bis 2025 zusätzlich weitere 21 Gigawatt benötigt. Unter Berücksichtigung von Überkapazitäten wird somit eine benötigte Kraftwerksleistung bis 2030 in Höhe von ca. 50 Gigawatt prognostiziert, was einem Investitionsprogramm in Höhe von €50-60 Mrd. entspricht. Edelmann schätzt in einer Studie für Ernst&Young die Versorgungslücke mit ca. 60 Gigawatt bis 2020 noch größer ein und errechnet eine Investitionssumme von mindestens €86 Mrd. für die nächsten 15 Jahre, falls am Atomausstieg festgehalten wird (Edelmann, Helmut, 2006). Sollte der Anteil an Strom aus erneuerbaren

14 Die entsprechenden Vergleichswerte (Jahr 2000)sind: Deutschland (373 US- Dollar pro 1 kcal.), USA (321), Großbritannien (293), Frankreich (348), Japan (1294).

Energien wie geplant auf 20% ansteigen, könnte dies den Investitionsbedarf sogar auf über €100 Mrd. erhöhen. „Mit diesen Investitionen werden wichtige Pfad-Entscheidungen getroffen." (Matthes, Felix Christian und Ziesing, Hans-Joachim, 2003, S. 4). Die benötigte Energie kann entweder durch verbesserte Effizienz der Energienutzung eingespart, durch den Ausbau von dezentralen oder zentralen Stromerzeugungstechniken ersetzt oder importiert werden. Letztere Möglichkeit wird aufgrund des ähnlich hohen Modernisierungsdrucks in europäischen Nachbarländern zu vernachlässigen sein. Problematisch erscheinen, zumindest aus betriebswirtschaftlicher Planungsperspektive, die mangelnden langfristigen Vorgaben (für das Kyoto-Protokoll und das EU-Emissions-Handelssystem endet der Planungshorizont 2012) und somit die geringe Planungssicherheit. Allerdings könnten deutsche Kraftwerksbetreiber den Druck zur Modernisierung auch nutzen, um durch Investitionen in zukunftsweisende Technologien Wettbewerbsvorteile auf dem europäischen Strommarkt zu gewinnen (Kemfert, Claudia, 2004). Ihre auf dem Energiegipfel vom März/April 2006 gemachten „konkreten" Zusagen, überfällige Ersatzinvestitionen zu tätigen, gelten allerdings bislang unter Vorbehalt.

6. Energieversorgungssicherheit

Versorgungssicherheit war bisher in Deutschland ein bekanntes, aber kein akutes Problem. Sie wurde zwar als gleichrangig gegenüber anderen Zielen wie Nachhaltigkeit und Wirtschaftlichkeit dargestellt, faktisch aber in weiten Teilen den großen Energieunternehmen und dem globalen Wettbewerb überlassen. Auch die Förderung der einzig nennenswerten nationalen Energieressource Braunkohle wurde hauptsächlich unter Subventionierungsgesichtspunkten analysiert. „[Die] Frage der Energieversorgungssicherheit [ist] im Gegensatz den USA, Frankreichs oder Großbritanniens kaum nachhaltig diskutiert worden." (Umbach, Frank, 2003, S. 322). Ereignisse aus der jüngeren Vergangenheit wie die Lieferunterbrechungen von Erdgas aus Russland haben jedoch zu einer nachhaltigen Renaissance dieser Thematik geführt.

Deutschland muss mittelfristig den Ausstieg aus der Kernenergie (ab 2020), den Rückgang der nationalen Kohleförderung und die sinkenden Erdöl- und Erdgasvorräte der Nordsee kompensieren. Bislang wird versucht, durch erhöhte Energieeffizienz und Förderung regenerativer Energien die Bedarfslücke zu schließen. Die Enquete-Kommission „Nachhaltige Energieversorgung unter den Bedingungen der Globalisierung und Liberalisierung" des Deutschen Bundestages hat 2002 das Szenario einer Vollversorgung der Gesellschaft mit erneuerbaren Energien bis zum Jahr 2050 avisiert (Peter, Simone, 2003). Dieses kann durch die Kombination von erhöhter Energieeffizienz, dem Ausbau erneuerbarer Energien im Inland sowie dem Import regenerativer Energie aus dem Ausland erreicht werden. Allerdings muss auch betont werden, dass sich eine solche Entwicklung kaum marktendogen einstellen dürfte, sondern maßgeblich von der politischen Durchsetzbarkeit geprägt wird. Eine vollständige Substitution wird zudem allenfalls sehr langfristig gelingen. Außerdem sind regenerative Energien noch nicht wettbewerbsfähig. Mittelfristig könnte somit eine Lücke in der Energieversorgung drohen. Entsprechende nationale Sonderbestimmungen (EEG) sowie die hohe Marktmacht nationaler Energieproduzenten und -netzbetreiber können kurz- bis mittelfristig zusätzliche Belastungen für gewerbliche und private Verbraucher mit sich bringen. Dies erhöht auch die Gefahr einer Abwanderung einzelner energieintensiver Industrien.

Um Versorgungssicherheit zu gewährleisten, ist eine langfristig angelegte wirtschafts-, sicherheits- und umweltpolitische Gesamtstrategie notwendig; einzelne Unternehmen können dafür nicht in die Verantwortung genommen werden. Für Deutschland wäre es nahe liegend, diese Strategie in Absprache mit den Nachbarländern auf europäischer Ebene zu formulieren. Allerdings neigen die nationalen Entscheidungsträger dazu, heimischen Energieunternehmen die Strategieentscheidung zu überlassen, was zu einem „Vakuum der Zuständigkeit führt […], wie sie in den USA undenkbar wäre.“ (Müller, Friedemann, 2003, S. 7). Die Verteuerung von Energie sowie der Rückzug aus bestimmten Energieträgern tragen nicht dazu bei, Versorgungssicherheit zu gewährleisten. Von Vertretern der deutschen Industrie wird ein dringender Handlungsbedarf für einen ökonomisch-politischen Dialog diagnostiziert sowie eine aktivere Rohstoffpolitik („Ressourcendiplomatie“) gefordert. „Offensichtlich hält die deutsche Wirtschaft die globalen Spielregeln der Marktwirtschaft für nicht mehr ausreichend, um weltweit wettbewerbsfähig zu sein.“ (Umbach, Frank, 2005, S. 630).

7. Konsequenzen aus der Globalisierung für die deutschen Energie- und Rohstoffmärkte

Insgesamt zeigen die Analyse der globalen, europäischen und nationalen Rahmenbedingungen sowie die empirische Datenbasis, dass von den globalen Preisentwicklungen auf den E&R-Märkten negative Wirkungen auf Wachstum und Beschäftigung in Deutschland ausgehen dürften. Deutschland kann sich kurz- bis mittelfristig auf dem nationalen Markt aufgrund mangelnder Substitute nicht vom globalen Trend auf den E&R-Märkten abkoppeln. Die globale Energieverteuerung belastet nahezu alle Branchen und Sektoren mit Ausnahme der energieproduzierenden Unternehmen. Letztere verzeichnen aufgrund ihrer Marktmacht weiterhin hohe Gewinne und sehen sich daher wachsender öffentlicher Kritik ausgesetzt. Dies hat wiederum den Druck auf die Bundesregierung erhöht, Energie für deutsche Unternehmen und Privathaushalte zu verbilligen. Anderenfalls könnten für nationale Unternehmen Anreize entstehen, energieintensive Produktionstätigkeiten ins Ausland zu verlagern. Überspitzt formuliert Blankart: „Es sieht so aus, als wolle Deutschland die energieintensiven Hochtechnologieunternehmen der Metall- und Elektroindustrie und der Chemie ins Ausland ziehen lassen, um sich dafür auf den Export von Windmühlen u.ä. zu spezialisieren.“ (Blankart, Charles B., 2005). Unternehmen könnten insbesondere daran interessiert sein, ihre Produktion in Länder zu verlagern, die das Kyoto-Protokoll nicht unterzeichnet haben. Solche Länder wären dann unter Umständen noch weniger bereit, sich internationalen Umweltverpflichtungen zu unterwerfen. Weitere Gründe sprechen dafür, dass die Entwicklungen auf den globalen E&R-Märkten die deutsche Volkswirtschaft negativ belasten:

- Die steigende Importabhängigkeit koppelt das inländische Preisniveau in höherem Maße an die globale Verteuerung von Energierohstoffen. Die relativ geringe Elastizität der Energienachfrage dürfte dann zu einem Entzug an inländischer Kaufkraft führen.
- Der externe Druck zum Abbau ineffizienter heimischer Energieträger dürfte sinken.
- Der Strukturwandel des Energieinputs (erhöhter Bedarf an Erdgas) hat Deutschlands Versorgung auf wenige Lieferländer beschränkt, was nicht nur aus wirtschaftlichen, sondern auch aus sicherheitspolitischen Gesichtspunkten bedenklich stimmt.

Dass Deutschlands Exporte von dem gestiegenen Nachfragepotenzial der Rohstoff exportierenden Länder profitieren, vermag allenfalls einen noch größeren Wachstumsrückgang verhindern. Das geringe nationale Wachstum reduziert zwar einerseits den Bedarf an Energie, andererseits aber auch den Zwang zu ihrer effizienten Verwendung. Das Wachstum in „großen“ Volkswirtschaften wie China und Indien verstärkt den Druck auf die Preise auf den internationalen E&R-Märkten. Langfristig dürften die Rohstoffpreise daher eher steigen, was negativ auf besonders importabhängige Volkswirtschaften wie Deutschland wirken würde.

Die europaweite Liberalisierung des Strom- und Erdgasmarktes hat bislang zwar zu einer Intensivierung des Wettbewerbs und Ausweitung des europäischen Handels geführt, letztlich die Energiepreise aber nicht sinken lassen. Erfolgsversprechender könnte dagegen die Einführung der Kontrolle durch die Bundesnetzagentur sein, die zu sinkenden Energiepreisen und einer Reduzierung der Marktmacht führen sollte. Einiges spräche zudem dafür, durch hohe Investitionen/Förderung in energiesparende Technologien zusätzliche nationale Preissenkungsspielräume (und damit Wettbewerbsvorteile) zu generieren. Kurzfristig könnte dies allerdings zu Wachstumseinbußen führen. Die Subventionierung ist indes deutlich zurückgegangen und konzentriert sich zu einem überwiegenden Teil auf die staatliche Bezuschussung regenerativer Energien. Die deutsche Wirtschaftspolitik trägt dabei durch hohe Steuern, nationale Umweltregulierungen, den Ausstieg aus der Kernenergie und den Schutz heimischer Energieversorgungsunternehmen wenig zu einer Senkung der Energiepreise bei. Die trotz konjunktureller Erholung angespannte Haushaltslage lässt eine deutsche „Energieoffensive" zudem wenig realistisch erscheinen.

Die IEA kommt zu dem Ergebnis, dass die Abhängigkeit der Industrieländer von rohstoffreichen Ländern Asiens, Afrikas und des Nahen Ostens weiterhin zunehmen wird und plädiert daher für einen Energieträgermix, der alle Energieformen einbezieht. Dringend nötig ist daher ein langfristiges und kalkulierbares Energiekonzept, welches nicht von vornherein aus ideologischen Gründen bestimmte Energieträger ausschließt. Dabei sollte erneuerbare Energie, von Startfinanzierungen abgesehen, auf nationalen und internationalen Märkten preislich wettbewerbsfähig werden. Die steigende Energienachfrage aus Asien sowie die damit verbundene zunehmende weltweite Klimaproblematik erfordert mit Hinblick auf die Energieversorgungssicherheit sowie die Globalisierung eine darauf abgestimmte europäische Energiepolitik. Hier besteht momentan noch erheblicher Koordinierungsbedarf. Trotz preislich ungünstiger werdender externer Entwicklungen gibt es jedoch auch für Deutschland gute Chancen, von der Globalisierung der internationalen Energie- und Rohstoffmärkte zu profitieren. Eine effizientere Verarbeitung könnte einen Teil der externen Preissteigerungen auffangen. Investitionen der Energiebranche könnten sich zudem positiv auf heimische Produzenten der Investitionsgüterindustrie auswirken. Die Risiken liegen in kurzfristig negativ wirkenden Anpassungsprozessen.

8. Deutschland in der „Energiefalle"?

Eine effiziente und sichere Energieversorgung ist für alle Industrieländer eine wichtige Voraussetzung für wirtschaftliches Wachstum. Der Steuerung dieser Wachstumsquelle sind jedoch durch die hohe Abhängigkeit von ausländischen Energie- und Rohstoffquellen Grenzen gesetzt. In Deutschland könnte sich diese Situation noch weiter verschärfen. Braunkohle- und Steinkohleabbau sind rückläufig, ob die Substitution durch neue Energiequellen zu günstigen Kosten gelingen wird, ist fraglich. Ein „Rücktritt vom Rücktritt" aus der Kernenergie müsste erhebliche politische Hürden nehmen. Staatliche Regulierungen und hohe Umweltschutzauflagen geben aktuell kaum Spielräume zu Preissenkungen im Energiesektor. Bei den Strom- und Gaspreisen könnte eine konsequente Wettbewerbspolitik zur Entlastung der Nachfrager führen. Hoffnungsträger ist die Bundesnetzagentur, der zumindest in anderen Netzindustrien durchaus beachtliche Erfolge zugestanden werden können.

Deutschland versucht, die drohende Versorgungslücke durch die Erschließung regenerativer Energiequellen langfristig zu kompensieren und plant zudem, die bislang vergleichsweise geringen Ausgaben für Technologie- und Effizienzförderung zu erhöhen. Kurz- bis mittelfristig jedoch wird der Bezug von ausländischen Energie- und Rohstoffquellen an Bedeutung gewinnen. Globale Preissteigerungen, regionale Abhängigkeiten und damit verbundene sicherheitspolitische Erwägungen erschweren zusätzlich den Aufbau einer gesamt-wirtschaftlichen Versorgungs- und Energieimportstrategie. Auf europäischer Ebene existiert zwar der Wille, die Versorgung zu harmonisieren. Die Züchtung nationaler Champions in den großen Mitgliedsländern verhindert aber bislang ein gemeinsames europäisches Versorgungskonzept. Deutschland könnte durch die externen Entwicklungen auf den Energie- und Rohstoffmärkten, durch eigene energiepolitische Weichenstellungen sowie durch europäische Unentschlossenheit in eine „Energiefalle" geraten, aus der es selbst durch zunehmende Exporte in die rohstoffexportierenden Länder nicht herauskommt.

Literatur

Arbeitsgemeinschaft deutscher wirtschaftswissenschaftlicher Forschungsinstitute e.V. (2005): *„Die Lage der Weltwirtschaft und der deutschen Wirtschaft im Herbst 2005"*, 19. Oktober, Essen.2005

Barrell, Ray and Olga Pomerantz (2004): *„Oil Prices and the World Economy"*, Discussion Paper, No. 242, National Institute of Economic and Social Research, London/UK, Juli 2004

Blankart, Charles B. (2005): *„Null Vorteile für den Umweltschutz"*, Ökonomischer Gastbeitrag im Handelsblatt, 8. November 2005.

BMU (2005): *„Diskussion um Kosten des Erneuerbare-Energien-Gesetzes"*, Bundesministerium für Umwelt, Naturschutz und Reaktorsicherheit, November 2005, Internet: http://www.bmu.de/erneuerbare_energien/aktuell/doc/36181.php.

BMWA (2006): *„Energiestatistiken"*, Berlin, 2006

BMWA (2005a): *„Energiepolitik"*, Bundesministerium für Wirtschaft und Arbeit, Ressort Energiepolitik, Berlin. Internet:http://www.bmwa.bund.de/Navigation/Technologie-und-Energie/energiepolitik.html., 2005

BMWA (2005b): „*Auswirkungen der in Deutschland und in Ländern der EU bestehenden Umweltschutzanforderungen auf die Wettbewerbssituation der deutschen Mineralölwirtschaft*“, Projekt des BMWA, Nr. 51/03, Berlin und Karlsruhe. 26. Juni 2005

Deutsche Physikalische Gesellschaft (2005): „*Klimaschutz und Energieversorgung in Deutschland 1990-2020*“, Bad Honnef, September 2005.

Deutsche Bundesbank (2005a): „*Monatsbericht*“, Vol. 57, Nr. 5, Deutsche Bundesbank, Frankfurt. Mai 2005

Deutsche Bundesbank (2005b): „*Monatsbericht*“, Vol. 57, Nr. 8, Deutsche Bundesbank, Frankfurt, August 2005,

Edelmann, Helmut (2006): „*Energiemix 2020*“, Ernst&Young, Düsseldorf, 2006

European Commission (2007): „*Energy Package*“, 10. Januar 2007, Brüssel.

European Commission (2006): „*Green Paper Energy – A European Strategy for Sustainable*“, Competitive and Secure Energy, Brüssel.

European Commission (2005): „*Report on progress in creating the internal gas and electricity market*“, Brüssel, 8. März 2005

European Commission (2000): „*Green Paper Energy – Towards a European strategy for the security of energy supply*“, Brüssel, 29. November 2005

European Council (2003): „*Ein sicheres Europa in einer besseren Welt*“, Brüssel, 12. Dezember 2003

Internationale Energieagentur (2005): „*World Energy Outlook 2005*“, Paris, 2005

iwd (2005): „*Europäische Energiemärkte – Liberalisierungsfunke sprüht über*“, in iwd, Nr. 43/2005, 27. Oktober 2005, S. 4-5

Kemfert, Claudia (2004): „*Der Strommarkt in Europa: Zwischen Liberalisierung und Klimaschutz – Zukunftschancen für die deutsche Energiewirtschaft*“, in: DIW Wochenbericht, Nr. 31/04, Deutsches Institut für Wirtschaft, Berlin, 2004

Kemfert, Claudia, Wietze Lise und Richard S. J. Tol (2003): „*Strategic Action in the Liberalised German Electricity Market*“, Nota di Lavoro, No. 3, Mailand, 2003

Matthes, Felix Christian und Hans-Joachim Ziesing (2003): „*Investitionsoffensive in der Energiewirtschaft – Herausforderungen und Handlungsoptionen*“, Kurzstudie für die Bundestagsfraktion Bündnis 90/Die Grünen, Berlin, August 2003.

Matthies, Klaus (2005a): „*Rohstoffpreise auf Rekordniveau*“, in: Wirtschaftsdienst, Vol. 2005, Nr. 3, HWWA-Konjunkturforum, Hamburg, 2005, S. 191-193.

Müller, Friedemann (2003): *„Sicherheit der Energieversorgung – Zu kompliziert für Europas Politiker?"*, Diskussionspapier, 2003/04, Stiftung Wissenschaft und Politik, Berlin, August 2003

Müsgens, Felix (2004): *„Market Power in the German Wholesale Electricity Market"*, EWI Working Paper, Nr. 04.03, Energiewirtschaftliches Institut an der Universität zu Köln (EWI), Köln, Mai 2004

Peter, Simone (2003): *"Energie-Enquête-Kommission: Solare Vollversorgung in Deutschland bis 2050 möglich"*, in: Solarzeitalter, Nr. 4/2003, 2003, S. 20-24.

Schäfer, Anton (2005): *„Die europäische Energiepolitik"*, 17. Oktober 2005 Internet:http://www.europa-digital.de//text/dschungelbuch/polfeld/energie/index. shtml.

Schnur, Peter, Willem Wolters und Gerd Zika (2005): *„Wie der Arbeitsmarkt auf hohe Ölpreise reagiert"*, IAB Kurzbericht, Nr. 20/2005, Institut für Arbeitsmarkt- und Berufsforschung der Bundesagentur für Arbeit, Nürnberg, 7. November 2005

Umbach, Frank (2005): *„Europäische und deutsche Energieversorgungssicherheit am Scheideweg"*, in: Energiewirtschaftliche Tagesfragen, Vol. 55, Heft 9, 2005, S. 629-639.

Umbach, Frank (2003): *„Globale Energiesicherheit – Strategische Herausforderungen für die uropäische und deutsche Außenpolitik"*, Schriftenreihe des Forschungsinstituts der Deutschen Gesellschaft für Auswärtige Politik, Band 70, Oldenburg, München, 2003

Transformation of the Japanese Industrial Policy in the Age of Deregulation and Globalization

Takafumi Kurosawa[1]

Introduction

In both Germany and Japan, fundamental reform of the economic system has been advocated since the mid-1990s in order to cope with globalization and the stagnant economy; delays or progress in globalization caused a sense of crisis among the people. In Japan, after Prime Minister Koizumi achieved a historic landslide victory in the 2004 general elections under the slogan "Don't Stop the Reform," an issue of *The Economist* carried an article on Japan titled "*The Sun Also Rises*," contributed by Bill Emmott (*The Economist*, Issue 8, October 2005). Another of Emmott's analyses, "*The Sun Also Sets*" (1989), warned against overestimating Japan at the summit of its economic power. Emmott's article in *The Economist* 15 years later warned against underestimating the changes and opportunities in Japan. Is this type of evaluation valid? How are reforms in Japan changing the economic structure? This chapter will discuss the status and future of Japan's regulatory policy (*Ordnungspolitik*) by considering industrial policy as an outstanding example.

Japan's industrial policy has been considered as a symbol of its "uniqueness" and has long been a focus of studies on the Japanese economy. There exist a number of historical research works on this topic (Johnson, Chalmers, 1982, Friedman, David, 1988, Okimoto, Daniel, 1989, Anchordoguy, Marie Christine, 1989, Callon, Scott, 1995, Kageyama, Kiichi, 1999, Miwa, Yoshirou and Ramseyer, Mark, 2002). However, most of them focus on the period prior to the 1990s. The literatures concerning the recent industrial policy are mostly policy documents by MITI (Ministry of International Trade and Industry; MITI was reorganized as METI [Ministry of Economy, Trade and Industry] in 2001) itself, journalistic analyses, and criticisms related to deregulation theories. Analyses that position today's industrial policy in the historical context are still rare. This chapter attempts to fill this gap.

How did the Japanese industrial policy "change" after the 1990s? Was the industrial policy abandoned without hesitation? If this is not the case, what are the features of today's policy system? If the industrial policy was changed, then what

1 Kyoto University

kind of changes in political dynamics occurred in the backdrop? This chapter will deliberate on these issues; it will then present a simple outlook on the future implications and potential outcomes of these changes.

1. Types of Japanese Industrial Policy and Their Changes

a. Types of Japanese Industrial Policy

METI (MITI), the policymaker, appears to lack a clear-cut definition of an industrial policy. Its policies are not always consistent either. Industrial policy is a concept used for analytical purposes; thus, each researcher uses a variety of classification methods. The criteria can be (1) object, (2) means, (3) purpose, (4) effect of policy, and so on. The use of criterion (3) often leads to a distance from the reality. Further, criterion (4) requires demonstrative research for each specific policy because a quick judgment based on appearance is difficult; this makes the use of this criterion irrelevant to the general character of this chapter. Therefore, criteria (1) and (2) will be used here for the analysis. Table 1 summarizes the actual policy types that have existed from the 1950s to the present.

Table 1 Types of Japanese Industrial Policy

<table>
<tr><td></td><td colspan="2">Methods/measures of the policies</td><td>Direct intervention</td><td>Indirect intervention</td><td>Framework</td></tr>
<tr><td rowspan="5">Target of the policies</td><td rowspan="2">Temporal axis</td><td>Strategic Industries (1. Strategic Policy)</td><td>(Exceptional)</td><td>[a] (Strategic Targeting) e.g., New Industry Promotion Strategy</td><td rowspan="5">[h] Framework Policy (broadly defined industrial policies for the improvement of the business environment)</td></tr>
<tr><td>Other Industries (2. Adjustment Policy)</td><td>[b] (Protective Coordination)</td><td>[c] (Measures for efficiency or the smooth exit of losers)</td></tr>
<tr><td rowspan="2">Spatial axis</td><td>Regions (3. Regional Industrial Policy)</td><td>[d] Industrial Location Policy</td><td>[e] Cluster Promotion</td></tr>
<tr><td>Size of Enterprises (4. SME Policy)</td><td>(Exceptional)</td><td>[f] SME Policy</td></tr>
<tr><td colspan="2">General
General Promotion Policy</td><td></td><td>[g] (General promotion of innovation and restructuring) e.g., Revitalization Policy</td></tr>
</table>

The wording in the table is not necessarily the same as that used by the policymakers. The temporal and spatial axes, and the regional policy and small- and medium-sized enterprises (SME) policy are not mutually exclusive; thus, one policy may contain more than one element. The target of the policy can also be classified according to policy fields such as environment and finance, which are also implemented by MITI/METI. However, such a classification is less important to the purpose of analysis of this paper, which attempts to capture the historical changes in the "classic" industrial policy. Therefore, it is omitted from this table. With the use of Table 1, the industrial policy under the deregulation in the 1990s will be positioned in the historical context.

b. Three types of industrial policy in the boom years (1955–1973)

Although the changes from the late 1950s to the early 1970s must not be ignored, it is possible to categorize the industrial policy during the boom years as types [a], [b], and [d] (Ono, Goro, 1999, pp.174-206, Terada, Takashi, 2006, pp.78-83).

The strategic policy [a], the first pillar, targets the active incubation and promotion of specific industries, which are typified by the heavy industries and the chemical industry in the pre-1960 boom years. MITI set the steel, synthetic textile, synthetic resin, petrochemical, automobile, and computer industries as the objects of incubation and promotion, as they were considered to be the future mainstay industries. The policy instruments of type [a] were mainly subsidy devices (preferential taxation, subvention in many forms, and policy-based finance) that could be called "indirect" in the context of the time. More direct regulations to curb competition were also conceived, but they were either discouraged in the legislation process by resistance from the businesses or when they did come into force, they proved themselves to be outright failures after a short period and were never dominant in the policy. Regardless of the intent of MITI, a virtual full-fledged direct intervention on competition never became mainstream even in the boom years. However, this assessment holds true only for the competition among Japanese companies. Needless to say, the measures to protect domestic companies from direct competition with foreign multinationals were at the core of the strategic policy in this period.

The second pillar is the adjustment policy, or more specifically, the type [b] policy: protective coordination. For various reasons, the policy adjusted (or limited) intra- and interindustrial competition, by which it either protected specific industries or hindered the selection of companies within specific industries, intentionally or unintentionally. It was applied particularly to sectors consisting of small and micro businesses – such as agriculture, transport, and distribution – and businesses in which stability and public nature are crucial – such as power and gas utilities. The cases of this policy being applied to the manufacturing industry are rare. In all the cases where this policy was applied, the industries were somewhat shielded from international competition. The finance industry, which is under the supervision of the Ministry of Finance (MOF), is probably the most typical example of an industry where competition is regulated to the level of the strength of the weakest bank in order to prevent the bankruptcy of banks (the so-called "convoy system"). This has been accompanied by the implementation of "industrial adjustment" for declining and depressed industries. It usually "adjusts" (i.e., reduces) the capacity of the industry and attempts to eliminate "excessive competition". The most typical example is a policy to promote disposal of production facilities by legalizing facility disposal cartels. It was adopted under the situation in which excessive supply was not driving excessive facilities or weak businesses out of the industry. In addition to limiting competition, this policy was also combined with various means of subsidy.

The basis for an adjustment policy is multifaceted, such as ensuring consumer security and the "sound" development of the industry concerned. Such a policy often served as an income redistribution policy for an industry. However, it should be noted that these policies also included "efficiency" as a part of their goal, at least officially. MITI was a votary of the excessive competition theory, contrary to the Fair Trade Commission (a part of the Prime Minister's Office; it did not have the necessary clout to oppose MITI). This attitude of MITI stems from a critical view of the immaturity or backwardness of the Japanese economy, in which the market is unable to fulfil its intrinsic function. As long as this understanding held true, the industrial policy was designed to supplement the competitive condition artificially, presuming that the market functioned as originally supposed. Yet, it should be noted that this type of policy was often reduced to a mere protectionist policy or a competition hindrance policy. Such policies often involved direct interventions, such as entry regulations, which could easily deviate from the official purpose of the policy. At the same time, there also existed type [c], which indirectly affected non-strategic industries; however, this is not considered as the typical policy for this period.

The third pillar is the *regional* industrial policy. Here, the object of the policy is not a specific industry but a region. During the boom years, this policy took the form of an industrial *location* policy to directly intervene in the competition among regions. It officially aimed at resolving the problems caused by excessive concentration through bringing about equilibrium among regions, which was realized to a certain degree. However, it is also true that its effect was confined to the spread of factories within the highly industrially concentrated Pacific Belt region, or to its growing outer rim (Terada, Takashi, 2006, pp.80-82).

With regard to the beneficiaries of this policy, it was a means for the strategic policy [a], which aimed at a heavy-industry- and chemical-industry-oriented industrial structure. During the boom years, the so-called "double-layer structure" between large corporations and SMEs, or more plainly, the "backwardness" and low productivity of SMEs, was recognized as a major priority on the policy agenda. However, due to the small size of the companies at stake, the SME-related policy could not be implemented directly in each competitive situation, except for measures like the formation of joint-enterprise cooperatives.

Therefore, the mainstream policy took the form of either the [b] type of industrial policy, which encompasses the entire industry to virtually protect the SMEs, or the [f] type of policy, which uses an indirect method (e.g., policy finance) to upgrade the overall strength of SMEs in general. The [f] type has been continuously implemented through a series of revisions; thus, it cannot be called a policy type unique to the boom years.

c. Change after the oil crisis (1970s)

The slowdown after the oil crisis of the 1970s was accompanied by the dwindling importance of the strategic policy [a]; the adjustment policy, particularly protective coordination [b], increased in significance. Strategic policies, including those for the promotion of the electronic and computer industries, continued into the 1970s. However, strategic industries like steel, automobiles, and machine production ceased to be the object of the strategic policy after they achieved international competitiveness. As a result, providing support to problematic industries became the main purpose of the policy. After the oil crisis of the 1970s, steel, petrochemicals, and other material-related industries and the shipbuilding industry suffered from excessive production capacity; they were classified as "structurally depressed industries." In the distribution sector as well, the policies focused on direct regulation on the setting up of new stores, such as the Large-scale Retail Store Law (1973) and the Flammable Oil Sales Law (1976).

With the reflection that the industrialization in the boom years caused the excessive industrial concentration in the Pacific Belt area, the 1970s saw an increased significance of the regional industrial policy, particularly [d] the industrial location policy. In 1972, the Industrial Relocation Promotion Law was enacted to facilitate the relocation of factories from large cities to rural areas. Such policies continued into the 1980s; they took the form of the Technopolis Initiative, in which the object of relocation was expanded to include office functions.

d. Overconfidence in competitiveness (1980s) and belated reforms

Against the backdrop of the strong economy, soaring trade surplus, and trade friction with major trade partners, the mainstay of the policy in the 1980s comprised measures to curb export (e.g., "voluntary" export regulation and promotion of overseas investment) and measures to boost import (removal of non-tariff barriers and expansionist fiscal policy to stimulate demand). The Maekawa Report embodied these policies (Kokusai Kyouchou no Tame no Keizai Kouzou Chousei Kenkyuukai, 1986). Expansion of product import became the most important political priority, contrary to the trade policy before the 1970s. At the same time, owing to rising public criticism over prioritizing economic efficiency for the sake of GNP, enhancement of the real living standard was introduced into the policy agenda. It was symbolic that "coexistence of vitality and less pressure" was considered as the buzzword for the economic and industrial policy, and not for the welfare policy (Kusakabe, Satoshi, 2004a, p.62). The pre-1980 policies (not only the strategic industrial policy but also the adjusting industrial policy) targeted efficiency, regardless of whether or not it yielded the desired results. The same was the case with the policy in the 1990s. In that respect, the 1980s were rather unique. The significance of the strategic targeting policy continued to decline within the industrial policy, and policies aiming at the supply of public goods (such as R&D in general, the development of social infrastructure, and overseas economic cooperation) became dominant. In line with the fiscal expansion policy, the promotion of local economies for minimizing regional gaps was reinforced.

In addition, the 1980s were a period in which necessary reform was postponed in the presence of high economic performance (METI, 2002a, pp.15-22). Under the framework of the administrative reform implemented by the Nakasone administration, three public corporations (Telephone and Telecom Public Corporation and Japan Tobacco and Salt Public Corporation in 1985, and Japan National Railways in 1987) were privatized, and partial deregulation was introduced in the latter half of the 1980s. However, at the core of the policy were the opening up of the Japanese market to foreign countries and the scrutinization of loss-generating public corporations; the improvement of efficiency in the private sector was not the major issue. Therefore, the dominant part of the conventional adjustment policy remained intact; this became even clearer from the measures to cope with the rapid appreciation of the yen since 1985. However, overall, avoiding the problems created by the highly competitive Japanese enterprises was at the top of the policy agenda in this period. Under such circumstances, sclerosis of the overall economy was not perceived as a serious problem, and the impact of the change in the demographic structure remained outside of people's awareness.

In the public sector, public works projects expanded unproportionately to GDP and became increasingly inefficient. In the private sector, the redundancy of facilities, personnel, and unutilized assets intensified. Due to an economic boom and a sharp increase in land and stock prices caused by excessive liquidity, the business results of the companies appeared positive; however, a substantial decline in productivity was certain in the subsequent years.

2. Structural Changes Since the Early 1990s: Industrial Policy in the Era of Deregulation

a. An overview of the changes in the industrial policy since the 1990s

During the 1990s, due to the long-standing stagnation of the economy, the policy resumed prioritizing efficiency and market competition. At the time, extremely little competition was considered problematic, as opposed to extremely high competition. As compared to continental Europe, the Japanese welfare system remained quite weak, as was the function of the government. Nevertheless, if the semi-government sector (i.e., the organs under bureaucratic control such as special public corporations and the national investment and loan programs), was also taken into account, the bloating of government sector, the endless expansion of self-serving public works projects, and the furthering of the fiscal predicament were eminent. Eventually, the shift of resources from the government sector to the private sector became the highest-priority item on the policy agenda. Further, in the private sector, the limitations of "Japanese-style management" became clear, irrespective of whether they were regarded as resulting from an inherent problem of this style or as a digression from it. In other words, the new policy goal was to dismantle and reorganize "Japaneseness," which was applauded in the 1980s. Consequently, the policy system itself was transformed in the 1990s, when the industrial policy also showed the following changes.

(a) Overall change: There was an emphasis on the market principle, competition, and the initiative of enterprises. Direct intervention was abandoned. In the remaining industrial policy items, the importance of indirect intervention declined and that of the framework policy [h] increased. The policy for specific industries was converted into a general policy for the entire industry.

(b) Emergence of a new policy field [g]: Strategic targeting [a] for specific industries was abandoned and was replaced by the general promotion policy [g]. This policy was coupled with the policy to deal with the negative legacy of the economic bubble (i.e., the Revitalization Policy); the new policy attempted to release economic resources from inefficient companies and transfer them to efficient ones.

(c) Abandonment of protective coordination [b] through deregulation: The adjustment policy underwent a general decline.

(d) The withdrawal of the industrial location policy [d] and the innovation policy dominated the overall regional policy. The policy for the relocation of industries by the central government was assigned to the prefectural governments. The remaining indirect policies [e] were fused with other indirect environmental arrangement policies such as the innovation policy and the SME policy [f].

(e) The importance of the policy for a better business environment, the framework policy [h], increased.

(f) [Additional observations regarding the role of METI] In accordance with these trends, the advancement of MITI/METI bureaucrats into areas under the jurisdiction of other ministries and agencies was observed.

Among these six points, the specific policy changes, from (b) through (e), will be summarized here; the overall change (a) will be discussed later.

b. New policy domain: Revitalization and general promotion of innovation and restructuring

The qualitative changes in the industrial policy were represented by the emergence of the revitalization policy as a new domain in the latter half of the 1990s. This policy was specifically intended to support the business restructuring exercise through withdrawal from unprofitable business areas and concentration on core competencies. This policy field is somewhat similar to the classic targeting policy in that it supports the drivers of the economy rather than depressed or declining industries. However, it is essentially different from the classic one in that it supports the overall restructuring of businesses and essentially excludes bureaucratic discretion. Moreover, its logic differs from the previous logic of "nurturing" in that it expects each company's restructuring to be propelled by the current ensured competitive resources rather than by some uncertain future development. At least, the "catch-up economy" assumption was completely abandoned, which was based on the belief that government officials were more capable of foreseeing the future strategic industries than were corporate managers, bankers, or investors.

Nevertheless, the recognition of the shortcomings of Japanese enterprises necessitated policy actions. The shortcomings were as follows: Both shareholder governance and top-down leadership were weak, and companies were too influenced by past successes to engage in diversification into related fields, thereby increasing the difficulty of drastic business restructuring. Behind this view is the understanding that from the latter half of the 1980s to the 1990s, American companies achieved dramatic improvements in productivity through the selection and concentration of their areas of operation. In other words, these actions were a policy support aimed at strengthening the function of the market, based on the criticism that the reorganization of businesses by the market mechanism was not as expected. MITI/METI also came to take the same negative view on *keiretsu* (business affiliations). The industrial policy in this period was not an effort to rebuild the Japanese system itself; rather, it targeted the redefinition of the Japanese system.

The retreat from unprofitable business areas through selection and concentration was partly in response to the adverse legacy of the bubble economy. In that sense, the bad debt write-off scheme, including the processing of nonperforming companies, was positioned as a part of the revitalization policy.

ba. Business Innovation Law

The enactment of the Business Innovation Law in 1995 marked the emergence of this new area (Kusakabe, Satoshi, 2004a, pp.71–72). Under this law, the concept of bundling specific industries was abolished; the law comprehensively dealt with all manufacturing sectors (excluding the food industry) and the wholesale and retail industries.

This law left little room for the discretion of the policymakers. (Discretionary administration was criticized from the 1980s, and the Administrative Procedure Law was enacted in 1993.) The companies that desired preferential treatment were required to develop a management plan that fulfilled the criteria stipulated in the law. The "business innovation" subject to preferential treatment is the so-called Schumpeter-type innovation, i.e., the development and production of new products; the introduction of new production methods; improvement in the performance of facilities; the introduction of new sales methods; the use of new material, components, and semi finished products; and the introduction of new purchasing methods. The preferential measures include (1) tax concessions for capital gains from the transfer of long-held assets for the purchase of machinery; (2) tax exemption for increased R&D expenditure; (3) accelerated depreciation for the purchase of facilities for business innovation; (4) tax reduction for registration license tax and real estate acquisition tax for business innovation at the time of business start-up, merger, and sale; (5) favourable loans from government financial institutions; and (6) debt guarantee by the Industrial Structure Improvement Fund. Among these policies, (1) was aimed at encouraging businesses to improve their ROA instead of depending on creditworthiness far exceeding the book value of the actual assets they owned (which were mainly real estate purchased before the 1980s, when land prices increased phenomenally). Further, (5) and (6) were policies aimed at relieving the credit crunch after the bursting of the bubble. On the other hand, (4) was a promotion measure for the selection of and concentration on the core competence, which clearly exhibits a new characteristic.

bb. The Industrial Revival Law

The Business Innovation Law was abolished in 1999 and replaced with the Law on Special Measures for Industrial Revitalization (Industrial Revitalization Law). Consequently, the aspect of the law as a measure for hollowing out industries was weakened, while its aspect of supporting selection and concentration was emphasized to a greater extent (METI/Industrial Revitalization Division, 2005). Specifically, the law deals with [a] supporting the selection and strengthening of companies' core businesses (business reorganization), [b] supporting individual entrepreneurs and SMEs to identify new business areas (particularly financing), and [c] stimulating R&D through attributing to the commissioned companies the intellectual properties from commissioned governmental researches.

[a] is an M&A promotion measure to "release" management resources trapped in the unprofitable divisions of a company so that they can be transferred to competitive divisions. The character of this policy as a measure to liquidate non performing loans was retained. The fact that the most of the companies to which this policy was applicable came from the banking and trust corporations (21 cases) substantiates this claim. On the other hand, [b] is a clear support for startups, where there is a clear orientation toward the American type of innovation model. It was also characteristic that in addition to tax and financial incentive measures, various commercial-code-related deregulation measures for facilitating companies' experiments on organizational reforms were included.

The scope of the law widely encompasses most of the manufacturing industries. To be eligible for the application of this law, a company needs to set targets for productivity and financial improvement for the planned period. For example, in one of the five business area categories in the Business Restructuring Plan, the criterion for productivity enhancement requires one of the following to be met: ROE of 2% or more, tangible asset turnover of 5% or more, or per-employee value added of 6% or more. Likewise, for the financial area, the generation of double-digit cash flows in interest-bearing debt and other instruments was targeted. As a result, this law applied mainly to profitable large companies with a certain level of financial robustness. These were mainly internationally flourishing companies like Toyota Motor Co. and Matsushita Electric Co. Ltd., which undertook this scheme to reduce the cost of business streamlining; the law was not intended to provide relief to the losers in the competition.

This law was revised in 2003 to include the Business Innovation Facility Introduction Plan. This plan permits special amortization for innovative facilities (first pilot plant costing more than one billion yen), which is inherently linked to R&D. The first and second cases of its application were the sixth- and seventh-generation LCD plants of Sharp Corporation (http://www.meti.go.jp/policy/business_infra/saisei-hou.html). The law appears to be a comeback of the strategic targeting policy; however, it is actually different from the old promotion measures in that it does not preselect business areas or technologies, and the cases to which it is applicable are determined by objective figures.

In the 2003 amendment, the law dealt with the lingering problem of bad debt; it was supplemented with measures to cope with excessive supply (joint business restructuring) and excessive corporate debt (support for debt write-offs). However, this does not substantiate the view that the policymakers returned to the adjustment industrial policy. As far as the seven cases in this category are concerned, joint business restructuring was associated with company split-up and focus on each company's core competence. It is obviously different from the policy until the 1980s, which resulted in the continuation of homogeneous competition among companies with similar areas of business. This is also demonstrated by the fact that the first application of this law was the establishment of Renesas Technology Corp. This company was a spin-off of the System LSI business of Hitachi Ltd. and Mitsubishi Electric Corp., which signalled the end of the "all-round business management" of the Japanese semiconductor manufacturers and the follow-the-crowd mentality.

On the other hand, for the plan including debt write-offs, the twenty applicable cases of the law included the plans of Daiei Inc. and Kanebo Cosmetics Inc. Both are examples of representative Japanese companies that failed. Insolvency of a large company was quite exceptional in Japan before the 1980s and was dealt with policy-wise on a case-by-case basis. In this respect as well, the comprehensive scheme for bankruptcy under the "industrial revival" can be called a new field.

In 2003, the Industrial Revitalization Corporation Japan (IRCJ) was established by a special legislation and a capital subscription by the Deposit Insurance Corporation of Japan (DICJ) (http://www8.cao.go.jp/sangyo/ index.html). IRCJ purchases nonperforming loans from banks other than the main bank of the failing company and promotes rehabilitation together with the main bank. The period of the purchase is two years only; in addition, to ensure that it does not crowd out private companies, the corporation is scheduled to dissolve itself in 2007.

bc. Law for Facilitating the Creation of New Business

Another direction of the new policy area was providing support to new ventures. The Law for Facilitating the Creation of New Business was enacted in 1999 to supplement the Business Innovation Law. It encompasses a wide range of policies such as support for small- and medium-sized ventures, coordination between regional industrial support organizations, and introduction of the stock option. This law also supports the split-up of back office functions such as general affairs and accounting. The idea of this policy is derived from the American type of outsourcing model.

c. "Retreat" from the adjustment policy

ca. Deregulation since the 1990s

What typifies the second change, the abandonment of the adjustment policy, is the trend of the total cases of permit and authorization. Terada shows that about 98% of the permits were of the adjustment type; the strategic policy type accounted for only 2.2% (Terada, Takashi, 2006, pp.83-86). In addition, if the change in the total number is divided according to permits generated by deregulation and those resulting from the tightening of regulation, the first totals 2,693 while the latter amounts to a mere 224. In other words, much of the regulation was an outcome of the adjustment policy and was abolished during the 1990s. The number of permits given in response to the deregulation reveals the industries that were protected during the 1980s: 1,160 for the financing industry, 417 for the transportation and warehousing industries, 323 for primary industries, 242 for the utilities industry, and 105 for the distribution industry.

cb. An example of the energy business

In this study, the energy industry will be discussed as a typical example in order to understand the status of the adjustment policy, particularly the protective coordination policy [b].

After World War II, MITI and its affiliated agency, the Agency for Natural Resources and Energy (established in 1973), were in charge of the energy policy in Japan. In the oil business, as rare exception to the postwar history of industrial policy, a special law was enacted to place the industry under comprehensive control. This resulted in the continuance of a wide variety of policy interventions. Oil products were exempted in the trade liberalization at the end of the 1960s, and the ban on the import of refined oil products remained. The policy goal of promoting internationally competitive oil companies was only partially achieved in the form of refining at the place of consumption. In the refining, wholesaling, and retailing of oil, foreign companies had a significant market share, which was unusual in postwar Japan.

In the event of an oil crisis, MITI strengthened the regulation to curb skyrocketing prices, buy-ups, and quality problems. A production quota was imposed on producers of the highly profitable gasoline. In 1974, when the surge in oil prices affected the cost of living, a radical measure was implemented to fix the wholesale price of petroleum products to the 1973 level; this "administrative guidance" was not based on any explicit stipulation of laws and ordinances. Further, the "guidance" was effective in curbing the hike in the price of kerosene (for heating homes) and offsetting it with the cost of automobile gasoline, which was considered a luxury good. Unlike the internationally competitive industries, private companies did not have the power to resist such a discretionary "guidance." Throughout the postwar era, the oil business remained an industry in which private companies had the weakest influence and MITI the strongest, as compared with other industries. (Kikkawa, Takeo, 2000)

At the end of the sales channel, the setting up of gas stations was conditional on the closure of the same number of stations in other places in order to control the demand and excessive competition. However, this resulted in unprofitable stations being considered as assets to hold on to, regardless of their profitability, because they were assured a future setup. Therefore, petroleum wholesalers supported the unprofitable franchise dealers with various measures. If affiliated dealers showed red ink figures at the end of an accounting term, it became a common practice for the wholesaler to support the franchise dealer by reducing the selling price of the products *by going back to the point of sales*. The huge number of retailers and gas stations, and the stringent safety regulations made it impossible to extract profits from the low-value-added sales of oil products. As a result, retailers adopted another business model and supplied cleaning, car wash, and other services with an army of personnel. Employees crowding around a car to provide unnecessary services made an odd sight and proved the policy's failure in eliminating excessive competition among homogenous service providers.

However, such a policy underwent a partial turnabout in the latter half of the 1980s, and the change became even more obvious during the 1990s. In the first period of deregulation (1987–1992), the abovementioned restriction on production capacity and new establishments was lifted. In the second period (1996–1998), the import of refined oil products was liberalized with the obligation of a

8), the import of refined oil products was liberalized with the obligation of a certain amount of stockpiling. In 1998, the ban on self-fuelling by customers was lifted for the first time, and joint location with another form of business, such as convenience stores, was approved.

How substantial were these deregulation measures? The change in the form of competition is reflected in the decline in the number of wholesalers. The measures facilitated merger, which reduced the number of oil wholesalers to 9, from 15 in 1985 and 12 in 1993. Eventually, including refining and logistic affiliation, the oil wholesalers were roughly reorganized into three groups. The refining capacity was greatly reduced, and the rate of capacity utilization was improved (from 55.1% in 1982 to 84.4% in 2004). The number of service stations peaked at 60,421 in 1994, a year before the self-refuelling approval, but reduced by 22% to 47,584 in 2005. The total number of dealers shrank by about 30%.

The increasing competition triggered by deregulation is also conspicuous in the liquefied petroleum gas supply business, which was often considered as a natural monopoly industry. Changes in the mind-set of the parties concerned intensified mutual intrusion among retailers.

The trend toward fierce competition triggered by deregulation can be recognized in most of the other industries that were subjected to protective coordination until the 1980s. There are some areas where these regulations still hold, but most of them relate to intrinsic environmental and safety regulations.

cc. An international comparison

The weakening intensity of regulations in Japan since the late 1990s can also be confirmed by a comparative survey conducted by the OECD. The survey shows the weakening of regulation, or the decrease in the impediments to corporate activities in Japan between 1998 and 2003 (Conway, P., Janod, V., and Nicoletti, G., 2005). Among three indicators (i.e., barriers to entrepreneurship indicator, product market regulation indicator, and state control indicator), the barriers to entrepreneurship indicator shows that Japan is positioned around the center of distribution, close to the EU average and Germany. Considering the fact that it was believed to present many more impediments than the EU and Germany in 1998, Japan's improvement in five years must have been more significant than that of the other two. In both years, the intensity of regulations in Japan was higher than in the U.S. and the U.K., but slightly lower than in the EU. Additionally, with the state control indicator, Japan has a considerably lower level of control than the EU and Germany and was placed between the U.S. and the U.K. The only European countries positioned lower than Japan are Iceland, Denmark, and the Slovak Republic.

From the abovementioned points, it can be concluded that policymakers in Japan have abandoned the [b] type protective coordination policy, although there are a few exceptions. In the other areas of the adjustment policy ([c] type – measures for smooth exit), policies targeting specific industries are also becoming rare, and the adjustment policy on the whole can be said to have shrunk significantly.

d. Cluster formation policy and SME Policy: Approaches to the promotion of innovation

The third change is in the regional industrial policy. The industrial location policy [d] to facilitate the location of plants and offices in less industrialized areas was virtually abandoned. New project schemes in the twenty-first century differ from the technopolis projects during the 1980s in the following aspects: (1) National reallocation is not a policy goal; (2) the local governments, and not the central government, draw up each project substantively; (3) the objectives are not limited to the manufacturing process, and there is an orientation toward product innovation; and (4) long-term results, not short-term ones, are sought (Ishikura, Youko, 2003, pp.36-38). These aspects indicate that the regional industrial policy was converted into a policy to facilitate industrial cluster formation itself in its original sense. (METI, 2004b, pp. 138-141)

However, this field witnessed obvious changes later than the other fields did. This is because technopolis projects were maintained officially until 1998; further, the fiscal expenditure reduction plan of 1995 was withdrawn by the Obuchi administration after the 1997 financial crisis, and full-fledged reduction in local public works was deferred until 2000. A clear turning point has been observed more recently. The year 2002 saw the abolishment of a law that had restricted the establishment of new factories in the metropolitan and Kansai areas since 1964. The Industrial Relocation Promotion Law was also abrogated in 2006. This shows that the principle of the regional industrial policy shifted from equality among regions to efficiency based on the agglomeration economies. After this, the active industrial location policy remained only at the prefectural level to attract outside investment.

Due to this transformation, the regional industrial policy was fused with the innovation policy and the SME policy (Teraoka, Hiroshi, 2003). In the SME policy itself, the importance of venture business promotion was increased by its replacement of conventional adjustment policies. The Law for Facilitating the Creation of New Business in 1994 is not designed for a specific industry or region; it confines its support to SMEs in the start-up stage. Additionally, the Small and Medium Enterprise Basic Law was fully revised for the first time since its legislation in 1963. The new law succeeded policy measures such as grant money, tax concessions, and financial support; however, the basic concept changed from "modernization" to "innovation." New methods, such as support for equity finance, appeared at the same time.

e. Framework policy

Since the mid-1990s, the weight of the framework policy [h], which aims at improving the general business environment, increased. Although Table 1 classifies the revitalization policy [g] as a general, indirect intervention in the markets, it is actually integrated with the even more indirect framework policy [h]. The framework policy also contains measures involving direct spending of public money, such as IT infrastructure improvement. However, most of the framework policy consisted of measures to frame the rules of market competition or to provide nonmaterial infrastructure. The framework policy is not necessarily accompanied by legislation and often takes the form of a guideline for the market participants.

The framework policy encompasses a diversified range of fields. Therefore, it is difficult to offer a systematic description of this policy. First, some examples of framework policies, which are related to the abovementioned changes, shall be provided.

ea. Amendments to corporate law

Amendments to corporate law were carried out either by coming closer to the American type of model or by incorporating the American model into the Japanese one. Holding companies, which were forbidden since the postwar reform, were finally legalized in 1997. M&A by stock swap was made possible since 1999, and a law amendment in 2000 lifted the ban on treasury stocks and increased the usability of classified stock. The share warrant system was introduced. These changes were intended to facilitate M&A. In recent years, there have been some cases of management buyout (MBO) – a method hitherto unknown in Japan – by using stock swap combined with cash payments, which was introduced by the abovementioned law for industrial revitalization. The Trust Business Law was revised in 2006 for the first time since 1921. It widened the scope of the providers of trust services and included intellectual property as objects of trust. The amendment diversified financing methods and enabled the mediation of money by nonbank companies, which are supposed to have higher monitoring capability than normal banks. This was a step to approaching the Anglo-Saxon model, in which the principle of equity lies at the foundation of society.

Law amendments that clearly aimed at strengthening corporate governance were also undertaken. In 2002, a provision on companies with a committee-based corporate governance structure was introduced to enable the adoption of the American-style governance structure. In 2006, corporate law was fully revised for the first time since its enactment in 1899 in order to "modernize" it (http://www.meti.go.jp/policy/economic_oganization/kaishaho.htm). This amendment redefined the types of corporations and made it easier to found and reorganize them. It also expanded the category of joint-stock corporation by absorbing the existing category of *Yuugen Kaisha* (limited liability company) to make it easy-to-use for SMEs as well. Additionally, to encourage start-ups, joint ventures, and professional services activities, the LLP (Limited Liability Partnership) and LLC (Limited Liability Company) structures were introduced as new forms of business organization. This indicates that the importance of human capital and the possibility of a "closed" type of corporation were being positively reevaluated (http://www.meti.go.jp /english/information/data/ LLPe.html).

eb. Measures to deal with nonperforming loans

In the abovementioned measures to deal with nonperforming loans, policies to consolidate the business environment were also important. Typical examples are the drawing up of the handling scheme and guidelines in 2003 and the development of human resources for insolvency processing and corporate rehabilitation (e.g., setting up of local training centers and foundation of the Japanese Association of Turnaround Professionals: http://www.turnaround.jp/).

ec. Reinforcement of the competition policy

In accordance with these policies, the policy tools of the Fair Trade Commission were reinforced (http://www.jftc.go.jp/e-page/index.html). In the 1990s, the operation of the Anti-Monopoly Law was gradually bolstered. In 1999, the system of legal cartels, which allowed a few cartels in the name of the smooth disposal of the excessive capacity of depressed industries, was finally abolished. By the 1990s, the Fair Trade Commission had been ridiculed as a "watchdog that does not bark." However, it strengthened its operation dramatically since 2002, shocking some industries. In the nineteenth revision of the Anti-Monopoly Law in 2005, the penalty was notably strengthened, and power to conduct investigations independently from the Public Prosecutor's Office was given. In addition, the system of remission of punishment was introduced to encourage voluntary surrender to the commission. This produced a dramatic effect on the detection of illegal agreements among companies. While it is true that consecutive detection of illegal agreements appears endless, this is due to the stricter operation of the law, which uncovers and prosecutes cases that were hitherto undetected. As in the case of numerous other corporate scandals, these phenomena seem unchanged merely because of the changes in the system.

ed. Response to the information technology (IT) revolution

The delayed response of the Japanese economy to the IT revolution produced a strong sense of crisis among the policymakers. A policy response to the IT revolution began at the end of the 1990s. The Information Technology Strategy Council was established, and the IT Basic Law was legislated in 2000. These policies contain not only direct measures such as investment in IT infrastructure but also environment arrangement ones, e.g., the Electronic Signature Law. Additionally, a policy document of the Subcommittee for the "Information Economy" of the Industrial Structure Council, a part of METI, argued that the transformation of the existing Japanese management to an "unbundled management" model is necessary to cope with the "modularization" and the outsourcing Trend (METI, 2002a).

ee. Intellectual property policy

The Basic Law on Intellectual Property was enacted in 2002 (http://www.kantei.go.jp/foreign /policy/titeki/hourei/021204kihon_e.html). The protection of intellectual property itself is not a new field, but new situations increased its importance. For example, in the late 1990s, while the "long-term commitment" of Japanese employees declined, the poaching of highly skilled engineers by Korean and other Asian companies became rampant.

ef. Promotion of inward foreign direct investment (FDI)

In the area of international trade, import promotion had already been included as an important policy target in the 1980s. Since the late 1990s, in the area of direct investment as well, the promotion of inward movement assumed higher priority (METI, 2002b, p.59). In recent years, the provision of information by the Japanese government to facilitate inward FDI has increased considerably (http://www. meti.go.jp/english/policy/ c_main_FDI_into_Japan.html). Further, JETRO, whose main mission was to support export and outward FDI, upgraded the promotion of inward FDI as one of its major activities (http://www.jetro.go.jp/en/invest/).

f. New role of METI: The promoter of the market principle

As these examples show, the framework policy involves a wider area than the conventional policy targets of MITI, which inevitably required a more intense inter-ministerial policy arrangement. While MITI/METI relinquished authority in its conventional policy area, from the 1990s, it made "advancements" into areas under the jurisdiction of other ministries and agencies. In other words, MITI/METI has renewed itself to be a "reform proposal" type of ministry that promotes the "implementation of the market principle" in the overall policy area by demanding that fellow agencies and ministries convert their policies for the promotion of international industrial competitiveness.

Since its foundation, MITI/METI has had a mission to negotiate on matters of international trade. Because of its nature, it is expected to have a broad perspective to understand various domestic and international sectors. For this purpose, MITI/METI officials tend to have a cross-sectional concept and behaviour untypical of the Japanese ministries and agencies (Nakai, Kouichi, 2004, pp.283-337). Further, MITI/METI is in a position to be most keenly aware of globalization. Additionally, due to its nature, it is more understanding of the market principle than other ministries. If deregulation is considered as the inevitable conclusion for the sake of its ultimate policy goal of gaining an international competitive edge, MITI/METI cannot but pursue it, even if such a pursuit causes erosion of its power base. This is even truer if its legitimacy or survival itself is in question.

The same applies to the individual behaviour of METI officials. Each ministry recruits the government officials, after the candidates undergo the screening process of an integrated qualification examination. As one of the most popular ministries, METI shares the cream of the crop with the MOF. METI officials are often loaned to new policymaking organs, which are a creation of the administrative reform during the 1990s (as described later), and have contributed to "diffusing" the market principle to the entire policy field of the government. In the latter half of the 1990s, many of the former MITI officials became Diet members of the Liberal Democratic Party (LDP) or the Democratic Party of Japan and led the reform course as the most radical advocates of deregulation.

Some examples of this phenomenon are briefly outlined. In the fields related to the MOF, the reform of the financial system is the most crucial agenda. Based on the understanding that the existing corporate finance system had escalated the scale of the bubble and aggravated the aftermath of its burst, the Industrial Structure Council of MITI proposed a detailed financial market reform in 1993 and 1994. Although the reform (i.e., the Japanese financial "Big Bang") was in fact implemented by the MOF, which had a similar plan around the same time, it is undeniable that MITI's proposal exerted a certain pressure on the MOF. For the taxation system, MITI requested the abovementioned tax benefits and corporate tax reduction in consideration of international competition. It was also the MITI officials who demanded a reform in the fiscal investment and loan program (FILP) and supported the postal reform.

Under the jurisdiction of the Ministry of Justice (MOJ), the 1990s witnessed progress in judicial reform. In this movement, MITI and its concerned parties pressured the MOJ to realize an easy-to-use judicial system for companies, propelling the changeover from a pre-dispute regulation by the administration to a post-dispute settlement in court. The most representative achievement in the intermediate sphere between the industrial policy and the judicature is the High Court for Intellectual Properties, established in 2005.

Further, in the jurisdiction of the Ministry of Health and Labour and that of the Ministry of Agriculture, Forestry and Fisheries, MITI played a similar role. Examples of this are the medical insurance reform and the pension system reform. Demands for allowing joint-stock corporations to enter hospital management and the farming industry were also made in this context.

Universities play a major role in the Silicon Valley type of innovation. MITI felt a sense of crisis because of the extremely weak industry-university collaboration in Japan and set up a section to deal with this in 1995. Since then, it has been playing a tag match with the Ministry of Education by demanding university reform and the enhancement of competition and the market principle in the field of education (Aoki, Masahiko et al., 2001). National universities used to be a part of the central government and did not possess significant flexibility and autonomy. In 2004, they were detached from the government machinery and transformed into independent agencies. In this reform, MITI took the offensive, while the Ministry of Education was on the defensive.

The abovementioned diffusion of the industrial policy into neighbouring areas can be rephrased as the "transformation of the industrial policy into the general economic policy." At the same time, areas like education and agricultural policies, which used to operate on principles different than competitiveness, were in a sense restructured as an integral part of the national competitive strategy. In this respect, diffusion can be characterized as the dominance of the industrial policy in the general policy system.

3. Background of Policy Change and the Meaning of the Targeting Strategy

a. Changeover of the policy philosophy seen in the reports of advisory boards

What kind of recognition or philosophical background on policy existed at the root of the abovementioned change in policy?

Terada examined the recognition of the administrative-reform-related organs that determined the overall direction of the government in the 1990s (Terada, Takashi, 2006, pp.97–108). The reports published between 1993 and 1997 expressed a negative view on the conventional regulatory system. They argued that the current Japanese administration and economic system were designed to catch up with the Western countries, and since the catch-up stage was over, deregulation should be introduced. Among these, the Hiraiwa Study Group's report in 1993 states that "economic regulation shall be basically lifted," and that "social regulation shall be continuously revisited for further streamlining and simplification."

Documents in 1996 and 1997 specified the necessity of the following changes in the policy:

- to promote competition to exploit the market mechanism
- to discontinue protecting and nurturing specific industries, and to withdraw measures aimed at redistribution among industries
- to thoroughly review the subsidy administration
- to prioritize cross-industrial policies such as those pertaining to the establishment and development of market rules, protection of intellectual properties, and technological development
- (in terms of the MITI organization) to streamline divisions for promoting specific industries

Is there any gap between such a general recommendation and the recognition of committees in MITI? Prior to the abovementioned Hiraiwa Report, a June 1993 report of the Subcommittee of Basic Issues for the Industrial Structure Council under MITI adopted a very negative stance on the existing Japanese economic system (Kusakabe, Satoshi, 2004a, pp. 66-75). This report indicated the possibility that the change in the economic environment has an adverse implication on the effectiveness of the Japanese system in terms of the emphasis on a long-term affiliation among companies, follow-the-crowd type of corporate management with a strong inclination toward market share, cross-shareholding, main bank system, lifetime employment, seniority system, and immobility of labour. Based on this recognition, it presented the following system as a means of solving the problems of aging population, extremely high domestic prices, and the hollowing out of the industry. (1) The problem is not excessive competition but the lack of it; thus, economic growth shall be enhanced through deregulation, particularly in the non-manufacturing sector (micro economic reform). (2) Considering that recovery from recession and the compression of trade surplus are necessary, and expecting that the fiscal budget should be downsized due to the aging population, public works projects shall be implemented ahead of the current schedule, with the commitment that they will be reduced in the future (macro economic reform). (3) Reform of the industrial structure shall be pursued, not by competition-limiting measures but by the selection of businesses areas by each company under competition (industrial structural reform). Under this notion, cartel regulation was tightened and trusts were liberalized.

The second proposition presupposes the effectiveness of the Keynesian stimulus policy in that it advances the future public works rather than curtails the current expenditure, albeit in recognition of the aging society. In that sense, it can be said to be based on the "conventional" view, which was prevalent until the 1990s. However, this proposition is not extremely significant because in the industrial policy in its narrow sense, there was a clear change of stance from interventionist to market-centered. In the subsequent two years, the report followed the same course, suggesting that this trend was stable.

b. Verification using media exposure: The periodization of contemporary history

The following is a simple analysis of the periodic changes in policy stance and their background, using newspaper reports. Table 2 shows the annual totals of keywords extracted from an all-article search of the *Nihonkeizaishinbun* (*Nikkei*, http://telecom21.nikkei.co.jp/nt21/service/). *Nikkei* is the most influential medium in Japan for the formation of public opinion on economic and business topics, and it adopted a stance that was basically similar to that of the other three biggest newspapers regarding the positive evaluation of the deregulation during the 1990s. The top four years in which each keyword occurred most frequently are shaded.

The table suggests that there is a turning point between 1993 and 1994. In August 1993, a coalition of eight non-LDP parties assumed power (the Hosokawa administration), followed by the enactment of a law on the election system reform. Since then, political reform was replaced by administrative reform as the most important political agenda item. The Hosokawa government was virtually the first administration to put up policies for a small government, and the administration recorded a high approval rating of 68%. A surge in the number of examples of the use of the word "deregulation" began in 1993 and peaked between 1994 and 1997. MITI's policy changeover to "competition and transparency"

Table 2: Keywords used in the morning edition of Nihonkeizaishinbun (Nikkei)

year	Main agenda of reforms			Economic problems or measures					Keywords related to the industrial policy							
										Micro policy		Structural policy				
	political reform	administrative reform	fiscal rehabilitation	trade friction	countercyclical measures	disparity between domestic and foreign prices	hollowing out of the industry	nonperforming loans	industrial policy	deregulation	cartel	selection and concentration	M&A	*kachigumi* (winners)	industry-university collaboration
90	605	191	263	231	31	334	85	76	323	912	257	0	371	0	46
91	1046	408	174	202	178	144	82	252	322	547	207	1	194	6	40
92	1212	260	182	200	1154	99	104	954	309	556	218	0	158	2	33
93	2568	392	110	135	1688	214	234	883	302	1347	146	3	104	5	25
94	1354	779	83	111	726	529	622	799	342	2201	136	6	123	9	16
95	156	722	171	140	585	450	725	1996	361	2256	128	1	172	3	46
96	136	1483	582	71	352	229	457	1507	221	2257	165	4	165	7	51
97	135	1972	846	117	588	104	311	1705	209	2178	86	9	238	32	109
98	248	566	367	67	1659	54	149	2770	162	1454	87	29	381	51	80
99	117	346	245	95	591	60	99	1514	250	1204	164	78	559	92	101
00	98	308	449	40	394	40	121	931	159	1145	95	56	465	117	135
01	51	564	316	88	638	60	261	2700	148	1095	68	71	406	118	201
02	78	262	203	62	326	41	341	2517	250	905	57	82	323	124	242
03	65	187	140	34	273	24	188	1435	155	819	63	66	264	140	240
04	80	159	193	52	106	27	144	963	148	713	65	71	412	85	239
05	110	308	376	99	95	31	132	656	144	548	58	79	880	112	205
06	72	444	671	56	66	17	85	423	89	558	55	85	922	117	147

was also a product of this historical context. The use of the term "industrial policy" began to decline around 1995. In terms of economic problems, there was a decrease in the use of keywords suggesting the strength of the Japanese industry, such as "trade friction," in contrast to a sharp increase in the use of keywords like "disparity between domestic and foreign prices," "hollowing out of the industry," and "nonperforming loans." The economy continued to stagnate due to the emergence of China, innovation in IT, and prolonged asset deflation, which were not comprehensively forecasted in 1993.

The next changeover point can be seen from 1997 through 1998. It was as late as 1993 when it came to be commonly understood that the seemingly endless economic stagnation was different from the regular cyclical change and hence required some fundamental measures. Further, in terms of the social mood, the sarin gas attack in the Tokyo subway and the great earthquake in Kobe in 1995 were very ominous. However, until 1997, employment did not decline significantly, and the momentum of the "inertia" still played a role in people's interpretation of the world. It was only after the outbreak of the financial crisis in 1997 and the bankruptcy of four major financial institutions that people realized that the good old stable world no longer existed.

At the end of the 1990s, new buzzwords like *kachigumi* (winners) and *makegumi* (losers) emerged to stay. This signalled the end of an era in which homogenous companies competed with each other without any major detriment to their performance. There was a persistent understanding throughout the 1990s that the problem lay in the macro economy and the financing sector, and that the manufacturing industry was actually robust; however, this understanding faded away after 1997, when the need for selection and concentration was emphasized instead. Deregulation remained a major agenda item in this period, and the major pillar of the industrial policy was the revitalization policy, including the disposal of nonperforming loans and the liquidation of bankruptcies that a mere introduction of the principle of competition could not resolve.

On the other hand, the administrative reform was advanced to a certain extent with the passage of the central ministry restructuring bill in 1998. The use of the term "administrative reform" declined after that, but the public sector reform in a wide sense, such as the reform of government-affiliated corporations, took place on a full-fledged basis.

Under the Koizumi government, which came to power in April 2001 with unprecedented support, the use of the word "deregulation" is rather low. This indicates that the private sector reform achieved a satisfactory level. As represented by the decrease in the use of economic-problem-related keywords, the business results of companies showed an upward trend; thus, the public sector was now targeted for reform.

c. Was there a return to anachronism? Was the targeting policy abandoned?

ca. "Revival" of the targeting policy

However, despite such changes, reforms often appeared as "too late, too little" in the eyes of the mass media, and hence the general public. This is not surprising, considering that people tend to evaluate these reforms not by the change itself but by comparing their ideal state with the current status. When people's outlook of the world is changing continuously, they may have altered their criteria for any given item without being aware of it. Nevertheless, some point out that this explanation does not apply to all cases. The claim that the old targeting policy was "revived" around 1999 is one of them.

Terada (Terada, Takashi, 2006, pp.106–107), in his analysis of reports from the Industrial Structure Council and other organs between 1994 and 2004, concluded the following: "Among the industrial policy (specific industry promotion measure, industrial protection type measures, and income distribution policy in the form of industrial policy) recommended by administrative reform organizations in the mid 1990s, withdrawal from specific industry promotion measure did not stay as an economic policy concept of the Japanese government." His rationale was as follows: The ministry restructuring ended merely in the merger of ministries and agencies; full-fledged restructuring was postponed. Even after MITI was renamed METI, sections in charge of specific industries survived, even though their dissolution had been proposed. In addition, the 1999 report of the Strategic Economic Council clearly stated that "new industries to drive the Japanese economy shall be developed under a national project," and "biotechnology, telecommunications, environment and energy" shall be emphasized as strategic areas. Reference to specific areas was maintained in all the subsequent reports. Some industries positioned as strategic areas were replaced by others, but information and telecommunication, life science, environment, and energy always remained, and in recent years, nanotechnology and material industry have been added. Although it advocated a "more effective utilization of the market function," the report of the committee on the basic policy for future economic and industrial policy set up by the Industrial Structure Council concluded that "the market is not omnipotent to resolve everything by laissez faire."

Likewise, some journalists believe that METI has changed its policy method again in recent years. For instance, Ikeda reports that MITI/METI officials formed the framework faction and the targeting faction in the 1990s, and the framework faction took initiative in promoting deregulation as mainstream in the 1990s (Ikeda, Nobuo, 2007). However, their achievements in areas outside their jurisdiction were unrealized due to opposition from other ministries in charge of these areas; this discouraged these officials enough to quit MITI, which was followed by the reinstatement of the targeting faction. According to Ikeda, METI's anachronism is symbolized by the national search engine development project in 2006 to compete with Google, and it is nothing more than a drain on the taxpayer's money to the tune of 30 billion yen in three years.

It is true that the reference to specific industries was deliberately resumed after its deference for a certain period. This is obvious from the comments of some policymakers on the 2004 report, *New Industry Promotion Strategy* (METI, 2004b). Responding to an opinion, which argues that the government should not intervene in the free market competition, Ishiguro, a METI official, frankly admitted the following: "The policy trend since the mid 1990s was *laissez faire*, while promoting the system reform. It's been a while since we specified certain industries in the policy" (http://www.rieti.go.jp/jp/events/bbl/04070101.html).

As Table 2 indicated, there was a change in sentiment in both the latter half of the 1990s when confidence in the Japanese model was at its lowest and after the upward spiral during the Koizumi administration after 2001. On the one hand, deregulation progressed, which induced a certain sense of achievement in the consolidation of the market mechanism. On the other hand, the bursting of the American IT bubble and the Enron scandal triggered a re-evaluation of the Japanese system. As the presence of foreign companies in the Japanese market increased, awareness of global competition also increased. It is possible to assume that such a change in the historical environment brought about the "revival" of the conventional industrial policy.

However, it cannot be concluded that the abovementioned factors prove the revival of the targeting policy to exactly as it was before. Three points shall be discussed below, namely, (1) the relationship between the "strong sectors" as strategic targets and the "weak sectors," (2) the method and scope of support and the concept of market competition, and (3) the scale of the support and the condition of the recipients.

cb. Is it a choice between the strong sectors and the weak ones?

It is true that the aforementioned 1995 report mentioned that "it is difficult to achieve a development in which only specific industries enjoy high productivity and international competitiveness"; Terada had pointed this out (Terada, Takashi, 2006, pp.95-101). However, this report merely asserted that it is impossible to continue with the "dual economy"; it did not conclude that the leading industries are unnecessary. As shown in Table 2, the mid-1990s were a period when the price disparity in and outside Japan and the hollowing of the economy were debated as serious problems. Under this condition, the fact that service industries and some manufacturing industries suffered very low productivity led to a plateau in domestic prices, which triggered a lower standard of living and lower competitiveness of the leading sectors, and overseas operations came to be regarded as the biggest issue. The policy concept of reforming less productive areas through implementing the principle of competition does not contradict with the leading sector concept.

The worst among the weak industries was the financial sector. To deal with the nonperforming loan problem, the abovementioned proactive revitalization policy was hammered out. This well illustrates the fact that the policy objective to consolidate weak sectors is not contradictory to the one to further strengthen the strong sectors.

A similar relation is also shown in the abovementioned *New Industry Promotion Strategy* in 2004 and *New Economic Growth Strategy* in 2006, both of which position the service industry as "the second engine of economic growth," next to the globally advantageous manufacturing industry. With an eye on the rising unemployment since the end of the 1990s, each report not only considered the service industry as an absorber of employment but also positioned it as a support for the further strengthening of the manufacturing industry. The expansion of the business-supporting service industry was considered essential to achieve the concept of the Industrial Structure Policy – upgrading productivity through an all-out division of labour – as clearly prescribed as the policy target in the said policy. (METI, 2004b, p.59, 83, 132, METI, 2006, pp.183-237)

Therefore, the revival of the reference to "strategic industries" does not imply a return to the policy system before the early 1990s. Instead, it only suggests the fact that the restructuring of the "weak industries" made significant progress, as a result of which the concern of the policymakers was redirected to internationally competitive strategic industries.

cc. Generality and method of the policy and the perception of market competition

The reason why the conventional targeting policy cannot be said to have been revived is that the support method and the perception of market competition do not show a return to the *Ancien Régime*. Even if specific industries are positioned as leading sectors, the character of the policy would greatly vary in cases where public funds are directly injected and where improvement of the business environment is attempted through indirect measures. Further, in cases where government funds are siphoned into some specific sectors, the effect would also be different when the siphoning is carried out through allocating the funds to public institutions – such as government research institutes and national universities – and when the policy attempts to induce R&D and investment of private companies through individual incentives or tax reduction.

If this point is considered, it can be inferred that in providing support to leading sectors, environment arrangement is becoming more important than direct fiscal expenditure. This was also seen in the analysis in the last section, and in *New Industry Promotion Strategy* (2004) and *New Economic Growth Strategy* (2006). In both papers, deregulation was positioned as the most important policy method for growth of the strategic industries. Ishiguro, the METI official who admitted that reference to the strategic industry was made for the first time in many years, is further quoted as commenting on *New Industry Promotion Strategy* as follows. "I know all too well that the point at stake is competition. What we should do is to check if competition is taking place where social benefit is high, with fairness, and for a better trend, and ensure environmental arrangement for it".

(http://www.rieti.go.jp/jp/events/bbl/04070101.html). This is not necessarily an act for the mass media. In *New Economic Growth Strategy*, policy areas are divided into "international industrial policy," "regional revitalization strategy," and "inter-sector measures." Among the three, the international industrial policy – a new term – has the most distinct character as a strategic industrial development policy, which includes a strongly environment-arrangement type of promotion of economic partnership agreement (EPA) and support for inward FDI. They reflect the formation of an international outsourcing network and the globalization of corporate activities.

What is the situation for policy measures involving government funds? It is naturally expected that government funds are applied according to a specific priority set by the government. If this is called a targeting policy, the targeting policy will remain as long as the government finances R&D expenditure. The major developed countries have been providing R&D support. If the definition of a target policy is stretched to that degree, its effect as a concept will be lost. The issues here are (1) the extent to which government disbursements are made and (2) the extent to which government disbursements influence the behaviour of private companies.

Before the 1990s, the core of the government expenditure in the industrial policy was *sozei tokubetsu sochi*, namely, tax reduction measures for specific industries or purposes. This continued into the 1990s against the basic policy on administrative reform, but declined during the Koizumi administration. The tax cut at the end of 2002 was intended as a cross-industrial innovation promotion tax system, ranging from tax cuts for R&D and IT investment (10%–27%) to business start-up taxation to industrial revitalization taxation. In 2003, four parliamentary veterans left the LDP Research Commission on the Tax System, which had an overwhelming clout in the special taxation measures, and the Government Tax Commission and the prime minister's office took the initiative instead.

Consequently, measures for specific business areas disappeared. Although the political situation will have an influence on whoever takes control in the future, the change from industry-specific support to general support must be a structural one.

cd. The extent of support

Whether or not this perspective is relevant will be tested with the actual government spending. It is difficult to obtain a complete picture of industrial-policy-related expenditure encompassing a number of ministries and agencies, but strategic industry-related disbursement can be more or less understood through the *White Paper on Manufacturing Bases* (METI/MHLW/MEXT, 2006).

In the fiscal year 2005 (April 2005–March 2006), the policy for the development of industrial infrastructure can be roughly categorized into (1) R&D, (2) security of the labour force, (3) nurturing of industries, and (4) promotion of learning and related measures. (2) includes an employment adjustment subsidy and employability improvement measures, so it should preferably be considered a part of the employment policy. The key pillars of (3) are support for the formation of industrial clusters and SMEs, and it also serves as a regional industrial policy since it includes tax allocation grants. It has an aspect of R&D support, and it is also more centered on cross-industrial measures, such as human resource development, fair trade promotion, and SME financing policies. (4) is quite miniscule in terms of spending. As a matter of fact, the mainstay of the targeting is (1), which includes the following R&D incentives.

a. General R&D promotion measures (such as tax deduction): 1.234 trillion yen
b. Technological support in specific sectors: It consists of the development of technological strategy maps, and 45 projects covering four priority areas (life science, information and telecommunication, environment, and nanotechnology and materials). The direct disbursement is 44.3 billion yen, and the rest of the fund is allocated as government-subsidized grants to various independent administrative agencies (IAAs)
c. Public subscription type of R&D support: A total of 68 billion yen, including SME and venture business support
d. Promotion of industry-university collaboration and industrial clusters: 52.5 billion yen
e. Other measures: Pure framework policy including measures such as the indirect promotion of inter-business networking. Its size of expenditure is also small.
f. The recipients of the (b) fund are government research institutes such as the National Institute of Advanced Industrial Science and Technology (AIST), the Institute of Physical and Chemical Research (RIKEN), and the National Institute for Materials Science. Their operation subsidies are 66 billion yen,

70 billion yen, and 16 billion yen, respectively, and each institute spends a little less than half of this subsidy on direct research. Therefore, together with the direct fiscal expenditure (1), the financial funds injected into the "'strategic"' areas of the government is are merely 120 billion yen level, or less than 10 % of the total R&D incentives

In the first place, the official R&D expenditure of the Japanese government is insignificant by international standards. It is true that Japan has a high ratio of total R&D expenditure to GDP (3.35% in 2003), exceeding the ratios of the U.S. (2.61%) and the EU (1.93%). However, the majority of the R&D in Japan is conducted in the private sector using private money. The ratio of the official research budget to GDP in Japan was only 0.68% in 2003. This figure is equal to the average of the EU member countries and is significantly lower than the ratios of France (0.92%), the U.S. (0.81%), and Germany (0.80%) (http://www.mext.go.jp/b_menu/houdou/17/06/ 05060903/009.pdf). Under such circumstances, financial support for the strategic fields cannot be so huge.

ce. Examples in electronics-related R&D projects

The modesty of the budget scale is confirmed by examples in electronics-related R&D projects. In the past, a subvention scheme titled "Large-Scale Industrial Technology Research and Development Project" brought the Japanese industrial policy into prominence. The most successful case of such a project was a research association for a very-large-scale integrated circuit (VLSI) since 1976. In this project, 74 billion yen of government funds was expended in four years, and a total of 100 billion yen was spent in ten years. 1MBDRAM was a result of this project. However, this was the only successful large-scale project. In the case of the Fifth Generation Computer Project, it failed to bring about a satisfactory result, even with approximately the same amount of public money.

After a long break since 1986, similar projects were "revived" in 2001. This was in response to the decline of the Japanese semiconductor industry since the mid-1990s. In 2001, the Millennium Research for Advanced Information Technology (MIRAI) Project was launched (http://www.miraipj.jp/en/). By 2006, 23.8 billion yen of public money had been expended on the project. In 2002 and 2003, a total of 8.9 billion yen was allocated to Highly Agile Line Concept Advancement (HALCA), which developed next generation semiconductor equipment, and to Extreme Ultraviolet Lithography System Development Association (EUVA) (http://www.euva.or.jp/). In 2002, Advanced SoC Platform Corporation (ASPLA) was formed by eleven major Japanese electronics companies, under the initiative of METI. By 2005, official funds amounting to 31.5 billion yen were spent on this project, and research on "system on chip (SoC)" was conducted (http://www.starc.jp/index-j.html).

At first glance, these projects in the twenty-first century may show resemblance to the VLSI project 30 years ago. However, the amount of the grant money of these new projects ranged from 5 billion to 10 billion yen per year; therefore, this amount does not exceed even the nominal value of the VLSI project in the mid-1970s. Meanwhile, the entire national fiscal budget quadrupled and the size of the semiconductor market increased hundredfold. At the time, public grants (74 billion yen in four years) were predominant because in 1976, the entire R&D budget of the industry in Japan was merely 88.5 billion yen. (Miyata, Yukio. 1997, p.147) Today, each of the eleven major electronics companies in Japan spends from 100 billion to over 500 billion yen on R&D annually, and even companies specializing in semiconductors invest more than 20 billion yen. In the case of the abovementioned ASPLA project, due to the insufficient readiness of the member companies to cooperate, the expected result was not achieved. The real sentiments of the member companies were reported as follows: "Don't be so patronizing for such a small amount of subvention" (*Nikkei Business*, November 27, 2006, p.34). A similar perception was observed in the METI-initiated foundry project for advanced semiconductors. Attempts to commercialize this project were abandoned in 2006.

cf. Is the Japanese model special?

The abovementioned *New Industry Promotion Strategy* indicates that not only METI's intention to lead private enterprises but also its capability and legitimacy to do so dwindled. METI itself realizes this. The report was compiled on the basis of data collected from more than 700 interviews with individuals and enterprises; this deviated from the long-standing tradition, in which papers were written based on statistics and the discussions of experts. While this can be euphemistically described as a humble attitude, METI itself admitted that it lacks sufficient information. The decline of METI's influence is also obvious from the treatment of the policy papers. *New Industry Promotion Strategy* (2004) and *New Economic Growth Strategy* (2006) are almost ignored by the mass media, including economic papers such as *Nikkei.*

In this context, even if there are some symptoms of the revival of the targeting policy, it should be concluded that the entire industrial policy was transformed, without returning to the old system.

To put it simply, official money, which influences corporate behaviour, is mainly used as funds for the cross-sectional, general support of industries, even though the concept of leading industries is retained and a limited amount of the public funds is mobilized to promote strategic fields. At the core of the policy concept is the improvement of the innovation environment, and indirect measures and framework policies are most frequently used.

If this is the state of Japan's present industrial policy, it is possible to notice some level of international commonality in it (Miyata, Yukio, 2001, p.185). METI's policymakers themselves make no attempt to conceal the fact that they are paying excessive attention to the policy structures of other countries, such as the *Palmisano Report* and the National Innovation Initiative of the U.S. Moreover, in the U.S., specific fields, such as (a) national security, (b) network and IT, (c) nanotechnology, (d) environment and energy, and (e) life science are listed as strategic. This list is similar to Japan's, except for (a) national security. Further, in Europe, it is common to mention some specific strategic industries, and their selection is also quite similar to the list in Japan (e.g., http://www.nanoforum.org/). Therefore, there is no reason to perceive the Japanese example as special.

4. Political Dynamics and the Implication of Policy Change

In this last section of this chapter, the changes in the industrial policy's external factors are briefly outlined. The industrial policy in Japan had a peculiar relationship with politics, administration, and the private sector. Therefore, it is assumed that the turnaround of the industrial policy would be impossible if the surrounding political environment did not change. Did such a change actually occur? Or, what kind of relationship is observed between policy change and the transformation in the corporate sector? Does the worldwide similarity in industrial policy discussed above imply the convergence of the capitalism model and that of corporate management?

a. Structural changes in the political dynamics in the policymaking mechanism

aa. Main feature of the Ancien Régime in Japan

The political system and bureaucracy in the Japanese *Ancien Régime* before the early 1990s have been conceptualized by terms like "Japanese corporatism," "developmental state," "bureaucracy cabinet system," and "bureau pluralism" (Iio, Jun, 2004, Kadono, Nario and Shibusawa, Hirokazu, 2004). Although the meanings of these concepts vary depending on the contexts and users, the following points are important for the policymaking mechanism.

Under the "genuine" parliamentary cabinet system stipulated by the Constitution of Japan, the following hierarchy of legitimacy is postulated. Government officials, who are practically in charge of policymaking, derive their legitimacy from the respective ministers, who in turn derive theirs from the prime minister. The prime minister derives his legitimacy from the Diet, and the MPs (Members of Parliament) derive their legitimacy from the voters.

However, such a hierarchy did not have much substance. Before the electoral reform in 1994, it was common for several ruling party members to fight against each other for the same multiple-seat constituency in a national election. As a result, the party program was merely of secondary importance. The political clout of intra-party factions was strong, and the president of the LDP (i.e., the prime minister) was elected due to the support of powerful factions. Prime ministers enjoy limited power and authority, and they are often replaced without general elections. Ministerial posts were distributed almost as rotational rewards among LDP MPs, and ministers were replaced very frequently. The cabinet meeting lost substance and turned into a rubber-stamping institution. Bureaucrats from each ministry drew up policies and bills not at the directions of the ministers in charge but through direct negotiations with related business circles and influential MPs, who specialized in the relevant fields ("*Zoku-Giin*").

A notable feature of this system was that the policymaking process was not organized into a single order of processes from the cabinet to the ministries; instead, it was compiled through negotiations that were held at all levels, including those among backbenchers, pressure groups and low- or mid-level bureaucrats. Consequently, the policy target of the government became inevitably obscure because it was merely a collation of the policies of each ministry, bureau, and division.

While this structure reduced the influence of general voters on policy formation, it increased that of interest groups and bureaucrats. Therefore, despite strong support from a large majority of voters and the mass media, the deregulation was not very successful and the high intensity of the regulation prevailed for a long time.

With regard to the question of whether this structure changed during the 1990s, political scientists and researchers of public administration have divided opinions: one emphasizes the change and the other places considerable importance on the continuity of the structure. Although both viewpoints are persuasive, power games under the Koizumi administration indirectly bore out the former claim, which asserts that the structural change in political dynamics already existed in the 1990s.

ab. How and why did the system change?

Toya's analysis is an example of this "transformation viewpoint" (Toya, Tetsuro, 2000). He argues that the so-called Japanese financial "Big Bang" from 1996 to 2001 was the prime and typical example of such a structural change. It was triggered by the top-down initiative of Prime Minister Hashimoto and presided over by the MOF, although it indicated that the authority of the MOF itself would diminish. Neither the actors with vested interests – like banks and securities firms – nor the MPs who had close ties with them could strike back effectively; this was because public opinion was completely against them. By implementing this reform, the traditional "convoy system," which was based on the principle of "coordination and stability," was replaced by a new order based on the principle of "competition and transparency." This transformation was fundamental and irreversible because it was accompanied by a change in the commonly shared perceptions or people's expectations from the mechanism of society.

In terms of background and context, the case of the financial Big Bang is similar to that of the transformation of the industrial policy. These changes were brought about primarily because of public disillusionment with the existing system, which in turn arose from the spate of policy failures and scandals during the 1990s. Although the individual policy failures (e.g., unsuccessful management of the nonperforming loan problem and the HIV-tainted-blood scandal) had a considerable impact, the loss of economic growth was the most influential factor. For a regime that could be characterized as a "developmental democracy," a prolonged economic slump implied the deprivation of its legitimacy. Moreover, although the central government officials were once considered as being honest and talented, in contrast to corrupt and incompetent politicians, such positive perceptions were reversed during the 1990s; this was because of the endless scandals surrounding high-ranking bureaucrats.

With the deterioration of their image, the self-perception of government officials also underwent a change. Several of them switched careers to become politicians, consultants, etc., while they were still young. In the earlier days, the best and the brightest students from the best universities unhesitatingly chose the career path to becoming high-ranking officials, especially in powerful ministries like the MOF or MITI. This "common sense" of the Japanese society faded during the 1990s. In recent years, ambitious students have tended to choose careers in foreign investment banks or consulting firms rather than in the government. This trend has been observed for the first time in the history of the modern bureaucracy in Japan.

The second reason for the structural change was the growing importance of the general voters' support. This was a natural consequence of the end of the

Cold War because it revealed the real possibility of a change in the ruling party. As a result, the LDP and the officialdom were faced with a crisis for the first time in their lives. They were left with no choice but to prioritize the general voters' interests and sacrifice their own traditional power bases in order to ensure their own survival. The effects of the electoral reform of 1994 gradually surfaced during each election, thus magnifying the change. Thus, the LDP had to change its rules for the party president election because, instead of popularity among ruling party MPs, the general public became the decisive factor in the selection of the leader of the ruling party. There was a dramatic increase in the prime minister's power and influence within the ruling party and government. This resulted in a shift in the policy principle from interest-group-oriented to public-interest-oriented. The latter does not necessarily imply the promotion of market mechanisms and competition, but it did have the attributes of being anti-bureaucratic and anti-regulation movements.

ac. Further changes in the twenty-first century

This structural change was not visible during the 1990s because of frequent changes in the administration and endless policy disarrays. However, it began to be noticed under the Koizumi administration (April 2001–September 2006), which did not conceal its hostile stance toward the LDP's traditional approach. Koizumi's administration enjoyed the highest recorded popularity (over 80% at its peak), and his was the third-longest tenure as prime minister (1,980 days) in postwar Japan. The prime minister's office played an important role. Its supremacy over the ministries was evident. This was partly due to the legacy of the administrative reform under the Hashimoto administration (January 1996–July 1998). The Council on Economic and Fiscal Policy (CEFP), the discussion of which was chaired by Koizumi himself, stripped the MOF and other ministries of policymaking initiatives. With regard to deregulation, the Council for Regulatory Reform was founded in 2001. Further, ad hoc committees were established to deal with individual policy issues like the reform of government-affiliated corporations, decentralization of the government, and privatization of public roads administration and the postal services; these committees directly reported to the prime minister, bypassing the conventional route through the ministries. The prime minister's favourite academics and corporate managers were nominated as its members, and government officials who were critical of the conventional policy framework were assigned to the offices of these committees to support the reform.

Nonetheless, the classic bureau pluralism undeniably persists to a considerable extent. This is because the reforms since the mid-1990s began not from the core of the system but from its periphery. In particular, the reform of the personnel system for officials (e.g., recruitment, promotions, and rewards) has not yet been undertaken, and the changes in the budget drafting process are still limited. Although the Abe administration continued Koizumi's reform drive, Abe lacks the charisma of his predecessor; in fact, some observers claim that part of his method and style shows some features of the *Ancien Régime*.

However, in the basic political dynamics, the possibility of reverting to the *Ancien Régime* is considered to be even more distant than it was earlier. This is because the Koizumi administration already "proved" that the prime minister could be a mighty authority; the future prime ministers are expected to demonstrate their leadership, and they must step down in the event of their failure to do so. As a matter of course, there exists the possibility of the general public withdrawing its support of the current reform under the slogan of "small government." The current debate on a "disparity society," which has intensified since late 2005, can be considered as a sign of this trend. However, even in that case, the present political dynamics, in which the opinions of the general voters play a greater role than popularity among and the opinions of interest groups are unlikely to change. Despite the change in the political atmosphere, the trends of severely criticizing government officials and considering bureaucrats as enemies of people have not waned at all. The revival of the old industrial policy is thus unimaginable because it presupposes the high legitimacy of government officials.

b. Changes in the corporate sector: Are policy targets achieved?

To draw a causal correlation between the transformation of the industrial policy and changes in the economy since the mid-1990s, it is necessary to conduct a wide range of analyses on the corporate sector itself; however, this is beyond the scope of this chapter. In this chapter, the analysis is confined to the examination of whether or not the recent developments in organizations and the behaviour of companies meet the policy orientation.

ba. Selection and concentration

In the opinion of policymakers, the most negative aspect of the Japanese management is its homogeneous behaviour and preference for the wide-ranged, full-line production. Therefore, facilitation of the selection and concentration of business fields formed the core of the new industrial structure policy. Concerning this policy target, the dynamic change since the mid-1990s is observed in the increase of M&A. The number of M&A in Japan was as low as 400 in 1993. Since then, it increased to more than 800 by 1998 – returning to the level in 1990, which was the peak during the "bubble economy." It reached 1,500 in 2000 and 2,725 in 2005 (http://www.recof.co.jp/web/fm/graphdata). The total M&A expenditure of Japanese enterprises increased to 15 trillion yen in 2006. Three-fourths of this constituted the M&A undertaken to strengthen existing core competencies. Foreign investment banks such as Goldman Sachs, UBS, and Merrill Lynch are the top three intermediary agents of M&A (*Nihon Keizai Shimbun*, December 29, 2006, p.4). Before 1995, there was virtually no attempt at TOB. Since then, it increased dramatically to 60 cases and 3.5 trillion yen in 2006. Table 2 also indicates that keywords like M&A and "selection and concentration" gained immense popularity from 1999.

It is true that there is still virtually no case of a successful hostile takeover; further, the number of M&A cases in Japan is not significant in comparison with those in the U.S. and Europe. These facts indicate inertia in Japanese stakeholder capitalism. However, the fact that not only organic growth but also growth through M&A became an ordinary strategy shows a decisive and supposedly irreversible change in the business culture in Japan. The landscape of the Japanese financial sector, where domestic players were dominant and M&A rare, changed drastically.

In 2007, cross-border triangular mergers have been legalized. This enables foreign parent companies to use their shares through a 100% Japanese subsidiary when merging with/acquiring another Japanese company, thus greatly simplifying M&A by foreign companies as compared with before. Although it is not easy to clarify how many of these changes in corporate behaviour could be attributed to changes in the policy, at least the realities and policy targets moving in the same direction can be clearly observed.

bb. Corporate governance

In the context of shifts to direct finance, coupled with repeated corporate scandals and slumping performance of Japanese companies, policymakers concluded that conventional governance by main banks can no longer be considered to function effectively. For this reason, the Japanese companies took measures to increase the authority and duty of auditors. In 2001, the independence of auditors from board members was notably enhanced. These reforms still remained within the framework of the Japanese-style governance structure. However, the American-style governance structure was introduced in 2002. Policymakers then adopted a new policy, in which plural governance models compete among one another.

As a result, in some industries, a few dozens of major companies adopted the American model. In the electronics industry, Sony adopted it by going a few steps ahead of the policy change. After the law amendment, Hitachi, Toshiba, and Mitsubishi Electronics followed suit. Other examples can be found in the financial and retail business sectors (e.g., Risona Holdings, Nomura Securities, Nikko Cordial Securities, Orix, Aeon, Seiyu, and Parco).

However, even in recent years, the proportion of these companies to the total number of listed companies is negligible, and a vast majority do not even plan to adopt the American style of governance. What is more conspicuous is the fact that the so-called "winners" (*kachigumi*) in the automobile and mechatronics industries (e.g., Toyota, Honda, Canon, Matsushita [Panasonic]) continue to follow the Japanese governance structure by making efforts to bolster internal control and transparency. Although the newly defined "Japanese type" of governance has some variety, it facilitates the introduction of the operating officer system and the downsizing of the board of directors. In essence, it places less significance on the function of external board members, and it does not divide strategic decision-making and daily operation into two distinct areas (Tsuchiya, Yasuo, 2006). The "winners" who have adopted this new Japanese governance structure have been successful in concentrating on their core competence and shortening their decision-making time. At the same time, their corporate culture tends to accentuate the importance of the initiative of the shop floor. In such companies, the finance officer's influence on the top management is generally limited. In short, such companies are successful in balancing partial and total optimization.

The coexistence of two different models – i.e., the new American model with a greater emphasis on human capital, and the new Japanese model – was envisaged by METI as part of the future landscape of corporate governance in Japan (Kusakabe, Satoshi, 2004b). In that respect, the gap between the policy target and actual development is again not significant.

In 2006, the foreign stockholding ratio of listed companies in Japan reached 26.7%. In the case of these blue-chip corporations following the new Japanese model, the percentage increases to above the average. This indicates that the new Japanese type of governance does not necessarily contradict the concept of shareholder value.

bc. Keiretsu

Let us now proceed to the issue of *keiretsu* (i.e., the affiliations of companies). With regard to vertical *keiretsu*, particularly in the case of the manufacturing industry, policymakers did not deny its positive functions such as its contribution to efficiency and flexibility. Therefore, their measures were limited to facilitating fair trade among companies. (METI, 2004b, pp.38-43).

On the other hand, the policy stance toward horizontal *keiretsu* was very negative. In reality, the changes in vertical *keiretsu* have been fairly limited, while the weakening of horizontal *keiretsu* is evident.

The inevitable transition to the system of direct finance and the mergers of major banks destroyed the premise of six major corporate groups. What is interesting is the fact that the mergers of individual member companies were limited to companies in depressed industries (e.g., insurance companies, construction companies, and steel manufacturers), and their combination were often inconsistent with the grouping of the main banks. These facts paradoxically indicate that the function of horizontal *keiretsu* eroded long before the merger of their main banks (Kikuchi, Hiroyuki 2005).

This trend is partly due to the dramatic decrease in the cross-shareholding among companies from the end of the 1990s and the significant increase in the number of foreign shareholders. Although the decline in the share of entire financial institutions is mild, the share of commercial banks, which were at the core of the *keiretsu* system, plunged dramatically and were replaced by trust banks, which behave as active investors and not as lenders. It is true that the cross-shareholding increased again in 2006 – for the first time since the end of the 1980s – as a response to the increased possibility of hostile TOB. However, this does not necessarily proceed in the framework of the former *keiretsu* groups. Given the changes in the business environment since the 1990s the horizontal *keiretsu* have already lost their substance and their revival is improbable. (According to Kikuchi, a half of keiretsu groups lost their substance already in the mid-1970s).

bd. Employment practices

On the issue of labour market and employment practices, the appraisal of the conventional system did not converge to a complete negation, even after the change of the industrial policy. Needless to say, it was impossible to keep the employment practice intact because of its complementarities with other aspects of the economic system. As a matter of fact, many reforms were implemented from the mid-1990s to enhance the flexibility of the labour market, which resulted in a rapid shrinkage of the domain of regular workers.

However, it may be inappropriate to conclude that the present industrial policy categorically denies the positive aspects of Japanese employment practices, in which the long-term commitment of employees plays a significant role. In the past several years, METI and its policymakers have often accentuated the importance of the development of human resources. At present, immaterial assets, particularly human capital, are often far more important than material capital in terms of corporate value. Therefore, a management that treats workers only as cost factors may impair the competitiveness of the company. The liquidation of the labour market can directly bring about a decrease in the investment in human capital; this is because, in Japan, vocational education and training have been imparted on the job in individual companies.

Therefore, METI's current policies are twofold (METI, 2004b, pp.40-42). One is the policy to motivate companies to invest in their human capital (e.g., tax concessions for employee training), which has an affinity with the concept of long-term commitment. The other lies in the measures to promote specialist education and change of jobs, which are founded on the premise of the liquidation of labour markets.

As Imakubo emphasizes in a chapter of this book, Japanese employment practices are not a system that excludes merit-based competition. It is true that the word "long-term" gives the impression of rigidity; however, in terms of job description, working hours, and location, the Japanese labour market has considerably greater flexibility than markets in Europe and the U.S. It is also important to note that the widespread practice of unpaid overtime enables employers to "flexibly" reduce the actual level of compensation. Furthermore, as a result of the reforms since the mid-1990s, the number of "peripheral" workers who face far worse conditions has increased. In short, the Japanese labour market is already flexible to a considerable extent, and contrary to major countries in continental Europe, reform aiming at higher flexibility is not of high priority in Japan.

Actually, similar to the governance structure, internationally competitive companies tend to follow conventional Japanese employment practices for their core employees. A noteworthy research by Jacoby concluded that the changes in employment practices among Japanese companies since the 1980s were smaller than those undertaken among American companies; further, the national employment practices became even more diverse in the general shift toward the narrowly defined market principle (Jacoby, Sanford, 2005).

Together with the recovery of the corporate sector's performance since 2003, a gradual recovery of self-confidence among Japanese companies can also be observed, although the new perspective on the market competition has not changed.

c. Implications of policy changes and the future composition of reform in Japan

At the end of this section, it would be worthwhile to remark on the general context of structural reform in Japan in order to clarify the contextual difference between Japan and continental Europe.

ca. Bureaucracy, democracy, and smaller government

As suggested in the context of the legitimacy of government officials, the biggest reason for the strong support for a smaller government in Japan is not a strong belief in the market principle but the strong antipathy toward the bloated bureaucracy, the deficiency of democracy, and resentment against wasteful spending in the public sector, which is evident in many public works projects. Pressured by such public opinion, the reform began in the 1990s and showed significant progress; however, it has not yet reached the core of the bureaucratic system and the centralism of the government.

In the case of Japan, as pointed out above, the majority of workers already work under very harsh employment conditions, i.e., either in the form of unlimited work in the case of regular employees or extremely low wages and unstable positions for peripheral workers. In Japan, the number of workers in the public sector is fairly limited because the Japanese welfare system does not supply many services. Therefore, confrontation with regard to structural reform was manifested in the attack against the "privileged" minority in the public sector by the unprotected large majority in the private sector. It is no wonder that structural reform has been always popular among general voters. In other words, Koizumi's landslide victory in the 2005 general elections does not indicate that the voters chose the so-called "painful reform." The fact that pension reform and future increase in consumption tax rate were not the contested grounds suggests that the large majority of voters merely chose a painless reform for themselves.

Under such circumstances, the momentum of reform under the slogan, "from government to private" is likely to be sustained until the reform reaches the core of bureaucracy and centralism and noticeably reduces the deficiency of democracy.

Under a distinctive trend toward populism, through the entire period of the Koizumi administration, Heizou Takenaka controlled economic and fiscal policies. Being a neo-liberalist, he was fairly successful in steering resentment against the bureaucracy and public spending toward a policy for a smaller government.

However, the expanding gap between the rich and the poor and the rapidly declining birth-rate are now giving way to the new possibility that the effectiveness of the simplifying tactics of the neo-liberalists will be lost. Given the low national burden rate in Japan, the prospects of an alternative orientation of reform will appear only once the problem of the deficiency of democracy is substantially overcome. It might be a kind of redistribution policy with considerable emphasis on the sustainability of society and might replace the conservative welfare regime that has conventional views on family and development.

Even in the case of an alternative policy, new trends in the industrial policy will remain unchanged. For example, the policy structure in Scandinavian countries clearly shows that the redistribution policy itself does not require ex ante intervention in the market competition.

cb. Centralism and decentralization

The criticism on centralism as well as that on the development policy, which is based on the exchange of votes and the budget, ended up with the unification of the argument for smaller government and the one for decentralization. As a result, even in the policy for decentralization, the issue of downsizing the government was prioritized over the original aims such as increasing the self-determination of residents and the delegation of power to local governments. The consolidation of municipalities symbolizes the disarray of the reform. It occurred under the pressure of the central government and resulted in the creation of overly large municipalities.

In such a context, reforms for decentralization are often criticized as policies that widen the economic disparity among regions. Such concerns have a sound basis, because in the case of Japan, human resources and the headquarters of major companies are largely concentrated in Tokyo. The possibility of an alternative paradigm depends again whether or not people's perception can get away from the simplification along the argument for a "smaller government."

cc. Development model

Not only the gap among regions but also the spatial structures of the cities themselves are important objects of the policy. In Japan, the rapid urbanization, limited autonomy of local governments, and discontinuity in the cultural paradigm prevented effective city planning. This was combined with a kind of "grassroots developmentalism," i.e., individual residents' desire for American-style suburban owned houses, expectations of a rise in the prices of their assets, and anticipation of more lucrative business opportunities. A strong laissez-faire orientation in this field ended up in the horizontal, unlimited expansion of urban areas, poor urban material infrastructure, scrap-and-build of short-lived architecture, and featherbedding of the GDP, which consequently led to environmental destruction and ugly landscapes.

The collapse of the growth model, which postulates population growth and an endless rise in land prices, became evident in the mid-1990s; however, the change in people's mind-sets as well as in the policy occurred after a long time. With the beginning of the absolute decrease of population, the intensification of reflux flow to city centers, a huge amount of suburban houses are being abandoned, often home only to the elderly. Social welfare in this field was restricted not due to too many regulations, but due to too few regulations and too much freedom for development.

Thus, it is evident that structural reform under the slogan "from government to private" cannot effectively cope with this problem. For example, the Urban Renaissance Act (*Toshi-saiseihou*) of 2002 aimed at the effective utilization of unused publicly owned land in major cities by emphasizing the market principle. In many cases, projects under this scheme ruined potential spaces for green areas or earthquake disaster prevention by building skyscrapers on this land. In this case, development orientation is fairly intensified. On the other hand, the so-called "compact city" policy, which was introduced in 2002 and intensified by law amendments in 2006, showed a change in policy orientation. Although this policy is also targeted at the redevelopment of city centers, it is the first policy aiming at the shrinkage of urban areas due to the population decrease; further, it contains measures to restrict the freedom of development. At any rate, in this policy field, it is inappropriate to understand the movement toward the intensification of regulation as a return to developmental orientation.

5. Conclusion

After a decade of deregulation since the 1990s, the industrial policy in Japan was changed into the framework and innovation policy. Its policy principle shifted from coordination and stability to competition and transparency, and its method turned from targeting to networking. The change was manifested in the transformation of the industrial policy into a general economic policy. However, from another perspective, it can be interpreted as a transformation of the entire policy into a more widely defined industrial policy. It is a reaction to the inevitable globalization. The enhancement of national competitiveness became the most dominant policy priority, pushing aside other policy targets. Globalization has a similar impact on many regions in the world, and many enterprises conduct their businesses globally. In that sense, it is no wonder that the industrial policies of developed countries show considerable homogeneity.

However, such a similarity of national industrial policies does not necessarily entail convergence among national or regional capitalisms, nor does it indicate the convergence of management models. It is true that a certain degree of convergence is observed in several respects. Nonetheless, it is also undeniable that the inertia of systems exists and the historical path dependency plays an important role. Moreover, occasionally, a shift in the same direction highlights the difference among different types of systems, because the magnitudes of the change often differ by type.

The patterns of the competitive resources of each country, region, and company are formed by their history; they are usually not identical. The more the global competition intensifies and the division of labour spatially expands, the more are the economic actors forced to utilize their inherent competitive advantage. Consequently, the types of capitalism and those of management have a good chance of retaining their individuality, even if they transform intermittently.

References

Anchordoguy, Marie Christine (1989): "*Computer Inc. Japan's Challenge to IBM*", Harvard University Press, 1989

Aoki, Masahiko et al. (2001) (eds.): "*Daigaku Kaikaku: Kadai to Souten" (University Reform: Challenges and Issues)*, Touyou Keizai Shinpou, 2001

Callon, Scott (1995): *"The Divided Sun: MITI and the Breakdown of Japanese High-Tech Industrial Policy", 1975-1993*, Stanford University Press, 1995

Conway, P., Janod, V. and Nicoletti, G. (2005): *"Product Market Regulation in OECDCountries": 1998 to 2003"* OECD Economics Department Working Paper, No. 419. [http://www.olis.oecd.org/olis/2005doc.nsf/linkto/ECO-WKP(2005)6], 2005

Emmott, Bill (1989): *"The Sun also Sets: The Limits to Japan's Economic Power"*, Times, 1989

Friedman, David (1988): *"The Misunderstood Miracle: Industrial Development and Political Change in Japan"*, Cornell University Press, 1988

Iio, Jun (2004): *"Zaisei Kaikaku ni Okeru Seitou to Kanryousei*" (Party and Buroeaucracy in Fiscal Reform)", in: Aoki, Masahiko, Tsuru, Koutaro, (ed.) Nihon no Zaisei Kaikaku: "Kunino Katachi" wo Dou Kaeruka (Fiscal Reform of Japan: How to Change the "Form of State"), Touyou Keizai Shinpou, 2004, pp.205-237

Ikeda Nobuo (2007): *"Yomigaeru Keisansho "Sangyo Seisaku" no Bourei"* (Come Back of Ghost of METI's Industrial Policy)'. in: *Shokun,* January 2007, pp.104-111

Ishikura, Youko (2003): *"Ima Naze Sangyou Kurastaa Nanoka* "(Why Industrial Cluster now?) in: Ishikura, Youko et al., Nihon no Sangyou Kurastaa Senryaku (Industrial Cluster Strategy in Japan), Yuuhikaku, 2003, pp.1-41

Jacoby, M. Sanford (2005): *"The Embedded Corporation"*, Princeton University Press, 2005

Johnson, A. Chalmers (1982): *"MITI and the Japanese Miracle: The Growth of Industrial Policy, 1925-1975"*, Stanford University Press, 1982

Kadono, Nario and Shibusawa, Hirokazu (2004): *"Zaisei Mondai to Kanryou Soshiki, Jinji Shisutemu"* (Fiscal Problems and Bureaucratic Organization/Employment System of Government Officials)" in: Aoki, Masahiko, Tsuru, Koutaro, (ed.) Nihon no Zaisei Kaikaku: "Kunino Katachi" wo Dou Kaeruka (Fiscal Reform of Japan: How to Change the "Form of State"), Touyou Keizai Shinpou, 2004, pp.239-274.

Kageyama, Kiichi (1999): *"Tuushou Sangyou Seisakuron Kenkyu: Jidousha Sangyou Hatten Senryaku to Seisaku Kouka"* (Study on the Industrial Policy: Development Strategy of Automobile Industry and Effectiveness of the Policy), Nihon Hyouron Sha, 1999

Kikkawa, Takeo (2000): *"Kiseikanwa to Nihon no Sangyou: Sekiyu Sangyou no Jirei"* (Deregulation and Japanese Industry: An Example of Oil Industry)" in: Hashimoto, Jurou and Nakagawa, Jyunji (eds.), Kiseikanwa no Seijikeizaigaku (Political Economy of Deregulation), Yuuhikaku, 2000, pp.167-190

Kikuchi, Hiroyuki (2005): *"Kigyousyuudan no Keisei to Kaitai: Shachou Kai no Kenkyu"* (Creation and Collapse of Enterprise Groups: A Study on Corporate President's Organizations), Nihon Kiezai Hyouron Sha, 2005

Kokusai Kyouchou no Tame no Keizai Kouzou Chousei Kenkyuukai (1986): *"Kokusai Kyouchou no tameno Keizai Kouzou Chousei Kenkyuukai Houkokusho"* (Report of Research Commitee for the Economic Structure Adjustment for the International Cooperation), Naikaku Kanbuou Naikaku Naiseishi Shinngishistu, 1986

Kusakabe, Satoshi (2004a): *"Sangyou Saisei no Gendaiteki Kadai"* (Contemporary Challenges of the Industrial Revitalization)" in: Tsuruta, Toshimasa et al., Sangyou Saisei to Kigyou Ketugou: Kadai, Seisaku, Ruru (Industrial Revitalization and M&A of Enterprises), NTT Press, 2004, pp.53-119

Kusakabe, Satoshi (2004b): *"Aratana Sihonsyugi no Katachi to Kigyouzou"* (New Form of Capitalism and Enterprise)" in: Tsuruta, Toshimasa, Itoda Syougo and Kusakabe Satoshi, Sangyou Saisei to Kigyou Ketugou: Kadai, Seisaku, Ruru (Industrial Revitalization and M&A of Eenterprises: Problems, Policies and Rules), NTT Press, 2004, pp.120-155

METI (Economic and Industrial Policy Bureau) (ed.) (2002): *"Inobeishyon to Jyyou no Koujyunkan: Jizokuteki Seichou no Moto deno Anshin to Kachi*

Jitsugen Syakai. Sangyoukouzou Shingikai Shinseichou Seisakubukai Houkokusyo" (Virtuous Circle of Innovation and Demand: Relief and Value-realizing Society under Continuous Growth. A Report of the Subcommittee for the New Growth in the Industrial Structure Council, METI), Keizai Sangyou Chosa Kai, 2002

METI (Industrial Revitalization Division) (ed.) (2005): *"Shoukai Sangyou Katsuryoku Saisei Hou"* (Detailed Guidebook for the Industrial Rivaitalization Law), Shouji Houmu, 2005

METI (Ministry's Secretariat) (ed.) (2000): *"Kyousou Ryoku aru Tasankaku Shakai: 21 Seiki Keizaisangyou Seisaku no Bijyon"* (Competitive Multi-participation Society: Vision of the 21st Century Economic and Industrial Policy) □Tuushou Sangyou Chousa Kai 2000

METI (ed.) (2002a): *"Nihonteki Soshiki no Saikouchiku: Ansyan Regiimu karano Dakkyaku"* (Restructuring of Japanase Organizations: Breakaway from Ancien Régime) , Keizai Sangyou Chousakai, 2002

METI (ed.) (2002b): *"Kyousouryoku Kyouka no Tame no Muttsu no Senryaku: GuroubaruToppu wo Mezashita 'Kigyoukaikaku' to Sangyoukouzou eno Tenkan. Sangyoukyousouryoku Senryakukaigi Chuukan Torimatome"*(Six Strategies for Strengthening of the Competitiveness: "Corporate Reform" and Transformation of the Industrial Structure Aiming at the 'Global Top'. Interim Summary of the Council for the Industrial Competitiveness Strategy). Keizai Sangyou Chosa Kai, 2002

METI (ed.) (2004b): *"Shin Sangyou Souzou Senryaku"* (New Industry Promotion Strategy), Keizai Sangyou Chosa Kai, 2004

METI (ed.) (2006): *"Shin Keizai Seichou Senryaku"* (New Economic Growth Strategy), Keizai Sangyou Chosa Kai, 2006

METI/ MHLW/ MEXT (2006): *"Monozukuri Hakusho" [Seizoukiban Hakusho]* (White Paper on Manufacturing [White Paper for Infrastructure of Manufacturing]) , National Printing Bureau, 2006, [http://www.meti.go.jp/report/data/g60731aj.html]

Miwa, Yoshirou and Ramseyer, J. Mark (2002): *"Sangyou Seisakuron no Gokai"* (Misunderstanding of the Industrial Policy), Touyou Keizai Shinpousha, 2002

Miyata, Yukio (1997): *"Kyoudou Kaihatsu to Sangyou Seisaku"* (Cooperative R &D and the Industrial Policy), Keisou Shobou, 1997

Miyata, Yukio (2001): *"America no Sangyou Seisaku"* (Industrial Policy in the USA), Yachiyo Shuppan, 2001

Nakai, Kouichi (2004): *"Tettei Kenshou: Daigakuhoujinka"* (Thorough Study on National University Reform), Chuou Kouron, 2004

Okimoto, Daniel (1989): *"Between MITI and Market; Japanese Industrial Policy for High Technology"*, Stanford University Press, 1989

Ono, Goro (1999): *"Gendai Nihonno Sangyou Seisaku: Dankaiteki Seisaku Kettei no Mekanizumu"* (Industrial Policy of Contemporary Japan: Mechanism of Phased Policy Making), Nihon Keizai Shinmunsha, 1999

Terada, Takayuki (2006): *"Kiseikanwa Jidai to Sangyouseisaku no Saihen"* (Deregulation and Change of Industrial Policy in Japan)", in: Kandai Shougaku Ronkyuu (The Journal of Hakodate University). Vol.38, No.1-2, 2006, pp.75-118

Teraoka, Hiroshi (2003): *"Chushou Kigyou Seisakuron: Seisaku, Seido, Taishou"* (SME-Policy: Policy, Institution, Target), Chuou Daigaku Keiei Gakubu, 2003

Toya, Tetsuro (2000): *"The Political Economy of the Japanese Financial Big Bang: Institutional Change in Finance and Public Policy Making"*, UMI Dissertation Services, 2000

Tsuchiya, Yasuo (2006): *"Nippon Monozukuri Yuuryou Kigyou no Jitsuryoku: Atarashii Kooporeito Gabanansuno Ronri: The power of Japanese Manufacatring companies: The logic of new corporate Governance"*, Touyou Keizai Shinpou Sha, 2006

Auswirkungen der Globalisierung auf ordnungspolitische Strukturen – Herausforderungen und Konzeptsuche in Japan

Klaus-Jochem Kecker[1] *und Wolfgang Klenner*[2]

1. Einleitung und Überblick

Die Anfang der 90er Jahre beginnende Phase wirtschaftlicher Einbrüche und fehlender wirtschaftlicher Dynamik, die wohl als „Japans verlorenes Jahrzehnt" (Yoshikawa) in die Geschichtsbücher eingehen wird, scheint vorüber zu sein. Im Jahr 2005 verbesserten sich das erste Mal wichtige Indikatoren, wenn auch nur marginal. Der Konsumgüterpreisindex, der acht Jahre hintereinander gesunken war, was Investitionen wenig attraktiv gemacht hatte, stieg das erste Mal geringfügig an. Gleichzeitig wurde ein minimaler Anstieg der seit 15 Jahren fallenden Bodenpreise beobachtet. Das seit sieben Jahren abnehmende Kreditvolumen der Banken erhöhte sich. Der Anteil der uneinbringbaren Kredite an den Gesamtkrediten, der zuvor auf über 20% angesetzt wurde, sank auf 4%, ein Jahr später sogar auf nur 2% (Financial Times 15.11.06). Deutlich fielen die Profitsteigerungen aus. Sie verdoppelten sich im Jahr 2004 gegenüber dem Stand des Jahres 1994 (Financial Times 15.01.06). Die Löhne dagegen stagnierten, was aber bereits als positiv eingeschätzt wurde, da sie zuvor nur einen Abwärtstrend gezeigt hatten. Insofern setzte die Lohnquote ähnlich wie in Deutschland ihren Abwärtstrend fort.

Jedenfalls wächst Japans Wirtschaft wieder, seit Ende 2001 real im Durchschnitt um jährlich 2,4, bisher allerdings nur von Exporten und Investitionen getragen, aber noch nicht vom Konsum. Das gegenwärtige Wachstum wird daher noch als kaum robust eingeschätzt, weshalb Regierung und Zentralbank ihr wirtschaftpolitisches Instrumentarium bisher nur äußerst behutsam einsetzen. Die Neuverschuldung wird nur langsam zurückgeführt., obwohl sie nach Überwindung der Krise grundsätzlich deutlich herabgesetzt werden musste. Immer noch wird nahezu ein Drittel aller Budgetausgaben über Schuldverschreibungen finanziert. Den Diskontsatz, der sechs Jahre lang Null Prozent betrug und im Juli 2006 das erste Mal wieder auf 0,25% (Financial Times 15.11.06) angehoben wurde, hat man bisher auf nur 0.5% (Financial Times 15.03.07) erhöht. Ein solch niedriger Satz wird als noch nicht ausreichend angesehen, um das Instrumentarium der

1 Ruhr Universität Bochum
2 Ruhr Universität Bochum

Diskontsatzpolitik endlich wieder effizient einsetzen und Unternehmen zu wohlbedachten Investitionsentscheidungen anhalten zu können. Ohne Zweifel wollen sich Regierung und Zentralbank bei einem eventuellen Rückgang des Wirtschaftswachstums nicht dem Vorwurf aussetzen, das aufkeimende Wachstum erstickt zu haben. Gleichwohl spricht man inzwischen von der seit dem Zweiten Weltkrieg längsten Wachstumsphase – die freilich wesentlich weniger spektakulär verläuft als die bisherige Rekordphase 1965 bis 1970, in der Japans Wirtschaft real um durchschnittlich 11,5% wuchs. Insofern bestehen zwar an der Stabilität des Wachstums Zweifel, nicht aber daran, dass sich die Wirtschaft wieder auf einem Wachstumspfad befindet.

Zwei Erklärungen für die durch Stagnation und Rezession geprägte Wirtschaftsentwicklung Japans seit dem Beginn der neunziger Jahre sind in der Literatur vertreten worden. Die eine besagt, dass Japans Wirtschaftssystem nicht mehr zu den Rahmenbedingungen passe. Als Lösung wird dementsprechend eine Reform wesentlicher Merkmale dieses Systems vorgeschlagen. Die andere hält dagegen Japans ökonomisches Desaster in erster Linie für konjunkturell und nicht systembedingt, wobei dann teils falsche konjunkturpolitische Maßnahmen zu seiner Verschärfung geführt hätten. Dementsprechend vertreten ihre Anhänger die These, dass konjunkturpolitische Instrumente hinter dem erneut zu beobachtenden Aufschwung wirken.

Für beide Erklärungen lassen sich gute Argumente anführen. Weil der Konjunkturverlauf zunächst durch einen nahezu ungebremsten Boom und dann durch einen drastischen Rückschlag als Folge weit überzogener konjunkturpolitischer Dämpfungsmaßnahmen gekennzeichnet war, könnten Ursache der Krise unzureichende Funktionsmechanismen gewesen sein, wie sie in den gängigen Konjunkturtheorien behandelt werden. Es gibt aber auch Sachverhalte, die dafür sprechen, dass ordnungspolitische Bedingungen die Krise hervorriefen. So war es mit Hilfe des üblichen konjunkturpolitischen Instrumentariums lange Zeit nicht möglich, die Wirtschaft zu beleben. Selbst massive fiskalische Stimuli, die Japans Staatsverschuldung auf über 150% des Bruttoinlandsproduktes (BIP) ansteigen ließen, und eine weltweit nahezu einzigartig lockere Geldpolitik waren lange Zeit wirkungslos (Übersicht beispielsweise bei Mori et al. 2001). Das spricht für tiefer liegende Strukturprobleme. Dagegen ließe sich zwar einwenden, dass Japan in dem Jahrzehnt vor dem Platzen der Spekulationsblase unter den nunmehr in Frage gestellten Strukturen herausragende Wirtschaftserfolge erzielt hatte – mit einer durchschnittlichen Wachstumsrate des Bruttoinlandsproduktes von 3,9% lag das Land deutlich vor den anderen entwickelten Volkswirtschaften (Saxonhouse und Stern 2002). Dem könnte entgegnet werden, dass es in der Vergangenheit in erster Linie um Aufholprozesse ging. Inzwischen ständen andere Aufgaben an, denen Japans überkommene Ordnungsstrukturen nicht mehr gewachsen seien.

Häufig wurde eine Orientierung an angloamerikanischen Konzepten empfohlen. Insbesondere Vertreter ausländischer Finanzinstitute und Produktionsunternehmen legten Japan dringend die Beseitigung seiner japanspezifischen Sonderheiten und die Übernahme entsprechender Konzepte nahe, um aus seinem ökonomischen Desaster endlich herauszufinden.

Die beiden Erklärungsansätze schließen sich nicht notwendigerweise gegenseitig aus. Unter der Annahme, dass auch konjunkturelle Maßnahmen nur greifen können, wenn geeignete ordnungspolitische Voraussetzungen gegeben sind, lässt sich folgern, dass Japans Erholung sich auf ordnungspolitische Ursachen zurückführen lässt, wenn der derzeitigen wirtschaftlichen Erholung wesentliche ordnungspolitische Änderungen vorausgingen. Erfolgte der wirtschaftliche Aufschwung dagegen weitgehend innerhalb überkommener ordnungspolitischer Strukturen, wäre der neuerliche Aufschwung und damit wahrscheinlich auch die Krise vor allem konjunkturell begründet, das japanische Modell dementsprechend nicht in Frage gestellt.

Untersucht wird daher folgend die Veränderung von Merkmalen, die als konstitutiv für Japans Wirtschaftssystem bis zu Beginn der neunziger Jahre gelten können. Insbesondere Mechanismen der Kapitalallokation sind hierbei von Interesse. Grund für diese Schwerpunktbildung sind erstens die zentrale Rolle dieser Mechanismen für das Wirtschaftswachstum und zweitens die vor allem im Ausland verbreitete Auffassung, dass insbesondere in diesem Bereich Anpassungen an angloamerikanische Lösungen wünschenswert seien. In Abschnitt (2) werden ausländische Investitionen und ihre Einflüsse auf Wettbewerbsbedingungen in Japan betrachtet. Dem schließt sich (3) eine Untersuchung der Änderungen in den Konglomeratsstrukturen und damit verbundener Anreize an. Weil der japanischen Wirtschaft Innovationsschwäche und Zögern bei der Beseitigung unrentabler Wirtschaftsbereiche vorgeworfen werden, wird danach in Abschnitt (4) untersucht, ob Prozesse „schöpferischer Zerstörung“ stattfanden. Abschließend wird auf (5) Banken und Kapitalmärkte und (6) Mechanismen bei der Allokation von öffentlichem Kapital eingegangen. Es folgen (7) einige Überlegungen zu den Auswirkungen dieser Veränderungen auf die Produktivität und (8) Zusammenfassung und Ausblick.

Der gewählte Ansatz ist sicherlich nicht ganz unproblematisch. Es wird nicht nach Wettbewerbsfreiheit, nicht nach konkreten Marktstrukturen oder Verhaltensweisen gefragt. Bewertungskriterien ergeben sich allein aus den erzielten wirtschaftlichen Ergebnissen. Allerdings folgt dieser Ansatz einer weit verbreiteten Denkweise. So wird in Wettbewerbstheorie und Industrieökonomik Marktergebnissen seit langem ein besonderes Gewicht bei der Beurteilung des Wettbewerbs beigemessen. Bei der positiven Einschätzung von Chinas Mischsystem, das nach allen üblichen Kriterien äußerst problematisch ist, bezieht man sich allein auf die erzielten wirtschaftlichen Ergebnisse. Als Japan in den 70er und 80er Jahren ungewöhnlich erfolgreich war, betrachtete man das Land als Leitbild, unabhängig davon, ob dort liberalen Wettbewerbsprinzipien Rechnung getragen wurde oder nicht. Umgekehrt wäre vermutlich jeder, der in letzter Zeit von Japan hätte „lernen" wollen, als schwachsinnig bezeichnet worden.

2. Ausländische Investitionen in Japan – ordnungspolitische Auswirkungen

Japan gilt als Volkswirtschaft, die sich gegenüber Kapitalimporten durch eine Fülle struktureller Barrieren abschließt. Als Resultat sei Ineffizienz weit verbreitet, da sich die Unternehmen am Binnenmarkt nur begrenzt mit vor Ort angesiedelten ausländischen Konkurrenten auseinandersetzen müssten. In verschiedenen Dienstleistungsbranchen, der Bauindustrie, Landwirtschaft und im Transportwesen, die zu den stark abgeschotteten Branchen zählen, wird teilweise ein Vielfaches der Arbeitskräfte eingesetzt, die in Deutschland notwendig sind. Gleichzeitig sind diese Branchen durch geringe Gewinne gekennzeichnet (Bergheim 2006).

Als Folge der Abschottung hätten sich Kapitalallokation, Organisationsstrukturen und Managementmethoden, Offenlegungspflichten, Beziehungen zwischen Verwaltung und Unternehmen sowie Japans „Geschäftsklima" verhältnismäßig unabhängig von im Ausland verwirklichten Konzepten entwickelt. Ein deutlicher Anstieg der Direktinvestitionen aus dem Ausland in Japan ließe dann vermuten, dass nunmehr zunehmend ausländische Investoren ihre diesbezüglichen Vorstellungen in Japan durchsetzen und dass diesbezügliche Sonderheiten Japans an Bedeutung verlieren.

Anpassungen an ausländische Konzepte sind in weniger entwickelten Ländern und den so genannten Transformationsländern häufig zu beobachten. In letzteren, etwa in China, wurden beispielsweise bewusst Auslandsinvestitionen als Transformationsvehikel eingesetzt. Aber auch innerhalb der EU verweisen französische Unternehmer immer wieder auf angebliche deutschlandspezifische Elemente, wenn sie Schwierigkeiten haben, am deutschen Markt Fuß zu fassen. In den USA scheitert ein bemerkenswert großer Anteil europäischer Vorhaben, auch solcher, denen grundsätzlich erhebliche Chancen eingeräumt wurden, an bestimmten „amerikanischen Sonderheiten". Insofern mögen etablierte und erfolgreiche Industrieländer erhebliche Starrheiten aufweisen. Japan dagegen wurde von einigen Beobachtern Mitte der 90er Jahre nahezu als Sanierungsfall eingestuft. Seine Unternehmer und Politiker, so hieß es, müssten daher ausländische Investitionen und von ihnen ausgehende „Transformationsmechanismen" willkommen heißen, um sich aus der „Japan-AG“ heraus endlich zu einer „normalen“ Volkswirtschaft zu entwickeln.

Erwartungen an zunehmende ausländische Einflüsse waren auch deswegen hoch gesteckt, weil Anfang der 90er Jahre Preise für Grundstücke, Büroraum, Unternehmensanteile und ganze Unternehmen drastisch sanken. Außerdem schienen zahlreiche qualifizierte japanische Fachkräfte, die bisher fest in ihre japanischen Unternehmen eingebunden waren, in Anbetracht des enormen Einsparungsdrucks der Konglomerate eher einen Wechsel zu ausländischen Firmen als bisher zu erwägen. Hohe Preise und nur wenig mobile qualifizierte Arbeitskräfte gehörten bisher zu den „strukturellen Eintrittsbarrieren“, von deren Wegfall sich viele eine Flut ausländischer Firmenaufkäufe erwarteten. Zusätzlich versuchte die Regierung durch die „Invest in Japan“-Initiative ausländisches Kapital ins Land zu holen (Bergheim 2006).

Indessen nahmen ausländische Tätigkeiten zunächst nur in geringem Maße zu. Es zeigte sich, dass niedrige „Eintrittkosten“ nur wenig wirken, wenn sich die Wirtschaft im Abschwung befindet. Deutlichere Änderungen waren erst in der zweiten Hälfte der 90er Jahre zu beobachten. In Dollar gemessen, stiegen ausländische Direktinvestitionen von nahezu Null auf 3 Mrd. U.S.$ im Jahr 1997 und im Jahr 1999 auf 12 Mrd. U.S.$ an (Financial Times 06.11.06), ein vorläufiger Spitzenwert. Im Zeitraum 1998 bis 2003 verdreifachten sie sich. Ein internationaler Vergleich mit anderen Ländern und die Ermittelung der Bedeutung von Direktinvestitionen aus dem Ausland in der Bruttokapitalbildung der Volkswirtschaft relativiert allerdings die Bedeutung dieser Entwicklungen. Tabelle 1 stellt die Werte für Japan denen seines direkten ostasiatischen Nachbarn Südkorea, für die USA und für Deutschland gegenüber. Es zeigt sich, dass Korea als eine ebenfalls als stark abgeschirmt geltende Volkswirtschaft deutlich höhere Anteile von Direktinvestitionen aus dem Ausland an der Bruttokapitalbildung erreichte. Deutschland als ein relativ kleines, jedoch offenes Land, weist sogar ein Vielfaches der koreanischen und japanischen Werte auf. Auch die USA als die größte Volkswirtschaft der Welt sind ungleich viel offener als Japan.

Deutliche Zuwächse bewirkten zudem keine umfangreicheren Veränderungen wichtiger Bestandsgrößen und schwanken zudem stark. Daher ist es sinnvoll, auch die Bestände in die Betrachtung einzubeziehen. So betrug der Anteil der Direktinvestitionsbestände am Bruttoinlandsprodukt in Japan auch im Jahr 2000 nur 1,06%, andere Quellen sprechen von nicht mehr als 1,2%.[3] Dies war nur ein Elf-

3 Je nachdem, ob die Daten der Bank von Japan oder des japanischen Finanzministeriums zu Grunde gelegt werden, ergeben sich leichte Abweichungen. Die Bank von Japan verwendet Informationen aus der Zahlungsbilanz, das Finanzministerium kompiliert seine Angaben auf Notifikationsbasis.

tel des entsprechenden Anteils in den USA. Im Jahr 2005 war er immerhin auf 3% gestiegen (Funabashi, S. 16 ff). Tabelle 2 vergleicht die Bestände und ihre Anteile in Japan mit denen in Südkorea, Deutschland und den USA. Auch dieser Vergleich spricht dafür, dass die von ausländischen Unternehmen ausgehenden Einflüsse nicht übermäßig groß gewesen sein können.

Tabelle 1: Direktinvestitionsströme

Einströme in Mio. Dollar

	Jahresdurchschnitt 1990-2000	2002	2003	2004	2005
Japan	3149	9239	6324	7816	2775
(Süd-) Korea	3004	3043	3892	7727	7198
Deutschland	29354	53520	29202	-15113	32663
USA	109513	74457	53146	122377	99443
Anteil an der Bruttokapitalbildung, in Prozent					
Japan	0,28	1,02	0,65	0,75	0,3
(Süd-) Korea	2,2	1,91	2,14	3,85	3,12
Deutschland	6,9	14,47	6,73	-3,16	6,83
USA	6,8	3,89	2,64	5,45	4,0

Quelle: UNCTAD, World Investment Report 2006.

Tabelle 2: Bestände von Direktinvestitionen aus dem Ausland

Bestände von Direktinvestitionen aus dem Ausland in Mio. Dollar					
	1990	2000	2003	2004	2005
Japan	9850	50322	89729	96984	100899
(Süd-) Korea	5186	37474	48274	56001	63199
Deutschland	111231	271611	394513	470127	502790
USA	394911	1256867	1410672	1526306	1625749
Anteil am Bruttoinlandsprodukt, in Prozent					
Japan	0,32	1,06	2,09	2,08	2,21
(Süd-) Korea	1,97	7,32	7,94	8,24	7,97
Deutschland	6,66	14,52	16,42	17,39	17,97
USA	6,86	12,87	12,88	13,03	13,02

Quelle: UNCTAD, World Investment Report 2006.

Größer waren die Verschiebungen am Aktienmarkt. Dort stieg der Anteil der von Ausländern gehaltenen Aktien von nur 6% im Jahr 1992 auf ca. 25% im Jahr 2004. Japan lag mit diesem Wert allerdings immer noch deutlich hinter Südkorea, wo sich der betreffende Anteil auf 50% belief (Japan Survey, S. 6).

Das – verspätet – einsetzende ausländische Engagement in Japan war sicherlich Ausdruck der Erwartung, dass es mit Japans Konjunktur wieder bergauf gehen wird und Preise für Grundstücke und Unternehmensanteile bald wieder steigen könnten. Es wurde freilich auch hervorgehoben, dass die im Jahr 1997 ergriffenen Maßnahmen zur Deregulierung von Finanzen und Handel Ausländern deutlich größere Spielräume als bisher einräumten. Diese wollten sie wahrnehmen, solange der Markteintritt noch relativ kostengünstig war.

Quantitative Tests ergeben, dass ausgewählte Unternehmen mit ausländischer Beteiligung oder im ausländischen Besitz in Bezug auf wichtige Indikatoren besser als japanische Unternehmen abschnitten. Allerdings lassen sich die besseren Ergebnisse nicht unbedingt auf die erfolgreiche Übertragung und größere Effizienz „ausländischer" Methoden und Manager zurückführen, weil sich die bereffenden Unternehmen bereits zur Zeit der Übernahme in einer verhältnismäßig guten wirtschaftlichen Situation befanden (Fukao). Es lässt sich lediglich sagen, dass „westliche" Elemente den betreffenden Unternehmen nicht geschadet haben. Möglicherweise waren sie hilfreich.

Zudem kamen „ausländische" Konzepte vermutlich in geringerem Umfang zur Anwendung, als an Hand der Statistiken über Kapitalbewegungen vermutet werden könnte. Sicherlich haben Firmen wie Cerberus, Ripplewood, Carlyle, Kohlberg und Kravis & Roberts ihre spezifischen Vorstellungen über Methoden der Profitmaximierung auch in ihren Geschäftsbeziehungen in Japan durchgesetzt oder zumindest durchzusetzen versucht. Sie wurden hierbei wohl auch von ihren japanischen in der Regel kleineren Konkurrenten wie Advantage Partners, Unison Capital und MKS unterstützt. Über die sonstigen in Japan tätigen ausländischen Unternehmen gibt es indessen recht unterschiedliche Berichte. Einige versuchten, vorgefundene Organisationsstrukturen, Managementmethoden und Arbeitsbeziehungen zu nutzen. Andere transplantierten ihr eigenes Konzept. Viele versuchten schließlich eine Synthese.

Zu den ersteren gehört wohl Carrefour (Financial Times 13.03.07). Carrefour wollte lokale Beschaffungskanäle nutzen, stieß hierbei aber unerwartet auf Schwierigkeiten, weil Kunden ein französisches Image erwarteten und die zu starke Anpassung an japanische Gepflogenheiten abstraften. Es ist bemerkenswert, dass sich sogar Wal-Mart Japan anpassen wollte. Statt aggressiv sein in den USA bewährtes Niedrigpreiskonzept durchzusetzen, griff es wie Carrefour auf lokale Beschaffungskanäle zurück und verlor dadurch gewichtige Wettbewerbsvorteile. Vodafone gehört zu den Gegenbeispielen. Nach der Übernahme von Japan Telecom versuchte Vodafone, sein Japangeschäft seinen international erfolgreichen Methoden anzupassen. Nach sechs problematischen Jahren schließlich verkaufte Vodafone seine japanische Investition (Financial Times 06.11.06). Ikea, das vor zwei Jahrzehnten in Japan scheiterte, verfolgt inzwischen erfolgreich sein „schwedisches" Konzept, setzt auf gutes „nordisches" Design und niedrige Preise. Die einzige Konzession an den japanischen Konsumenten scheint das Angebot zu sein, auf Wunsch des Kunden die Möbel in der Wohnung zusammenzubauen.

Eine Synthese suchen Roche und Chugai im Pharmaziesektor sowie Renault und Nissan im Automobilsektor. Chugai übernahm alle japanischen Firmengeschäfte von Roche und erwarb dafür den Zugang zu internationalen Neuentwicklungen von Roche. Bei beiden Unternehmen handelt es sich um rentable Firmen, die eine gemeinsame Zukunftsvision entwickelten. Anders ist es bei Nissan und Renault. Nissan war erheblich angeschlagen. Renault ging trotzdem mit seinem Partner sehr behutsam um – möglicherweise aber nicht genügend. Statt wie Nissan zuvor langfristige kooperative Beziehungen zu Lieferanten zu unterhalten, zog man es vor, Vorleistungen von dem international jeweils preisgünstigsten Anbieter zu beziehen. Als Stahl knapp wurde, hatte Nissan erhebliche Beschaffungsschwierigkeiten und musste seine Produktion zeitweise einstellen. Auch rangiert Nissan seit dem Zusammenschluss mit Renault bei Qualitätstests unter dem bisher gehaltenen Niveau.

Ausländisches Engagement bedeutet in Japan daher keineswegs stets Transfer „westlicher" Methoden, und wenn ein solcher Transfer stattfand, so war dieser keineswegs immer mit positiven Effekten verbunden. Weiterhin ist das ausländische Engagement in Japan weiterhin sehr gering. Vieles spricht eher gegen die zunächst geäußerte Erwartung, dass der Wirtschaftsaufschwung an ausländische Investitionen und damit verbundene Struktur- und Verhaltensänderungen gebunden ist, zumal der vorläufige Scheitelpunkt ausländischer Investitionen im Jahr 2000 liegt, also deutlich vor dem Wirtschaftsaufschwung, und Zuflüsse danach wieder zurück gegangen sind, bis zum Jahr 2006 auf ca.5 Mrd. U.S.$ (Financial Times 13.03.07).

3. Anpassungen von Unternehmensstrukturen, Unternehmenskontrolle und Beschäftigung

Bestimmte Japans Konglomeraten mit breitem Produktsortiment zugesprochene Unternehmensstrukturen mit wechselseitigen Kapitalbeteiligungen, Beschäftigungspraktiken sowie Management- und Überwachungsstrukturen gelten als weitere Sonderheit und wurden bei hinreichendem Wachstum als Stärken betrachtet. Kapital und bewährte Arbeitskräfte ließen sich innerhalb bestehender Unternehmensstrukturen rasch in Wachstumsbranchen umschichten, ein tieferes Verständnis der Ziele und Strategien des Unternehmens seitens der Unternehmenskontrolleure, so wurde vermutet, ermögliche eine längerfristige Sichtweise. Diese sei insbesondere günstig bei der Verfolgung von Expansions- und Wachstumszielen verbunden mit Diversifikation und habe die rasche Überwindung geringerer wirtschaftlicher Einbrüche begünstigt, weil in der Regel nicht alle Branchen gleichermaßen von wirtschaftlichen Rückschlägen betroffen sind. Bei Nachfragerückgängen in bestimmten Branchen brauchten Mitarbeiter nicht entlassen zu werden. Sie konnten anderen Firmensegmenten zugeordnet oder weitergebildet und nach Krisenüberwindung ohne Zeitverlust wieder in ihren vorherigen Tätigkeiten eingesetzt werden. Der insgesamt circa 30% der Beschäftigten eingeräumte Status eines „Stammarbeiters“ begünstigte die Vermehrung von Wissen und Know-how im Unternehmen. Er ging mit einer tendenziellen Unterbezahlung jüngerer Arbeitskräfte und einer Überbezahlung älterer einher und setzte so Anreize für ein langfristiges Engagement. Unternehmenskontrolleure von verbundenen Unternehmen konnten auftretende Probleme umfassend beurteilen und unterstützende Maßnahmen, etwa die Verlängerung von Zahlungszielen oder Offenhaltung von Kreditlinien, sicherstellen. Unter veränderten Bedingungen verloren diese Strukturen und Anreize allerdings teilweise ihre Vorteilhaftigkeit. Seit den neunziger Jahren wird etwa kritisiert, dass mit den komplexen Firmenverbänden Starrheiten verbunden seien, die die betriebliche Profitmaximierung und damit die Interessen der Aktionäre sowie die flexible Anpassung an sich ändernde volkswirtschaftliche und weltwirtschaftliche Rahmenbedingungen erschwerten (Kim, Senjik). Zudem tolerierten oder begünstigten Unternehmenskontrolleure aus verbundenen Unternehmen die Fehler des Managements, statt sie zu verhindern oder zu korrigieren. Derartige Strukturen seien daher eine wesentliche Ursache für die „drei Zuviels“ der japanischen Wirtschaft in den neunziger Jahren: Zu viele Schulden, zu viel Produktionskapazität, zu viele Arbeitskräfte (Saito und Sato 2006). Der Spekulationsblase auf den japanischen Aktien- und Immobilienmärkten der achtziger Jahre sei so Vorschub geleistet worden, als viele Firmen zugunsten des Erwerbs von Grundstücken und Aktien, häufig kreditfinanziert, auf am eigentlichen Geschäftsziel orientierte, langfristige Investitionen verzichteten. Möglicherweise ist die gegenwärtige kritische Einschätzung von Konglomeraten nur eine Modeerscheinung, die bald wieder einer neuen Sichtweise weicht. In jedem Fall aber bewirkte die breite Produktfächerung und das Festhalten an der Institution des „Stammarbeiters“ bei längerfristigen Wachstumseinbrüchen wie in den 90er Jahren den Verzicht auf entschlossenen Kapazitätsabbau und rasche Entlassungen in den weniger profitablen Bereichen und auf die Konzentration auf profitable Bereiche. Nach Ansicht zahlreicher Beobachter erzielen die am „angelsächsischen Modell" orientierten Unternehmen mit der Fokussierung auf so genannte Kerngeschäfte, der Beschaffung von Vorleistungen von den jeweils kostengünstigsten Anbietern unter Verzicht auf langfristige Zusammenarbeit und flexiblen Arbeitsbeziehungen wesentlich bessere Ergebnisse als Japans traditionelle Strukturen. Eine schärfere Unternehmenskontrolle durch externe Aufsichtsräte verhindere eine die gesamte Volkswirtschaft erfassende Verschuldungsspirale. Unternehmen wurde nahe gelegt, sich diesbezüglich umzuorientieren. Es wird daher untersucht, ob Japans Konglomerate ausgewählte Merkmale ihrer Kapitalstrukturen, Unternehmenskontrolle und Arbeitsmarktstrukturen entsprechend anpassten und so möglicherweise auf die Krise besser reagieren konnten.

In Bezug auf wichtige Kapitalstrukturen fanden deutliche Änderungen statt. Viele Unternehmen haben sich von Beteiligungen an anderen Firmen getrennt und zumindest tendenziell auf ausgewählte Geschäfte konzentriert. Japanische Unternehmen verhielten sich diesbezüglich ähnlich wie deutsche Firmen. So markierten im Jahr 1999 die Veräußerungen von „Nichtkernbereichen" im Wert von ca. 10 Mrd. Euro durch Siemens einen Wendepunkt in der deutschen Firmenpolitik (Financial Times 28.10.05). Dementsprechend sank in Japan der Anteil der Überkreuzbeteiligungen von 46% im Jahr 1992 auf nur 24% im Jahr 2004 (Japan Survey, S. 6). Die Konzentration auf weniger Geschäftsbereiche als bisher gab Kapitalgebern größere Möglichkeiten als zuvor, gezielte Investitionen vorzunehmen. In der Vergangenheit, als Kapital breit gefächerten Konglomeraten zur Verfügung gestellt wurde, entschieden in erster Linie die Manager, welche Produktionssparten und welche Produkte weiterentwickelt wurden.

Der Einfluss externer Kapitalgeber wurde indirekt auch durch neue Gesetze verstärkt. Sie ermöglichten Unternehmen die Bestellung externer Aufsichtsräte und Direktoren (IMF: Financial System, S. 29). Eine Reihe von Unternehmen, so Sony, Hitachi und Toshiba, ergriffen die ihnen neu eingeräumten Möglichkeiten (Financial Times 15.03.07), einige besetzten ihre Führungspositionen mit ausländischen Managern, doch ist ihre Zahl (etwa vierzig) gemessen an der Gesamtzahl der gelisteten Unternehmen (circa 3000) noch gering. Es gibt außerdem Hinweise, dass Unterschiede in früheren Beziehungen zum Unternehmen mit Unterschieden in der Ausübung der Kontrollfunktion einhergehen (Abe und Jung 2004). Die zuvor nicht mit den jeweiligen Firmen verbundenen Manager fühlten sich weniger der Beibehaltung überkommener Firmenstrukturen und Beschäftigungsstrukturen verpflichtet und tendierten daher zu rascheren Kapitalumschichtungen und Firmenverkäufen und dazu, Ressourcen zu bündeln und auf ertragsreiche Sparten zu konzentrieren. Dementsprechend lassen sich Übernahmen und Verschmelzungen von Unternehmen und Unternehmensteilen als ein wichtiger Bestandteil des Restrukturierungsprozesses ausmachen. Weniger sichtbar wurden vor allem auch Rechnungslegungsstandards verbessert, insbesondere die Bewertung von Vermögensgegenständen zum Marktwert, Offenlegungs- und Abschreibungspflichten. Statt auf Sicherheiten abzustellen, orientieren sich Kreditgeber nun wie international üblich eher am Nettogegenwartswert. Due-Diligence-Verfahren sind weiter verbreitet als vor einem Jahrzehnt (Saito und Sato 2006). Neben positiven Entwicklungen wird allerdings auch von nicht ganz unproblematischen Folgen berichtet, die sich im Laufe der Zeit bemerkbar machten. Beispielsweise wurden Qualität und Zuverlässigkeit der Personenkraftwagen von Nissan, wie oben dargelegt, nach solchen Anpassungen in internationalen Pannenstatistiken niedriger als zuvor bewertet.

Anpassungen fanden auch bei den Arbeitskräftestrukturen statt (Honsa; Miyamoto; The Japanese Institute for Labour). Sie spiegeln sich allerdings nur begrenzt in den Statistiken wieder. So ist der Anteil der Stammarbeiter an den Belegschaften nicht wesentlich unter den vorherigen Stand von ca. 30% gesunken. Ihre Einkommen wurden aber seit dem Ende der neunziger Jahre häufig drastisch reduziert. Freilich ist eine Reduktion der Rigidität von Nominallöhnen erst ab 1998 feststellbar, was sicherlich dazu beiträgt, die Schwierigkeiten der japanischen Unternehmen während der ersten Jahre nach dem Platzen der Spekulationsblase zu erklären, zumal das Wachstum der Arbeitsproduktivität während dieser Zeit gering war (Kuroda und Yamamoto 2005). Immerhin hat die Entlassung selbst nur sehr weniger Stammarbeiter in besonders Not leidenden Betrieben dazu geführt, dass die Institution des Stammarbeitertums insgesamt nicht mehr gesichert erscheint.

Größere Änderungen gab es in den sonstigen Personalbereichen (IMF: Selected Issues July 2004, S. 34 ff). So sind nach nunmehr beachtlichen Gewinnsteigerungen und Anhebungen von Managementgehältern Firmen im Allgemeinen trotzdem nicht bereit, die Löhne anzuheben. Um Flexibilität zu erhalten, wird stattdessen auf Einmalzahlungen zurückgegriffen (Financial Times 16.01.07). Selbst erfolgreiche Firmen wie Toyota scheinen ihren Belegschaften lediglich zusätzliche Bonuszahlungen zu gewähren. Freiwerdende Stellen wurden nicht wiederbesetzt. So hieß es, dass Anfang dieses Jahrzehnts nur die Hälfte der Arbeitskräfte neu eingestellt wurde, die im Jahr 1997 Beschäftigung fanden. Vor allem wurden zahlreiche Positionen mit niedrig bezahlten Teilzeitarbeitern besetzt. Ihr Anteil stieg von 18,8% im Jahr 1990 auf 30% im Jahr 2005 an. An absoluten Zahlen werden ein Rückgang von 1,8 Millionen langfristig Beschäftigten und eine Zunahme von 2,4 Millionen kurzfristig Beschäftigten angegeben (IMF 2004, S. 30 f.). Selbst Firmen wie Canon stellten sich entsprechend um. Canon erhöhte den Anteil kurzfristig Beschäftigter von 10% im Jahr 1995 auf 70% (Japan Survey, S. 4). Langfristig wird erwartet, dass ein neuer Beschäftigungstyp der „permanent temporären“ Arbeiter und Angestellten entsteht, der ständig beschäftigt ist zu Bedingungen temporärer Arbeit. Von dieser Praxis könnten tief greifende

Änderungen des gesamten japanischen Beschäftigungssystems ausgehen (Shire 2002). Nicht abzuschätzen sind die von diesen Änderungen ausgehenden Anreizwirkungen.

Insgesamt bleibt festzuhalten, dass innerhalb der gegebenen Strukturen vorhandene Flexibilitätspotenziale genutzt wurden, gleichzeitig jedoch wirtschaftliche Zwänge zu nicht unerheblichen Anpassungen führten, deren weitere Entwicklung noch nicht absehbar sind.

4. Schöpferische Zerstörung – neue Rahmenbedingungen?

Innovationen, Imitationen, Produktionsumstellungen und Kapazitätsabbau, sog. Prozesse schöpferischer Zerstörung, fanden vor allem innerhalb von Konglomeraten und mit diesen eng verbundenen Firmen statt. Japan unterschied sich auf diese Weise von einigen etablierten westlichen Ländern, in denen weitere Träger wirtschaftlicher Dynamik anzufinden sind. In Deutschland ist dies der traditionelle Mittelstand, im angloamerikanischen Raum mit Venture Capital finanzierte Firmengründungen.

Idealtypisch verläuft in Japan der Prozess der schöpferischen Zerstörung innerhalb von Firmengruppen mit breitem Produktionsspektrum, angefangen von herkömmlichen Technologien bis zum Hightech-Bereich, die im Zeitverlauf Arbeitskräfte und Kapital zu höherwertigen Produktionsbereichen umschichten. Produktionsbereiche mit sinkender Wertschöpfung dagegen werden innerhalb der in Japan befindlichen Produktionskapazitäten reduziert oder eingestellt. Innovative, im Umstrukturierungsprozess erfolgreiche Unternehmensgruppen können auf diese Weise ihren Personalbestand und Umsatz steigern oder zumindest halten. Gesamtwirtschaftlich lassen sich hierdurch Einkommen und Profite erhöhen, die im Land erzielte Wertschöpfung und Vollbeschäftigung halten. Japan war über Jahrzehnte hinweg mit diesem Konzept ausgesprochen erfolgreich. Gleichgültig ob Umstellungen im Rahmen von Konglomeraten Strukturen erfolgten oder durch Untergang und Entstehung unabhängiger Unternehmen geben Veränderungen in der Anzahl von Arbeitskräften in einzelnen Branchen und Sektoren Auskunft über solche Anpassungsprozesse. Die folgende Tabelle vermittelt einen Eindruck von entsprechenden Prozessen in Japan:

Tabelle 3: Arbeitskräfte nach Sektoren.

	April 1998 (Mio.)	April 2004 (Mio.)	Änderung (Prozent)
Landwirtschaft	3,5	2,8	-20
Baugewerbe	6,6	5.8	-12
Verarbeitende Industrie	13,4	11,2	-17
Großhandel	11,9	11,2	-6
Sozialdienstleistungen	4,4	5,1	16
Dienstleistungen	7,8	9,2	16
Alle Branchen	65,3	63,5	-3

Quelle: IMF 2004, S. 31

Arbeitsplätze geschaffen wurden demnach in Dienstleistungsbereichen, vor allem im Informations- und Kommunikationsbereich und in neu entstehenden Sozialdienstleistungsbereichen (Hamaguchi- Klenner, S.85 ff.). Gleichzeitig ging die Beschäftigung in Baugewerbe und Landwirtschaft, zwei als ineffizient und hochgradig geschützt geltenden Sektoren, zurück. Allerdings verlor auch die verarbeitende Industrie, in der sich Japans international wettbewerbsfähige Unternehmen sammeln, an Beschäftigung.

Dies könnte mit Produktionsumstellungen im internationalen Rahmen zusammenhängen. Produktionsbereiche, die auf Grund steigender Löhne und ausbleibender technologischer Neuerungen in Japan nicht mehr rentabel waren und dort vermutlich aufgegeben worden wären, wurden in Volkswirtschaften mit niedrigem Lohnniveau ausgelagert, wobei China seit einigen Jahren eine größere Rolle spielt, während Südostasien seinen Anteil an den Gesamtströmen nach einem Einbruch in den Jahren 1999 und 2000 behaupten konnte (UNCTAD 2006).[4] Für Produktionsverlagerungen in Frage kamen vor allem benachbarte Länder, deren Märkte für die eigenen Produkte bereits erschlossen waren und die ausländische Investitionen akzeptierten. Japanische Unternehmen profitierten hiervon auf verschiedene Weise. Sie konnten weiterhin solche Erzeugnisse herstellen, bei denen sie in der Vergangenheit möglicherweise besonders erfolgreich waren, nunmehr aber kostengünstiger als das in Japan möglich gewesen wäre. Von ihren Produktionsstätten vor Ort ließen sich Auslandsmärkte bedienen und

4 Mittlerweise einige Jahre alte Statistiken belegen allerdings den großen Vorsprung der Asean-4-Staaten Indonesien, Malaysia, Philippinen und Thailand vor China hinsichtlich der kummulierten Direktinvestitionsbeträge. Interessanterweise scheinen sich die Anzahlen von Transaktionen annähernd angeglichen zu haben (Suzuki 2005).

möglicherweise neue Märkte erschließen. Schließlich konnten sie sogar wieder den japanischen Markt mit den in ihren Auslandstöchtern kostengünstig hergestellten Erzeugnissen versorgen.

Direktinvestitionen im Ausland lassen sich demnach als ein Indikator heranziehen, in welchem Umfang derartige Auslagerungsprozesse stattgefunden haben. Ein noch besserer Indikator ist der Bestand von Direktinvestitionen als Teil des Bruttoinlandsproduktes, da er Größeneffekte ausschließt und eine Idee vom Umfang des Produktivvermögens im Ausland vermittelt. Tabelle 4 zeigt den Bestand an japanischen Direktinvestitionen im Ausland im Vergleich zu ausgewählten Ländern. Verglichen mit den USA und Deutschland wird ersichtlich, dass der Prozess der Verlagerung von Produktionsprozessen noch nicht weit fortgeschritten ist, sich jedoch seit dem Beginn ernsthafter Restrukturierungsprozesse seitens japanischer Unternehmen ein Aufwärtstrend beobachten lässt. In den ersten Jahren nach dem Platzen der Spekulationsblase ist indessen ein Nachlassen der Investitionstätigkeit im Ausland zu erkennen, dessen Ursache in den finanziellen Schwierigkeiten der Unternehmen vermutet werden darf.

Tabelle 4: Bestand von Direktinvestitionen im Ausland als Anteil am BIP

(in Prozent)

	1990	1995	2000	2003	2004	2005
Japan	6,63	4,51	5,87	7,82	7,94	8,46
Korea	0,87	1,98	5,24	4,11	4,73	4,60
Deutschland	9,07	10,92	28,97	34,59	34,10	34,58
USA	7,48	9,52	13,48	16,36	17,62	16,43

Quelle: UNCTAD, World Investment Report 2006.

Auch die Empfängerländer japanischer Auslandsinvestitionen zogen – sofern sie die richtigen Voraussetzungen geschaffen hatten – hieraus Nutzen. Zunächst war man freilich recht zurückhaltend. Südkorea z.B. machte sich noch in den 50er und 60er Jahren Auslandskapital vor allem auf dem Kreditwege, nicht über Direktinvestitionen nutzbar. Um Ausländern keine Einflussmöglichkeiten zu eröffnen, war man bereit, das volle Risiko für den Kapitaleinsatz zu tragen. Erst später erlaubte man ausländischen Firmen in Korea Fuß zu fassen. China begann Anfang der 80er Jahre, ausländische Direktinvestitionen zu akzeptieren. Indien lässt erst in den letzten Jahren in größerem Umfang ausländische Direktinvestitionen zu (Klenner). Die Zurückhaltung vieler Länder ist daraus zu erklären, dass man in der Vergangenheit allzu häufig hatte erfahren müssen, dass dem Eintritt ausländischer Firmen die Kolonialisierung des Landes folgte. Seit dem Zweiten

Weltkrieg hatten sich freilich die weltpolitischen Rahmenbedingungen geändert, so dass man von ausländischen Direktinvestitionen durchaus profitieren konnte. Ausländer brachten neben Kapital auch Know-how und den Zugang zu Absatzmärkten ein, vor allem aber die Entschlossenheit, das Projekt zum wirtschaftlichen Erfolg zu führen. Einheimische Mitarbeiter wurden ausgebildet, mit Firmeninterna vertraut gemacht und in komplexe Organisationsstrukturen eingebunden. Hiervon ausgehenden Effekte lassen sich durchaus mit dem in der Entwicklungstheorie beschriebenen Big Push vergleichen, der Entwicklungsländer aus der Stagnation herauskatapultieren soll. Mit ausländischen Direktinvestitionen verbundene Nachteile wie Ansprüche auf Teile des Produktivvermögens und der Profite sowie deren Repatriierung ließen sich im Verhältnis zu den positiven Effekten in Grenzen halten. Jedenfalls nimmt die Zahl derjenigen Länder weltweit zu, die mit Hilfe ausländischer Direktinvestitionen ihre Integration in den Weltmarkt und ihre Entwicklung vorantreiben wollen.

Bemerkenswert ist, dass Skepsis nunmehr auf der Gegenseite, in den Herkunftsländern der investierenden Unternehmen, anzufinden ist – nicht bei den Unternehmen selbst, deren Wettbewerbskraft und Gewinne wachsen, aber bei Arbeitnehmerverbänden und lokalen Verwaltungen, denen mit der Auslagerung immer umfassenderer Produktionsbereiche Arbeitsplätze und Steuereinnahmen verloren gehen und deren Industriebasis geschwächt wird. Ein wichtiger Grund für diese Entwicklung ist, dass Unternehmen der betreffenden Volkswirtschaften nur mehr begrenzt zu „schöpferischen" Leistungen in der Lage sind und daher nicht mehr allen im Prozess der „schöpferischen Zerstörung" freigestellten Arbeitskräften Arbeitsplätze bieten können.

In Japan kann dies kaum an zu geringen Ausgaben für Forschung und Entwicklung gelegen haben. Ihr Anteil am BIP belief sich im Jahr 2003 auf über 3,1%. Das ist zwar weniger als in Schweden und Finnland, aber wesentlich mehr als in der EU insgesamt und in den USA, wo die entsprechenden Anteile bei 2% und 2,5% liegen. Zudem trägt in Japan der private Sektor, der als „marktnäher" als der öffentliche Sektor bei Forschung und Entwicklung angesehen wird, mit 74% im Jahr 2002 stärker zu den entsprechenden Ausgaben bei als in den USA und der EU, wo diese Anteile bei 63% und 56% liegen (Financial Times 24.10.05). Problematisch ist vielmehr, dass die Verbindung zwischen Grundlagenforschung in Universitäten und Forschungsinstituten und der angewandten Forschung in Unternehmen nur schwach ist (Jones und Yokoyama 2006). Außerdem sind die Kosten zur Erteilung einer Geschäftserlaubnis in Japan im internationalen Vergleich hoch, ungefähr zehnmal so hoch wie in den USA. Es wird auch wesentlich mehr Zeit zu ihrer Realisierung benötigt (IMF 2001 Japan: Selected Issues, Dec. 2001, S. 93). Ein Vergleich nennt 23 Tage bis zur Lizenzerteilung in Japan im Vergleich zu sieben in Frankreich (Bergheim 2006).

Gründe für mangelnde Dynamik reichen von der Struktur des Finanzsystems (das große, etablierte Akteure begünstigt, die über entsprechende Kontakte und Reputation verfügen) über geringe Mobilität auf den Arbeitsmärkten, Missbrauch von Innovationspolitik zur Regionalförderung, bestimmte gesetzliche Vorschriften, die als hinderlich für so genannte „Netzwerkbranchen" gesehen werden, bis hin zum Bildungssystem, das als wenig kreativitätsfördernd eingeschätzt wird (Jones und Yokoyama 2006). Diese Umstände implizieren Allokationsentscheidungen zu Gunsten solcher Produkte und Branchen, die zumindest vorerst nicht zu den Wachstumsträgern gehören. Sie geben auch Hinweise auf die Gründe dafür, dass die moderne Informationstechnologie nicht in Japan entwickelt und auf den Markt gebracht worden ist, obwohl Japan hier in den achtziger und neunziger Jahren teilweise Vorsprünge bescheinigt wurden. In einer Zeit, in der in den USA, nachdem die diesbezügliche Forschung durch Regierungsprogramme angestoßen worden war, zahlreiche kleine Unternehmen ihre Chancen sahen, investierten und wuchsen, setzten japanische Unternehmer Kapital, zum Teil sogar von ihren Banken finanziert, zunächst für Spekulationsgeschäfte am Aktien- und Grundstücksmarkt und dann zur Bilanzsanierung ein.

Probleme ergaben sich nicht nur daraus, dass negative Effekte nicht mehr durch Innovationen und Imitationen überkompensiert oder wenigstens ausgeglichen wurden. Es gab noch eine weitere Ursache. In den meisten Ländern, so in Südkorea und Taiwan, stieg das Qualifikationsniveau der Arbeitskräfte im Laufe der Entwicklung. Dies hätte grundsätzlich bewirkt, dass japanische Unternehmen auch technologisch anspruchsvollere Produktionssparten dorthin auslagerten. Weil sich aber auch das Lohnniveau erhöhte, verringerten sich die Lohndifferenzen zu Japan; verhältnismäßig geringe Lohndifferenzen rechtfertigten aber kaum den mit Produktionsverlagerungen verbundenen Aufwand. Etwas anders sieht die Situation dagegen in China aus. Zunächst war China nur für diejenigen interessant, die von den Niedriglöhnen des Landes und der Einsatzbereitschaft und Einsatzfähigkeit seiner Arbeiter profitieren wollten. Seither durchgeführte energische Bildungsanstrengungen haben inzwischen aber zur Folge, dass auch hochwertige Arbeitskräfte zur Verfügung stehen. Ihre Löhne stiegen auch, haben sich aber noch lange nicht dem japanischen Lohnniveau angenähert. Das bedeutet, dass sich Investitionen in China nicht nur in den „veralteten" Branchen, sondern auch im High-tech Bereich lohnen. Sogar die Auslagerung von Forschungs- und Entwicklungskapazitäten wird in Erwägung gezogen wird. Sicherlich gehört zurzeit immer noch der allergrößte Teil der ca. 1,4 Millionen chinesischen Mitarbeiter (Financial Times 05.04.07) in japanischen Unternehmen zu denen mit relativ geringer Qualifizierung. Es ist aber zu erwarten, dass ihr Anteil steigen wird, möglicherweise zu Lasten japanischer qualifizierter Arbeitskräfte. Abgestützt werden entsprechende Auslagerungen durch Intensivierung der Handelsbeziehungen. Inzwischen, seit dem Jahr 2000, sind Südkorea, China und Taiwan nicht zuletzt wegen der umfangreichen japanischen Direktinvestitionen Japans bedeutendste Außenhandelspartner.

Die Folge ist nicht nur, dass Innovationen und Imitationen und die Entwicklung technologieintensiver Produktionsbereiche im asiatischen Raum nicht mehr auf Japan beschränkt sind. Japanische Firmen können Neuerungen inzwischen auch kostengünstig in Ländern mit höherem Qualifikationsniveau wie China oder auch Indien entwickeln. Insofern entfallen einige der Wettbewerbsvorteile, die der japanische Standort in der Vergangenheit bei Produktion, Forschung und Entwicklung im High-tech Bereich hatte. Die Auslagerung eines breiteren Spektrums unternehmerischer Tätigkeiten ins Ausland als bisher kommt für Japans Unternehmer daher grundsätzlich in Frage, wenn auch weiterhin Forschung und auch Produktion in „Kernbereichen" auf jeden Fall in Japan verbleiben sollen. In vielen Branchen will man in Japan auch die bisherige Produktionstiefe beibehalten, weil man nur dann glaubt, Produktion, Grundtechnologien und Anwendungstechnologien sinnvoll zu einer Synthese zusammenführen zu können (Financial Times 20.10.02).

In welchem Umfang schöpferische Prozesse an japanischen Standorten durchgeführt werden, hängt von vielen, mit ökonomischen Instrumenten nur begrenzt fassbaren Faktoren ab. Hierzu gehören die institutionellen Rahmenbedingungen für die Konzipierung neuer Ideen, Ideenreichtum, und Personen, die das „richtige" Gefühl für verwertbare Ideen haben und diese durchsetzen wollen, – im amerikanischen Silicon Valley z.B. wurden mehr als 7.000 der High-tech Firmen von Personen mit indischem Familienhintergrund gegründet und geführt. Insbesondere im angloamerikanischen Raum wird für die Durchführung von Innovationen Venture Capital eine große Bedeutung beigemessen. Diesbezüglich schneidet Japan auch noch zu Beginn dieses Jahrzehnts schlecht ab. Der entsprechende Anteil am gesamten volkswirtschaftlichen Kapitalbestand belief sich in England auf 0,408 % und in den USA auf 0,141%, in Japan dagegen auf nur 0,036% (IMF: Japan Selected Issues Dec. 2001, S. 90). Außerhalb der Konglomerate finden offensichtlich nur begrenzt Neuerungen statt.

5. Banken und Kapitalmarkt

Japans Kapitalallokation ist bankendominiert. Unter den OECD-Ländern gehört Japan zu denjenigen Mitgliedern, bei denen die Bankenfinanzierung ein ausgesprochen hohes Gewicht hat (IMF: Financial System, S. 10). Die Schwächung der Banken war daher für Japans Wirtschaft nicht nur deswegen katastrophal, weil die Bankenintermediation in Frage gestellt war, sondern auch, weil kein hoch entwickelter Kapitalmarkt als Alternative genutzt werden konnte. Es wird daher zu untersuchen sein, welche Änderungen in der Bankenlandschaft und in den Beziehungen zwischen Finanzintermediation und Kapitalmarkt stattfanden, die als ordnungspolitische Verbesserungen gewertet werden können.

Über die Bedeutung von Bankenintermediation und Kapitalmarkt sind in der Literatur unterschiedliche Beurteilungen anzufinden. Belastbare Aussagen zur Überlegenheit des einen oder anderen Konzeptes existieren aber kaum. Neuere Forschung weist darauf hin, dass Banken- wie Kapitalmarkt-basierte Systeme bestimmte Vor- und Nachteile haben und weiterhin Finanzintermediäre wie Finanzmärkte teilweise komplementär zu einander sind. Ihre Funktionen sind nur teilweise austauschbar (Allen und Gale 2000). Unabhängig davon werden indessen die in den letzten beiden Jahrzehnten vor allem in den USA erzielten Wachstumserfolge von vielen Beobachtern auf den dort besonders gut entwickelten Kapitalmarkt zurückgeführt. Implizit wird dabei häufig unterstellt, dass der amerikanische Kapitalmarkt allein das Ergebnis frei wirkender Wettbewerbskräfte bei der Kapitalallokation war; Kapitalmarktinstrumente hätten sich in bestimmten Bereichen in Konkurrenz mit der Bankenintermediation durchgesetzt. Das trifft indessen nicht ganz zu. In den USA wurden nämlich für eine bestimmte Zeit die Bankzinsen reguliert. Die Wirtschaft suchte nach einer kostengünstigen Alternative und fand diese im Kapitalmarkt. Insofern führten staatliche Eingriffe in die Bankenintermediation zu einer relativen Begünstigung von Kapitalmärkten.

Unabhängig von der grundsätzlichen Frage, ob nun Bankenintermediation oder Kapitalmärkte der Entwicklung förderlicher sind, demonstrieren entwickelte Kapitalmärkte unübersehbare Stärken. Vorausgesetzt, Rechnungslegungsvorschriften sind hinreichend stringent und das Investitionsprojekt transparent, agieren und reagieren sie schneller als Bankeninterdemiäre. Chancen können effizienter genutzt werden, weil Kapital rasch zur Verfügung gestellt, Risiko verteilt und Fehlentwicklungen eher durch Kapitalentzug und Informationsdiffusion abgebremst werden. Genau diese Kapitalmarktfunktionen wären während Japans Krisenjahren hilfreich gewesen. So hätte zu Beginn der Krise ein dominanterer und transparenterer Kapitalmarkt möglicherweise eine überbordende Spekulation abbremsen können. Eine einseitige Fokussierung der Banken auf Sicherheiten für gewährte Kredite statt auf die Verwendung der überlassenen Mittel hätte den Mittelzufluss zu den Spekulanten eher beenden können. Während der Krise hätten Unternehmen, sofern sie sich stärker über den Kapitalmarkt finanziert hätten, von diesem energischer dazu veranlasst werden können, verlustbringende Sparten abzustoßen, als von den mit ihnen durch Kredite verbundenen Banken.

In jedem Fall waren Japans Banken nach dem Platzen der Spekulationsblase geschwächt. Sie hingen stark von den Unternehmen ab und diese von ihnen. Als die Unternehmen litten, ging es auch den Banken schlecht. Dies war für die Wirtschaftsentwicklung katastrophal, da es zu den Banken keinen hoch entwickelten Kapitalmarkt als Alternative gab. Insofern wären unter den damaligen Umständen eine weniger prägnante Bankenzentrierung und ein besser entwickelter Kapitalmarkt wohl wünschenswert gewesen.

Für ein erfolgsgewohntes Land wie Japan war es ausgesprochen demütigend, als seine Banken unvermittelt, ähnlich wie später die Thailands oder Chinas, zu Problemfeldern wurden. Finanzinstitute mit Japan als Heimatbasis, einer schlagkräftigen und wettbewerbsstarken Wirtschaft mit hohen Ersparnissen, die zu den höchsten in der Welt zählen, hätten grundsätzlich beste Voraussetzungen gehabt, um am Weltmarkt erfolgreich agieren zu können. Stattdessen waren sie nicht einmal in der Lage, ihre Finanzierungsaufgaben am Heimatmarkt wahrzunehmen und galten als Übernahmekandidaten für ausländische Investoren. In diesem Zusammenhang mag der grundsätzlich erfreuliche Sachverhalt, dass die Weltwirtschaft nur wenig von Japans Bankenkrise beeinträchtigt wurde, gemischte Gefühle in Japan hervorgerufen haben.

Freilich sind Bankenprobleme keineswegs auf den asiatischen Raum beschränkt. Die „Savings and Loan Krise" in den USA und die skandinavische Bankenkrise sind nur zwei Beispiele für auch in westlichen Volkswirtschaften vor nicht zu langer Zeit aufgetretene Probleme im Bankensektor. Dort wurden solche Probleme allerdings durch rasche staatliche Eingriffe gelöst. Eine bewährte Institution bildeten Assett Management Corporations, die Not leidende Kredite übernahmen und für Verluste mit Steuermitteln aufkamen.

Anders war es in Japan. Der Gesundungsprozess dauerte viel zu lange, mehr als zehn Jahre. Im Nachhinein scheint die Gründung der Industrial Revitalization Commision of Japan, die Schulden von Banken und Unternehmen übernahm und weiterverkaufte, im April 2003 ein entscheidender Schritt gewesen zu sein. Dieser Schritt war ein Teil eines Reformpakets, das von der neuen Regierung Koizumi im Oktober 2002 verkündet wurde. Für die lange Dauer der Krise vorher gab es mehrere Gründe. So fand in den schlimmsten Krisenjahren wiederholt ein Regierungswechsel statt, was zur Folge hatte, dass politische Fragen und nicht wirtschaftliche Fragen die höchste Priorität hatten. Hinzu kam, dass zunächst der Einsatz öffentlicher Mittel zur Deckung privater Spekulationsverluste politisch kaum durchzusetzen gewesen wäre. Konflikte zwischen der Finanzaufsichtsbehörde, dem Finanzministerium und innerhalb desselben taten ein Übriges, allen beteiligten Akteuren ein „Aussitzen" der Krise und Vertuschung gegenüber der Öffentlichkeit verlockend erscheinen zu lassen, wobei sie die Gefahr der Akkumulation weiterer uneinbringlicher Kredite unterschätzten (Mori et al. 2001). Erst, als die gesamte Volkswirtschaft von der Krise betroffen war und auch die breite Öffentlichkeit den Ernst der wirtschaftlichen Situation zur Kenntnis genommen hatte, konnte man entsprechende Schritte erwägen. Hinzu kamen spezifische Beziehungen zwischen Banken und Unternehmen. Langjährig gewachsene Bindungen führten manchmal dazu, dass Finanzinstitute ihren Kunden auch dann noch Liquidität gewährten, wenn es wirtschaftlich nur wenig sinnvoll war. Hinzu kam, dass Banken wegen ihrer Aktienbeteiligungen am wirtschaftlichen Erfolg der bereffenden Unternehmen interessiert waren. Wenn aber Banken befürchten müssen, dass Kreditverweigerungen dazu führen, dass der Wert ihrer Aktienbestände sinkt, sind sie eher bereit, Unternehmen bei der Bewältigung von Liquiditätsproblemen zu unterstützen. Insofern wirkten die spezifischen Beziehungen zwischen Banken und Firmen als weiche Budgetrestriktionen, die den wirtschaftlichen Druck, der normalerweise ein rasches Agieren erzwungen hätte, milderten.

Zu Gunsten von Japans Banken ist allerdings zu sagen, dass sie, anders als krisengeplagte Finanzinstitute vieler anderer Länder, ihre Gesundung aus eigener Kraft, wenn auch auf staatlichen Druck, herbeiführten. So wurden bis zum Jahr 2004 zu Entschuldung der Banken Finanzmittel im Umfang von ca. 25% des Bruttosozialproduktes eingesetzt. Nur sieben Prozentpunkte wurden vom Staat bereitgestellt, der Rest von den Banken (Ohashi, S. 4 f).

Im Bankensektor wurden umfangreiche Umstrukturierungen und damit auch Änderungen von Marktformen, Marktverhalten und Marktergebnissen vollzogen. Hierbei handelte es sich in erster Linie um die Wiederherstellung der Funktionsfähigkeit des Bankensystems, weniger um grundsätzliche ordnungspolitische Änderungen bei der Kapitalallokation. So hat sich an der Bankendominanz wenig geändert. Im Jahr 2002 beliefen sich die von japanischen Banken gewährten ausstehenden Kredite auf 430 Trillionen Yen, Unternehmensanleihen machten nur ein Siebtel, 58 Trillionen Yen aus. Auch an dem überaus großen Gewicht der Staatsanleihen an den insgesamt gezeichneten Anleihen änderte sich nur wenig. Im gleichen Jahr beliefen sich Staatsanleihen auf 467 Trillionen Yen, ein im Vergleich mit den sonstigen OECD-Staaten ungewöhnlich großer Betrag und Anteil an den Gesamtanleihen (IMF: Japan: System Stability, S. 71).

In anderen Bereichen fanden Strukturänderungen statt, die mittelfristig Einfluss auf die Beziehungen zwischen Banken und Unternehmen hatten. Als die wirtschaftliche Existenz einzelner Banken auf Grund der umfangreichen uneinbringbaren Kredite in Frage gestellt wurde, verkauften sie einen Teil der von ihnen gehaltenen Aktien. So sank der Anteil der von den Banken gehaltenen Aktien an ihrem Gesamtvolumen von 15% im Jahr 1990 auf 5,3% im Jahr 2000 (Kojima, S. 16). Die von den Banken verkauften Aktien wurden von japanischen und ausländischen Käufern, auch von Private Equity Funds und Hedge Fonds erworben, die, wie berichtet wurde, ihre Interessen im Sinne eines Shareholder-Value-Ansatzes konsequent durchsetzten.

In sofern hat die Bankenkrise im Rahmen der untersuchten Fragestellung doch bedeutendere Effekte gehabt. Banken wurden stärker als bisher gezwungen, sich am wirtschaftlichen Erfolg, auch an kurzfristigen Entwicklungen, ihrer Kreditkunden zu orientieren. Ihre wirtschaftliche Schwäche hätte ihnen kaum erlaubt, zu Gunsten zukünftiger Entwicklungen auf kurzfristig rentable Geschäfte zu verzichten. Umgekehrt sahen sich Firmen, die bisher möglicherweise in ihren Banken relativ geduldige Kapitalgeber hatten, Anteilseignern gegenübergestellt, die konkrete Gewinnerwartungen hatten und diese durchsetzen wollten. Änderungen im Rechtsrahmen, besonders hinsichtlich der Bewertung von Wertpapieren, Klassifikation von Krediten und Schuldnerüberprüfung trugen zusätzlich zur einer „Verhärtung“ der Budgetrestriktionen bei. Freilich wurden diese aus marktwirtschaftlicher Sicht wünschenswerten positiven Effekte durch die als Folge der langjährigen „Nullzinspolitik“ resultierenden Überschwemmung der Wirtschaft mit Liquidität zumindest teilweise kompensiert.

6. Öffentliche Investitionen

Öffentliche Investitionen verzerren die Kapitalallokation gegenüber fiktiven Marktergebnissen. Das ist politisch grundsätzlich erwünscht, weil öffentliche Mittel und Investitionen dafür eingesetzt werden sollen zu schaffen, was der Markt nicht leistet, was aber politisch erwünscht ist. Mehr Marktelemente werden allerdings dann für sinnvoll gehalten, wenn öffentliche Mittel in einem politisch unerwünscht großen Umfang und für politisch nicht gewünschte Zwecke eingesetzt werden. Aus genau diesen beiden Gründen werden in Japan Änderungen als erforderlich angesehen und geeignete Maßnahmen ergriffen.

Der Anteil des ordentlichen Haushalts am Sozialprodukt war lange Zeit im Vergleich mit anderen industrialisierten Ländern verhältnismäßig niedrig. Insofern waren die Verzerrungen, die durch problematische aus dem allgemeinen Haushalt finanzierte öffentliche Investitionen verursacht wurden, gering gewesen. Das änderte sich aber seit den 90er Jahren. Um die Wirtschaft zu stimulieren, wurden die öffentlichen Investitionen dramatisch erhöht. Öffentliche Investitionen sollten dazu dienen, die Nachfragelücke zu decken, die dadurch entstand, dass private Wirtschaftssubjekte nicht ausreichend investierten. Sie sollten das erbringen, was der Markt nicht leistete. Anders als bei den üblichen staatlichen Investitionsvorhaben ging es indessen hierbei nicht darum, andere wirtschaftliche Ergebnisse zu erzielen, als sie der Markt erbracht hätte. Öffentliche Mittel konnten durchaus auch für Projekte eingesetzt werden, die auch unter Marktkriterien Sinn gemacht hätten. Es wurde allerdings berichtet, dass allzu häufig bei Investitionsentscheidungen nicht nur Marktkriterien, sondern auch Wohlfahrtskriterien, in die neben privaten Kosten und Erträgen auch soziale Kosten und Erträge sowie gesellschaftliche Präferenzen eingehen, nur eine geringe Bedeutung hatten. Kommunen, die für 70% aller öffentlichen Investitionen zuständig sind, sollen über öffentliche Investitionen auf der Basis persönlicher Netzwerke entschieden haben, um ihre Klientel zufrieden zu stellen (Kosai, S. 120). Sie sollen hierbei kaum übergeordneten kommunalen Interessen, geschweige denn volkswirtschaftlichen und gesellschaftlichen Zielen Rechnung getragen haben. Zudem führte der Umstand, dass bei Bankrotten von Kommunen in Japan bislang die Schulden immer von der Zentralregierung übernommen worden waren dazu, dass lokale Banken selbst überschuldeten Körperschaften noch Kredite bereitstellten (Financial Times, 21.08.2006).

Eine japanische Sonderheit ist das Fiscal Investment and Loan Program, dass neben dem generellen Haushalt geführt wird (Doi). Im Rahmen dieses Programms werden öffentliche Vorhaben durchgeführt, finanziert durch Dotationen und zinsgünstige Kredite. Entsprechende Ausgaben erscheinen nicht im öffentlichen Haushalt. Sie machten aber z.B. im Jahr 1991 50% der Haushaltsmittel aus. Das entsprach ungefähr 8% des Bruttosozialproduktes (Shibata, S. 89). Das Fiscal Investment and Loan Program trägt über die Einnahmenseite und die Ausgabenseite zu Verzerrungen bei. Es wird aus den Ersparnissen finanziert, die private Wirtschaftssubjekte bei der staatlichen Post anlegen – diese Ersparnisse machen ca. 25% aller volkswirtschaftlichen Ersparnisse aus – und durch Beiträge zur Lebensversicherung, die von der Post angeboten wird. Die der Post zufließenden Lebensversicherungsprämien belaufen sich auf die Hälfte aller Lebensversicherungsprämien. Postsparkasse und Postlebensversicherung profitieren von staatlichen Garantien und Steuervergünstigungen. Sie genießen daher gegenüber privaten Banken und Versicherungen Wettbewerbsvorteile und erhalten daher vermutlich mehr Mittel, als ihnen unter Wettbewerbsbedingungen zufließen würden. Auf der Ausgabenseite entstehen Verzerrungen dadurch, dass die betreffenden Mittel nicht unbedingt für „klassische" Staatausgaben ausgegeben werden, sondern auch für Vorhaben, die grundsätzlich von privaten Investoren in Angriff genommen werden könnten. Z.B. wurden 30 bis 40% aller in Japan vergebenen Hypotheken von der zu diesem Programm gehörenden Housing Loan Corporation zugeteilt (Japan Survey, S. 9 f).

Steigende anleihenfinanzierte Staatsausgaben zusammen mit den Ausgaben des Fiscal Investment and Loan Program bewirkten, dass seit den 90er Jahren ein wachsender Anteil an den volkswirtschaftlichen Investitionen nach politischen Kriterien vergeben wurde, wobei die spezifische Vergabepraxis dazu führte, dass rationalen Wohlfahrtskriterien wohl nur selten Rechnung getragen wurde. Vor diesem Hintergrund sind die in den letzten Jahren ergriffenen Maßnahmen zur Reduzierung staatlicher Ausgaben und zur stärker marktwirtschaftlichen Ausrichtung der staatlichen Ausgabenpolitik zu sehen.

Die zur Belebung der Konjunktur bisher getätigte massive jährliche Neuverschuldung und der Einsatz der Mittel für staatliche Projekte werden langsam zurückgeführt. Unter ordnungspolitischen Gesichtspunkten wären sicherlich entschlossenere Kürzungen wünschenswert. Wie oben dargelegt, befürchtet man aber von einem zu raschen Rückgang öffentlicher Investitionen negative Multiplikatorwirkungen. Die Vergabe öffentlicher Aufträge wird transparenter gestaltet. So wurden die Ausschreibungsbedingungen geändert. Auf diese Weise soll zumindest tendenziell sichergestellt sein, dass staatlich finanzierte Vorhaben dem öffentlichen Interesse dienen und nicht einer ganz bestimmten Klientel zu Gute kommen.

Seit vielen Jahren finden heftige Auseinandersetzungen um die Privatisierung der Post statt (z.B. Financial Times, 16.02.07). Diejenigen, die sich für deren Privatisierung einsetzen, möchten die durch die Bevorzugung der Postbank und der Postlebensversicherung entstandenen Verzerrungen beseitigen und privaten Finanzinstituten vergleichbare Bedingungen bieten. Außerdem sollen dadurch die Voraussetzungen geschaffen werden, dass der Staat nicht mehr auf Ressourcen außerhalb seines Budgets zurückgreift und nach seinen Vorstellungen allokieren kann. Sofern der Staat in Zukunft überhaupt noch vorhat, außerhalb seines Budgets bestimmte Wirtschaftsbereiche zu fördern, müsste dies durch transparente Institutionen geschehen.

Bisher hat man noch nicht ganz definitive Zeitpläne für die Privatisierung der Post und die Umgestaltung Fiscal Investment and Loan Program aufgestellt. Durch geeignete Maßnahmen wurden gleichwohl die Voraussetzungen dafür verbessert, dass Post und sonstige staatliche Finanzinstitutionen sich marktkonformer als bisher verhalten. So können Postbank und Postversicherung nicht mehr durch Dekret verpflichtet werden, ihre Mittel an staatliche Institutionen abzuführen. Sie dürfen vielmehr alternative Angebote einholen und zumindest einen Teil ihrer Mittel selbständig dort einsetzen, wo sie die höchsten Erträge erwirtschaften. Umgekehrt dürfen Agenturen des Fiscal Investment and Loan Programs nicht mehr ohne weiteres auf Mittel des Postsystems zurückgreifen. Sie müssen sich das benötigte Kapital auch am Kapitalmarkt beschaffen (IMF: Japan: Economic and Policy, S. 35 ff). Dies hat zur Folge, dass sie bei der Vergabe ihrer Mittel Aufwand und Ertrag wesentlich genauer als zuvor zu berechnen haben und nicht mehr großzügig ihre Klientel bedienen können. Segmente, in denen bisher Behörden über die Kapitalallokation nur wenig kontrolliert von der Öffentlichkeit entscheiden konnten, wurden auf diese Weise zumindest tendenziell Marktmechanismen unterworfen.

7. Schluss und Ausblick

Die Untersuchung der Fragen, ob nennenswerte ordnungspolitische Änderungen durchgeführt wurden und welche dieser Änderungen in den ausgewählten ordnungspolitischen Bereichen zur Belebung der Wirtschaft beitrugen, ergibt ein gemischtes Bild. Ausländische Direktinvestitionen und sonstige ausländische Aktivitäten nahmen zu. Ihr Anteil an gesamtwirtschaftlichen Größen ist aber im internationalen Vergleich immer noch sehr niedrig. Die zu Beginn der Krise von einzelnen Beobachtern geäußerte Ansicht, dass die „Japan-AG" von Ausländern übernommen und reformiert werden müsste, um wieder effizient zu sein, wurde daher nicht belegt. Die Veränderung wesentlicher Gesetzeswerke allerdings lässt eine langsame Veränderung des Systems wahrscheinlich erscheinen. Von wichtigen Anpassungen innerhalb japanischer Unternehmen wurde berichtet. So ergaben Untersuchungen von Konzernstrukturen, dass diese entflochten wurden. Die Arbeitsflexibilität wurde erhöht. Auch hier sind die Änderungen noch nicht umfassend genug, um auf einen Systemwechsel zu schließen. Sollten die Änderungen im Beschäftigungssystem sich allerdings bewähren, so haben sie das Potential, über Nachahmung durch weitere Unternehmen und Anreize für die Arbeitnehmer wesentliche Veränderungen auszulösen. Die bislang anzutreffenden Konglomeratsstrukturen müssen dabei nicht notwendigerweise geändert werden. Für den Prozess der schöpferischen Zerstörung maßgebliche institutionelle Strukturen wurden kaum tief greifend geändert. Indes ist ein Wandel in der Beschäftigung zu erkennen, bei dem Arbeitskräfte aus bislang stark geschützten Branchen in solche überführt werden, die zukünftig steigende Bedeutung haben werden. Hiermit zusammen hängt auch eine zunehmende, im internationalen Vergleich jedoch noch recht geringe Aufteilung der Wertschöpfungskette japanischer Unternehmen über Länder hinweg. Die Banken wurden der Gesundung zugeführt und umstrukturiert, alternative Finanzierungsinstrumente wurden entwickelt und verfeinert. Stringentere Kriterien der Kreditvergabe sind insbesondere bei den größeren Häusern durchgesetzt worden. Allerdings wurde die Dominanz der Banken im Vergleich zu den Kapitalmärkten dabei kaum reduziert. Im öffentlichen Sektor wurden Maßnahmen zu dessen Verkleinerung und stärkeren Ausrichtung an marktwirtschaftlichen Prinzipien ergriffen oder in Aussicht gestellt.

Insgesamt scheint Japans zögerlicher Aufschwung daher in erster Linie auf den konjunkturellen Erholungsprozess zurückzuführen zu sein. Es ist wohl gelungen, weitgehend innerhalb der bisherigen Grundstrukturen zum Wachstum zurück zu kehren. Allerdings hinkt das Land bei der Produktivitätsentwicklung sowohl dem Spitzenreiter USA als auch den Ländern der Europäischen Union hinterher. Vor diesem Hintergrund wird häufig unterstellt, dass Japans Wachstumspotential bei 3 bis 4% liegt, und dieses mit Hilfe weiterer Reformen ausgeschöpft werden könnte. Tatsächlich setzt man Kapital wenig effizient ein. In den USA reicht jedenfalls eine wesentlich geringere Sparquote als in Japan, um ungleich höheres Wachstum zu realisieren. Eine Verbesserung wäre wohl zu erwarten, wenn der Diskontsatz nennenswert angehoben wird, weil Unternehmen dann angehalten wären, unter ihren Investitionsvorhaben nur diejenigen mit höherer erwarteter Rendite deutlich auszuwählen. Dem angelsächsischen Modell zugeneigte Beobachter sehen indessen auch in Japans Kapitalmarktstrukturen weiteren Handlungsbedarf. Sie verweisen auf segensreiche Wirkungen von Private Equity Funds, die Anteile erwerben, um sie umzustrukturieren und dann gewinnbringend zu verkaufen. An Stelle wenig innovativer und den überkommenen Unternehmensstrukturen und Personalstrukturen verpflichteten Managern würden dann neue Shareholder das durchsetzen, was die bisherigen Kapitaleigner und deren Manager bisher versäumten. Für Shareholder resultieren höhere Renditen, für die gesamte Volkswirtschaft ein effizienterer Kapitaleinsatz. Bei gleich hohen Investitionen könnten dann höhere Wachstumsraten oder gleich hohes Wachstum ohne den bisherigen Konsumverzicht verwirklicht werden. In diesem Zusammenhang wird darauf verwiesen, dass im Jahr 2006 Private Equity Transaktionen in den USA 240 Mrd. U.S.$, in Großbritannien 220 Mrd. U.S. $, in Japan dagegen nur 5 Mrd. U.S. $ ausmachten (Financial Times 06.11.06). Für Japans Wirtschaft gäbe es vor diesem Hintergrund daher erheblichen „Nachholbedarf".

Kleinere japanische Private Equity Firmen werden bereits aktiv. Auch die finanzstarke Pension Fund Association würde inzwischen, wie es heißt, gegen „Underperforming Management" vorgehen (Financial Times 15.03.07).

Zusätzlicher Handlungsbedarf resultiert aus dem Sachverhalt, dass die Nutzung des Faktors Arbeit rückläufig ist (OECD 2003). Addiert man ungünstige Altersentwicklung, lässt sich daraus schließen, dass weitere Anpassungsmaßnahmen japanischer Unternehmen und der Regierung wichtig sein werden. Dies jedoch impliziert zusätzliche Änderungen im Wirtschaftssystem, insbesondere im Hinblick auf Prozesse schöpferischer Zerstörung und Innovation, bei der Arbeitsmarkregulierung und im Finanzsystem.

Literatur

Abe, Naohito, und Taehun Jung (2004): *„Cross-Shareholdings, Outside Directors, and Managerial Turnover: The Case of Japan."* Research Unit for Statistical Analysis in the Social Sciences Working Paper No. 38. Tokyo: Hitotsubashi University.

Allen, Franklin, und Douglas Gale (2000): „*Comparing Financial Systems*", Cambridge, Mass.: MIT Press, 2000

Bergheim, Stefan (2006): „*Japan 2020 – The Decline in Trend Growth Is Home-Made*", Current Issues, Frankfurt am Main: Deutsche Bank Research, 26. September 2006

Bernotas, David (2005): „*Ownership structure and firm profability in the Japanese keiretsu*", Journal of Asian Economics 16, 2005, S. 533-554

Chan- Lau, Jorge A. (2001): „Corporate Restructuring in Japan: An Event- Study Analysis." IMF Working Paper WP/01/202, IMF, 2001

Doi, Takero; Hoshi, Takeo (2002): „*Paying for the FILP*", NBER Working Paper Series, National Bureau of Economic Research, Cambridge, November 2002

Fukao, Kyoji; Ito, Keiko; Kwon, Hyeog Ug (2005): „*Do out*", in: M&As bring higher TFP to Japan? An empirical analysis based on micro-data on Japanese manufacturing firms, Journal of the Japanese and international economies 19, 2005, S.272-301.

Funabashi, Haruo (2005): „*Collusion Course*", in: The Japan Journal, Vol.2, No.5, September 2005

Hamaguchi-Klenner, M. (2007): „*Demokratie und Kultur in Japan. Politische Auseinandersetzungen um die Pflegeversicherung*", Frankfurt, Berlin, Bern, 2007

Hara, Hiromi (2005): „*Labour Demand for New High School Graduates in Japan*", in: Japan Labour Review, Vol.2, No.3, Summer 2005

Honsa, Yuki (2005): „*Freeters: Young Atypical Workers in Japan*", in: Japan Labour Review, Vol.2, No.3, Summer 2005

IMF (2003): „*Japan: Financial System Stability Assessment and Supplementary Information*", IMF Country Report No. 03/287, Sept.2003, Washington D.C.

IMF (2004): Japan Selected Issues, Approved by the Asia and Pacific Department, July 13, 2004

IMF (2001): Japan Selected Issues, IMF Country Report No.01/220, Dec.2001, Washington D.C.

IMF (2003): Japan Selected Issues, IMF Country Report No. 03/282, Sept.2003, Washington D.C.

IMF (2001): „*Japan: Economic and Policy Developments*". IMF Country Report No. 01/221, Dec.2001, Washington D.C.

Japan Survey (2005), in: The Economist, Oct.8- 14 2005, Survey, S.6

Jones, Randall S., und Tadashi Yokoyama (2006): „*Upgrading Japan's Innovation System to Sustain Economic Growth*". Economics Department Working Paper No. 527. Paris: OECD, 2006

Kim, Se-Jik (2003): „*Macro Effects of Corporate Restructuring in Japan*", IMF Working Paper WP/03/203, IMF, 2003

Klenner, Wolfgang (2007): „*China und Indien. Zwei Entwicklungswege und ihre Synergieeffekte*", in: Orientierungen, Ludwig Erhard Stiftung, Bonn, 2007

Kramer, Charles; Stone, Mark (2005): „*A Post- Reflation Monetary Framework for Japan*", IMF Working Paper WP/05/73, IMF, 2005

Kojima, Akira (2005): „*Foreigner Inc.*", in: The Japan Journal, Oct.2005, Vol.2, No.6, Over the last decade, a quiet revolution has taken place in the Japanese stock market

Kosai, Yutaka (2005): „*Japans 21st Century Vision*", in: The Japan Journal, Vol.2, No.5, September 2005

Kuroda, Sachiko, und Isamu Yamamoto (2005): „*Wage Fluctuations in Japan after the Bursting of the Bubble Economy: Downward Nominal Wage Rigidity, Payroll, and the Unemployment Rate*", in: Bank of Japan Monetary and Economic Studies, May 2005, S. 1-29.

Miyamoto, Honsa, Japan Institute of Labour

Miyamoto, Michiko (2005): „*Prolonged Transitional Period and Policy*", in: Japan Labour Review, Vol.2, No.3, Summer 2005

Mori, Naruki, Shigenori Shiratsuka und Hiroo Taguchi (2001*): „Policy Responses to the Post-Bubble Adjustments in Japan: A Tentative Review*", in: Bank of Japan Monetaryand Economic Studies, Special Edition, February 2001, S. 53-102.

OECD (2003): „*The Sources of Economic Growth in OECD Countries*". Paris: Organisation for Economic Cooperation and Development, 2003

Ohashi, Kazunari; Singh, Manmohan (2004): „*Japans Distressed- Debt Market*", IMF Working Paper WP/04/86, IMF, 2004

Saito, Atsushi, und Setsuya Sato (2006): „*After the IRCJ: A New Capitalism on the Rise in Japan?*" Vortragsnotizen, Tokyo: Industrial Revitalization Corporation of Japan, 2006

Saxonhouse, Gary R., und Robert M. Stern (2002): „*Japan's Lost Decade: Origins, Consequences, and Prospects for Recovery – Introduction*", Discussion Paper No. 484, School of Public Policy, University of Michigan. Ann Arbor, MI, 2002

Shibata, Tokue (ed.) (1993): „*Japans Public Sector. How the Government is Financed*", University of Tokyo Press, 1993

Shire, Karen A. (2002): „*Stability and Change in Japanese Employment Institutions: The Case of Temporary Work*", in: Asien, 84. Jg., Juli, S. 21-30, 2002

Suzuki, Mayumi (2005): „*Comment: Statistics on Japan's Outward Foreign Direct Investment in FY 2003 (Report Basis)*", in: JBIC Institute Review, No. 11, 2005, S. 67-88.

The Japan Institute for Labour Policy and Training, Labour Situation in Japan and Analysis: Detailed Exposition 2005/2006
UNCTAD (2006): „*World Investment Report – FDI From Developing and Transition Economies – Implications for Development*“. New York und Genf: Vereinte Nationen, 2006
Yoshikawa, Hiroshi (2001): „*Japans Lost Decade*“, LTCB International Library Trust/International House of Japan, Selection No.II, 2001

Peter Lang · Internationaler Verlag der Wissenschaften

Ansgar Kortenjann

Der europäische Reformzyklus

Ursachen und Lösungswege aus verfassungsökonomischer Perspektive

Frankfurt am Main, Berlin, Bern, Bruxelles, New York, Oxford, Wien, 2007.
XVII, 248 S., 7 Abb., 11 Tab.
Europäische Hochschulschriften: Reihe 5, Volks- und Betriebswirtschaft.
Bd. 3284
ISBN 978-3-631-57413-3 · br. € 48.70*

Seit Maastricht steckt der europäische Integrationsprozess in einer Phase fortwährender Reformen seiner vertraglichen Grundlagen. Dabei wurden Kompetenzen der EU derart ausgeweitet, dass die Frage der Legitimation eine Qualität annimmt, die das übliche Maß internationaler Organisationen weit übersteigt. Politische Entscheidungen auf europäischer Ebene müssen aber nicht nur als legitim erachtet werden können, sondern auch unter akzeptablen Kosten zustande kommen. Unter den gegebenen konstitutionellen Bedingungen spannt sich jedoch ein Zielkonflikt zwischen Legitimität und Praktikabilität. Auch der Verfassungsvertrag konnte dieses Problem nicht lösen. Die Arbeit analysiert den europäischen Reformzyklus, um zu Empfehlungen zu gelangen, die der Reformdiskussion neue Impulse geben können.

Aus dem Inhalt: Europäische Integration · Europäischer Verfassungsvertrag · Institutionelle Reformen der EU · Legitimation europäischer Herrschaft · Kompetenzverteilung in der EU · Handlungsfähigkeit der EU · Ökonomische Theorie der Verfassung · Föderalismus · Institutioneller Wettbewerb · Public Choice · Kollektive Entscheidungsfindung

Kolibri 360 GmbH
Ferdinand-Jühlke-Straße 7
99095 Erfurt, Deutschland
produktsicherheit@kolibri360.de

Druck:
CPI Druckdienstleistungen GmbH
im Auftrag der
Kolibri 360 GmbH
Ferdinand-Jühlke-Str. 7
99095 Erfurt